# 学校因至善而美丽

——『本善本色』学校文化建设的实践与研究

◎毕洪文 主编

羊城晚报出版社
·广州·

**图书在版编目（CIP）数据**

学校因至善而美丽：“本善本色”学校文化建设的实践与研究 / 毕拱文主编. —广州：羊城晚报出版社，2010.8

ISBN 978-7-80651-435-1

Ⅰ. ①学… Ⅱ. ①毕… Ⅲ. ①小学教育—文集 Ⅳ.①G62-53

中国版本图书馆 CIP 数据核字（2010）第 173898 号

**学校因至善而美丽——“本善本色”学校文化建设的实践与研究**

**责任编辑** 吴 江
**责任技编** 张广生
**装帧设计** 广东同文
**责任校对** 胡艺超
**出版发行** 羊城晚报出版社（广州市东风东路 733 号 邮编：510085）
发行部电话：（020）87133824
**出 版 人** 罗贻乐
**经　　销** 广东新华发行集团股份有限公司
**印　　刷** 广州市岭美彩印有限公司（广州市荔湾区花地大道南海南工商贸易区 A 幢）
**规　　格** 787 毫米×1092 毫米 1/16 印张 22 字数 580 千
**版　　次** 2010 年 8 月第 1 版 2010 年 8 月第 1 次印刷
**书　　号** ISBN 978-7-80651-435-1 / G·301
**定　　价** 32.00 元

# 编　委　会


编写顾问：姚顺添

主　　编：毕拱文

编委成员：江艳芳　毕婉敏　徐晓珊　梁雪玲

江兰芬　徐丽贤　高艳群　刘凤琼

张雪群　张惠贤　温远有

# 序

科研兴校是圆玄小学的办学理念；至善育人是圆玄小学的教育追求。经过几年的努力，而今“科研兴校”和“至善育人”已经成为圆玄小学的办学特色。作为一所市一级学校，早在几年前，圆玄小学的就成为了三项全国教育科研课题的实验基地，编写出了《教育教学成果荟萃》、《教师论文集》、《幼苗》教育教学专集和《古诗文诵读》、《养成教育》校本教材。2008 年 6 月，学校又开展“本善本色”学校文化建设，2009 年 9 月，《“本善本色”学校文化建设的实践与研究》，成为省德育立项课题。

在课题研究与理论学习过程中，广大教师积极探索“至善教育”的模式与策略，通过构建“本善本色”学校文化，为学生、教师、学校的发展创造良好的人文环境，使学校成为师生身心愉悦的成长乐园，全面推动了学生、教师和学校三位一体的和谐发展。课题主持人毕拱文校长带领课题组成员和全体教师，用务实求真的科研精神和且行且思的文字记录了校本探索的历程，并将研究成果汇集成《学校因至善而美丽——“本善本色”学校文化建设的实践与研究》一书。书中丰厚而精彩的研究成果，凝聚了圆玄小学校长和教师们大胆实践、潜心研究的心血，反映了他们求真务实、不懈追求、奋进创新的科研精神，承载着他们对教育价值深深的理解和对教育理想执著的追求，以及对学生无尽的师爱。

以“科研兴校”和“至善育人”为价值取向的圆玄小学，教师是睿智的，因为他们始终坚持“以善为本”的理念，坚持以善育人，育人为善；教师是自信的，因为他们坚信只要行动，就有收获；教师是幸福的，因为他们通过教育科研享受着成功与提升的乐趣。愿圆玄小学的“科研兴校”和“至善育人”的特色办学之“花”，越开越美丽。

2010 年 8 月

# 前言

## 让至善成为一种学校文化

圆玄小学立了个省级课题：《“本善本色”学校文化建设的实践与研究》。此课题发掘学校原有的传承儒道释三教合一的传统美德资源，有一种打造名校的气势。“本善”源自孟子的“人性本善论”与“人性向善论”，强调人与生俱来具有的向善求善本能，教育要唤醒那种本能的纯真，本性的真纯，要唤醒人从自我意识、自我要求走向自我完善的情感，即引领学生从本善走向至善，这是至高致远的追求。“本色”，源自道家的自然归真思想，老子所谓的“道可道，非常道”即指自然归属，用作教育模式，即致力打造原汁、原味、原色的本色教育。营造学校文化，是从可操作的本善本色文化探究中打造至善文化，这是一种境界，更是一种宁静致远的视界。

学校的校训是：“知止至善”。校训悠扬而大气。**“知止至善”源于《礼记·大学》：“大学之道，在明明德，在亲民，在止于至善。”**整句话的意思是：大学教人的道理，在于彰显人人本有，自身所具的光明德性，再推己及人，使人人都能去除污染而自新，而且精益求精，做到最完善的地步并且保持不变。

接下来的话，是众人都非常熟悉的：**“知止而后能定，定而后能静，静而后能安，安而后能虑，虑而后能得。物有本末，事有终始。知所先后，则近道矣。古之欲明明德于天下者，先治其国。欲治其国者，先齐其家，欲齐其家者，先修其身。欲修其身者，先正其心。欲正其心者，先诚其意。欲诚其意者，先致其知。致知在格物。物格而后知至，知至而后意诚，意诚而后心正，心正而后身修，身修而后家齐，家齐而后国治，国治而后天下平。”**

一则校训所包含的意义是多么的深奥却又源远流长啊！

学校的毕拱文校长把做课题聚焦在营造学校文化的视界上，体现出一种把历史责任扛在肩头的使命感和责任感。他说：“学校文化是由学校的全体师生不断创造的、以学校教育价值观念为核心的一整套观念、制度和行为方式的集合体，包括了学校的物质环境以及办学传统。学校文化也是整个社会文化的一个重要组成部分，与整个社会的文化传统和文化变迁有着密切的关系。学校文化建设始终是学校工作的一个重要组成部分，对于厘定和实现学校的价值理想和办学目标，生成和实现学校的办学特色，激发和凝聚广大师生的积极性和创造性，促进师生对学校的价值认同和社会化，都具有十分重要的意义。从历史的和比较的视野来看，一些提供优质教育的著名大学和中小学，无不有着良好的、健康的和独特的学校文化，无不在努力保持自己学校文

化传统特色的同时，不断地根据社会文化的变迁推进学校文化的创新。因此，当前中国的学校变革，也应该高度重视学校文化建设问题，不断提高学校的文化品位。在制定学校发展规划时规划人员特别是校长要有文化意识或‘文化自觉’：不仅要认识到学校的教育功能，也要认识到学校的文化功能；不仅要从社会经济发展的客观要求出发来规划学校发展，而且要从社会文化变迁的客观要求角度来规划学校发展。”

什么因素可以使学校的师生员工重新凝聚在一起，使他们的日常生活充满意义，并使学校获得持续的发展呢?

是学校越来越完备的制度吗？是学校越来越漂亮的校园吗？这些都是我们曾经并且现在还在努力的方向。之所以如此，很大原因就在于它们是可以被控制与量化的“硬件”，而在人们的印象中，价值观、文化这些“软件”不容易控制、操作而被认为不如“硬件”那么容易把事情做成功。毕拱文校长认为，学校要有自己的“魂”，这个“魂”能够让全体师生心灵系之。作为学校这个为未来培育人才的地方，必须始终有一个精神支柱，它支撑着我们，就像一座建筑物的地基一样。当建筑物建立起来之后，你看不到它的柱子、横梁与钢筋，但是少了它们，建筑物将会倒塌。我们的传统名校也在一遍又一遍地向我们诠释着这样的命题。

我们感到，学校文化决定着一所学校的发展，影响着一所学校的特色，作用着一所学校的品质。学校文化是学校的精神生命和灵魂，是办学理念、办学目标、学校精神、制度规范和行为方式的综合体现。它是一种浸润人心的氛围，是一种约定俗成的规则。



一所既要传承历史文化，又要紧跟时代步伐的学校，它以什么样的办学理念来体现其教育思想，追求其教育品质，就会积淀形成什么样的学校文化。剖析这一层面的含义，我们不难发现这样三个构成要素：办学理念、教育品质和积淀而形成的底蕴深厚的学校文化。在这三者之中，办学理念是学校品牌的灵魂，教育品质是品牌的支撑，学校文化则是品牌充足的“底气”。

由此可见，学校提出“让至善成为一种学校文化”是一种高瞻远瞩的建树，是一种至高致远的追求。

难能可贵的是：学校构建本善本色学校文化的课题研究，已经走进了一种可操作的实践层面中，已经探索出一些宝贵的实践经验。

**一、建构出属于自己的理论框架。**

1．继承中华传统美德，主张“传统扬善论”。

传统文化注重人际关系的圆融，主张“爱人”、“父慈、子孝、兄友、弟恭”、”以天下为一家，以中国为一人”。“圆玄人”理解为：圆融合一，与人同进，与时俱进。(新的伦理发展观)

2．尊重学生主体地位，主张“主体乐善论”。

人本身有向善求善的本能，这是道德的精神需求，当道德成为一种需要和愿望，作为道德主体的人在追求中就能体验到满足与快乐，从而使乐善爱人成为一种自觉而快乐的事情。即在传统的基础上，构建“主体乐善论”。

3. 着眼教育的系统性，主张“多元至善论”。

至善教育植根于统统文化的沃土，本来就有广泛而深厚的群众根基，学校由此倡导构建多元整合的乐善氛围：让班级兴至善风气，团体传至善舆论，师生浓至善情谊，校园创至善情境，与家庭同话至善新语，与社会同建至善新风，多元整合互促至善教育。

4. 重视德育至善的升华，主张“道德完善论”。

探索一条至善教育模式：道德主体—本善认知—扬善需要—施善行为—乐善体验—至善信念。

遵循心理学上的知、情、意，并与之对应的哲学范畴上的真、善、美环节的循环上升。

**二、探索出可操作的基本原则与操作方法。**

1. 基本原则：以知引善、以美引善、以情引善、以评引善。

2. 基本方法：

（1）以知引善重发掘。

至善教育的最高心理层次是善的道德信念的建立。充分发掘知识中至善因素的内涵，所有的课堂教学，集会活动都尽可能发掘或渗透对至善的认知教育。

（2）以美引善重熏陶。

“美”侧重于个体的心理感触抒发的功能。学校倡导师表美、教学美、环境美、学校文化美的尚美引善的熏陶式教育，以达到陶冶情操，净化心灵的目的。

（3）以情引善重体验。

积极愉快的情感体验是走进学生心灵的隧道。如在大力倡导学生在服务社会、争献爱心、社会调查、体育竞技、文艺汇演、校园绿化以及各种环保活动中去获得乐善的体验，从而内化为一种持续积极的至善道德信念。

（4）以评引善重制约。善以待己、善以待人、善以待物。

**三、具体可行的操作策略。**

（一）善心善言善行常规教育。

1. 至善养成教育。（基础工程）

教会学生规范做人，认真读书，最终养成良好的行为习惯，包括学习习惯、生活习惯、卫生习惯等。完善系列制度，开展一些常规激励活动。如：

每天进步一点点，目标明确一点点，时间抓紧一点点，准备充分一点点，上课专心一点点，思考深入一点点，答问积极一点点，朗读大声一点点，背诵熟练一点点，书写工整一点点，作业认真一点点，预习主动一点点，复习系统一点点。

2. 礼仪教育。（形象工程）

学校从善心、善言、善行这个行动纲要出发，把“关心、孝心、爱心、自律、尽责、尊重、谦让”定为礼仪教育的核心价值，成为一切礼仪行动的灵魂。如校园礼仪重点突出“关心、谦让”，提出把关心带进校园；家庭礼仪突出“孝心、尊重”，提出把孝顺带回家中；社会礼仪强调“爱心、自律、尽责”等，提出把爱心带向社会。

希望通过规范学校、家庭、社会的举止言行，达到培养良好习惯，最终修成品德的目的。整个礼仪教育主要体现在“知礼、识礼、善言、修德”的教育过程中，如开展“点亮你的美丽”、“我的形象设计”等活动，礼仪教育成为对个体价值的唤醒，引导生命不断至善的过程。

3. 献爱教育。(重点工程)

学校提出：把孝心献给父母，把爱心献给他人，把责任心留给自己。开展献爱假日大行动；捐助爱心大行动；志愿者义务劳动，服务社区等。

4. 法制教育。(免疫工程)

铸造惩恶扬善的利剑。

5. 心理健康教育。(绿色工程)

打造善心，先要健心。从校园环境入手，创设至善快乐氛围。校园的四周被绿树、鲜花、绿草包围着，空气清新、怡人。学校有娱乐休闲地带、咨询聊天地带、情感宣泄地带、温馨沐书香地带等，这样注重营造心理教育氛围，既能调节学生紧张的心理，又能帮助学生调适自己的心情；既增长学生的知识，又增进同学间的友谊；这种积极的心理暗示，能使学生的身心得到健康快乐的成长。

6. 信念教育。(动力工程)

林肯说：“喷泉的高度不会超过它的源头。”同样，人的成就不会超过自己的信念。

我心目中的“政治明星”、“我的形象设计’“做最好的自己”。这些活动是学生们最喜欢设计的。



7. 书香教育。(内涵工程)

至善教育让学校追求一种书香文化，书香不仅仅是阅读的一部分，它还成为孩子们的一种生活，成为照耀孩子精神生命的阳光，成为孩子们精神成长的重要渠道。可以说，这是学校对阅读价值更高境界的一种理解和把握！

如何让学生享受阅读的快乐？学校首先想到要为孩子选择精致的文化点心。评出了“圆玄孩子眼中的100本好书”。同时，学校还完善各年级段的推荐阅读书目，尽量把人类历史上最有价值、最能感动人的著作推荐给学生，让学生阅读最有利于自己精神发展的书。为了给学生创造一个好的阅读环境，学校努力创建缤纷阅读乐园。为了给学生搭建阅读交流的平台，将读书活动进行到底，学校的老师绞尽了脑汁，成立了班级读书会，开展了丰富多彩的阅读活动。学校的老师说：“我们组织学生共同阅读，每周利用一节课外阅读课一起分享、探讨、思考、感悟。因为有了共读一本书的交流，孩子们感到阅读更加快乐、更加幸福，也更富有意义！我们很希望阅读能够成为孩子心灵的驿站，我们怀揣着一颗不老的童心，携着孩子们的手一道在书香的氤氲中轻轻呼吸，在童年的花园里流连、徜徉。”多么富有诗意的书香文化！让书香熏染校园，让校园散发诗意，让诗意感染学生，让学生感受真知。

(二) 至善特色班级建设。

1. 追求班级个性化文化。

学生乐于自主管理，善于自主发展，能够在班级生活中充分发挥主体性并实现有

效的自我超越与创新。班级个性化文化从多个层面来理解。从内容上讲，它既有物质的，也有精神的；既有制度的，也有行为的；既蕴涵在教室的桌椅摆放、标语张贴、墙报绘制等物化形态之中，也蕴涵在班风、集体舆论、规章制度等精神文化形态里面。从性质上讲，班级个性化文化属于学校的隐性课程，对学生具有潜移默化的正面引领作用。从功能上看，班级个性化文化实际上是班级管理的一种特色、方法和途径，它凭借学生的自主管理这一主要媒介深入到每一个学生和教师的心灵，渗透于整个班级和学校的文化氛围之中。

2. 开展丰富多彩的个性化自主管理活动。

班级自主管理活动：

(1) 组织全班学生设计班徽、创作班歌、制作班旗、制订班规和班训。

(2) 安排学生轮流记好班级日记。

(3) 成立专门机构管好班级档案。常见班级档案有学生干部简表、班级情况简表、班级工作计划、学生座次表、学生考勤册、课程表、各科成绩册、偶发事件记录册、学生日常行为评比表、学生体育达标统计表、班级奖惩记载和学校下发的各种文件等。

(4) 设置班级自主管理信箱。

(5) 开辟系列活动阵地。根据不同年级段学生的个性特点和兴趣爱好，可以让全班学生在自愿组合的基础上成立文学社、奥数组、艺术沙龙、读书俱乐部、球迷协会等。

(三) 开展本色教学研究：回归学科本色，还课程原味。

各学科研究的基本要点是：

深思熟虑，追问学科真谛。

研读教材，领会教材精髓。

情感状态：未成曲调先有情。

内容结构：预设与生成并存，
　　　　　广度与深度同在。

语言评价：嘴角留香，娓娓道来不经意；
　　　　　容光焕发，淡妆浓抹总相宜。

学校推行教学本色，以“实”求“质”。即：教学目标求实，教学内容充实，教学方法切实，教学过程平实，教学评价真实，构建本色课堂教学模式。

总之，让至善成为一种学校文化，在圆玄小学已经成为一种实践，一种追求，一种目标。但愿圆玄的孩子通过对至善的追求，能对世界的把握多一种诗意，对生活的把握多一种温情，对生活的态度多一种优雅！

广州市教育局教学研究室　姚顺添

# 目 录

# 管理篇

# 让学校因至善特色而美丽

毕拱文

**摘要：**

如何打造学校文化，让学生有一个良好的学习与成长环境，这是我们一直苦苦思索的深层问题。在这个问题上，我校根据自身的实际，整合各种教育资源，把打造“至善特色文化”作为学校发展的特色。本文从认识至善特色文化教育价值，探索至善特色文化教育途径，打造至善特色文化教育品牌三个方面进行了阐述。



**关键词：**

至善特色　价值取向　教育途径　优质品牌

教育是一种“唤醒”，唤醒人向善的天性。如果教育能够唤醒并保持儿童、少年向善的天性，提升儿童、少年向善的素养，那我们的教育就是符合人性的教育，我们看到的将是一个个健康活泼的身影，一张张灿烂快乐的笑脸，这样的教育就是“本善教育”，就是在教育实践中去探索本色的教育，而本色的教育就是符合科学发展思想的教育。基于这样的认识，我校找到了一种回归儿童现实世界的教育，整合教育资源，把打造“至善特色文化”作为学校发展的特色，让校园成为师生的精神家园，把学校建设成为“至善校园”。

## 一、认识至善特色文化教育价值

教育是个体社会化的过程，是将一个“自然人”转化为一个“社会公民”的过程，因此学校德育的目的就是培养国家公民的道德品质。中华文化源远流长、博大精深，是每一个中国人生命成长过程中的无穷养料。“人之初，性本善；性相近，习相远”是中华民族自古以来为人、处事、育人、教子的依据与准则，它既导出了人善的本性，也特别说明了“习”的重要，人的道德与行为是可以通过习而得、积而成的，

所以古人也给我们留下了“勿以恶小而为之，勿以善小而不为”的谆谆教诲。

人心要向善，人行要从善。学校教育应当扬“善”绝“恶”，在教师和学生中树立“向善为善”的风气。“捧着一颗心来，不带半根草去”是教育者的大善，面对学生“脸上有笑，心中有爱，教育有方”是教师的应有之善。只要以善为本，继承中华民族的核心价值体系，确立以德报德、以德报怨的意识情感，牢固树立国家兴亡、匹夫有责的爱国思想，并努力以自己的作为带动周围，影响他人，用小环境带动大环境、个人带动家庭、学校带动社会。这样持之以恒的话，人类何尝不和平、社会何尝不和谐、经济何尝不发展。

人间最宝贵的是什么？法国作家雨果说“善良是历史中稀有的珍珠，善良是人最宝贵的品质”。圆玄小学至善文化教育的希望就是：要让孩子们在“积善成德”的环境中健康成长，让孩子们不因善小而不为，从而“积善成德”，形成健全的人格。在一个充满善良、尊重、谦让、宽容、理解的氛围中，让师生感受人世间的温暖和美好，让大家每天迎着朝阳，怀着希望和憧憬跨入校门，在夕阳西下的时候带着愉悦和收获离开学校，让孩子们在“日行一善，善行一生”的过程中登上“至善”境界。

## 二、探索至善特色文化教育途径

诺贝尔和平奖获得者法国哲学家史怀哲认为：“善就是爱护并促进生命，把具有发展能力的生命提升到最有价值的地位。”学校教育就是塑造“善”的灵魂。在学校特色理论的指导下，我们整合、创新、提炼了七大特色教育有效途径。

一是通过“制度”保障至善特色文化教育。结合新课程改革理念，学校制定了系统和谐的人本管理制度，得到全校上下的认同，体现正义、正气、正派，在全面实施和谐管理中，注入鲜活的富于生命活力的元素，形成彰显本善本色的管理文化、制度文化和精神文化。制订了学校特色发展规划和特色建设日程表，把至善特色文化建设作为当前以至今后一段时间的重要目标任务。推出了“一生之计在于勤”时间表，各个常规教学时段的提示语做到生动鲜明。如：早锻炼——闻歌起舞、上课时间——敏而好学、课余时间——轻松快乐等，开通“五彩阳光”广播站，设计“阳光·足迹”个性化小档案等等，让和谐管理成为一种愉悦身心、激发学习欲望、产生学习动机的润滑剂，让管理成为“润物细无声”的文化享受。



二是通过“活动”体现儿童至善特色文化教育。重组、整合资源，加大优秀人脉资源的吸纳，开办至善大讲堂、开放大舞台，开展“一路阳光”班队会、“放飞梦想”毕业生会、“真情相约”家长开放日、“寻找我身边的善”等儿童特色文化活动阵地，以阵地建设促发展。

三是通过“环境”凸显至善特色文化教育。“人创造环境，同样，环境也塑造人”，根据园林式校舍结构，创意“童心·梦想”、“阳光·经典”、“多彩·智慧”、“自然·欢乐”和“童心飞翔”若干“校园一景”，形成至善文化精品校园。此外，我们还营造以“生命教育”为主题的育人环境，帮助广大师生了解生命现象、感悟生命价值、实现生命关照、绽放生命精彩、实现人生至善。

四是通过“班级”建设至善特色文化教育。一个年级一个特色和系列，一到六年级分别形成了以至善为主题的诗歌、图画、手工、童话、寓言、爱心、文本、名著、名人、学校、班级座右铭系列班级文化。

五是通过“课堂”落实儿童特色文化教育。构建以新课程理念为基础的“和乐”课堂教学新文化，尊重儿童，坚持把教学的着眼点放在培养学生学习的兴趣和方法上，从培养学生兴趣入手，在创造良好的儿童学习氛围上下功夫，提倡个性化学习，努力创造适合学生的教育。通过把学生作为教学的中心，使学生在学习的整个过程中保持主动性，快乐地学习，积极地思考，主动地提出问题、思考问题和解决问题，全面培养学生的创新思维能力，培养学生对自然和社会的发现与欣赏，呼唤学生热爱生活，鼓励他们用新的视角去看待世界，发现新奇和变化，给学生的发展开拓广阔的空间，促进他们全面发展。围绕课题，校长亲自举行“至善课题，诗化校园”师生校本培训，广泛开展儿童即时问题研究，为儿童发展提供绿色通道。

六是通过“课程”深化至善特色文化教育。创建学校师生课程文化系列，根据学生需求，编写“本善本色”校本课程：广泛开设阅读课，开阔学生视野；落实教师每年两本自选必读书即综合文化素养提升书籍和专业成长书籍的阅读。“圆玄学子善行歌”就是从校本的角度，提取儒、释、道三教为善的核心价值体系，从修身、立德、求知、向善等方面提出具体的要求。形式短小，言简意赅，朗朗上口，让全体师生进行诵读。让每个孩子都有幸福的童年，让每个孩子花时间换快乐，让每个孩子在潜移默化中受到教育，养成向善行善习惯。这一系列举措，丰富师生精神内涵，提升师生品位，让文化引领、润泽师生心灵。



七是通过“家庭”拓展至善特色文化教育。建立家庭互通平台，创建儿童化学习型家庭。邀请部分学生参加家长会、邀请部分家长进入课堂听课，教师、学生、家长共同畅谈“知止至善，学做真人”等，通过师生的言行影响每一个家庭，提高育人效果。

## 三、打造至善特色文化教育品牌

打造特色，成就品牌。创建特色学校是打造强势品牌教育的一条有效途径。我们通过课题引领、创新和提炼学校的物质文化、精神文化、制度文化和行为文化，形成若干至善特色教育优质品牌。

1. 兴建“至善特色文化”景观实践场。

探索和升华研究至善文化教育的物化成果。如：“童心梦想园”、“阳光经典园”，寓意是让我们的孩子与经典相伴，时时聆听先哲圣贤的教诲，“读千年经典，做少年君子”。通过开展“读经典书，做至善人”经典诵读，让经典文化如和煦春风吹拂学校的每个角落，让师生们得到熏陶与感染，成为志趣高雅、学识博雅、气质儒雅的圆玄人。“多彩智慧园”：让孩子们感受古今科技文化，胸怀祖国、放眼世界，树立为中华之崛起而读书的理想与信念。“自然欢乐园”：处处以至善教育发展为本，处处彰显至善特色。“景观实践场”，一是具有教育功能——处处以经典文化“润物细无声”

地对师生进行熏陶教育；二是具有展示功能——处处展示孩子们特色发展的物化成果；三是具有实践功能——学习经典、景观互动、图上操作，处处成为孩子们的实践场。事实证明：文化因素对人才的培养，已远远超过经济和物质投入的影响；缺失文化的学校是没有灵魂的躯壳；资源总是有限的，唯有文化生生不息！

2. 举办“本善本色”校园文化节。

组织师生运用听、说、议、讲、编、写、画、演、做、想象等各种形式全面学习、感悟、表达中国古典诗词，特别让学生自己动手去搜集、选择、感悟和用自己独特的、创新的手段去品读、欣赏、表现、了解、体验、感悟民族文化的丰富内涵，感受民族精神的伟大力量，弘扬和培育民族情感和爱国主义精神，引导他们为实现中华民族复兴做好全面准备。在这形式新颖、内容丰富的校园文化节里，张扬孩子们的个性，展示他们的才华，让他们表现自我，相互交流学习。校园本善本色文化节成为孩子们最向往的节日。“至善”之花在校园盛开。在广州市第五届学校舞蹈比赛中分别荣获花都区、广州市一等奖。荣获广州市体育大课间评比一等奖，被评为广州市八所读报先进学校。荣获花都区首届中小学诵读中华经典美文大赛二等奖。

3. 开办“至善大讲堂”。

启动综合系列德育教育“至善大讲堂”。以“至善精神——我们的脊梁”，“圆玄信条——教育人生梦”，“圆玄追求——尊重与宽容”，“圆玄期盼——温暖与美好”等为内容，涉及经典诵读、国学文化、明理立志、安全礼仪等多个系列，推行“上善若水，礼行天下；日行一善，善行一生”的精神理念，我校派出教师代表参加花都区教师辩论大赛荣获了二等奖。获国家级论文一等奖 1 人，在国家级刊物发表论文 1 篇，获省论文一等奖 1 人，二等奖 1 人，市级奖 5 人。毕婉敏主任和温远有老师为家长，兄弟学校，省、市、区有关专家、领导运用绘本和聊天的教学方法各上了一节《爱是什么》和《生命、生命……》的展示课。课堂上师生互相理解、相互悦纳、相互激励，乐也融融，充满了生命的灵动，师生在不知不觉中进行了至善教育。进一步提升师生、家长文化素养，丰厚精神文化领域，形成具有自己独特风格的回归学科本色、还课程原味的“至善”大讲堂。



此外学校还开通“五彩阳光”广播站启动“开放大舞台”，开展“手拉手”活动，“小故事、大道理”、“小活动、大教育”等多个至善特色品牌逐渐形成，有力地促进了学生品德的养成，打造“上善之人”。

至善特色文化是我们学校文化的重要特征，我们的教师因至善而美丽，我们的学校因至善而美丽，我们的教育因至善而美丽。

**参考文献：**

1. 叶澜. 新世纪教师专业素养初探. 教育研究与实验，1998（1）.

2. 尊重的理念. 中国教育报，2007－10－23.

3. 黄达强. 行政管理学. 高等教育出版社.

# 凝炼本善本色文化，铸造诗化教育品牌

毕拱文

教育是一种“唤醒”，更能滋养人向善的天性。如果教育能够保持儿童、少年向善的天性，提升儿童、少年向善的素养，那我们的教育就是符合人性的教育，我们看到的将是一个个健康活泼的身影，一张张灿烂快乐的笑脸。保持和提升人的向善天性和素养的教育就是“本善教育”，就是在教育实践中去探索本色的教育，而本色的教育就是符合科学发展思想的教育。

花都区圆玄小学是在香港圆玄学院捐助下兴建的。圆玄学院以道、儒、释三教合一为特色。圆玄小学以人本发展为追求，秉承“全面发展，德育为道”的办学理念，将继承和弘扬圆玄学院的“正心修身，明道立德”的传统美德，以“知止至善”为校训，努力培养求真向善，知错能改，诚实高雅，博爱奉献的接班人。一直以来，我们在苦苦思索：如何根据圆玄的校本资源，打造属于我们的教育特色品牌？我们认为：教育的课题在启发心智，教育的秘方在尊重学生，教育的基础在生活习惯，教育的目的在健全人格。孟子主张人性本善，荀子说人性本恶论，而佛教主张人性有善有恶。无论人性本善、本恶，或善恶俱全，教育的目的就是要能开发人性善的本能，去除人性恶的习性。所以，教育是在开发人们与生俱有的潜能，是在培养良好和谐的性情，进而完成德性生长的过程——健全人格。经过反复论证，我们提出“凝炼本善文化，铸造学校品牌”的思路。我们认为：追求本善、本色的交融和统一，是人类社会的理想，也是教育的最高境界。我们及时推出“本善本色”学校文化建设的实践与研究，并努力追求本善本色文化背景的诗化教育境界。

我们打造学校特色品位是指学校特色中的“本善本色”的含量。我们欣赏这样的教育信条：理想的教育是身心和谐发展，是科学精神和人文品质平衡发展的教育，是凝炼本善本色意境的教育，而凝聚中华美德的“诗化”教育则是实现这一教育的理想途径。

在实践中，我们越来越领悟到诗歌的精神与教育的品质有着异曲同工之处，即诗的想象浪漫性、情感的丰富性、语言的精练性、表达的真切性，都与教育的本质品格相似，即教育追求的终极目标之一就是让受教育者永远追求“向善”；教育在唤醒受

教育者的“善”，因为人性总是“善”的，教育还在唤醒受教育者的“本色”，让受教育者能真实地感受得到自我的存在与价值。让我们的孩子看到这个世界是美好的，我们生活在原汁、原味、原色的童真世界中。诗的美德文化特征和情感体验性特征是教育的宝贵资源，它是创造性教育的土壤。我们把诗化教育作为本善本色学校文化建设的抓手——使本善本色文化与诗化品质作为学校的文化弥漫在学校工作的方方面面。

## 一、诗化教育促进学校本善本色文化内涵的形成

一所成功的学校应以它的文化著称。学校文化大而言之，是全体成员通过共同努力所达到的学校总体文明状态，学校文化就是一所学校的风范和学校的精神，学校文化一旦形成会对学校办学行为和员工的教育行为产生导向、凝聚、激励、约束作用。学校文化是以校园精神为灵魂，以全体师生员工共同遵从的价值信念为核心的一个亚文化系统。它既是学校管理的重要内容和产物，又是学校对其成员进行有效管理的手段。学校文化无论是以物质形态、制度形态还是以精神形态作用于置身其中的每个人，最终都是以一种“意识”化的东西对人产生影响。

作为校长，我要用教育的理念和美好的远景来实现学校可持续的发展。苏霍姆林斯基曾说，学校工作的管理说到底是教育思想的管理。在学校的目标建设中，我们明确提出学校的发展远景。

1. 发展特色——至善特色文化：通过制度、活动、课堂、环境等七个方面构建至善特色文化校园，探索适应儿童的教育，给孩子最快乐的童年，给人生最坚实的起步。

2. 发展目标——本善本色：首先“本”起始、以“善”为良好的内涵素质，“本善”即为孩子做人之善，为人起步之善。本色即追求原汁原味原色。

3. 圆玄精神——至善精神：学校有情，有特色。“以诗立校、以诗育情。教师有爱，有专长。学生有梦，有特长”。

4. 圆玄信条——日行一善，善行一生。教育是不断寻梦、追梦、圆梦的历程。从小做起，“勿以恶小而为之，勿以善小而不为”。每天做一件有意义的事情，圆一个健康、快乐、向上的教育人生梦。

5. 圆玄追求——上善若水，礼行天下。善是美的化身，礼是美的表白，在赠人玫瑰，手有余香中，为师生打开发现美的窗户，搭建展示礼的舞台。

6. 圆玄期盼——花儿的学校，花儿一样生长。儿童如花儿，园丁育花儿。儿童在乐园享受阳光、雨露，快乐成长，如烂漫花儿一样幸福绽放。

学校设想：以诗情画意来提升学校至善教育的品位，借助生活诗趣意境来提高师生人文品质和审美情趣、丰富学科课堂教学方法和内容、改善学校文化的环境和质量、扩大少先队活动的广度和深度，逐步形成圆玄小学特有的诗化教育的课程系列。

自 2007 年 3 月学校参加“中华经典诗文诵读”研究之后，我们在营造诗情画意的学校文化中作了一些有益的探索和实践，进一点扩大“诗配画”、“画配诗”的影

响，尝试开展“诗与书”、“诗与乐”、“诗与韵”的活动，如结合民族精神教育举办本善本色校园文化节。组织师生通过各种形式全面学习、感悟中国古典诗词，特别让学生自己动手去搜集、选择、感悟和用自己独特的、创新的手段去品读、欣赏、表现、了解、体验、感悟民族文化的丰富内涵，感受民族精神的伟大力量，弘扬和培育民族情感和爱国主义精神，引导他们为实现中华民族伟大复兴做好全面准备。学校让每一个学生都上台展示自己的特长与学习成果。学生通过学诗、吟诗、编创童话诗剧等，真正感受到校园的温馨与和谐，感受到向善行善的乐趣，使校园真正成为学生学习的乐园、精神的家园。我们的追求：校园本善本色文化节将成为孩子们最向往的节日。

## 二、耕耘诗化生命原野，绽放本善文化新蕾

理想的教育是身心和谐的发展，是科学精神和人文品质平衡发展的教育，是凝炼真善美的意境的教育，而“诗化”教育则是实现这一教育的理想途径。

正因为树立了人本的立校观，在圆玄校园，学生不是“知识的容器”，而是生命的火种、精神的火种、心灵的火种。在圆玄小学的办学理念中，提出了“本善本色，追求特色”的口号。与时俱进，探索有效的教育途径与手段是教育的永恒追求。在学校特色理论的指导下，我们整合、创新、提炼了七大特色教育有效途径。

一是通过“制度”保障至善特色文化教育。结合新课程改革理念，制定了系统和谐的本善本色学校管理规章制度和实施细则，在全面实施和谐管理中，注入鲜活的富于生命活力的元素，形成彰显本善本色的管理文化、制度文化和精神文化。制定了学校特色发展规划和特色建设日程表，把至善特色文化建设作为当前以至今后一段时间的重要目标任务。推出了“一生之计在于勤”时间表，各个常规教学时段的提示语力求生动鲜明，如早锻炼——闻歌起舞，上课时间——敏而好学，夕会——study 加油站等，开通“五彩阳光”广播站，设计“阳光·足迹”个性化小档案等等，让和谐诗化管理成为一种愉悦身心、激发学习欲望、产生学习动机的润滑剂，让管理成为“润物细无声”的文化享受。



二是通过“活动”体现儿童诗化特色文化教育。重组、整合资源，加大优秀人脉资源的吸纳，出炉本善本色特色方案，形成至善大讲堂、开放大舞台，开展“一路阳光”班队会、“放飞梦想”毕业生会、“心灵沟通”的家访日、“真情相约”家长开放日等儿童诗化特色文化活动阵地，以阵地建设促发展。

三是通过“环境”凸显至善特色文化教育。依据园林校舍结构，创意“童心·梦想”、“阳光·经典”、“多彩·智慧”、“自然·欢乐”和“让心飞翔”若干校园一景，形成至善文化，诗化精品校园。

四是通过“班级”建设至善特色文化教育。一个年级一个特色和系列，一到六年级分别形成了童话、寓言、散文、名著、名人系列班级文化。

五是通过“课堂”落实儿童诗化特色文化教育。我们认为，课堂是生命成长的沃土，学生在知识储备增长的情境中以及在彼此欣赏中体验课堂的欢乐，经历生命互动

的积极过程，课堂是人际交流的天地。新课程下的教学活动应当是在老师的组织下，以平等沟通为前提，师生在足够的时空自由中，与知识、生活、学科进行冲撞的读书交流。课堂教学的功能，已经远远超越了“输入”有限知识的任务，教学过程应是在老师合理组织下，鼓励学生参与学习的活动过程，增强情感的体验。

六是通过“课程”深化至善特色文化教育。创建学校师生课程文化系列，根据学生需求，编写校本课程；广泛开设阅读课，开阔学生视野；落实老师每年两本自选必读书即综合文化素养提升书籍和专业成长书籍的研读，结合民族精神，开展读书增知比赛、诗歌擂台、体育游戏节活动等这一系列举措以丰富师生内涵，提升师生品位，让文化引领、润泽师生心灵。

七是通过“家庭”拓展至善特色文化教育。家校共建，形成共识，开展儿童学习型家庭创建，共同促进学生发展。

## 三、建设诗化课程，激活“本善文化穴位”

课程是学校实施教育教学的基本载体，是作为一种制度的学校组织的基本“文化穴位”。近年来，学校整合了德育与教学活动，重构了学校课程，并将学校的德育活动、学科教学、课外活动、社区活动、团队活动、体育锻炼等一系列有计划、有组织的活动，统一纳入课程管理范畴，构建以课程为中心，以教师、学生为课程主体，以活动为载体，以“开放性、选择性、综合性”为课程文化内涵，开发了适合学生发展的课程系统。把基础型必修课、拓展型选修课和研究性课程都设置在相应的学习领域和科目下，这样的课程结构，有利于整体规划课程内容，有利于提高学生的综合素养。



为了建设诗化课程，在教师活动方面，学校将整合教育科研、课程改革、师资培训，构建以学校为基础、以问题为中心、以课程改革为舞台、以教师发展为目标的校本培训系统。通过校本培训，培养一批在省、市、区各学科领域中有较大知名度的教师，培育若干在省、市、区有较大影响的特色学科，形成一支人格魅力足、专业水平高的教师队伍，实现教师专业化发展。学校将推出以下举措。

拓宽教师视野——请教育界的名家来学校作报告，开阔老师们的眼界、提高教师的教艺水平和个人修养；开展读书活动——组织教师阅读文化名著和教育经典、汲取精神养料、陶冶情操、提升思想水平；案例课题研究——通过要求老师记述课堂教学案例和教育案例以及在此基础之上的课题研究，反思教育教学行为、改进课程教学；建立导师制度——通过“全员德育”、“全程德育”管理模式，要求所有老师都担任学生导师，与学生进行关于本善本色方面问题的对话，形成对话德育模式，在贴近学生、真情对话中融洽感情；搭建讲坛论坛——通过开展每年度学术研讨会，让老师们在全校同行面前交流自己的教学心得和研究成果。通过推荐，老师参加教学展示、参加校际论坛，让优秀教师传播自己的经验，激起思想的火花，使全校老师在教学教育中既有传承，又有创新。

为了建设诗化课程，学校主要设想以下举措。

结合诗化教育，提出创造诗意的课堂、创设诗化的评价、创制诗化的语言、创建诗性的师生关系等。如数学课上老师运用浅显通俗、读起来朗朗上口的儿歌帮助学生理解概念，激发学生兴趣，让数学课平添几分艺术性。语文老师把内涵丰富、文字精美、包含情感的诗歌请进语文课堂，恰当地融入到语文教学中，可以起到事半功倍的效果。在课堂教学中开展“诗化”导入语及运用诗化的语言突出教材重点、难点的初步研究等。

## 四、挖掘心灵之泉，展现文化期待

文化是心灵的产物，它又是一种深刻的暗示和期待。它期待人们来认识它、欣赏它、丰润它。它期待历史有了它而变得丰润。

学生心灵之花的盛开，很大程度来自学校环境文化建设。为此，学校正精心新建许多富有文化元素和生命张力的景观。我们想方设法集思广益，对以往的教室内外的自然景观、园林小品、雕塑饰物进行“化妆打扮”。陈旧的，进行修饰，使之变得优美、赏心悦目；缺乏文化品位的，则进行改造，使之更加耐人寻味；在学校人际关系这种隐蔽文化方面，我们经过对话、调适、引导等工作，构造出一个心齐气顺的心理磁场，使师生和谐、生生融洽，让人精神振奋而愉悦。学校将探索和升华研究至善文化教育的物化成果。如：“童心梦想园”、“阳光经典园”，寓意是让我们的孩子与经典相伴，时时聆听先哲圣贤的教诲，“读千年经典，做少年君子”。“多彩智慧园”：让孩子们感受古今科技文化，胸怀祖国、放眼世界，树立为中华之崛起而读书的理想与信念。“自然欢乐园”：处处以至善教育发展为本，处处彰显至善特色。“景观实践场”，一是具有教育功能——处处以经典文化“润物细无声”地对师生进行熏陶教育；二是具有展示功能——处处展示孩子们特色发展的物化成果；三是具有实践功能——学习经典、景观互动、图上操作，处处成为孩子们的实践场。



可见，文化真是一种精神期待，优秀的学校文化就会打造出卓越的品牌，崭新的学校文化能给人新的希望。未来学校的竞争，归根到底是学校文化的竞争，学校文化是学校的核心竞争力之一。学校文化反映了一个学校内部隐含的主流价值观、态度和做事的方式。这种价值观、态度和做事方式可以使一所学校保持相对长期的繁荣。优秀的学校文化引领着学校朝着健康的方向发展。只要学校特色文化建设搞好了，学校的教育质量上去是一种水到渠成的结果。在学校对本善本色文化建设的初步尝试中，学校师生已经尝到了甜头。学校正努力营造一种“文化场”，这个“文化场”是师生共同成长的精神家园，就像《论语》里所描述的那个境界，孔子与弟子们“暮春者，春服既成，冠者五六人，童子六七人，浴乎沂，风乎舞雩，咏而归”。这种优哉游哉的闲情逸致，其实就是诞生孔门七十二贤的土壤和空气。

我们正是在探究本善本色学校文化建设过程中，通过文化的期待，得到了学校文化建设的启示：一是根据已有的积淀和将有的建设，提炼学校文化的特定内涵，体现本校特色；二是根据学校的特定文化，形成具有本校意义的教育资源；三是组织学校文化建设的实质性活动，使全校师生达成共识；四是注重学校文化与学校教育教学的有机渗透和整合。

希腊有句谚语："在适当的时候做适当的事，是一种伟大的艺术。"在今天学校追求创办特色品牌之际，在追求高品位、高质量办学效益的改革过程中，我们相信：我们定能为本地教育再启一扇亮丽的窗扉，为广东教育再打造一块闪亮品牌。

**参考文献：**

1. 陶伯华．美学前沿——实践本体论美学新视野［M］．北京：中国人民大学出版社．

2. 叶澜．新世纪教师专业素养初探．教育研究与实验，1988．（1）．

3. 徐艳阳．校长的教学管理艺术．教育，2007（12）．

# 学校本善管理中的规范与激励

毕拱文

**摘要:**

本文以我校本善教育理念为基础，从加强科学管理，依法治校，用规章制度规范人和加强思想教育，以诚待人，用情感氛围激励人两大方面阐述了学校建设以人为本，科学管理的具体做法。特别关注了创建平等和谐的人际关系，强化校园的环境建设和文化建设，物质与激励同步。概而言之，以人为本，科学管理才能激励广大教师爱岗敬业、教书育人。



**关键词:**

以人为本　科学管理　规范　激励

辩证唯物主义者以为，社会的主体是人民群众，任何社会活动都是人类所进行的活动，离开了主动性和积极性，任何社会活动的目标都难以实现。笔者认为，以人为本，调动学校职工的积极性，发挥教师潜能是学校内部管理体制改革的出发点和落脚点。因此，学校内部管理必须加强两方面的工作：一是继续加强科学管理；二是继续加强思想政治工作。

## 一、加强科学管理，依法治校，用规章制度规范人

马克思指出：一切规模较大的直接社会劳动或共同劳动，都或多或少地需要指挥，以协调个人的活动。从某种意义上来说，人类社会就是通过管理活动，使现实世界从无序到有序，形成合理的组织结构，充分发挥各种资源作用，激发和调动组织系统中个人和群体的力量达到一定的目的。近年来，随着法治舆论的日益浓厚，教育法律法规的日益健全，依法治校机制的逐步建立，我们制定了比较系统的既符合法律法规和方针政策，又切合学校实际的规章制度和改革方案。我们加强管理，重视抓好以

下三项工作。

1. 对近年来学校内部管理体制改革实践进行全面回顾，认真反思，总结哪些做法科学有效、值得坚持；哪些做法成效不大，需要加以修正改进；哪些做法不科学，负面效应较多，需在今后的工作中予以避免，加以克服。我们坚持实事求是的态度，与时俱进，开拓进取，实践创新，敢于否定在实践中的过失。做到敢破、敢改、改立。

2. 对学校内部管理体制改革的实施方案和与之相配套的规章制度进行修改、补充和完善。法治是行政管理现代化的主要标志，也是学校管理现代化的重要标志。学校内部管理体制改革方案是根据国家、政府所颁布的法规和教育行政部门所制定的方针政策，结合学校管理实际，通过自上而下和自下而上的程序制订的。可以说，它是国家、政府意志和学校全员意志的体现。按照改革方案进行改革的学校内部管理体制改革健康发展的前提和保证，也是依法治校的重要标志。学校内部管理体制改革是一项全新的工作，人们对它的认识有一个从无到有、由表及里、不断深入的过程。因而改革方案也应有一个不断修正、不断补充、不断完善的过程。对此，我们坚持贯彻"奖勤罚懒"和"奖优罚劣"的原则，在提高方案科学性、规范性的同时，尽可能提高实际操作的简便性。同时，建立、健全和保证方案贯彻实施的各相关的规章制度，从而使方案的实施得到周全而有力的支撑。

3. 对教师的评价方案进行改革。美国心理学家佛隆创立的期望理论告诉我们：人们总是期望自己的工作能得应有的合理的评价，否则就会导致工作积极性的降低。目前，我校教师评价制度已建立，并实行评价与奖励，评价与职务、晋升聘任，评价与表彰相挂钩。在教师中开展自查自纠：一查理想信念，二查依法执教，三查爱岗敬业，四查热爱学生，五查严谨笃学，六查团结协作，七查尊重家长，八查廉洁从教，九查为人师表，十查服务观念。评价对于教师具有强烈的导向作用，但由于教育工作特别是教师劳动具有无限的复杂性，评价上的毫厘之差往往会造成较大的直接经济损失。因而对教师的评价一定要注意内容齐全、标准科学、坚持程序的规范，正确把握好评价的价值目标，即有利于教育方针的全面贯彻，有利于学生整体素质的全面提高。同时，我们注意处理好过程评价与结果评价、定性评价与定量评价、评价主体与评价客体这三对关系。



## 二、加强思想教育，以诚待人，用情感氛围激励人

美国人本主义心理学家马斯洛的需要理论告诉我们：人的需要分生理需要、安全需要、爱的需要、尊重需要、自我实现需要五种。它们像阶梯一样从低到高排列，但其次序并不是完全不变的，低层次的需要相对满足后，就会向高一层次发展，每一时期内总有一种需要占支配地位。在生理需要基本满足，甚至生理需要尚未满足的时候，追求尊重需要，追求自我实现和自我发展的需要，是中国知识分子，也是中、小学教师的需要特征之一。学校奋发向上的氛围与和谐融洽的人际关系，有利于学校上下层之间及学校各成员之间理解、支持和相容，它与科学管理相互作用，能在学校中

造就一种既有活力又有压力的工作环境，有利于学校每个成员心情愉悦地充分发挥自己的才能，有利于教师齐心协力地进行创造性的劳动。反之，如果学校只讲工作量的折算，只讲奖金的制约，只讲严厉处罚，学校领导与教师之间会筑起一道屏障，会形成冷冰冰的领导与被领导关系，那么，学校中的老师即使一个个是龙是虎，也难以形成龙腾虎跃的群体，也难使全心全意为人民服务的思想变为全体教师的自觉行动，更难以圆满地达到学校的工作目标和办学目标。

怎样以诚待人，用情感氛围激励人，我们在实践中竭尽全力做好如下四方面的工作：

1. 创建平等和谐的人际关系。教师具有较高的文化知识和理论水平，在人际交往中一般自尊心较强，喜欢表述自己的观点，喜欢自由支配自己，讲究服理，不服权势；同时，教师的劳动具有个体性质，集体协作的特点，因而创建平等和谐的人际关系对学校管理来说尤为重要。如何创建平等的人际关系，我们结合本地区、本校的实际，利用双休日、节假日开展各类社会考察及文体活动，进行级与级之间拔河比赛、卡拉“OK”比赛，与家长同乐，与社区同乐，与学生同乐，与家属同乐。我校还结合教师的年龄特点、学科特点、课题研究特点，举办各类生动、形象的教研活动，绘声绘色的演讲活动等。这些活动文化含量高，休闲情趣浓，既满足教师归属、认同感及合作和尊重的需要，又能使教师彼此的认知、情感、意志和行为得到充分的交流和沟通，学校的凝聚力有了质的提高。

2. 坚持以人为本，强化师德建设。师德修养是教育素质的重要方面，为使教师热爱教育事业，强化依法从教和教书育人的责任意识，树立敬业精神，树立良好的师德规范和高尚的人格风范，不断提高教师的教育科学理论素养和科研能力，提高教师的教育教学的科学性和艺术性，激发教师的教育教学的创造力，学校坚持每学年一次课堂向社会、家长开放，不厌其烦地向家长宣讲教育新理念；坚持每周一次的学习制度，学习党的路线、方针、政策和有关教育法律法规，组织学习贯彻《中、小学校教师职业道德规范》，使之恪守职业道德，以行风评议和《公民道德实施纲要》为内容开展教师培训，以此作为教师工作考核的依据。我们针对学校班子新特点，向领导班子提出“团结、进取、求实、高效、奉献”的口号，在广大教师中开展“立高尚师德，树教育新风”的活动，把“名师工程”和一年一度的班主任工作研讨会、青年教师座谈会、家长学校委员座谈会、学生家长座谈会以及教学“百花奖”作为推动教师整体素质提高的重要手段，使老师的整体素质不断优化，通过学习、研讨、交流、座谈、培训等，使教师们学有榜样，改有目标，立有方向，进而树立敬业、爱生的高尚师德。



3. 加强校园的环境建设和文化建设，激发教师积极情感。学校在改善办学条件，提高教师福利待遇的同时，想方设法筹资金，节省开支用于校园的环境建设和文化建设。实践证明，充满文明气息的校园景观，美观、大方、布局和谐且有特色的教学环境能潜移默化地感染人、激励人，起到无声胜有声的作用。诚然，校园应不仅仅是教师活动的一般空间，而且应成为培养人的品德、陶冶人的情操的有效资源，成为激发

教师积极情感的源泉。

4．激励中有导向，物质与精神同步。我们为了调动教师的积极性，常用多元激励的方法，包括信仰、目标激励，荣誉激励，信任、关怀激励，满足需要激励等。运用激励有导向，否则会事倍功半，甚至走向反面。导向要根据事业发展总体目标的需要，如我们倡导“敬业爱岗，团结进取”的精神，就对专心事业、讲团结协作、能开拓创新的老师进行激励；我们加强德育工作，就特别对优秀班主任进行激励；我们呼唤课堂充满生命力，就对课程改革积极的教师进行激励等。在进行物质激励的同时，我们特别注重物质与精神同步，以取得最大的激励效果。物质激励的目的是提倡发扬物质需要的精神，物质本身不是目的，因此，在物质激励很难做到十分科学、公平的情况下，还需要提倡奉献精神，不斤斤计较个人得失。

实践证明，本善管理体制改革给学校注入了活力，使学校增添了生机；学校领导增强了事业心、责任感，管理日益讲究科学、规范；教师提高了工作积极性、主动性，树立了工作的数量、质量、效益意识；学校内，工作“干多干少、干好干坏一个样”的状况一去不复返，课程改革如火如荼，有声有色，在镇、区、市教师教学技能竞赛乃至参加全国评议发展与创新现场比赛制作均获殊荣，教育教学质量稳步提高，如雨后春笋般地涌现了一批爱岗敬业、教有特色、显示个性的骨干教师。

# 树立现代管理观念，从战略角度发展学校

毕拱文

**摘要：**

本文从学校现代管理注重民主化与科学化，学校管理不断加强法制化与制度化，学校管理要时刻以“创新”为前提三个方面论述树立现代管理观念，从战略角度发展学校。现代科学管理思想和理念定会推动学校与时俱进地发展。

**关键词：**

现代管理　创新发展



著名的教育家苏霍姆林斯基在圣彼得堡国立师范大学的毕业典礼上说：“教育有其特定的规律，唯有以科学的办学理念和管理思想作基础和指导，才能完成时代赋予她的使命。”教育是无国界之分的，目前，我国正处于教育教学深化改革时期，各种教育思想和管理理念此消彼长，现代教育呼唤科学的管理理念。从某种意义上来说，学校管理思想是一所学校办学智慧的集中体现，是一所学校文化的灵魂，是学校可持续发展的原动力，它关系到学校一切管理行为和教学行为的成败。科学的管理思想和理念定会推动学校与时俱进地发展。

## 一、学校管理注重民主化与科学化

在学校管理思想中，我提出民主与法制、科学与人文互相统一，并在教育管理中明析梳理，推陈出新；在认真分析教育发展形势和本校的实际发展情况后，依照教育法规，对办学性质、办学目标、办学宗旨、管理体制及运行体制、学校规章程序等重大问题制定出章程和计划，力争在现有基础上整合学校资源，发挥效益的最佳值，从而进一步推动学校向前发展。我们的办学目标是：“让学生成功，让家长放心，让人民满意”，以“团结、奉献、进取”为精神，以“为了明天，拼搏今天”为校训，以

"主人"为学校特色，即人人做学习的主人，人人做工作的主人，人人做学校的主人，并要求行政领导做到"德能兼备，做教育专家，教学行家，教师楷模"，教师做到具有"崇高的师德规范，现代化的教育理念，渊博的专业知识，高水平的教育教学能力，人民满意的工作业绩"。

学校是由多种要素相互联系，相互作用构成的多层次、多结构的复杂系统，现代的办学思想和治校方略是学校管理者所应深思探讨的问题，它是办好学校的关键所在。我曾经自己对自己说过，校长是一所学校的旗帜。主要是因为校长对于推动学校发展的作用，他的管理思想和教育精神是否能适应现代教育的发展，是否真的能推动学校的"产品"转化能力。在科学理论指导下使我形成了现代的管理思想和理念，这是"人本管理"和"法制管理"的切实补充，真正做到民主与科学。

长期以来，我十分注重教育教学的实践，强调现代管理理论付诸教学并指导教学。在教育教学的具体实践中，树立服务意识与责任意识，并依靠强大的执行力。校长决策的执行者是教师，因此，为学校的教师服务，搭设平台，"待遇留人，情感留人，事业留魂"，这是我一直以来实施学校管理的理念，运用一切老师容易接受的方式和手段把老师们安安心心地留在岗位上绽放个人工作魅力；为学生做好服务，为其终身发展做铺垫；致力于创设和谐、平等、民主、互信的人际关系，营造团结、向上、积极、健康的氛围；充分尊重和发展每个学生、老师的人性与个性，尊重主体生命价值；在学校的战略决策，关乎发展性问题上倡导平等协商、互利合作的方式，建立和完善咨询制度和完善重大决策的论证制度，共同谋划学校发展。



## 二、学校管理不断加强法制化与制度化

制度建设和法治约束是学校管理思想的重要组成部分。因为人，包括老师、学生、行政领导都是凡人，不是机器，我们在实行人本管理、注重民主的同时也不断加强法制与制度管理。在当前的学校中，几乎都实行这样的管理方法，但我们学校做得更好、更细、更周密、更扎实。建立健全合理而又切实可行的学校管理制度，是依法管理学校的关键，是学校各项工作有秩序、有成效运行的保证，更是提高教育教学质量、实现人才培养目标的重要保障。依法治校、规范化管理是学校长期坚持的一套完整的制度化管理模式。近几年来，随着社会的发展，教育教学改革的不断深入，学校的各项管理完成了由常规化向科学化、规范化、制度化管理转变，学校的各项管理制度也不断完善、修订和补充。法治管理和制度建设是新华第三小学"让学生成功、让家长放心、让人民满意"的办学目标实现的保障，是学校走上良好发展的高速路的动力。

现代学校管理应依据最新的科学管理理论。诚然，我主动站在理论前沿，对学校管理的各个要素进行创新、整合，在遵循以前教育制度和教育规律、经验的基础上，依据新华第三小学的办学实践，创设了许多新的学校管理制度，使之适应学校的自主办学、自我发展、自我约束的运行机制，不断推动学校向前发展。学校不断加强领导的责任意识，依靠广大教师办好学校的民主意识、班子及其他成员的助手意识，并使

其制度化，不断完善人事管理制度，努力做到按劳取酬、优质优酬，打破平均分配，以心管心，以情管情，理想留志，感情留心，事业留魂，待遇留人，从而提高凝聚力和竞争力，激发教师的内驱力。让教师以开放的心态吸纳新思想、新观念，并转化为自己的教育教学行为，具有团队合作的精神，形成互相理解、互相竞争、互相宽容、互相合作，互相激励的交往心理；具有自我反思、自我超越的意识，善于将学校办学目标内化为个人的发展目标，改善自己的思维方式和行为习惯，形成制度化。加强实施课程改革，要以制度为主，以规范师生的教学和学习为主，以检测成绩管理、激励管理为主的刚性管理，并形成制度化。

在具体制度的制定和实施中，学校做了大量有益探索和创新性研究，在实践中切实按照“严、细、精、实、恒、高”的总要求，以点带面，重视内容制订上的精细化、规范化、教育化，如《党支部的工作制度》、《行政工作管理制度》、《德育工作管理制度》、《教学工作管理制度》、《创建特色学校工作方案》、《三年发展规划》、《后勤工作管理制度》。新华第三小学在各个岗位职责上也分工明确，各个细节之处都加以制度化，严抓实管。具体的岗位职责制分为《管理人员岗位职责》、《教学人员岗位职责》、《后勤岗位责任》，各个制度又包含了许多制度，力求学校管理的全面制度化。如《党支部的工作制度》中又包含《民主决策制度》、《民主监督制度》、《“三会一课”制度》、《政治理论学习制度》、《防止产生行业不正之风自我约束制度》、《党员联系教师、联系班级、联系问题生制度》等规范性制度。这些制度是在贯彻党的教育前提下制定的符合新华第三小学自身发展实际的制度，是学校发展的保证，是学校规范化管理的一笔战略资源！



## 三、学校管理要时刻以“创新”为前提

从某些方面，人类社会的发展依赖于人们的创新活动。同样，一个民族如果没有创新精神，也就不会有希望，教育之于人类伟大发明、创新同样是现代教育管理的动力，是学校生存的源泉，对学校的发展具有重大实践意义和长远的历史意义。

是的，从实践中启发了我不因循守旧，不墨守成规，是竞争使我认识到，在学校位置、生源、经济不占太多优势的情况下，要想发展学校，只有靠创新。管理思想的创新是创新理念的核心，具体包括转变观念，制度创新、管理模式创新、实践的创新、教学方法的创新、管理思想的创新。从整体上看，包括学校的办学思想、学校教育工作体制、学校育人观念；具体上包括教师个人的教育观念、教育技术和师生、生生、千生间三个层面诸因素的相互影响，相互制约，相互作用所构成的动力系统。学校的管理思想和方法只有不断创新、与时俱进，才能适应教育发展的要求，适应社会发展的需求。

在教育教学管理过程中，我始终把握教育发展的脉搏和动向，始终把自己的教育理论创新性地运用于教育实践。如在学校管理中充分贯彻“以人为本”思想，使每一个人，从学生、教师、职工到学校管理者都享有受尊重、拥有实现自身价值的空间。使教师“人人有事干，处处有舞台，时时有进步”的管理思路，在学校的现代管理中

营造有利于创新能力培养互动效应的学校教育环境，从优化德育环境，优化教学环境，优化活动体系，优化评价机制及他们的互动效应来创设、探索有利于学生全面发展和综合素质提高的教育创新管理体系。学校通过在管理思想上和管理体系上一系列的创新，发展势头良好，取得了喜人的成绩。学校先后被评为“广州市绿色学校”、“广州市小学规范化建设达标学校”、“广州教育局读报用报先进单位”、“广州市妇联巾帼文明岗”、“花都区教育局教学质量一等奖”（连续21年）、“花都区普权系统先进单位”、“花都区体育先进单位”、“花都区红旗大队”、“迎奥运、办亚运、强体魄、促和谐”为主题的市长杯、2008年广州市业余羽毛球系列大赛花都区赛区小学团体第一名等荣誉称号。

先进的理念，有效的执行力，必然导致思想的创新、模式创新。在学校参加国家教育部“十五”规划立项课题《语文发展与创新教育研究》之后，我校各学科老师人人积极参与课题研究，纷纷形成了有自身科学特色的教学模式。语文科《小学语文作业改革研究》已在广州市立项，品德学科《课堂教学中教师主体和学生互动的研究》和数学科《立足过程、发展评价》、英语科《活动性教学小学生主体性的研究》分别在花都区教育局教研室立项。

科学和人文的力量是巨大的，树立现代管理观念、创新性管理思想不仅是一种理念财富，更是一种教育资源，一种推动学校与时俱进、快速发展的战略资源！

**参考文献：**

1. 黄达强等. 行政管理学. 高等教育出版社.
2. 广州市广外外语学校. 学校管理. 2006－6（87）.

# 浅淡以善为本校风的培养

毕拱文

校风，是一所学校特有的作风、风气，是师生员工精神面貌和学校办学特色、水平的集中表现。它具有客观性、时代性、传统性、独特性、综合性、层次性等特点。它是互相交织综合构成的，既反映着时代的精神、教育的任务、办学的方向，又体现出与其他学校相异的个性特点。

根据我校的校本“以善为本”的理念，在创建文明学校中，我校围绕“内强素质、外树形象、全面发展、争创一流”作为总目标，努力培育“尊师守纪，勤教勤学，文明团结，勇于创新”的优良校风，促进办学水平的提高。



## 一、建设优秀的领导班子

成员因素论认为：学校成员的思想行为，是构成校风的思想因素，学校领导者的言行举止，是重要的因素，所以培养优良校风要从领导做起。

校长要做好教育教学改革的带头人，身先事率，做教育的模范，教改的先锋，管理的行家，领导班子成员要廉洁自律，拒腐防变，做到“自主、自省、自警、自励”，坚持党的群众路线，团结同事，带头依法治校、依法治教；要通过学习和实践不断增强改革精神、创业精神、进取精神和奉献精神；要注意加强自己的修养，坚持原则敢抓敢管。

## 二、建立一支素质高的教师队伍

要形成一种好的校风，关系到每一个人的作风修养，而任何人的作风修养都是与思想和言行一致、行动和习惯一致相联系的，否则就不成风，而具有群众性、稳定性、习惯性的作风，才能成为学校的传统作风，所以在广大的教师中，我们历来倡导言传身教，做学生的良师益友，做教学改革的“专业户”。为适应21世纪的需要，要求老师们不断提高与业务能力相应的学历层次，在本年内70%以上的教师达到大专学历。在广大教师中开展“立高尚师德，树教育新风”和“教坛十佳”等活动，使广大教师忠诚于党的教育事业，热爱学生，教书育人，爱岗敬业，具有坚定正确的政治方向和深厚的师德修养。

## 三、营造优美整洁的校园环境

校园环境直接影响着师生心理状态和教学秩序。我校近期内在校园规划上做到科学、合理、和谐、美观，包括校园装扮一新的教学区，平整好的运动区，保持整洁的生活区。园内果树成荫，教学楼前后绿草成片，花木成行。卫生区责任到班，花木管理落实到人，优雅、整洁、美观的校园对优良校风的形成、巩固产生了积极作用。

## 四、坚持开展“五项”教育活动

我校多年来坚持开展以爱国主义教育为主题的理想前途、爱国爱校、双学一当、两史一情、遵纪守法五项教育活动。在教学活动中突出“四为主”，一是以课堂教学为主渠道。认真制订渗透爱国主义教育的各学科教学工作计划，举办“我是中国人”为主题的教研公开课和渗透教育经验交流会。二是根据少年儿童的心理特点，开展以小见大、富有时代气息和童趣的活动。如：“我们走在长征路上”主题活动，“从小知国情”知识竞赛，“雷锋脚步在延伸”、“我为校园添光彩”等实践活动。三是以学校德育基地为主阵地，坚持规范化的升旗仪式，利用晨会、班队会、全校集会等，经常对学生进行热爱和尊敬国旗、国徽，唱好国歌的教育以及必要的礼仪训练。与此同时，注意发挥德育墙报、地图壁、宣传廊、名人画像、名言等的作用，对学生进行直观、形象的教育。四是以“三结合”教育为主网络。采取请家长委员会委员和法制副校长来校开座谈会，上法制教育课，组织学生到附近的华园新会访问，健全与秀全居委共建文明联谊活动等，对师生进行全方位的教育，扩大学校与校外的联系，达到预期的教育目的。



## 五、加强训练，严格要求

我们始终把小学生“守则”、“规范”的教育、训练列入学校工作计划和班队计划。每年新生入学，学校把行为规范制成教育条例、校风要求发给学生，除集中一天进行常规训练外，还利用学前教育的时间进行严格的行为训练，并通过红领巾广播站、黑板报等大造舆论，大力宣传。为使学校制订的校风要求、小学生日常行为规范教育落实到每个班级、每个学生，我们实行“学习、训练、检查、考评”制度，做到三个结合，即校风教育与行为规范教育相结合，将一日的行为要求、校风要求拍成系列录像，让各班学生有章可循；校风教育的系列条例与学校常规相结合，制订学生在校管理制度（十个子项）尊师四要、文明走廊四不，开展每周流动文明班卫生班评比，以及每月一次班容、班风检查等等；校风教育与学校德育活动相结合，充实校风内容，促进学生良好道德品质的形成。近几年来，我们每个学期有喜闻乐见的专题教育，分别开展了“学雷锋、树良好的校风、做文明孩子”，“学伟人，爱校园，兴中华，做党的好孩子”，“勤奋学习，争创佳绩，做新世纪接班人”等系列活动。我们的目标是培养一种良好的集体规范，建立一种良好的秩序，训练一种良好的学习、生活

习惯，进而形成优良的校风。

## 六、加强总结、指导、倡导推广

优良校风的形成、坚持需要做大量的及时总结、指导、倡导推广的艰苦细致的工作。我校从三方面入手：一抓评先创优。坚持一年一度的教师自评、互评、学校评定制度，评选优秀党员、工作积极分子、优秀班主任、先进工会会员，开展创建“文明班”、“文明中队”，评选“文明学生”、“优秀少先队员”、“优秀班干部”和“三好学生”等。用榜样的力量进行诱导教育，这种方法比批评教育、警告处分力量强大得多。二抓“五个一”养成训练。我们把校风的“十六”渗透到《守则》、《规范》的原则精神中，把它具体化为“五个一”养成训练，即整顿一个阵容（升旗仪式、早操队列、少先队仪仗队）；建立一种秩序（课堂秩序、课间秩序、集会、归程队秩序）；培养一种习惯（讲普通话、讲文明礼貌用语的习惯和养成良好的学习习惯）；坚持一项制度（卫生责任区包干打扫、值日劝导和校园治保制度）；树立一个观念（学习雷锋讲奉献，尊师爱生、尊老爱幼、爱护公物、遵纪守法的观念）。做到日评、周评、月评，学期初评，学年总评，表彰先进，激励后进，使之成为稳固的、积极的“习惯势力”，变成师生人人的自觉行动。三抓趣味活动。我校为填补“减负”后的“课余真空”，全体教师想方设法，积极发动和组织学生广泛开展兴趣小组、艺术、体育培训活动。举行一年一度的校运动会，使体育兴趣班的学生大显身手，为班为个人夺优，结合传统节日和法定节日组织全体学生开展“我有一双勤巧手”、庆“六·一”大游园、“百歌颂中华”等活动，我们还根据每个时期的教育任务和实际情况，开展学生喜闻乐见的活动。如：3 月组织学雷锋活动；4 月开展“红领巾献上一朵小白花”传统教育；9 月、10 月进行少先队纪念日队列操大评比；11 月、12 月到德育基地参观、调查、访问等。平时组织学生观看电影、郊外野炊、游学农基地等等，开阔学生的视野，扩大交往，增进见识，增加班内、级级组织内的凝聚力。

事实证明：要形成良好的校风，必须树立一个正确的奋斗目标，要把不正之风消灭在萌芽的状态之中，持之以恒地整顿校风、校容、校纪，这样才能促进良好校风的形成。

# 提高小学教师德育实效性的实践与思考

毕拱文

在当今的社会变革中，由于传统的德育观念、方法、手段有些已不适应新时期德育工作的要求，致使德育工作的“投入”与“效益”不成正比，德育工作实效不高的状况令人揪心。如何加强德育实效性的问题已经凸显在我们面前。两年来，我们在努力提高“德育实效性”上不断实践，不断总结，不断进行深层次的思考。

## 一、抓观念，确立德育的时代性

作为教育者，首先要树立适应时代发展的德育观念。我们要根据 21 世纪社会发展和青少年身心发展的需要，使之转化为学生个体素质，使其作为一个主体，在生理素质、心理素质和科学文化素质上得到整体优化，在德智体美劳诸方面和谐发展。其次是树立科学的人才观，相信人人都有才，个个都能成材。要相信每一个学生的发展潜能，变教育的选拔功能为发展功能。再次是要有科学的评价观，承认并尊重学生生理、心理、个性及行为方式等方面的差异，要从多方面衡量孩子。这样才有利于因势利导，因材施教。



## 二、抓小事，让孩子积“小”成“大”

抓小事就是要弘扬孩子身上的每一个闪光点，就是要引导孩了纠正和克服身上的不良行为的萌芽点。让孩子的闪光点不断闪亮，辐射他人，影响并连成一片，使不良的行为没有成长的土壤，从而使孩子能在健康的道路上成长。抓小事就是要落实学校的教职员工“人人都是德育工作者”的要求。特别要强调两个“任何”：任何一位老师在任何地方，发现任何一位学生言行上的“亮点”都要及时褒奖，并且大力宣扬，积淀孩子的德育素养；任何一个老师在任何一个地方，发现任何一个学生身上的“不良行为萌芽点”，都要及时教育、疏导，帮助孩子克服、矫正。

抓小事中，要注意发挥舆论的导向作用。要利用各种宣传阵地：红领巾电视台、宣传版地……宣扬学生中美的言行、点滴进步。我们常常围绕一些看似小事的不良行为展开讨论，让学生畅所欲言，针对不同问题，发表自己的见解，通过分析讨论，提

高辨析水平，坚持正确的方向和道德准则。

## 三、抓整体，在整体中因人而异

提高德育工作实效，必须强调面向全体。每一个学生不管他的思想品德基础、表面如何，都要发展，要成长。在成长的过程中思想、情感都会出现各种各样的问题。当前特别要克服重“后进生”轻“优秀生”的德育思想。在工作中，我们发现不少老师对自己眼中的“好学生”总是特别放心，而对“坏孩子”却时时“盯、管、跟”。其实，“好孩子”身上也存在着这样、那样的毛病，而“坏孩子”也有他们的可爱、可取之处。

在提高德育实效性工作中，在关注全体学生全面成长的同时，还必须因人而异开展德育工作。我们试行了“照镜子、找差距、订目标、求发展”的德育评价方式，激励学生的发展。每个学生在期初对照上学期的表现情况寻找行为差距后，制定一个学期的奋斗目标，每个月班级组织一次对照评价，将学生的自我评价和他人评价相结合。我们感受到，德育如果都能在尊重学生、了解学生个性的前提下，因人施教，注意良好个性心理品质的培养，实效性一定能大大提高。

## 四、抓载体，让“虚”变“实”，使“软”变“硬”

不少人往往将德育工作当成“虚”、“软”的工作，如何使德育工作变“实”、变“硬”，这是提高德育实效的重要工作。



首先我们抓活动这一载体。活动是小学德育工作中的重要组成部分。丰富多彩的活动能让学生的情感、意志、品德、性格和性情在实践与体验中得到升华，使学生们的知行得到统一。要使活动这一“载体”充分发挥功能，特别要强调几个方面：一是让情感贯穿活动的始终。没有情感的活动是没有生命力的活动。二是精心策划、设计、组织活动方案，能使学生始终兴趣盎然。三是抓活动的小结及教育的延伸。要注意活动后的评议小结，这虽是活动的尾声，却是教育的高潮。

其次是抓学习这一载体，培养学生“主动”“认真”的良好学习习惯。课堂教学是实施德育的重要途径，教师在引导学生探究知识，掌握、运用知识的过程中要特别注重学生尊重别人的意见、积极参与讨论、不怕困难等学习习惯和学习品质的培养。这些都是德育的内容。我们根据课改的新理念和素质教育的要求，废除了原来僵化、呆板、约束学生个性发展的一些学习常规，建立了新的学习规则。强调上课时的专注和参与，淡化了学生听课、发言、读书等姿势的要求；强调了课前的探究信息的收集、课中的讨论和课后的延伸，淡化了老师的知识传授；强调了分别指导、因人而异的评价，淡化了统一要求和目标。这一改革，激发了学生的学习积极性、主动性，并且在主动的学习中锻炼了认真的品质。

第三是抓住生活这一载体，让学生学会做人。我们把“爱”和“诚信”作为学生生活教育的核心，让学生在社会生活、家庭生活中历练做人的根本。

## 五、抓过程，德育工作拒绝“一阵风”

德育工作是一项长期的工作，一种优良品质的形成经历“认识—实践—自觉行为—品质”这样的过程，加上小学生年龄小，思维幼稚，对事物的辨析能力弱等生理、心理特点，因此，小学德育工作必须围绕着主要德育内容扎扎实实、持之以恒地开展，不应该轰轰烈烈一阵风，风一吹过无影踪。

在德育工作的过程中，为了能使德育工作落到实处，我们特别注意处理好三个关系：第一，德育基本内容的落实与上级临时布置的重大活动的关系——注意把德育基本内容渗透到临时的重大活动中；第二，德育基本内容的落实与重大纪念日活动的关系——把基本内容有计划有目的地融入重大纪念活动中；第三，自律与他律，内在约束与外在约束的关系——让自律与他律相结合，内在约束与外在约束相结合，让孩子的健康个性得到张扬，让孩子身上的不良言行在自律与他律、在内在约束与外在约束中得到克服和纠正。

本文中提到的爱和诚信，以及让孩子的健康个性得到张扬，是我校至善教育的一部分，相信从点点滴滴对学生进行至善理念的渗透，从每一样小事对孩子进行规范，相信每一位孩子都能成为“文明之花”。

# 校本培训，促进学校全面发展

毕拱文

**摘要：**

成为赋予探索和创造精神的研究者，这是新一轮基础教育课程改革赋予人民教师的历史使命，因此本文从领导重视，机构健全，制度保障；建立科学发展的校本培训有效机制；开展形式多样的校本培训活动及成效三方面阐述校本培训促进学校全面发展。



**关键词：**

有效机制　校本培训　全面发展

新课程改革对校长的教学领导提出了新的挑战。如何能在新课改的热潮中不迷失方向？作为校长必须要更新教育和教学观念，以现代教育思想为先导，对教学目标、教学环境、教学模式、教学内容、教学过程、教学方法、教学评价等进行重新定位，努力探索教学发展的增长点和突破口。为此，校长不仅要使教师认同科研促教研的思维方式，而且要积极狠抓校本促进学校全面发展的活动。

## 一、领导重视、机构健全、制度保障

学校有专门的校本培训工作领导小组，校长亲自担任组长；有校本培训工作计划，每科都有工作总结；有专项经费投人。学校教导处为主管校本培训的职能部门，形成了校长—教导处—科组—课题组的基层管理网络。其中，校长指导教导处。科组负责策划校本培训工作的规划、计划、实施方案。级科组及课题组作为具体实施的部门，分别有一名行政领导负责。他们除了具有管理科组和课题组的职责外，还是校本培训工作的具体实施者和负责人，负责指挥、落实监控反馈工作。此外，学校还建立了校本培训实施、考核、奖惩与管理的制度，有专门的校本培训工作室，有独立档案资料负责人，使校本培训目标明确，措施具体，反馈及时，层层落实，效果明显。

## 二、建立全面发展的校本培训有效机制

校本培训如果不建立一个科学发展的有效机制，只能是风行一时，绝不能持之以恒。我们在实践中体会到必须根据学校的实际，确立“自主”、“意识”、“氛围”这六字方针。

（一）“自主”就是让教师自主参与校本培训工作。学校通过用各种宣传、学习，让教师了解当今的形势，知道自己的不足与迅猛发展教育形势间的落差，产生危机感和紧迫感，从而将接受培训转化为自身发展的需要，成为自觉行为，而不是被迫无奈之举。

（二）“意识”就是让教师产生较强的研究意识。学校通过开展各种校本教研活动，让每一位教师在活动中养成理论学习和实践反思的习惯，并不断提高研究和解决教学实际问题的能力，使日常教学工作、培训学习、老师专业成长融为一体，让广大教师形成研究状态下工作的职业生活方式。

（三）“氛围”就是让全体教师都形成浓郁的研究氛围。学校以创建“自我发展教育”特色为切入口，秉承“以人为本”的办学理念，通过“个体劳动，群众参与”的方式，营造团体精神，人人参与的浓郁氛围。学校总课题派出一个全国课题、一个市课题及六个区级课题。每位教师根据自己的发展计划，选择研究的课题，课题相同的经常在课题组长的带领下，一丝不苟地研究，精心设计好典型的案例，把课题融入课堂教学，其间不断反思，从而使课题研究与教师专业发展紧密结合。



建立有效机制后，按照造就有一定数量、结构较合理，师德高尚、教育观念新、敬业精神强、专业知识牢固、富有开拓精神的教师队列的培训目标，我校建立科学的培训架构。

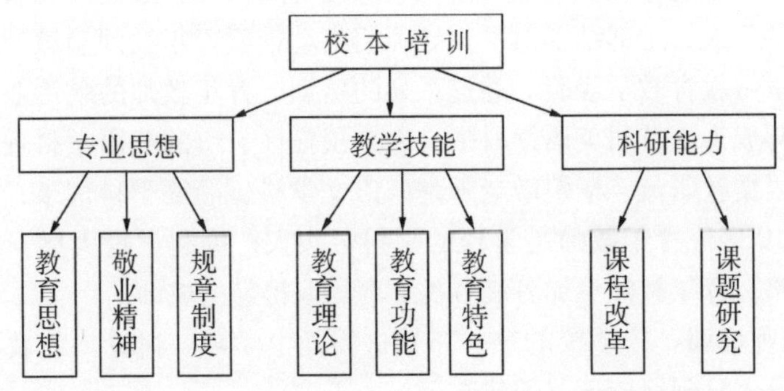


“一个学校能不能为社会主义建设培养合格人才，培养德智体全面发展、有社会主义觉悟的有文化的劳动者，关键在教师。”邓小平同志一句话点出了教师在教学工作中的重要性。因此，我校立足开展形式多样的校本培训活动，提高全体的整体素质。

## 三、开展形式多样的校本培训活动

（一）实行全员培训，注重培训实效。

我校根据校本培训的特点拟定培训计划，做到辅导与培训相结合，培训与教育、科研活动相结合，训练与课堂教学相结合；着重开展继续教育培训、新课程培训和信息教育技术培训。前两年，我校 45 岁以下的教师分层次参加了信息技术的培训，都顺利地取得了计算机合格证书。学校鼓励教师积极参加学历提高学习，除了现有十位教师取得本科学历以外，还有三十多位教师参加本科学习；每年使用新教材、执行新课标的教师全都进行岗前培训。此外，学校经常采用“请进来”的方式，邀请市、区教研室和区教师进修学校的专家、学者到学校作专题讲座或深入课堂听课指导。如先后多次邀请广东省德育研究课程专业委员会副会长、广州市小学品德学科教研会会长姚顺添老师，广州市教育局教研室语文教研组王雅芸老师，花都区教育局教研室副主任黄活灵、教研员王国钊老师等专家到我校作“自我发展教育——新课程理念下的小学教育模式”、“创办自我发展教育模式的思考”、“‘自我发展教育’——推进素质教育”有效课堂教学、“让阅读成为师生的生活方式”等讲座；以“走出去”的方式组织教师外出聆听教育专家、特级教师、优秀教师的讲座、报告，观摩优秀课例。先后组织教师前往湖南、广西、深圳等地参加全国“小学语文发展与创新教育研究”课题研讨会，为教师创造了更多学习的良机。

（二）多层面的培训活动。



1. 启动“蓝青工程”。

青年教师是学校持续发展的动力，为使青年教师迅速成长，我们发挥骨干教师的作用，做好教师的传、帮、带的工作。采用五步走的方法强化拜师学艺的管理：一是组织发动，二是共拟目标，三是制定措施，四是开展活动，五是评比表彰。全校不满五年教龄的老师 7 人，全部结了对子，导师们主动带领青年教师搞教研教改，青年教师虚心向导师学习教育教学经验。通过系列的培训，青年教师的政治业务水平不断提高，江凤珍老师成为区首届英语学科带头人并担任区、市的英语学科理事，高惠芳老师担任新华街语文教研员，毕婉敏老师是区语文学科、品德学科理事；李艳婷、陈换兴、张艳芳等 10 多位青年教师是学校的学科带头人，挑起学校大梁，带领各学科老师走上教改之路，青年教师参加各级各类比赛均取得好的成绩。

2. 全体教师培训。按学校的统一布置进行面上学习、讨论，使教师能随时知道教育的前沿信息，时刻保持学习的状态。

3. 课题组教师培训。将校内有上进心、有潜质的教师组成学习团队（即课题组），以课题为龙头，定期学习、研讨，不断推出科研成果，带动面上教师参与课题研究工作。

4. 学科带头人培训。学校从创设学习机会，大胆压担子，提供展示平台等方面，培训学科带头人。从以往的学科组长竞争上岗转变为轮换制，让更多的教师有机会成为学科带头人。

5. 新教师培训。我校对新调入或新分配的教师都进行岗前培训。新教师上岗后，学校的行政主管、学科组长、备课组长分别从不同渠道对新教师进行在岗跟踪，进一步加大培训力度，提高培训层次。黄燕萍老师参加全国语文发展与创新评课获一等奖。新到校不久的教师马佳菁参加广州市品德教师技能大赛获三等奖。

6. 班主任培训。我校在校本培训中特设立班主任培训的内容，包括专题研讨、班级管理观摩、经验交流等，不断提高班主任素质，促进德育工作有效开展。

7. 个性化的校本培训。我校在校本培训中，引导教师逐步开发校本课程资源，彰显学校的办学特色。目前，学校开发的校本课程有：德育类的“自我发展教育”，语言类的“快乐阅读，伴我成长”和“口语交际”。个性化发展类的“兴趣活动课程”；环境类的“绿色课程”。其中“自我发展教育”已形成“科研兴校，多元发展”的办学特色。“快乐阅读，伴我成长”已辐射到全区各中、小学，乃至社会、千家万户。得到区教育局及广州市教育局教研室语文学科的认可及赞赏。

（三）利用校本课程，丰富学生的阅读生活。

随着新一轮基础教育课程改革，新的课程改革给基础教育注入了新的活力，校本课程的开发与实践，给学校的发展，给教师专业的发展，给每一个学生的发展提供了新的舞台。课外阅读一直以来是我校对学生进行思想教育的重要阵地，成为巩固和提高学生综合素养的有效途径。根据新课程标准的精神，结合现有的课程资源，以及学校优势，学校全面启动“书香校园”工程。首先，加强阅览室现代化建设，营造“书香校园”氛围，特色鲜明，品位高雅。阅览室采用电子信息系统管理，规范阅读行为，分为中高年级阅读区和低年级阅读区，开展有效的校园阅读活动。每层教学楼有书香校园文化园地，提高师生的文化修养。其次，我们根据各年级学生年龄特点，编写了校本教材——《快乐阅读，伴我成长》，这套校本阅读教材共分上、下两册，约3.2万字。一至三年级使用上册，四至六年级使用下册。每册分别由《欣赏篇》和《积累篇》组成。《欣赏篇》主题分别是：童谣、卡通、故事、名著欣赏、古诗词、文言文等；《积累篇》主题分别是：成语、名言、三字经、警句、对联、谚语、成语、歇后语等。同学们通过阅读，扩展视野，了解世界，陶冶性情。这是对课本教材的一种补充，本学期在地方课程设置安排每周一课时上课，让学生在大量的阅读实践中丰富知识，开阔视野，在感悟祖国语言文字博大精深的同时悟出人生真谛，让他们体验到：我读书，我快乐！现在我校的读书活动已经走进了社会，走进了家庭，走进了同学们生命的深处。

（四）校本结合课题研究，努力探索教改之路。

课题研究是我校开展教育科研工作的载体。学校教育科研的主要对象是教师。他们是开展教育科研工作的组织者与实践者。近几年，学校参加国家教育部“十五”规划立项课题《小学语文发展与创新教育研究》，硕果累累：近几年，上课、评课、说课、现场制作课件等均获奖——何耀坤、毕婉敏、姚婉娴三位老师获现场制作多媒体课件一等奖；陈换兴老师获说课比赛一等奖；刘少云老师获评课一等奖；毕婉敏老师获上课二等奖；徐小贞老师获评课二等奖；危晓萍老师获优秀辅导老师奖。目前“发

展与创新教育”已进入第二阶段的研究，我校以口语交际训练作为教学的突破口，让学生大方、大胆地展示自己口语交际才能。现我校市级课题《小学语文作业改革研究》、区级课题品德学科《课堂教学中教师主体和学生互动的研究》、校级课题教学学科《立足过程，发展评价》、英语学科《活动性教学小学生主体性的研究》正在研究中。

为了使课题有效地渗透到课堂教学中，各学科均抓住“有效”二字进行研究。语文学科开展“快乐阅读，伴我成长”读书活动，每个年级根据不同的年龄特点、知识特点，利用课前几分钟，开展快乐读书活动。数学学科坚持利用课前几分钟抓好口算训练，让学生的口算准确，烂熟于心。英语学科抓好单词操练及每个单元作业展示，学生运用一个单元的知识来自己设计作业，充分发挥学生的动手、动脑能力。品德学科抓好目标实施，利用生成资源。区英语学科带头人江凤珍老师经常为全区英语老师上示范课，真正起到学科带头的作用。我校英语科的王顺芬老师、美术科的李朋老师，在2009年12月区的教学巡礼活动中分别向全区老师上展示课，在教学的每个环节中都展示了我校课题及课改的研究成果，两节课均得到区、市教研室领导及听课教师的一致好评。

课程的改革，不仅为教师的成长搭建了平台，更为学生张扬个性、展示成长历程提供广阔空间。近几年来，曲韵同学参加广东省首届南国书法征文比赛获优秀奖。李阳、徐嘉靖两位同学分别获全国“发展与创新教育”首届学生争鸣大赛一等奖。近三年来，我校师生有485人次分别获区、市、省、国家级奖励。



的确，有效的校本培训是能扎根于教师的日常教学生涯的朴实的研究，从课题的形式培训研究的过程直到结出成果，都是“润物细无声”般的渐进、细微和具体化的。这种朴实的培训正是教师生活内容有机组成部分，正是其独特的“价值存在”之标志。我国著名的教育家叶圣陶在评价“教育反思”时说：“教育永远是令人遗憾的，唯有在教育实践中学会反思，认真总结，才能正确把握教育发展规律。”因此，我们还要反思校本培训工作的开展，理清思路，提出整改措施，提出新的培训规划，给校本培训工作不断注入生机，真正起辐射示范作用，让教师在教改中不断锤炼，为之展示富有活力的广阔前景。

**参考文献：**

1. 邓小平教育.
2. 胡锦涛总书记给孟二冬女儿回信对广大教师提出新目标和新要求. 人民教育，2006（18）.
3. 郑金洲. 从实践者转变为研究者，教师角色的变化. 人民教育，2004（2）.

# 以教师发展性评价促进教师的专业成长
## ——本善教育理念的升华

江艳芳

**摘要：**

发展是恒久不变的话题，是人类进步的标志。我校本善本色教育中的发展与教师的专业成长齐进步。新课程倡导教师发展性评价，《纲要》指出：“改变过分强调甄别与选拔的功能，发挥评价促进学生发展、教师提高和改进教学实践的功能”。在实施新课程的过程中，学校应全面而客观地进行教师评价，以促进教师专业水平的发展。因此，发展性教师评价中，应采用多主体来评价教师，以教师自评为主，校长、教师、学生、家长共同参与的教师评价方式；评价方式要逐步趋向多元化、规范化、科学化。



**关键词：**

发展性评价　专业水平　发展

教师评价在我国有悠久的历史，随着我国中小学教育改革的逐步深入，教师评价制度已得到相应重视。新课程实施之前，我校采用的是奖惩性教师评价来评价老师。奖惩性教师评价以奖励和惩处为最终目的，通过对教师工作表现的评价，做出解聘、晋升、调动、加薪、减薪、增加奖金等决定。奖惩性教师评价在某种程度上可以促进改革，但这种动力是自上而下的，常常只能引起少数人的共鸣和响应；而不是自下而上的，引起全体教师共鸣和响应的。奖惩性教师评价，虽然对造就优秀教师和稳定教师队伍起到了积极的作用，但对全体教师的最优发展很难说就是有利的对策。从根本上讲，这种教师评价面对的是教师中的“少数”人，难以引起全体教师的重视，也难以调动全体教师的工作积极性，更难以促进全体教师的发展。如何真正做到通过教师评价的途径促进教师专业发展，进而持续地提高教育质量，已成为我们必须深入思考的问题。

《基础教育课程改革纲要》指出，评价改革的目标是“改革课程评价过分强调甄别与选拔的功能，发挥评价促进学生发展、教师提高和改进教学实践的功能。建立促进教师不断提高的评价机制。强调教师对自己教学行为的分析与反思，建立以教师自评为主，教师、学生、家长共同参与的评价制度，使教师从多种渠道获得信息，不断提高教学水平”。新课程实施以来，我校在反思之前对教师评价的基础上，深入理解和把握课程标准、教材和教学目标，根据学校实际，以构建“以促进教师专业水平发展为本”的学科评价体系为重点，狠抓教师队伍建设，努力为教师创设一个宽松的发展空间，以推动学校的可持续发展。

## 一、确立新的教师评价理念，确保教师发展性评价体系的建立

成功的教师评价制度有助于提高教学的质量，有助于确定教师是否需要及需要接受怎样的培训，有助于形成良好的师生和教师间的交流关系等等。过去，我校实行的奖惩性教师评价，比较重工作绩效，轻工作过程，重定量评价，轻定性分析，这种评价制度在短期内对教师有激励作用，但从长远看，对教师向更高层次发展有害无利。在对现行教师评价制度的反思中，为克服奖惩性教师评价制度的弊端，我们学校牢固树立“以人为本”、“以教师发展为本”的管理理念，把新课程下教师发展性评价视为课改工作的重中之重，在各学科中开展教师发展性评价。我们紧紧围绕学习、实践、体验、创新的工作思路，在探索中不断学习新课程的教师评价理念，领会评价理念的内涵，逐渐形成新的评价理念。在实施过程中，我们把教师评价理念建立在：①教师是实施素质教育的“脊梁”，只有教师不断发展了，学生的发展才有保证，学校的发展才有根基；②发展性评价要重视过程，强调对教师进行综合评价，重视个体差异，要以发展的眼光看待每一位教师；③评价方法主张以质性评价为主，主张教师的自我反思；④评价主体要实施教师自己、领导、同事、学生、家长参与的多元评价。我们力求通过科学的评价，使教师明确今后努力的方向，从而提高教师履行工作职责的能力和业务水平。



## 二、评价主体多元化，全面而客观地进行教师评价，促进教师专业发展

在评价过程中，我们把调动广大教师工作积极性，促进教师专业发展作为教师发展性评价的根本目的，充分发挥发展性评价的功能与激励机制，不断探索以教师自评为主，校长、教师、学生、家长共同参与的教师评价方式；评价方式逐步趋向多元化、规范化、科学化。

（一）自我评价，不断反思自己的教育教学工作。

教师在自评过程中，通过认识自己，分析自我，自己教育自己，从而树立正确的教育观、教学观、人才观、质量观。正确认识自我，反思教育教学工作中的优势与不足，不断提高自身的素质。

1. 注重课堂教学的自我评价。

课堂教学是教师教学工作的主阵地，它能充分体现教师的专业素质。因此，教师自评的主要内容是关于课堂教学。教师的课前的自我评价和课后的自我反思对教师的自我成长有一定的作用。因此，我们应结合学科的特点，关注本学科的课堂教学。课前，教师自我评价教学方案的设计是否体现了“以人为本”的教学理念，是否注重了教学策略的设计，是否关注了学生的个性差异，是否真正落实了知识与技能、过程与方法、情感态度和价值观等等；课后，教师进一步进行自我反思，按照教学方案的设计和我与学生在课堂上的具体表现，自我反思自己课堂教学中的优势与不足，并提出今后的改进思路。这种评价方式，我们关注了教师的群体性和参与性，通过评价，使更多的教师能够重新认识自我，拥有自信。我们设计了教师课堂教学自评表，如评价量表1：

| 项　目 | 优　势 | 反省与计划 |
|---|---|---|
| 教学方案（包括教学内容的确定、教学方法、教学手段的选择等） | | |
| 课堂教学（关注学生的学、注重教学效果） | | |



依据这一标准，我校每学期坚持开展一人一课、示范课等活动，教师对每学期的一人一课、示范课等实施即时评价，评价时用评价标准对照自己的教学，以发现问题，寻求改进措施，从而进一步提高自己的教学质量。在实践中，我们倡导教师根据教学实际写好教学反思，在数量上由老师本人决定，不做硬性规定。学校每学期组织反思交流活动，以在学校形成一种浓厚的反思氛围，以促进教师共同学习，相互提高。

2. 注重教师综合性的自我评价。

教师综合性自我评价，侧重于工作业绩、反思不足、发展日标三个方面的评价。学期结束时，学校要求教师对照学期初工作目标，撰写“自评报告”。学校成立评价委员会，负责对教师的工作做出全面的分析，把符合教师发展的评价情况反馈给老师。教师自评过程中，我们用发展的眼光看待每一位教师，让教师拥有自信，正确认识自我。正因为我们建立了这样的评价理念，教师综合性自评工作才客观、真实，切实有利于教师的专业发展。例如，我校有老师是这样评价自我的：近一年来，我在课堂评价时尝试着以赏识的眼光关注每一位儿童，捕捉和欣赏他们的闪光点，信赖并发掘他们的潜能，以认同与激励的评价方式促进他们在原有层次上向前发展。因此，学生在评价中不断进步，得到了更多的快乐和进步，学习成绩有了很大的提高。虽然我在评价方面只做了一些尝试性、实验性的工作，但我已深切地体会到新评价方式的优

越性，无论是在促进学生发展方面，还是调动自己的工作热情方面都有着迷人的魅力。在今后的教学中，我要不断学习新的评价理论，并运用到具体的教学实践中去，在新的教育理念的指导下，做一名研究型的小学教师，提高自己的业务素质，形成自己的教学风格，实现我的人生价值。这样的评价，真正体现了教师正确认识自我，拥有自信，总结工作中成功的经验，指出自己今后发展的目标。

（二）教师与教师互评，促进教师不断完善自我。

教师互评是新课程倡导的评价方式，立足于教师优势互补、不断改进，相互共勉、相互促进、相互发展。在具体操作过程中，我们的互评工作一般按教研组或年级段进行。我们注重了互评的激励共勉作用，注重了评价内容的具体化，注重了评价方式的多元化。在评价过程中，我们研究设计了教师互评表，评价内容主要为课堂教学评价，体现在教学态度、教学组织、教学方法、教学素质、教学效果、教学创新等方面，每个项目采取优、良、中、差的评价方式。见评价量表2：



| 序号 | 项　目 | 评价标准 | 判　断 | | | |
|---|---|---|---|---|---|---|
| | | | 优 | 良 | 中 | 差 |
| 1 | 教学态度 | 备课认真，教学负责，严格要求学生，既教书又育人 | | | | |
| 2 | 教学组织 | 能抓住学科的特点，以游戏和活动为主要形式，组织严密，内容浅显，重视活动的内涵 | | | | |
| 3 | 教学方法 | 教法灵活，方法多样，重视激励性评价，善于调动学生学习积极性，注意培养学生能力 | | | | |
| 4 | 教学素质 | 语言准确、清晰、逻辑性强，形象生动 | | | | |
| 5 | | 关注学生的知识与技能、过程与方法、情感与态度，重视良好习惯的培养 | | | | |
| 6 | | 板书布局合理，课堂视听效果好 | | | | |
| 7 | | 教态亲切、自然，善待学生 | | | | |
| 8 | 教学效果 | 学生学习兴趣浓，主动参与，学生在原有水平上知识、能力、情感得到发展与提高 | | | | |
| 9 | 教学创新 | 设计新颖，方法独特，活动设计有创意 | | | | |

教师在评判时，慎重思考，肯定优点，明确问题，进行综合性分析，认真客观地评判每个教师各方面在自己心目中的定位与表现。通过这样的相互评价方式，教师相

互了解自己在其他教师心目中的位置。从而正确把握自己，提升自己的工作能力、教学水平，更加在政治思想方面求进步，端正自己的工作态度，把各项教学工作完成得更出色。在评价中要尽力促进教师的团结意识、协作意识和相互促进的目的，这是我们教师互评的最终目的。

（三）学生与家长参与教师评价，帮助教师多种渠道获得信息，以提高教学水平。

学生、家长是学校教育中不可忽视的两大群体。学生与家长参与教师评价，增强了对教师教育教学活动的监控，有助于促进教师反思习惯的形成、反思能力的提高。传统的评价是单一的、单向的、封闭的、独立的，评价方式由上到下，不利于教师的发展。《纲要》指出："改变过分强调甄别与选拔的功能，发挥评价促进学生发展、教师提高和改进教学实践的功能"。基于这样的思想认识，我们采取了多元的、多向的、自下而上的评价方式，把学生和家长引入到对教师评价的过程中，正确把握评价的原则，使学生、家长与教师相互信任、相互了解，创造相互沟通的机会。在此基础上，为了使学生和家长对教师的评价更具实效性，我们注重了学生对教师的教学态度、教学方法、组织能力、教学机智、教学效果、关爱学生、按时上下课、言谈举止等方面的评价内容。对每项的评价我们采取满意、基本满意和不满意的隐性评价方式。见评价量表3：

| 序号 | 项　目 | 判　断 | | |
|---|---|---|---|---|
| | | 满意 | 基本满意 | 不满意 |
| 1 | 教学态度 | | | |
| 2 | 教学方法 | | | |
| 3 | 组织能力 | | | |
| 4 | 教学机智 | | | |
| 5 | 教学效果 | | | |
| 6 | 关爱学生 | | | |
| 7 | 按时上、下课 | | | |
| 8 | 言谈举止 | | | |

学生和家长通过对教师平时课堂教学的观察、了解、体验，对任课教师进行判断性的评价。通过这样的评价，增强了对教师教育教学活动的监控，也促进了教师反思习惯的形成和反思能力的提高。教师也能充分认识到自己工作的某些情况、学生和家长对我的基本态度；教师通过这样的反思，深刻认识自己教学工作中存在的问题，提出改进的措施。在此基础上，我们要求教师自己设计"学生问卷调查表"，自我进行问卷调查，自我统计问卷结果。通过这样的方式，进一步架起教师、学生、家长之间相互沟通、相互理解的桥梁。例如：有位三年级老师在学生问卷调查表中设计了这样一项内容："你对任课教师最想说的话是什么？"问卷调查表上学生道出了自己的心声："您需要和我们多进行心灵间的沟通；我们多么想得到您的关爱、理解、帮助和

支持；在课堂上，我们多么想看到您亲切的微笑和幽默的语言；您的语速再慢些，多好呀？……”又如：一年级的老师设计了这样的内容：“你对我上的《数学》这门学科满意吗？你希望有一位怎样的老师？”学生的语言是稚嫩的：“我喜欢上数学的老师，因为她经常跟我们玩游戏，唱儿歌。”“我希望老师脸上老是挂着微笑。”虽然这些语言是稚嫩的，却道出了小孩子的心声。这种评价，促使教师在教学过程中正确认识自我、反思不足，不断改进工作方式。

在家长对教师的评价中，我们还采取家长访谈、家长座谈会、家长开放日、家长建议征求卡、家长信箱、个别交流等形式。在评价过程中，我们采取正面引导，尽量避免家长评价对教师带来的负面影响，使家长的评价对教师产生一种能动力，激励教师的工作热情。比如，在“家长建议征求卡”中，我们设计了“您对孩子任课教师的建议与要求”这样的评价栏目。这样，家长对教师的意见隐含在建议之中，教师容易接受，并起到促进作用。比如，有的家长建议教师应关注对成绩中下等的学生学习习惯的培养，使他们也能够努力学习，树立学习的信心；有的家长建议教师应多主动与家长联系，最好采取家访的方式；有的家长要求任课教师改变课堂教学方式，使学生在轻松、愉快的课堂氛围中学习；有的家长建议教师多与学生沟通、交流，纠正学生读书和写字的不良习惯。家长的这些建议与要求，就是对教师公正、合理的评价。巧妙地指出了教师教学工作中的不足，教师乐于接受，不断改进工作方法，向更高的目标迈进。又如，在开展家长访谈的评价过程中，我们首先把家长请进课堂，了解任课教师课堂教学情况，然后教师与家长面对面地交流与交换意见。在这样的互动中，相互交流感情、交流教育方式 。这种交流也是家长对教师教育教学方式的有效评价。在这种交流过程中，教师认识到自己在教育教学方式中的优势与不足。从而，不断改进教育方式，提高教育质量，有效地促进教师专业不断发展。



学生和家长参与教师评价的过程中，我们注意遵循了以下原则：学习信任学生和家长；学习看待评价结果，珍惜相互了解的机会；校方综合分析多方信息，不草率下结论等。这样，有利于增强对教师教育教学活动的监控，有助于教师能力的提高。

## 三、教师发展性教学评价要注意的问题

建立中小学教师发展性评价体系，目的是为了促进教师的不断发展，逐步打造一支高素质的教师队伍。本标准将改变以学生的学习成绩作为评定教师唯一标准的做法，建立起多元的、符合素质教育思想的、有利于教师成长的评价体系。突出强调教师对自己教育教学行为进行分析和反思，突出教师的自我评价及相关人员的评价。突出评价的激励和调控功能，激发教师不断进步，实现自身价值。但在评价中也应该注意以下的问题：

1. 提倡民主，营造民主、和谐的教师评价氛围。

民主是管理的法宝，发展性评价需要民主、平等、和谐的评价氛围。领导要相信教师，把评价权还给教师，让他们自己做主。每一位教师都要走出“课讲得好就是好老师”、“严师出高徒”等误区，要善于发现别人的闪光点，创造一个良好的、和谐

的、融洽的氛围，使教师之间建立合作的伙伴关系，使评价成为教师共同发展的有效途径，使学校成为教师实现自我、展现自我的平台。

2．评价要遵循三个原则，处理好三个关系。

任何一位教师的课堂教学能力和专业水平的发展都需要经历一个或若干个周期的努力和奋斗才有可能达到预期的目标。因此，教师发展性课堂教学评价必须遵循全面考核的原则，动态考核的原则，上下结合的原则；并处理好显性与隐性的关系，定量与定性的关系，结果与过程的关系。

3．教师发展性课堂教学评价的结论不能作为教师水平性评价或奖惩性评价的依据，因为教师发展性课堂教学评价所依据的是教师的过程性、即时性的教学表现和教学结果，这些表现和结果未必能代表教师的最高水平。如果要将教师发展性课堂教学评价的结论或资料作为水平性或奖惩性评价的依据，必须征得被评教师的许可方可进行。

4．提高评价双方的评价修养。评价双方有必要接受专门的评价培训，掌握必要的教学评价思想、观点、技术和方法，特别是要使评价双方的学习观、教学观和评价观趋于一致性，更是整个评价过程中头等重要的事情。

## 四、发展性教师评价体系的初步成果

1．调动了教师的积极性。发展性教师评价规范了教师的教学行为，对教师的思想水平、修养、观念、教育水平提出了更高要求，从而调动起她们继续学习和钻研的积极性。实施这一评价以来，教师们的学习热情和工作热情明显提高，大家都感到只有不断学习，才能适应时代的要求，老师们已不再满足于教几堂课，批几本作业，而是纷纷通过各种渠道充实自己。教师们参与教研的积极性明显提高。教研活动时，大家都积极发言，集思广益，开动脑筋，进行许多具有创造性的工作。

2．部分教师成长很快，成为学校的中坚力量。通过实施发展性教师评价，已发现学校青年教师有22人在各方面表现出色，特别是在教学上已初显特色，成为学校的骨干力量；中年教师中有35人在观念上有了很大的转变，课堂上以学生为本，积极创设民主、平等的教学氛围，大大提高了课堂教学效率。李静、王丽霞、梁锦萍三位老师分别成为区语文学科、品德学科、综合实践学科中心教研组成员。李静老师是广东省百千万人才工程培养对象，获得广州市小学语文教师能力竞赛之诗文鉴赏比赛一等奖、市青年教师阅读教学大赛一等奖、2006年获区“教坛新星”称号；徐晓珊老师是广州市名班主任培养对象，曾获得广州市品德学科课堂教学比赛一等奖；有近十名教师参加全国小学语文发展与创新课题研究研讨会分别获一、二等奖。7名教师在全国、省、市教育刊物上发表文章，在区级以上论文获奖的有68人次。

发展性教学评价体系的建立，学校通过对教师全方位多角度的评价，及时对教师的教学行为进行激励和调控，促进教师在全面发展中发展特长，张扬教学个性，形成自己的教学特色。一个学理论、钻研教学的风气正在形成，一支充满活力的教师队伍正在成长。学校的教学质量得到不断的提高，学校获得了可持续发展。

**参考文献:**

1. 新课程发展性教师评价.

2. 新课程下教师发展性评价的研究与探索.

# 科研篇

# “本善本色”学校文化建设的实践与研究课题方案

毕拱文

## 一、课题的提出

圆玄小学是在香港圆玄学院捐助下兴建的。圆玄学院以道、儒、释三教合一为特色。圆玄小学以人本发展为追求，秉承“全面发展，德育为首”的办学理念，将继承和弘扬圆玄学院的“正心修身，明道立德”的传统美德，以“知止至善”为校训，努力培养求真向善，知错能改，诚实高雅，博爱奉献的接班人，并积极营造“真诚、勤奋、健康、创新”的学校文化氛围。为了使教育对人的情感的“深度唤醒”，保持儿童、少年本善的天性，提升儿童、少年本善的素养，我们提出了符合人性的“本善本色”教育。



一直以来，我们在苦苦思索：如何根据圆玄的校本资源，打造我们的教育特色品牌？我们认为：教育的课题在启发心智，教育的秘方在尊重学生，教育的基础在生活习惯，教育的目的在健全人格。孟子主张人性本善，荀子说人性本恶论，而佛教主张人性有善有恶。无论人性本善、本恶，或善恶俱全，教育的目的就是要能开发人性善的本能，去除人性恶的习性。所以，教育是在开发人们与生俱有的潜能，是在培养良好和谐的性情，进而完成德性生长的过程——健全人格。

如何落实德行教育？首先要明白教育的本质。“人之初，性本善。性相近，习相远。”人的本性，都是善的。本性虽然都是善的，但现实生活中，我们可以明显地发现，每个人的禀性和习性不同。如果不从小教育，就会随着种种不同环境的熏习，养成了他的习性，进而影响他的一生。历史可以证明，好的学习环境利于教育成为贤圣之人。相反，污浊的环境也会腐蚀人心，破坏人的本质，小则影响其一生与家庭，大则败坏社会风气，影响国家安定。若因此而背离本善的心性，茫茫一生，如同废弃自己一般，甚是可惜！

鉴于此，我们必须深切地明白教育的真谛，其最根本乃是培养德行，次才是知识技能。故，让孩子们保持本善之心，常存善念、常做善行，进而培育其诚意、正心、修身的大根大本，这才是真正教育化人的本色教育。

此外，学校教育需要我们想象教育本来的样子，需要我们还教育以本色，使学校真正成为书香飘溢、诗意流淌、智慧碰撞、心灵相遇的地方——这才是学校教育的本真色彩，也是教育的意义所在。在这种本色教育下，我们将看到的是一个个健康活泼的身影，一张张灿烂快乐的笑脸。我们的学校教育将遵从其自身的规律，以人为本，以素质为重，以“本色”的教育培养“本善”的学生；我们的学校将回归课堂本色，回归学科本色，回归学生本色，有机整合，形成具有自己独特育人风格的本色学校。

我校的“本善本色”学校文化建设课题研究，其核心为：培养本善的人，打造本色的教育。它有利于全面贯彻党的教育方针，有利于帮助学生从小认识传统美德，做知止至善、明道立德之人，有利于培养学生正确的世界观、人生观和价值观，有利于建设良好的校风，促进学生的全面发展和健康成长，促进我校教育教学工作的持续发展。它是一种崇高的育人境界，具有不可替代的原创性、持续推进的必要性和旺盛的生命力。

## 二、课题的界定及理论基础

“本”，就是人文之本：一是指本源，即以弘扬民族精神和民族文化，培养爱国情操为本；二是指本体，即以人与社会的和谐发展为本。

“善”，是对个人或对他人有益的思想行为。“本善”体现一种自我完善的价值取向。

中华民族源远流长的文化道德积淀与核心道德价值要求：人必须是善良的。儒家学说的核心价值体系是“仁者爱人”，把分辨善恶作为道德评价的最基本问题，提出了“与人为善、乐善好施”，“己所不欲、勿施于人”，“勿以恶小而为之，勿以善小而不为”的劝人行善的基础理论，从而派生出“忠、孝、仁、义、礼、智、信”的纲常体系。道家以“上善若水、厚德载物”作为劝人行善的要求，提出了“居善地、心善渊、与善仁、言善信、政善治、事善能、动善时”的具体要求。从而使中华民族经久不衰，屹立于世界民族之林。

构建和谐社会的科学发展观要求。社会是人成为合格的社会人的成长舞台，只有在渐进的过程中，自然人逐步理解社会责任，形成强烈的社会责任感才能为和谐社会尽职尽力。我们认为，和谐社会的核心就是人的心理情感和谐，牢固树立人心向善的基本思想，用自己的一切努力与环境共生、与他人友爱、与社会和谐这样的生存理念就是和谐社会可持续发展的最基本条件。

党的政策与深化素质教育的要求。我们认为，以德治国就是以善、以仁治人的总说。它也是贯彻执行党的教育方针、推进素质教育的具体举措。

本色在《辞海》中定义是“本来面貌”。在思想上，本色来自道家的自然归真思想，老子所谓的“道可道，非常道”即指自然归属，特指一种本能和天然的属性。如果对本色加以引申，本色就是不虚假，不浮夸，不刻意雕琢，不自作矫情，不故弄玄虚，是原汁、原味、原色。我们追求的正是这种原汁、原味、原色的本色教育。

本色应有三个维度：一是品质的本色，二是形式的本色，三是成长的本色。品质

是指质地和内容，品质的本色是质地和内容没有受到干扰，保持原始状态和结构。形式是指表现方式，是外在、可观察和对外部产生影响的存在，形式本色是表现方式上的自然流露，少年儿童天真、烂漫的语言和行为都体现了形式上的本色。成长是指发展，任何事物都会发展，成长本色是指发展不受干扰，是按自然规律与自然相互适应，它以活动与演变方式表现出来。少年儿童的自然成长和没有受到不良习气的干扰是成长本色的体现。

构建本善本色学校文化，是指学校主体在整个学校生活中所形成的具有“至善”特色的独特凝聚力的学校面貌、制度规范和学校精神气氛等，其核心是学校在长期办学中所形成的体现本善本色的共同价值观念。它是超越于知识的传授、能力培养与方法渗透的一种更高层次的自觉追求，它是一种健康的、和谐的、积极的、人文的、向上的和可持续发展的学校氛围，具有高尚的价值取向，是学校的灵魂所在。

立项价值

“人之初、性本善，性相近、习相远”是中华民族自古以来为人、处事、育人、教子的依据与准则，它既道出了人善的本性，也特别说明了“习”的重要，人的道德与行为是可以通过习而得、积而成的。也表明了社会追求人善的愿望，古人也给我们留下了“勿以恶小而为之，勿以善小而不为”的谆谆教诲。人心要向善，人行要从善。无论什么人、无论什么时候、无论在什么地方，只要以善为本，继承中华民族的核心价值体系，确立以德报德、以德报怨的意识情感，牢固树立国家兴亡、匹夫有责的爱国思想，并努力以自己的行为带动周围、影响他人，用小环境带动大环境，个人带动家庭，学校带动社会，长此以往，人类何尝不和平、社会何尝不和谐、经济何尝不发展。我们圆玄小学依据校本资源及学生心理的发展特点，提出的“本善本色”学校文化建设活动，旨在弘扬人本思想，培养“本善”的人，打造“本色”的学校，我们的希望就是要让孩子们在“积善成德”的环境中健康成长，让孩子们以善小而必为之，从而“积善成德”，形成健全的人格。



立项假说

善是人与动物心理情感的天然区别。只要人人怀善心（富有同情心、拥有孝心、充满爱心、具有感恩心）、出善言、践善行，那我们的社会就一定会非常的和谐美好。同时人的善性是可以通过一定的氛围、途径、方法进行引导并内化成道德情感的。这样，我们就能打造“圆玄人本善”的特色学校。

## 三、研究目标

一所学校应该具有独特的、扎根于学校所在地区教育发展水平之中的主流文化，具有明确的学校核心价值观，具有体现学校鲜明特征的标识。

1. 打造上善若水的核心文化。即在校园中打造“上善之人”（做到最好，做最好的自己）；追求“若水境界”（具有水的五种美德：淡泊名利、乐于奉献的美德；胸怀宽阔、与人为善的美德；意志坚毅、以柔克刚的美德；运动不止、抗腐防变的美德；善于开拓、勇往直前的美德），从而树立起鲜明的学校战略个性，最终建成“至善”之校。“上善若水”文化追求的目标内涵：

其一，齐心。师生心往一处想，劲往一处使，凝聚力强，打造圆玄教育品牌的观念成为共识。

其二，坚忍。不怕困难，义无反顾。

其三，包容。互相尊重，博爱宽容。

其四，润物。互相关心，互相爱护，互相帮助。

其五，沟通。相互合作，营造和谐环境。

2. 追求和谐发展境界，构建“和谐教育”的基本模式。一是和顺管理。即从师生的和谐发展和学校系统的整体优化出发，通过改善组织结构，建立科学、规范、高效、合理的协作竞争机制，实现学校人、财、物的有效利用及各种关系的和谐与顺畅，提高教育教学质量，实现教育教学管理目标和人才培养目标。管理是手段，顺畅是目标，和谐是境界。二是和雅德育。即让学生在和风细雨、潜移默化中完善自己，提高自己，努力把自己培养成一个人格健全、品质高尚、志趣高雅、举止文雅、个性突出、知止至善的“谦谦君子”、“淑女绅士”。三是和乐教学。即在教师创设的和谐教学情境中，学生主动参与，自主构建，创造性地获取知识，发展创新精神，提高创新能力，形成创新人格的一种轻松、愉快的学习活动。和乐教学主要以课堂为载体，师生民主、平等、融洽，过程完整、生动、流畅，结果激情、益智、悦心，是其实践表征。

3. 追求本色本我境界。以本色教育切入，历练本色教师，培养本色学生，从而推进本色学校的建设。

本色学生的基本内涵：主动的学习者，积极的创造者，幸福的生活者。

本色教师的基本内涵：手执授业之鞭——精艺，心怀爱生情结——博爱，身负育人使命——尚德。

## 四、研究内容和措施

研究重点：探索培养“本善本色”师生的途径、方式，打造圆玄文化，营造“本善本色”的学校文化氛围。

研究难点：历练“本善本色”教师，提高教师自身素质。

（一）用本善教育理念打造教育过程。

1. 习善、扬善、积善。

习善：就是不断地学习善的理论，古今中外行善积德的优秀人物的事迹，懂得行善积德的好处（它能够使人拥有很多的朋友，赢得很多人的尊敬，能够健康自己、福及家人、荫及子孙，在生死轮回中得到很多的优惠）、它是构建和谐社会的最大法宝。在学习过程中懂得善的内容、善的范围、善的层次要求。

扬善：要不断地把自己对善的理解、行善后的愉悦心情介绍给周围的人，要不断地宣传行善积德的好人好事，讲古今中外优秀的行善故事，时时刻刻当好宣传员。

积善：懂得真正的行善不只是在某一时、某一事，要天长日久，从不间断，要行

善在人知时，在独处时，在口头上，在行为中，不为名利、不计得失。

2. 善心、善言、善行。

善心：培养和教育学生向善、从善、行善的心理品质，要拥有爱心、富有同情心、具有感恩之心等。

善言：培养和教育学生语言文明，会恰当使用礼貌用语，懂得“一句好话暖人心”的朴素道理，要会安慰人、会鼓励人、会理解人等。

善行：培养和教育学生养成良好的行为习惯，能积极为他人做好事，主动为需要帮助的人提供方便，自觉为社会和他人做一些力所能及的好事，对人有礼貌，与人和睦友好相处等。

3. 善待自己、善待他人、善待环境。

善待自己：正确认识自己，要有积极上进的信心，珍爱自己的生命，保护自己的人身安全和身体健康，热爱生活，追求美好，快乐成长。心理上能自调、行为上能自律、情感上能自控。

善待他人：正确认识别人的长处与不足，能接纳他人，尊老爱幼，友爱他人，乐于助人，能宽容他人的过失，能忍让他人的过激，能为别人的快乐而快乐，能为别人的悲伤而忧愁，能具有为他人奉献的精神，真正做到“勿以恶小而为之，勿以善小而不为”。

善待环境：教育和引导学生认识到人与自然本是共生共灭的，保护环境就是保护人类自己的道理，对自然环境要倍加爱护，对各种动植物要倍加保护，要让学生懂得，人类追求的不仅仅只是人与人的和谐，还要追求人与自然的和谐。一句话，凡是一切真、善、美的意识和行为都属于“本善”的活动内容。



“本善”教育活动应贯穿于教育教学工作的始终，应不断在教育教学中动态生成，在不断地总结比较中逐步升华。也应渗透到各学科教师教学的全过程，作用于每一名师生的情感与行为，影响人的终生发展。并通过师生个人的言行影响到每一个家庭，最终为构建和谐社会作出应有的贡献。

小学生正处于情感逐渐成熟、道德观点逐步内化、个性心理倾向逐渐明晰、个体行为逐渐意识化的时期，也是正好可塑造引导的关键期，他们真实、纯洁，具有天性的善良品质，也具有良好的做个好人并对社会有所贡献的美好愿望，只有科学、合理地引导其行为，不断产生内趋力，明确做好人、行善事就会受到大家褒扬、社会赏识，激发其早日成才的情感倾向，在不断成功的力量驱动下日渐成熟、日渐稳定，学生就可以成为促进和谐社会的合格的社会主义事业建设者和接班人。

（二）用本色教育理念打造学校品牌。

1. 学校文化的构建。

首先，要构建环境文化，包括静态的物质环境文化和动态的人文环境文化。物质环境文化，主要是以静态的物质形态存在的文化设施，它体现学校特有的文化特征，以其独特的风格与文化内涵，影响着师生的理念和行为。要利用学校的建筑物与布局及其风格、文化设施、学校内部的陈设与布置、学校的绿化与美化等创设优美的校园

环境，体现一定的文化追求，给人以潜移默化的影响。

动态的人文环境文化，是指学校长期积淀而形成的风气和文化氛围。首先要确立学校共同愿景。一个明确的、可实现的而又有挑战性的目标不仅能指明努力的方向，而且能使不同个性的人凝聚在一起，朝着组织的共同目标前进。要制定学校的发展规划，明确办学目标并内化为教师的事业理想，让每一位教师自觉建立与学校发展相一致的愿景，从而都在自己的岗位上尽心尽职，在发展学校的过程中体现个人的价值。

其次，要发掘“校训、校歌”等特定的文化内涵，感染、美化师生的心灵，打造学校精神，营造一种“本善本色、不断超越”的群体氛围。

再次，是构建学校的观念文化。(1) 领导者要定位自己的角色。学校领导具有先进的办学理念和系统思考的能力，正确定位学校的发展，确立学校近、中、远期办学目标，并将自己的价值观念转化到具体的工作中，努力营造和谐的氛围、培育竞争的机制、弘扬超越的精神，做到具有民主的管理作风和以身作则的教练精神，与学校成员展开平等交流，激励他们不断学习以适应发展的需要。(2) 教师要更新意识观念。要善于不断学习，及时更新知识，不断完善自己的知识结构，能够以高尚的人格、淡泊的心态、求真务实的精神、无私奉献的境界等潜心钻研、教书育人；努力培育其团队合作的精神，形成互相理解、互相尊重、互相宽容、互相合作、互相激励的交往心理；具有自我反思、自我超越的意识，善于将学校办学目标内化为个人的发展目标，改善自己的思维方式和行为习惯。

最后，建设学校的制度文化。学校制度文化是学校文化的基础和载体，是学校办学的基本保证，学校制度文化往往体现和规范着学校组织中比较稳定的互动模式和交往关系。要从学校的实际出发，以教师专业化发展为本，建立一系列现代学校管理制度，最后构建“和谐教育”的基本模式。其基本框架为：和顺管理、和雅德育、和乐教学。



2. 本色学生的培养。

学校秉承“坚持本色，解放智慧，知止至善，学做真人”的本色教育理念，致力于培养具有健全人格、良好学力和创新精神的现代人，其中“本色”、“本善”是其素质的最基本的特征。我们培养本色学生应具备以下特征：

(1) 积极的创造者。本色教育不仅要关注教育的传承，更应关注教育的发展，努力将孩子培养成积极的创造者。

(2) 个性的挥洒者。本色教育应当尊重孩子们的个性，让每个学生都能体验到自身的优势和价值，都能成为与众不同的个体，成为个性的挥洒者。

(3) 幸福的生活者。童年是生命交响曲中最欢快、最具幻想的乐章。贯彻实施本色教育，就必须还给学生一个幸福的童年，孩子们在属于他们的空间里自由翱翔，快乐成才，成为一名幸福的生活者。

3. 历练教师本色，促教师成长。

教师是学校发展的第一资源，教师的发展是教育改革的原动力。教师队伍建设思路：以课题研究为载体，以校本培训为重点，分层要求、分类指导、名师引路、合作

提高。

让名师引领教师发展。举行拜师活动，明确并落实各自的职责，建立青年教师培养研究专题，有重点地跟踪培养青年教师。通过请专家培养特色教师等形式，培养市、区、校级骨干教师。开展优秀教师教育、教学思想研讨，总结经验，及时推广。

让课题推动教师进步。坚持将课题研究与教学工作紧密结合，把发现作为教学的本色，是强调学生的自我发现，也强调教师对学生的发现，培养学生对自然和社会的发现与欣赏，呼唤学生热爱生活，用发现去打动他们，鼓励他们用新的视角去看待世界，发现新奇和变化，用新的角度和更为审美的态度提出新的观察与更为准确生动的描述。以“发现”为本色的教学内涵启发学生。教师还要根据学校立项课题，结合自身特点，自愿加入课题组；学校根据实际，设立专门的研究工作室，供课题组成员集体学习、交流、研讨。

让读书生成教师智慧。依托教师读书工程。分层次推荐学习书目，引导教师读书思考，每学期召开读书交流活动，打造书香校园，让教师与经典结伴，与大师会晤，与阅读同行。

让合作完善教师技能。建立教师月末论坛，通过论坛倡导教师学术交流，专业研讨，交流反思。

让机制促进教师成长。制定严格的市区校级骨干教师的考核评价、奖励办法，促使教师在竞争中完善发展自我。对每学年教育教学取得成绩的教师学校都给予表扬、奖励，发挥榜样的作用，引领教师群体在竞争中不断进取。



4. 回归学科本色，还课程原味。

为了回归学科本色，要求各个任课教师都要深思熟虑，敢于追问本学科的真谛；研读教材，领会教材精髓。

回归学科本色，让每一门学科都能上出这门课的原汁原味，推行教学本色，以“实”求“质”：教学目标求实、教学内容充实、教学方法切实、教学过程平实、教学评价真实。这就要求教师对教材有高妙的解读能力和还原能力，能将教材中呈现的情境、知识点、重点、难点、练习，分层次、有效地动态呈现。如：“本色语文”的要素是“纯真”、“诗意”、“想象”、“体验”、“创造”；“本色数学”之核心在于“生活化”、“数学味”、“趣味性”；“本色英语”关键在于“快乐”与“交际”；“本色科学”关键在于“体验”与“发现”……

## 五、研究的方法

1. 行动研究法。以自己实际工作中的问题为研究对象，通过发现问题、分析问题、拟订计划、实施行动方案、及时反思调整等方式展开，在研究中行动，在行动中研究。

2. 文献研究法。从多学科多角度开展对情报资料的比较研究，根据国内外研究动态，借鉴已有的研究成果和经验教训，找到新的生长点，防止重复研究，少走和避免走弯路。

3．经验总结法。及时积累研究案例，反思课题研究中的做法、体会，总结筛选新的经验、方法，根据相关的教育教学理论提炼课题成果，并经常开展经验的交流。

## 六、实验模式

本实验以本校师生全员参加为基本对象，以“弘扬—研究—实践—反思—提升”为实验模式，采用综合研究的方法来进行研究，主要以文献研究法为基础，以行动研究法为主要手段，以课堂教学及课外活动为研究途径，力图在尝试中研究，在实践中反思，在反思中提升。

## 七、课题实施计划

本研究共分准备阶段、实施阶段、结题阶段三个阶段，总共需3年时间。

1．准备阶段。

2009年2月~2009年4月。主要是组建研究班子，撰写研究方案，做好前期的研究准备工作，并申报立项。

2．实施阶段。

2009年4月~2011年6月。培训骨干教师，建立传统课题研究工作室。初步构建学校本善本色教育的课程体系，制定分年度的教学任务和教学目标，努力建设特色校园。制订各子课题计划，具体开展阶段性研究，及时总结反思，不断修正研究方案。注意过程性资料的积累，整理各子课题研究成果。

3．结题阶段。

2011年7月~2011年底。整理分析课题相关资料，总结、撰写论文、课题结题报告，展示研究成果，召开结题会。

## 八、课题研究的条件分析及预期成果展示

（一）条件分析。

1．学校领导高度重视，校长负责课题研究的具体指导，能有力地保证各项活动的顺利开展。参加课题组的成员都曾多次承担市、区级课题研究工作，有较强的科研能力。另外，课题组聘请广州市教育局教学研究室相关的课题专家，全程参与指导，以保证课题研究的顺利进行。

2．文化氛围初现端倪，2001年，学校成为了全国“十五”规划课题“全国小学语文发展与创新教育”首批实验学校。学校还积极进行市级课题《在新课程标准下的阅读教学中培养学生的创造性思维的研究》和区级课题《充分挖掘学校社区资源，开发与实施校本课程研究》的研究。在实验过程中，我校的老师积极参与研究，有了一定的开发研究课题的经验。在区级课题《充分挖掘学校社区资源，开发与实施校本课程研究》的研究中，以“养成教育”和“经典诗文的诵读”为重点，通过养成教育，培养学生良好的习惯，通过诵读优秀诗文，感受中华文化的博大精深，教师和学生都有了一定的文化积淀。此课题还获得了花都区课题研究的一等奖。自2003年上半年

以来，我校还根据香港圆玄学院董事长赵振东先生的指示，以“知止至善”为校训，并开始着手建设特色校本文化。这些都为本课题研究的实效性展开打下了坚实的基础。

3. 我校是香港圆玄学院捐资建造的，办学以来，圆玄学院一直关注我校的发展。此课题秉承了圆玄学院“崇尚三教，正心修身，存真养性，智慧慈悲，依仁抱义，明道立德，博施济众，普渡群生”的宗旨，汲取了“道、佛、儒”三家的精华部分，提出了“本善本色”学校文化建设的课题研究。相信圆玄学院会一如既往地关注我校，在经费以及研究所需的资料、文献等方面给予我们大力的支持。

（二）成果展示。

1. 形成符合圆玄小学“本善本色”教育的课程体系，编写一套圆玄小学本善本色的校本教材。

2. 形成富有圆玄文化氛围的学校文化。

3. 编辑参与实验的教师课题研究教育论文集。

4. 汇编师生“本善本色”作品集。

5. 围绕和顺管理、和雅德育、和乐教学的和谐教育模式研究，征集以“本善本色”学校文化为核心的“和”文化的典型个案案例。

6. 撰写有推广价值有理论与实践突破的结题研究报告。

# 《“本善本色”学校文化建设的实践与研究》开题报告

课题组

教育是一种“唤醒”，更是滋养人向善的天性。如果教育能够保持儿童、少年向善的天性，提升儿童、少年向善的素养，那我们的教育就是符合人性的教育。我们看到的将是一个个健康活泼的身影，一张张灿烂快乐的笑脸。保持和提升人的向善天性和素养的教育就是“本善教育”，就是在教育实践中去探索本色的教育，而本色的教育就是符合科学发展思想的教育。我校确立《“本善本色”学校文化建设的实践与研究》的实验课题，是通过构建“本善本色”学校文化，形成具有“至善”特色的独特凝聚力的学校面貌、制度规范和学校精神气氛，形成体现“本善本色”的共同价值观念，我们的孩子将生活在原汁、原味、原色的童真世界，真实地感受到自我存在的价值，并能永远追求“至善”目标。



## 一、课题研究的背景

（一）学校发展的需要。

学校文化作为蕴涵精神因素、信念因素、传统习惯和道德风尚等内容的一种精神和文化氛围，对学生素质的提高具有直接的制约作用。它能潜移默化地熏陶人、规范人，而又使受约束的个体心甘情愿。加强体现学校办学特色的学校文化建设，把素质教育的内涵融合于校园文化活动之中，是提高学生素质的一种十分重要的方法和途径。所以，我们也迫切需要通过对体现特色的学校文化建设课题的研究，在学校的教育方法、教育内容和管理模式上摸索出一条新路子，以适应我校不断发展的要求。

（二）圆玄小学的追求。

我校是在香港圆玄学院捐助下兴建的。圆玄学院以道、儒、释三教合一为特色。我校一直以人本发展为追求，秉承“全面发展，德育为首”的办学理念，继承和弘扬圆玄学院的“正心修身，明道立德”的传统美德，以“知止至善”为校训，以培养求真向善、知错能改、诚实高雅、博爱奉献的接班人为目标。我们紧紧围绕这一目标，进行积极的实施与探索。2001 年以来，我校狠抓学生的行为养成教育，文明礼貌教育，培养学生良好道德品质和文明行为，特别是培养“善”的道德情感、“善”的

行为习惯、“善”的心理品质。学校积极开展各项主题活动，让社会成为孩子们践行“善”的广阔天地：到敬老院慰问孤寡老人，为老人们送上祝福；到附近的社区义务劳动，为社区送上一份干净；到儿童福利院慰问孤儿，为他们送上节日的问候；在四川地震一周年的日子里，为灾区孩子送去一份份的爱心包裹……孩子们在活动中收获一路阳光与爱心，“善文化”逐渐在校园扎根。

我校也一直开展《充分挖掘学校社区资源，开发与实施校本课程研究》的实验，以“经典诗文的诵读”为重点，教师们大胆探索，认真实验，取得了扎扎实实的成效，校园里溢满着浓浓的书香：展览板上一张张精美的读书卡、读书小报，是孩子们读书的成果；孩子们晨读的身影在校园的小道上，花园旁；琅琅的书声回荡在美丽的校园内；图书馆里陈列着的书籍，是孩子们智慧与心灵的“加油站”……浓郁的书香熏陶着圆玄学子至善的心灵，“诵读经典”犹如一道亮丽的风景，为学生带来了一片生机，它奏响学生心中诗文的琴弦，激活学生的好奇心和充满激情的美好情怀，健全学生的人格魅力，提高了学生的文化品位与文化底蕴。如今，我们在思索：如何根据圆玄现有的校本资源，打造属于我们的教育特色品牌？我们认为：教育的课题在启发心智，教育的目的就是要能开发人性善的本能，去除人性恶的习性，培养学生良好和谐的性情，进而完成德行生长的过程——健全人格。鉴于此，我们推出“本善本色”学校文化建设的实践与研究。

## 二、课题的界定



“本”，就是人文之本：一是指本源，即以弘扬民族精神和民族文化，培养爱国情操为本；二是指本体，即以人与社会的和谐发展为本。

“善”，是对个人或对他人有益的思想行为。“本善”体现一种从自我意识到自我完善的价值取向。

“本色”，《辞海》中定义是“本来面貌”。在思想上，本色来自道家的自然归真思想，老子所谓的“道可道，非常道”即指自然归属，特指一种本能和天然的属性。如果对本色加以引申，本色就是不虚假，不浮夸，不刻意雕琢，不自作矫情，不故弄玄虚，是原汁、原味、原色。

构建“本善本色”学校文化，是指学校形成“善”文化和所追求“至善”特色的学校面貌、制度规范和学校精神气氛等，其核心是学校在长期办学中所形成的体现本善本色的共同价值观念。

## 三、课题研究的价值和创新之处

课题研究的价值：

1. 我们依据校本资源及学生心理的发展特点，提出的“本善本色”学校文化建设活动，旨在弘扬人本思想，关注本善的回归过程，追求至善的终极目标，即培养“本善”的人，打造“本色”的学校，践行“知止至善”的校训。我们的希望就是要让孩子们在“积善成德”的环境中健康成长，让孩子们以善小而必为之，从而“积善成德”，形成健全的人格。

2. 通过“本善本色”学校文化的建设，为学生的发展、教师的发展和学校的发展创造优良的人文环境，使学校成为师生身心愉悦的成长乐园，全面推动学生、教师和学校三位一体的和谐发展，从而提高学校综合办学水平，最终实现环境育人的目标。

3. 通过对该课题的研究，为学校文化建设找到一个较为完善、清晰的学校文化理论支撑。

创新之处：

1. 从校本的角度，挖掘儒、道、佛三教以善为本的核心价值体系。

2. 立足于学校的实践，凝炼本善文化，提升儿童少年向善的素养，追求本善、本色的交融和统一，实现教育的最高境界——至善教育。

## 四、课题研究目标

总目标：研究“本善本色”德育模式，提升儿童向善天性和素养；凝炼“本善本色”学校文化，铸造诗化教育品牌；历练“本色教师”，构建有效的“本色教学模式”，让校园成为师生的精神家园，最终建成“至善”之校。

分目标：

1. 学生发展目标：培养“本善”的孩子，使孩子们时刻保持善心、善言、善行，努力成为人格健全、品质高尚、志趣高雅、举止文雅、个性突出的“谦谦君子”、“谦谦淑女”。

2. 教师发展目标：历练“本色”的教师，让教师们有激情地工作，并能体验到工作成功的乐趣；促使教师不断转变教育观念，不断提高业务素质，努力成为高雅、乐于奉献、胸怀宽阔、与人为善、意志坚毅、善于开拓、勇往直前的具有“若水”境界的乐学善教的现代教师。

3. 学校发展目标：构建至善特色文化校园，用文化再造学校。学校发展的愿景是：

（1）发展特色——本善本色，走向至善（做最好的自己）。

（2）圆玄精神——向善、求善、至善。

（3）圆玄信条——善心、善言、善行。

（4）圆玄追求——日行一善，善行一生。

（5）圆玄期盼——圆至善梦想。

## 五、课题研究内容和措施

（一）一枝一叶总关情——构建“本善本色”德育模式。

通过开展“日行一善”活动，构建“本善本色”德育模式：以“善心、善言、善行”为主要活动内容，以“善待自己、善待他人、善待环境”为活动对象，以“善在学校、善在家庭、善在社会”为活动范围，通过“习善、积善、扬善”的发展过程，并建立“日行一善”学生评价体系，让孩子们“以善小而必为”，从小积善成德，形成健全人格。

“本善”教育活动应贯穿于教育教学工作的始终，应不断在教育教学中动态生成，在不断地总结比较中逐步升华。也应渗透到各学科教师教学的全过程，作用于每一名师生的情感与行为，影响人的终生发展。

（二）登高壮观天地间——打造“至善”圆玄文化。

“本善本色，追求特色”是我们的口号。与时俱进，探索有效的教育途径与手段是教育的永恒追求。在学校特色理论的指导下，我们将整合、创新、提炼七大特色教育有效途径，打造“至善”圆玄文化：

一是通过“制度”保障至善特色文化教育。在全面实施和谐管理中，注入鲜活的富于生命活力的元素，形成彰显本善本色的管理文化、制度文化和精神文化，让管理成为“润物细无声”的文化享受。

二是通过“活动”体现儿童诗化特色文化教育。重组、整合资源，出炉本善本色特色活动方案，形成至善大讲堂、开放大舞台等儿童诗化特色文化活动阵地，以阵地建设促发展。

三是通过“环境”凸显至善特色文化教育。依据园林校舍结构，创建校园景区，形成至善文化诗化精品校园。

四是通过“班级”建设至善特色文化教育。一个年级一个特色和系列，形成各具特色的班级文化。

五是通过“课堂”落实儿童诗化特色文化教育。有趣教学，诗为媒；教海有难，诗为舟，教师在课堂教学中结合诗化导入语、小结语等来突出教学重点，化解教学难点，使课堂教学更符合孩子的认知规律，提高教学质量。



六是通过“课程”深化至善特色文化教育。创建学校师生课程文化系列，丰富师生内涵，提升师生品位，让文化引领、润泽师生心灵。

七是通过“家庭”拓展至善特色文化教育。家校共建，形成共识，共同促进学生发展。

（三）活水源流随处满——重构本色课堂教学模式。

本色的课堂是诗意盎然的课堂，是和谐的课堂，是智慧的课堂，是充满情趣的课堂。本色课堂教学有利于学生心灵与人格的健康发展。教师要结合学科特点，创设和谐教学场景，让学生自主参与，自主构建，创造性地获取知识，形成创新人格的一种轻松、愉快的学习活动。

本色课堂要真正落实和有效实施，在很大程度上依赖于教师的素质。教师是学校发展的第一资源，历练教师本色，能有效构建本色教学模式。在历练教师方面，将推出以下举措：拓宽教师视野、开展读书活动、案例课题研究、建立导师制度、搭建讲坛论坛等。通过历练教师，培养一批在省、市、区各学科领域中有较大知名度的教师，培育若干在省、市、区有较大影响的特色学科，形成一支人格魅力足、专业水平高的教师队伍，实现教师专业化发展，构建一套学校的本色课堂教学模式，促进本善本色学校文化的建设，让我校的德育呈现出“活水源流随处满，东风花柳逐时新”的境界。

## 六、课题研究的方法

1．行动研究法。

2. 文献研究法。

3. 经验总结法。

本实验以“弘扬—研究—实践—反思—提升”为实验模式，采用综合研究的方法来进行研究，主要以文献研究法为基础，以行动研究法为主要手段，以课堂教学及课外活动为研究途径，力图在尝试中研究，在实践中反思，在反思中提升。

## 七、课题实施计划

本研究共分准备阶段、实施阶段、结题阶段三个阶段，总共需3年时间。

1. 准备阶段：

2009年2月~2009年4月，申报立项。

2. 实施阶段：

2009年4月~2011年6月，组建班子，研究阶段。

3. 结题阶段：

2011年7月~2011年底，总结成果，交流推广。

## 八、课题研究组织机构

1. 课题研究指导：姚顺添（广东教育学会小学品德课教学专业委员会副会长、广州市小学品德教研会会长、广州市教育局教研室教学研究员）

2. 课题组组长：毕拱文，小学数学高级教师，负责课题全面管理工作。

3. 课题组参加成员：

本课题组以江艳芳、朱嘉文、徐晓珊、毕婉敏、温远有、王丽霞、李静、徐丽贤、梁雪玲、江兰芬、梁秀媚为骨干成员，全校教师全员全程参与实验研究。

组员分别负责以下工作：

本色课堂的研究、环境文化构建、至善大讲堂的开展、社会实践活动策划、制度文化建设、学校观念文化的构建、家校共建工作的研究、校本课程的开发、校园文化节策划、本善本色班级文化策划等。



## 九、课题研究的预期成果

1. 形成富有圆玄文化氛围的学校文化。

2. 形成符合圆玄小学“本善、本色”教育的课程体系，编写一套圆玄小学本善本色的校本教材。

3. 形成有推广价值、有理论与实践突破的研究报告及教师论文集。

4. 汇编师生“本善本色”作品集。

5. 形成“本善本色”学校文化建设的模式研究，并征集具有“本善本色”学校文化的典型个案案例。

6. 形成一套具有“本善本色”德育评价指标体系。

# “本善本色”学校文化建设的实践与研究

## ——圆玄小学课题开题报告会发言稿

温远有

各位领导、专家、老师们、家长们：

下午好！

金秋的阳光温馨恬静，金秋的圆小欢欣鼓舞、热情洋溢，因为今天是一个难忘的日子，在这特殊的日子里，我们迎来了各位贵宾，你们的到来，带给我们圆玄小学全校师生的将是鼓舞，是振奋，是希望，是鞭策！



今天，我校隆重举行《“本善本色”学校文化建设的实践与研究》课题开题报告会，这是我校教育科研工作的一件盛事，也是我校历史上的一件大事。借此机会，请允许我谈谈对此课题肤浅的认识和一些做法。

### 一、本善至善显素养，最是少年橘绿时

“要育智，先育德”。当今教育弊端之症结，大部分学校受应试教育的影响，只注重孩子智识的积累，只注重表面教育，而忽略他们的精神需要。加上社会犹如一个大染缸，充斥着不良文化，怎样的环境，造就怎样的人才。因此，致力于培养学生良好品质和行为尤为重要，正所谓“德者同于德，失者同于失”。小学生正处于人生的起步时期，人生观、价值观形成的关键时期，他们纯真善良，如同一张白纸，只有科学合理地对其行为进行正确的引导和内化，才会受到社会的褒扬和赏识，才能早日成为和谐社会的促进者和社会主义事业建设者和接班人。鉴于此，为了追求教育对人情感的“深度唤醒”，保留少年儿童“本善本色”的天性，提升少年儿童的素养，我校提出符合人文主义理念的“本善本色”教育，而教育又是一个寻梦、追梦、圆梦的过程，《“本善本色”学校文化建设的实践与研究》的课题理念就是让学生寻求“知止至善”的精神境界，发现“本善本色”的真理，继承和弘扬“正心修身，明道立德”的传统美德，用圆小信条指导自己要有“善心、善言、善行”；以圆小追求为个人追

求，鞭策自己“日行一善，善行一生”；以圆小期盼为己盼，圆至善梦想。我校确立的《“本善本色”学校文化建设的实践与研究》的课题，汲取了“道、儒、释”三家精华部分，以“知止至善”为校训，营造至善教育，打造诗化校园，培养温文尔雅、彬彬有礼的谦谦君子、窈窕淑女，让学生走向至善人生。

## 二、手持空杯进课题，研究善行最当时

就这样，带着欣喜，带着期待，带着满腔的热情，我开始步入课题研究，走进了广州市教育局教研室姚顺添老师指导的课堂，听取了姚老师循循的教导和风趣明了的分析，感受着姚老师一次又一次耐心的指导和理性聪慧的理论，我感觉自己不再是一位老师，而是一名小学生，正在听着老师讲课……渐渐地，原来对校本课题一无所知的我茅塞顿开，脉络逐渐明晰，正是“山重水复疑无路，柳暗花明又一村”。紧接着，姚老师教我们如何搜集资料，如何编写校本教材，如何打造圆玄“人无我有，人有我尊”的校园文化特色。在专家引领下，我们课题组成员就如同：手持空杯进课题，研究善行最当时。

## 三、长路漫漫吾先行，同心协力创佳绩

“路漫漫其修远兮，吾将上下而求索”。作为课题组的成员，作为级长，我与级组老师全力以赴，暑假期间加班加点，搜集名人名言，解释名句，编写名言故事，初步开展校本课题的研究和实践工作。接下来，商讨如何定主题、定目录、定名言、编故事……着手编写校本教材，还有编辑工作的繁琐，打字、选图、配画，修改再修改，重做再重做，干得不亦乐乎，虽然苦虽然累，但我发现自己不知不觉地在这过程中学到了很多，知道了很多，懂得了很多，我在课题里成长着……



首先，我将会让校本课程走进课堂，回归语文学科本色，还原语文课堂原味。配合学校课题，我将带领学生，营造诗化课堂，从诵读古经文入手，背诵一些浅显易懂、脍炙人口的名家诗篇，制定专门的诵读时间，通过读、背、查，让圆玄学子在诵读古诗文中养成良好的诵读习惯，增加识字量，开发智力，使之读中明理，规范行为，不断受到传统美德的熏陶和教育，获得更多的人生启迪。其次，结合校本课题，用本善教育理念打造教育过程。通过学习古今中外行善积德的优秀人物故事，教育学生习善、扬善、积善；对待他人要有善心、善言、善行；对人对己对物做到善待自己、善待他人、善待环境。在班上设立每人一张善心卡，从我身边小事做起，捡一块垃圾、种一棵树、帮助有困难的同学、为灾区小朋友献一份爱心等等，每做一件好事，都把它登记在善心卡上。学期末，看谁能被评为“善心小天使”。最后，升华“本善”教育，处处体现至善境界。我将结合本年级本班学生的年龄和实际特点，根据不同的时间和条件，举行各种各样的实践活动，如：开展“古诗文诵读擂台赛”、“名人名言知多少”、“我最爱读的古诗文”及“我心写我诗”、“古诗配画”，召开“读古诗，谈心得，写体会”的主题班会，开展“我写我的座右铭”等一系列活动，评选“诵读小博士”、“优秀小诗人”、“名言小状元”和“记忆智多星”等，使学生

学到千古美文中“先天下之忧而忧，后天下之乐而乐”的胸怀；“富贵不能淫，贫贱不能移，威武不能屈”的情操；“己所不欲，勿施于人”的道德原则，让千古美文在幼小的心灵不断反刍、发酵，使之成为他们一生高远见识、完美人格的源头活水，体现和感知中华民族的伟大灵魂，使学生提高文化素养，感受至善境界，做一个“上善若水，厚德载物”之人。与此同时，为了营造氛围，拓展延伸，让学生感悟中华传统美德，我计划在本班置办“每周一诗”的专题壁报；组织学生每天诵读学校的“古诗长廊”；每周推荐一句经典名言；利用红领巾广播站或教室里的多媒体播放古诗名句，课间、放学播放古典音乐等等，这样，通过音乐、绘画等强烈艺术手段去感染学生走进诗境，理解诗意，领悟诗情，激发美德。在不知不觉中，让自己成为精艺尚德之人，让学生成为德性健全之人，让学校成为至善特色的诗化学校。

虽然路很漫长，很艰辛，虽然我们只迈开第一步，但我相信，通过师生的言行、品格和行为影响，必将带动其家人、邻居乃至全社会，形成良好的氛围，促进社会的和谐；我也相信，今日，善在圆玄，他日，善在家庭，善在社会，时时、事事、处处有善念，有善行；我还相信，一年后，几年后……从本善走向至善是一个不断寻梦、追梦、圆梦的过程，圆玄小学，一定能打造出至善特色的品牌。到时，我们的学生会挺起胸膛说：“今天，我为至善学校日行一善而自豪；明天，学校将为我善行一生而骄傲!”预祝我校课题圆满成功！谢谢!

2009 年 9 月 22 日

# 让爱润泽心灵
## ——《爱是什么》教学设计

毕婉敏

教学目标：

1. 通过绘本、视像等资源引导学生参与活动，思考爱的含意，从而探讨理解“本色本善”课题的中“善”的核心价值。

2. 让学生学会履行圆玄信条——善心、善言、善行 。

## 一、创设情境，引入动机

1. 与学生谈话：同学们，在你心中，爱是什么呢？

2. 引言：不同的生活经历，同学们对爱有着不一样的感受。老师也是在爱中长大的。

3. PPT 出示四组图片，教师配乐陈述：在家里，爱是父母和孩子彼此间无微不至的关心和守护；在生活中，爱是朋友们的默默支持和鼓励；在工作上，爱是平凡的岗位上踏实尽职的坚守；汶川地震时，爱是大家捐赠的一分一毫，是全国人民共同跳动的一颗心；奥运场上，爱是大家发自内心的摇旗呐喊——中国，加油！

4. 呈现主题：同学们，究竟爱是什么呢？怎么去爱呢？这节课我们一同走进爱的世界里。

## 二、活动体验，深化主题

主题一：爱是善心

1. 出示绘本《超级棒棒糖》，老师配乐讲述故事。

启发思考：

（1）在你们心中，巫婆是个怎么样的人？

（2）这个故事的巫婆有点不一样，她叫“糖巫婆”，长得胖胖的，脾气可坏了……

2. 故事讲述后讨论：

* 为什么大家要救糖巫婆？

＊ 大家帮助了糖巫婆，得到的其实不仅是一盒糖果滋润心田，他们还得到了什么？

＊ 你喜欢故事里的角色么，为什么？

＊ 在这个故事里，你觉得爱是什么？

3. 结语引出观点：无论是宽容，帮助，还是原谅，这一切只因为大家都有一颗善良的心，爱就是善心。

只是拥有爱心够么？

4. 活动深化：《请伸出你的双手》

＊ 规则：请出 12 个学生分两排，第一排的同学往后倒，第二排的朋友往前接。

＊ 谈感受：第一排同学当时的感受怎么样？第二排的同学会怎么样？

＊ 点评：人人都喜欢被爱，可是我们也需要换个角度去爱别人，因为人是需要互相支撑，互相爱护的。

主题二：爱是善言

1. 问题启发：我们该怎么去爱别人呢？单说一声“我爱你”够么，只把爱心埋在心里头行么？

2. 邀请在座一位家长、老师以及嘉宾谈他们爱的故事。

3. 听了这些含载爱意的故事，你有什么感受？

4. 引导学生归纳：爱的传递，不光是善心，还是一句善言。

当别人遇到困难时，你会鼓励地说：



当父母生病时，你会关心地问：

当你做错事时，你会诚心地说：

当别人做错了，你会宽容地说：

5. 结语引出观点：真诚的问候和鼓励，善意的提醒和劝说，就像一缕阳光，温暖着别人的心，老师送给大家一句话：好话一句三冬暖，恶言一句六月雪。爱就是善言。

主题三：爱是善行

1. 爱需要善言播送，也需要善行传递出去。

2. 播放：《志愿者在行动》的视频。

3. 看了片段，你想到了什么？

4. 我们的善行的身影在哪里呢？

5. 我们在行动：我们是亚运会的小东道主，你打算怎么做呢？

## 三、总结延伸，升华情感

# 生命如此美丽
## ——《善待生命》教学设计

温远有

教学目标：

1. 情感态度目标：让学生感知生命的可贵，体验生命的意义和价值，分享和感受生命的真谛，建立生命可贵的态度。

2. 行为与习惯目标：知道哪些行为是尊重和爱惜自己、他人的生命，哪些行为是不尊重和爱惜自己、他人的生命，懂得怎样珍惜生命，认识并养成良好的行为习惯，明确如何让生命活出精彩，活得有意义、有价值。

3. 知识技能目标：认识生命的形成、内涵和价值及意义，确立积极正确的人生观。

教学重点：让学生感知生命的可贵，体验生命的意义和价值的同时，如何善待自己，善待他人。

教学难点：分享和感受生命的真谛，建立生命可贵的态度。

教学准备：

1. 教师准备课件。

2. 学生调查：搜集有关感动生命的故事，并谈谈你的感想。搜集危害生命的资料，发表你的看法。谈谈你对生命的感悟。

教学过程：

## 一、生命的宝贵（生命的诞生）

（一）图片导入。

1. 师：同学们有思考过生命这个话题吗？生命是什么？大家来看——（多媒体出示图片）

豆芽破土而出，小草长出嫩芽……这些都是生命。

（二）视频——十月怀胎胎儿形成过程。

1. 师：而人的生命又是怎样诞生的呢？

出示视频——十月怀胎胎儿的形成过程。

2. 师：看了这些，你有什么想说的？

3. 生答。

（三）师小结：生命如此宝贵，所以我们要学会善待生命。（板书“善待生命”）

## 二、生命的珍惜

（一）故事引入（出示“感动生命的故事”）。

1. 师述：（略）

（二）学生举例。

1. 师：在学校开展的经典美文诵读活动中，感动生命的故事有很多很多，选一个给你留下深刻印象的和同伴交流交流。[刘翔、林浩（地震灾区小班长）、谭千秋（地震救学生）、霍金、史铁生、海伦·凯勒、杏林子、学校残疾人表演等]

2. 学生交流并汇报。（在学生畅谈感想中，老师结合学生的感想与点拨，相机板书“责任”、“自信”）

1. 师：很感谢刚才这些同学为我们分享了这么多感人的生命故事。看着这些熟悉的面孔，（多媒体出示人物组图）你想说些什么呢？

（三）师小结过渡。

师：是啊，这些人真正读懂了生命的真谛，真正善待自己的生命，让生命活出了精彩。他们这些人中，有的甚至还是身体残疾的，但他们都能这样善待生命，相比之下，另外一些人，他们又是怎样看待生命的呢？请看——



（四）生命的脆弱。

1. 出示视频：交通事故。

2. 师：看了这些触目惊心的镜头，你有什么看法？

3. 生谈感想。

4. 师：像这样漠视生命、对生命不负责任的行为在我们身边还有很多很多。下面把你听到、看到或知道的与同学说说。

5. 学生交流汇报。

6. 师：是啊，你们都是生活的有心人。你看——（出示危害生命的一组镜头和数据），他们这些不善待生命的行为，你有什么话想对他们说？

7. 生答。（师根据学生回答相机板书“宝贵”、“珍惜”）

## 三、生命的感悟

（一）写感悟。

1. 师：生命来之不易，生命只有一次。在未来的日子里，你将如何把握自己的生命，让生命活得更精彩？请拿出笔和卡片，用你喜欢的方式去表达你对生命的感悟。（可以是诗歌、画画等）（出示“感悟生命　活出精彩”）

2. 生写感悟并汇报，然后把苹果卡片贴在黑板的“生命之树”上。

## 四、结束

（一）师小结：这是生命之树，在你们的装点下变得如此精彩、如此灿烂。生活是多么美好，生命是多么宝贵。只有热爱生活、热爱生命，我们的生命之树才会枝繁叶茂、硕果累累。

（二）送名言。

1. 师：最后，老师想送给你们一样礼物（出示名言阁），让我们一起分享、一起共勉、一起走好人生的每一步，让我们的人生更加精彩！

附名言：

身有伤，贻亲忧；德有伤，贻亲羞。

身体发肤，受之父母，不敢毁伤，孝之始也。

信心是命运的主宰。

附板书设计：（略）

# 立足校本，做至善新人
## ——校本科研课题研究有感

张雪群

教育，为学生美好、幸福人生奠定基础。学校不仅是孩子们成长的摇篮，同时也是教师不断发展、成就事业的地方。千淘万漉虽辛苦，吹尽狂沙始到金，学校、老师、学生同路同途，一定能迈向教育的美善境地，成就我们的追求。打造本善本色文化特色，培养“正德厚生、臻于至善”的圆玄学子，是我们全校师生孜孜不倦的追求。作为课题研究的一分子，我学到了很多、感触也很多。下面谈谈我参与课题研究的一些体会和做法。

### 一、上善若水显个性，正心修身育新人



“五育并举，德育为首”。承继中华民族的传统美德，是适应时代发展的需要。影响中华民族五千年的儒家的仁、义、礼、智、信，道家的上善若水，厚德载物等优秀道德思想，仍然是当前未成年人乃至成年人应该继承和发扬的优秀传统文化。《中共中央国务院关于进一步加强和改进未成年人思想道德建设的若干意见》明确提出了未成年人思想道德建设必须坚持“与中华民族传统美德相承接”的原则，从根本上提出新时代对人的素质提高的要求。鉴于此，我觉得我校提出的“本善本色”校本课题是科学的，是充满人文关怀的，它保留了少年儿童“本真、本善、本色”的天性，继承和弘扬了“正心修身，明道立德”的传统美德，要求学生以存善心、纳善言、践善行鞭策自己，通过习善、积善、扬善，让学生以善小而必为，从而积善成德，形成健全人格。同时体现了德育活动小、巧、实、新的特点：小在于目标小、要求低，每日行一善；巧在于日积月累，反复刺激，养成好习惯；实在于从学生学习、生活中的身边小事举手之劳；新在于变教师的说教为学生自己的实践。这些对于学生来说，既能理解，也很容易做到。“日行一善”是过程，“正心修身”是目标，这是一个由量变到质变的发展过程，也是知、情、意、行，“知行合一”的教育规律和原则。此外，打造诗化校园，营造至善教育环境，为培养温文尔雅的至善新人提供了不可或缺的条件。

## 二、忽如一夜春风来，经典之花传承开

承蒙学校领导关爱，我有幸成为校本课程课题组的成员，我带着满腔的热情走进了课题研究的工作。首先，我聆听了姚老师生动、幽默而实在的讲座，感悟到校本课程的真谛。在他循循的指引下，我和课题组的同事们全力以赴，搜集名言，摘录经典名句、撰写名诗赏析，商讨如何定主题、编目录、写故事……着手编写校本教材。为了更好地开展课题研究工作，我积极阅读经典名著，深刻领悟中华经典的文化魅力，与经典结伴，与阅读同行。我认为，要让校园书香飘溢、诗意流淌，教师本身就应该爱上诵读经典，成为诵读经典的引领者，让孩子们在浩瀚的诗书海洋中自由畅泳，陶冶性情，进而培养彬彬有礼、诚实谦逊的谦谦君子。在专家们明朗的指导下，我们学校的校园文化建设可谓"忽如一夜春风来，经典之花传承开"。

## 三、师生尚善凝美德，校园处处有风景

校园是孩子成长的摇篮，老师是孩子成长的指路明灯，营造诗化精品校园，树立高尚师德形象，对培养至善之人尤为重要。

首先，本真引导，构建善的教育。作为课题组的成员，作为一名班主任，参与课题研究令我感到欣喜与期待，增强了我教书育人的使命感。在教育中，我始终铭记陶行知先生说过的一句话：千教万教，教人求真；千学万学，学做真人。结合我校本善本色教育，我让孩子们学会真诚相待，信守诺言，保持少年儿童本真的天性，提升少年儿童本善的素养，还教育以本色。在班级管理中，我始终尊重和爱护每一个学生，教育学生对待他人要有善心、善言、善行；对人对己对物要学会善待自己、善待他人、善待环境。我让学生设立一个记录册，在生活中及时记下自己的习善之举，并组织学生设计以"日行一善、积善成德"为主题的创意广告词，开辟橱窗板报等阵地制成精美版画，让学生在潜移默化中受到至善的熏陶，强化师生对尚善的理解和行善的意识。

其次，本色课堂，形成善的品质。作为一名语文教师，我为中华民族拥有灿烂的诗词文化而骄傲，而我们的"本善本色"校本研究则让语文学科回归本色，还语文课堂原汁原味。在教学中，我配合学校课题，带领学生诵读经典诗文，背诵脍炙人口的名家名篇，收集经典名句，学写诗文赏析，畅谈名言感悟，使之在读中明理，规范行为，不断受到传统美德的熏陶和教育，获得更多的人生启迪。六年级语文教材第六单元《轻叩诗歌的大门》与校本课程配合相得益彰，学生在学习中充分体会到诗歌的浪漫想象、丰富情感、语言精练、真切表达，领略到中华经典的博大精深，提升个性品味，润泽纯洁心灵，让学生手捧名著爱不释手，经典美文长留心间。

最后，本善教育，促进善的内化和延伸。我针对学生的年龄特点和认知水平，结合各阶段的专题教育，在班级内开展了一系列的实践活动。通过学习古今中外的行善积德的优秀人物故事，举行"读名人故事、育至善之德"的故事交流会。开展"古诗文诵读擂台赛"、"名人名言知多少"、"制作名人名言书签"、"古诗配画"、"以画创

诗”等活动，让学生尝试“诗与书”、“诗与乐”、“诗与韵”中的奥妙与乐趣。与此同时，我在班级内召开“与经典为伴、与圣贤同行”的读书交流会，让学生读名著、写体会、谈心得，使学生学到千古美文中“非淡泊无以明志，非宁静无以致远”的胸怀；“君子成人之美，不成人之恶”的情操；“勿以恶小而为之，勿以善小而不为”的道德原则；从而树立“修身、齐家、治国、平天下”的远大理想，让千古美文在幼小的心灵中生根、发芽，使之成为他们一生高远见识、完美人格的源头活水，体现和感知中华民族的伟大灵魂，使学生提高文化素养，感受至善境界，做一个“上善若水、厚德载物”的圆玄学子。

“一枝独秀不是春，百花齐放春满园”，我让“日行一善，积善成德”的主题教育活动拓展延伸到家庭、社会。从活动内容反馈，学生有的热心帮助学习有困难的同学，有的到敬老院慰问孤寡老人，有的到附近的社区义务劳动，有的到儿童福利院慰问残疾儿童，有的为灾区小朋友送去一份爱心包裹……真正做到“存善心、习善行、扬善举”。同时，我为学生设计了行为活动“五评表”，即自评、互评、师评、家长评、社会评。社会评价可以是左邻右舍或身边德高望重的人，然后根据“五评表”的评价结果，在班级内表彰先进、发现典型、激励学生。这样不仅评价了学生，也带动了家长，影响了社会，使学生在评价中成长，在活动中成为德性健全之人。

通过一系列的实践活动，让经典文化如和煦春风吹拂校园的每个角落，让师生们受到熏陶与感染，成为有高雅志趣、博雅学识、儒雅气质的圆玄人。

探索之路虽然漫长，但我们已迈出了稳健的第一步，我相信，我们圆玄小学必将以崭新的面貌展现在教育发展的最前沿。善是美的化身，礼是美的表白。在本善本色校本文化的润泽下，圆玄学子明日必将礼行天下，善行一生。

# 聚焦课堂教学，提升教师实践智慧

## ——参加全国中小学校本研修实践研讨会有感

徐晓珊

2010年4月9日至13日，我们一行人参加了上海中小学校本研修与实践研讨会，各位专家从不同的角度，给我们作了专题报告，我们在与学者、专家的思想碰撞中，提升了对校本培训与校本教研的新认识。

课程改革的攻坚战场在课堂。因为课堂教学是教师实施教学活动的主要形式，是学生获取知识、增长智慧的主要途径，是实施素质教育的主要渠道，是落实课改理念、提高教育质量的主要战场。上海市教育科学研究员教师发展中心主任王洁博士的讲座《以课例为载体的校本研修》谈到的，要把更多的目光聚焦在课堂，实行“问题会诊”，从问题开始研究，分析课堂教学上存在的问题，聚焦课堂细节，不断地讨论、研究、反思，提出解决问题的方法，再反复试验方法的可行性。王洁博士以“课堂”观察为出发点，“一课两上”、“一课三上”式课堂教研，能真正地把校本教研落到实处，从而使教师的课堂教学走向精致，有利于提升教师的实践智慧，促进他们的专业成长。



上海的校本研修研讨会，给我的启发很大：校本教研是课程改革对我们提出的必然要求，也是教师专业化发展的必由之路。为此，要积极结合新理念，聚焦课堂，扎实开展形式多样的校本教研，以促进教师教学实践智慧的提升。

### 一、专业引领明方向

教研人员的专业引领是校本教研可持续发展的关键，没有教研人员参与的校本教研，只会停留在一个水平上，不会有实质的发展。为此，要寻求教研人员的大力支持，对课堂进行诊断式指导。即和教师共同备课设计、听课观摩、评课反思，全程参与，“下结论、开药方”，从根本上解决出现的问题，并对教师们的课堂跟踪观察和评析，使教师们在思想层面和操作层面上，有不同程度的提升。

### 二、自主反思促成长

教师个人的自我提高，是教师成长的进步基础，只有教师个人努力，才能使之快

速提高，教师要通过不断更新教学理念，改革教学行为，提升教学水平，才能形成自己对教学现象、教学问题的独立思考和创造性的见解，才能不断提升自己的精神境界和思维品位，才能体会自己存在的价值和意义。

1. 倡导教学反思。

美国学者波斯纳经过多年的研究，提出了“教师成长 = 经验 + 反思”的公式。这是有一定道理的。我认为：一个不反思自己课堂教学的人，是不会进步的。教师只有不断地通过批判性的反思，才能不断地调整自己的教学行为，才能在专业成长的道路上发展。教学反思是教师由经验型转变为研究型、专家型的必由之路，这种反思不是一般意义上的“回顾”，而是反省、思考、探索和解决教育教学过程中各个方面存在的问题，具有研究的性质。因此，建议教师撰写反思心得，从以下三点着手写：第一，佳处回味。即对一节课的成功之处进行客观公正的总结。第二，败笔探寻。即对一节课的失误之处进行客观公正的总结。第三，创意火花。即课堂教学中，经常会有突发性事件，对此教师有时会灵光一闪，师生间会产生智慧之光，课后教师要及时记录下来。

2. 任务驱动策略。

对于年轻的教师，学校要帮他们做好个人发展规划，提前落实教学任务，然后帮他们进行打磨、研究，促进青年教师的迅速成长，从而激发他们的学习需要。

## 三、开展实践主题式研究



教师是执教的劳动者，每天工作量大，日程繁忙。其实，对于每位教师来说，只要开始一天的工作，他们也就开始了教学研究。因为他们每天都会遇到一些有价值的问题，只要教师有心计，随处可以捕捉到那些“资源”。主题式研究，就是把教师作为研究的主导者，教师在具体的教学情境中遇到的问题就是他们自发研究的小主题。

1. 确立主题。

按任教年级、学科组合，形成一个个教研合作组。教师们由分析当前的教育状况、观察自己的实际教学，或从日记中发现或寻找值得研究与必须解决的问题，从而确立主题。

2. 合作研究。

主题确立后，围绕主题，多方面搜集信息、查找资料、阅读专业书籍，寻找主题的理论依据，丰富主题的内涵。然后教师结合自己的教学实践，阐述自己的教学观点、策略与方法。再通过教师们的整体交流、讨论、对话，以寻找个人的盲点，并经由搜集相关的资料加以分析，在不断产生的认知冲突、合作研究中相互取长补短、碰撞出智慧的火花，从中找准突破口，使问题情境更加清晰，获得启迪。

3. 实践研究。

每学期每位老师要确立一个自己的研究课题进行研究，每人围绕主题选择一单元进行备课，然后再选择这一单元中的重点内容上研究课。集体备课时，主备教师要在教研日把说课稿和教学设计完成，其余教师也要写出简单的教学设计，教研组内教师

要积极发言并讨论教案，商议采取什么样的教学方法、教学手段，并提出改正意见。通过课前讨论交流，进一步完善教案设计，经过大家讨论形成共识，再进行课堂教学。教师及合作研究者在行动结束后，要回头思考解决问题的整个过程，查看所设计的方案是否能够有效地解决问题，思考改进措施，生发新的问题与困惑。要把“反思”和“问题”贯穿于课例研讨的始终。课前有对追踪问题的反思——是不是大多数学生学习的需要？课中有对教学设计的反思——创设问题情境、体验、探究是多数学生喜欢的学习方式吗？课后有对教学成效的反思——教师到底有多少收获？要主张“一课多上”，即原有课例修正⟶二次课例⟶再修正……让教师们在这样的实践研究中，直面自然状态下的真实问题，逐步形成“在研究状态下教学”，“在教学实践中研究”的职业生活方式。

4．“闲聊式”教研方式。

鼓励“闲聊式”教研方式，提倡同伴互助风气。鼓励同事间利用课余时间，就某个教学问题或教育现象，进行闲谈，发表评论，并努力获取有价值的教育教学经验。个别教师工作中碰到的难题，提倡同伴积极协助，共同解决。

聚焦课堂教学，以课例为载体的教研活动，能够让教师走进教研、参与教研、投身教研。这样的教学过程充满了先进的理念，充满了交融的智慧，教师们对新的课程会理解得更加全面、更加深刻。我相信，通过聚焦课堂，教师们将以持续反思促进自己的教育创新，使自己的教学行为充满智慧，使自己的教学课堂更加高效，教学质量不断提高。



点评：新课程在改革推进过程中，对教师提出新的要求是：善于吸收——做学习型教师；长于研究——做反思型教师；乐于合作——做合作型教师。我们要坚持“以善为本，以学为本，以校为本，以研强师，以研促思，以研兴教”的思路，让课堂教学与教研回归本色，让教研充满思想，让思想充满智慧，让智慧充满课堂，让课堂充满欢乐。

# 《“放飞个性 乐于表达”——自主式作文教学研究》课题研究报告

江艳芳

## 一、课题的提出

《语文课程标准》指出“语文课程应致力于学生语文素养的形成和发展”，“写作能力是语文素养的综合体现”。作文教学的重要性是不言而喻的。它既能提高学生的写作水平又能培养学生的观察及想象力。然而，说到作文，大多数学生是“谈作色变”，他们有的苦恼没有东西写，有的不知道怎样串成文章，有的担心写不具体。学生对作文缺乏兴趣、缺乏自信、缺乏激情，学生的作文缺乏真情实感、缺乏个性，这些已是不争的事实，这不能不让我们反思一下我们的作文教学。综观现在的作文教学，确实存在着一些令人担忧的问题，如：有的教师平时不注意引导学生通过“听”、“读”等语文实践活动，积累写作素材；还有的教师重“写”轻“说”造成学生写作时无米可炊，妨碍了学生语文素养的提高，特别是不利于创新精神的培养、创新能力的提高。



特别是在“既要突出主题，又要围绕中心富有教育意义”的作文教学思想指引下，我们的作文教学理所当然地侧重在写作技巧、写作方法、思想升华的指导上，致使不少学生作文兴趣乏然，作文内容脱离生活实际，作文语言政治化，作文形式照猫画虎、千篇一律。就是出现了“假”、“大”、“空”、“俗”的现象。“假”，说假话、写假事，虚情假意；“大”，内容空洞，不实在、不具体；“空”，一大段一大段地甚至整篇整篇抄别人的作文；“俗”，千人一面，千篇一律，缺少个性，落入俗套。许多学生写“乐于助人”的题目，不是让座、推车，就是扶盲人过马路、送迷路的小孩子回家；写做好事的题目，不是雨中送伞，就是拾到钱包交给失主。就是在这种所谓的“真实”的习作中，学生编织了一个个动人的“精彩的故事”。作文教学处于静态的模式中，学生失去了对作文的兴趣，作文教学一度处于低迷状态。

为此，我校结合参加的《全国小学语文发展与创新研究》课题，提出了《“放飞个性，乐于表达”——自主式作文教学研究》的子课题。以“开放”为核心，打破常规作文教学形式，作文教学不再局限于几节作文课上，而是贯穿学生的学习、生活之中，让他们在全方位开放的作文教学空间里自由驰骋，觉得作文有得写、乐于写、创造性地写，全面提高学生的语文素养。

## 二、理论依据

（一）符合“大语文观”的新观念。

语文教学是发展性的教学，在教学中我们应以学生的发展为本，充分挖掘学生语文学习的潜能，让学生打好扎实的语文基础，为他们今后的语文学习奠定基础。新课标明确规定：要“为学生自主写作提供有利条件和广阔空间，减少对学生写作的束缚，鼓励自由表达和有创意的表达。提倡学生自主拟题，少写命题作文”。要使学生懂得“写作是为了自我表达和与人交流”，要“珍视个人的独特感受”。新课标对写作还作了这样的评价建议：“应重视对写作过程、方法、情感与态度的评价，是否有写作的兴趣和良好的习惯，是否表达了真情实感，对有创意的表达应予鼓励。”这些要求的一个主要精神，就是倡导学生作文的个性化，给予他们自主表达的空间。我们认为《“放飞个性 乐于表达”——自主式作文教学研究》就是在作文教学领域对培养学生健康个性，促进学生全面发展的实践和探索，是语文课程改革的需要。

（二）符合素质教育的需要。

以教育部制定的《语文课程标准》为依据，遵循写作心理的一般规律，结合本校的实际情况，以学生为本，立足个体成长，努力探索作文个性化途径和方法及评价标准，进而让学生“感情真挚，力求表达出自己对自然、社会、人生的独特感受和真切体验”，并在此基础上有所创新，展示个性。

（三）符合“以学生为本”的思想。

20 世纪 80 年代以来，随着西方人本主义思想的传播，在我国的教育改革中，也逐渐形成了一种具有中国特色的教育人本论的思想。“它主张从教育内部去考察教育的本质，去揭示教育的特点与规律，从而并肯定教育就是发现人的价值，发挥人的潜能，发展人的个性”，明确提出了“以人为本”的教育观念（以上均转引自燕国才《教育十论》)。从这教育观念出发，明确学生是作文的主体，作文教学必须确立学生“自己写、写自己、自己改、改自己”的主体意识（单滨新《强化作文教学中的主体意识》)，因而，师生在教学中的角色、地位及相互间关系的处理则成了整体推进作文教学的关键。

（四）符合总课题——《小学语文发展与创新研究》课题的要求。

创新意识：指与发现新关系相关的动机因素、情意因素和智慧因素。通俗地说，就是指人在学习实践活动中表现出来的创造性思维以及贯穿活动始终的强烈的创造动机、积极的创造情感和顽强的创造意志等心理品质。作文教学中培养学生的创新意识：运用当代创新理论和有关新课改理论，以培养学生的创新意识和创造性思维为核心，形成以创新为目标的系列性作文教学范式，鼓励学生质疑问难，训练扩散性思维，着重培养学生思维的广阔性、灵活性和独特性。通过教学，使学生爱习作、会习作、习好作，从而提高学生的习作水平和促进创新意识、创新能力的发展。

## 三、课题研究的目标

自主式作文教学的目标当然是服从于语文教学的总目标的。但是它也有自己的具体目标基础。其终极目标是：培养以“自由个性”为核心的学生的健全人格，达到“教书育人”的目的。这个终极目标是有赖于如下具体目标的实现的。

（一）培养学生浓厚而持久的写作兴趣。

爱因斯坦说过：“就科学的探究而言，兴趣是最好的老师。”兴趣是学生写作的基石，没有学生对作文的持久兴趣，作文教学就成了“无源之水，无本之木”。我们希望通过课题的研究，使学生真正认识作文的本质和意义，除去以往套在学生身上的种种写作桎梏，使学生真正品尝到作文的乐趣。从“要我写”变成“我要写”。“以我手写我心”。把写作看成是生活的一种需要，而不仅仅是一种语文才能。

（二）推广个性化作文的写作，大面积提高学生写作水平。

写作的个性化和作文的个性化是时代发展的需要，是培养学生个性和创造精神的需要。通过本课题的研究，我们希望能在作文教学中形成写个性化作文的风气，变过去的封闭式作文教学为开放式教学，开辟作文教学的新天地，使个性化写作蔚然成风，促进学生作文水平的迅速提高。

“大面积”，不是“小面积”，就是指作文课堂教学不能还像从前那样只在几个写作尖子上体现出来，更要在中等生甚至是后等生上体现出来。同时，“大面积”也非“全面积”。不排除仍有极少数有特殊情况的学生无法有质的飞跃。我们要求学生乐写个性化作文，并且掌握了写作的基本方法和技巧。



（三）初步探索出一套行之有效的个性化作文教学的方式方法。

传统的作文教学方式方法有很多仍值得我们继承或者借鉴，但也有许多已经不符合新课程理念，不适应个性化作文的教学，所以必须探索出一套行之有效的个性化作文教学方法，才能大面积提高学生的写作水平。这是本课题研究的一个重要目标。

## 四、课题研究的方法

文献法：主要针对开放性作文教学的相关理论进行资料的搜集与整理，并对各种文献进行必要的分析，将各种理论与实践相结合，形成有利于小学生的写作教学的相关信息，并加以整合，为课题研究提供可靠的理论基石。

教育调查法：对全校同学采取抽样调查、问卷调查、访谈调查与个案调查等方法，了解学生写作的现状，了解他们对个性化作文的认知程度和喜好程度等。通过调查，掌握丰富的第一手材料，为课题研究提供充足的事实依据。

观摩、交流、竞赛法：通过在不同的年段和不同的实验班级开展作文课堂观摩，适时召开大型师生座谈会进行相互交流，开展系列个性化作文竞赛等活动，既达到营造个性化写作的浓郁氛围的目的，又强化学生对个性化作文特点、意义的认识，提高他们写作个性化作文的水平。主要进行对比实验，对两个平行班级的作文教学进行适时分析调查与研究，不断地调整，使作文教学走向灵活、丰富。对比实验有利于对开放过程进行必要的调整和监控。

经验总结法：我们在课题研究的过程中，在各个不同的阶段，运用经验总结法，在感性认识的基础上，通过对课题研究过程的回溯、追因，对本课题的教育实践进行分析概括，全面、深入、系统地揭示经验的实质，得出对本课题的理性认识，使之上升到理论的高度，找到可以运用和借鉴的规律性的东西。

案例剖析法：案例教学是当代最有效的一种科学实验方法。我们拟在课题研究的中期开始，采用此种方法来探索个性化作文教学的方式方法。课题组成员轮流开设个性化作文教学实验课。课后组织全体组员和专家集体会诊评点，从中总结出个性化作文教学的正确方式方法。然后通过进一步的运用和实践加以考证。

## 五、研究过程

（一）前期的调查分析。

课题小组在2006年9月对三年级至六年级的学生进行了口头调查。在学生写作心理方面，我们设计了几个试图掌握学生心理动态的问题。如："你对写作文感兴趣吗?"回答感兴趣的只占6%；回答不感兴趣的占62%。这说明大多数学生对写作文是不感兴趣的。在调查中，我们发现34%的学生认为"老师的写作指导对实际写作文帮助不大"，25%的学生认为老师的指导形式单调乏味，过于死板，87%的学生认为在作文指导过程中教师讲得太多，93%的同学提倡作文教学走出课堂。

（二）实施步骤。

开放性作文教学注重作文氛围的创设，给学生充分的自主权，使习作课堂成为学生自主发展的绿洲。

1. 氛围创设。

在课堂作文训练中，教师根据各年级学生的主导活动，找准小学生生活的热点、焦点，创设一定的生活情景，缩小作文和生活的距离，实现"生活向作文的转化"，让作文成为儿童生活的有趣部分。设计"演一演"，如小品表演（玩具交流会、学做小导游、模拟法庭等）；设计"做一做"，在动手实践中丰富生活，增长见识，增加体验，言之有物又有情；利用多媒体教学，再现生活情境，激发学生身临其境之感。

2. 走向大自然，观察自然的景物。

大自然是广阔的天地，一望无际的田野，苍翠的树林，古朴的民俗，丰富多彩的校园生活……这一切的一切，我们的教师都引导学生有目的地去观察，去抒情，并且以写日记的形式把它具体、生动、形象地写下来。教师还鼓励学生到大自然去观察，引导他们有意识、有目的地观察，观察小动物的生活习性、外形特征等；观察蔬菜的生长变化；观察池塘中小鱼的活动……这些都成为学生作文的好素材。

3. 走出小课堂，步入大世界。

让学生走向社会，认识社会。教师有目的地带领学生参观工厂、商店，采访残疾人、军属、各界知名人士，让每个学生都当小记者，把对社会的认识由间接变为直接，写作时就有内容可写，有真情实感。这样，让学生写例如第10册教材中的习作

练习“一个……的人”，学生就不会觉得只有老师或学生可写了，学生的写作水平有了明显提高，文章有血有肉。

## 六、课题研究的主要成果

（一）探索出中年级作文课堂教学结构。

即范文引路—总结写法—观察构思—试写评改。

1. 范文引路。

即通过范文的学习来引入作文。范文模仿是小学生作文训练中不可缺少的环节，学生阅读范文，当受到思想感情的感染或写作技巧的启示时，就会产生尝试写作的冲动，此时作文兴趣势必很高。

2. 总结写法。

即通过范文的学习，总结出范文的写作方法，以用于借鉴。在“范文引路”这个环节里，学生对范文认识处于感性阶段，在“总结写法”这个环节里，就要求学生把对范文的认识上升到理性阶段，总结出带有规律性的写法，以用于自己的写作实践。这一环节不仅有利于学生掌握本次作文的写作方法，而且还有助于学生掌握以读助写的方法，使学生学会利用范文模仿写作。

3. 观察构思。

即在观察事物的基础上，构思全文，拟出提纲。在这个环节里，要求学生将从读中获得的知识有机地迁移到习作中去。首先，运用观察方法（可以是观察实物，但在课堂上更多是运用录像再现生活情景）获取作文材料，其次，对这些材料进行梳理，然后就进入构思阶段。构思阶段也就是学生对信息进行整理加工的理性飞跃阶段，是学生将外在的客体“内化”为作文的酝酿阶段。在这个阶段，要求学生在模仿中，更多地增加创造的成分。



4. 试写评改。

即尝试作文，学生互相讨论评改。这一环节与中年级不同。教师在指导评改的过程中，逐步地把评改的方法教给学生，学生运用评改的方法，积极主动地讨论评改。

（二）探索出作文批改和评价的路子。

教学评价是教学过程中的重要环节。有了评价，才能使教学成为一个有结构的、系统的、循环往复的、不断提高的可控过程。教学评价的开放是指从单一到多元。开放式作文教学的评价机制，主要是在评价主体和评价形式上的开放。

1. 自我评价。

教师引导学生运用诵读法、推敲法，边读边思，进行增、删、换、改，在这个过程中教师站在儿童的立场，用商量和欣赏的口吻提出自己的见解和感受，和孩子们共同修改文章。在这个共同的修改过程中授予一定的方法和技巧，指导学生学会修改、学会评价，能用自己的见解和独特的眼光去看待每一种事物。

2．互相评价。

学生有了自评自改的基础，教师还引导学生互评互改。采用自找伙伴互相评改，按相同内容或按相同表达形式为小组互相评改，或者把学生的作文本全部展出，让学生自由选择评改等方式，要求学生在评改时写下修改意见，在虚心地汲取被评改作文的优点的同时，又认真负责地指出不足之处，大到全篇布局、思想认识的问题，小到一个词、一个符号，使他们在开放的课堂教学中互相沟通，互相启发，学会合作，学会评改。

3．合作评价。

合作评价，就是指开展灵活而有趣的改文活动，如设立“作文病院”，建立“啄木鸟兴趣小组”，组织“编辑室”，让学生修改、编发稿件等。

4．家长评价。

家长对评价自己的孩子的作文很有兴趣。如果家长能够慢慢地客观公正地评价自己孩子的作文，有助于孩子树立学习的信心。每一篇习作有同学、家长、老师多人的评语及签名。若学生把自己的作文本保存下来，那将是一笔很好的精神财富。

（三）教师教研水平、专业素质明显提高。

学校领导非常重视实验的开展，亲自督导。通过听教师的实验作文课，课后组织实验教师研讨、交流如何有效开展实验，教师积极写反思、论文，现在已初步形成了自己的一套作文教学方法，促进了学校开发式教学活动的开展。凡是参与这项实验的教师，都取得了一定的成绩。教师尝到了实验的甜头，看到了教学改革的希望，进一步坚定了信心。同时，随着课题实验的深入，造就了一批高素质的教师队伍，分别有一名教师成为区的学科带头人，一名教师成为广州市教研室中心组成员，老师上的习作指导与评讲获得花都区的一等奖，上区的作文公开课获得好评；派出教师到湖南、南海、深圳、江西等地参加“全国小学语文发展与创新”的研讨活动，分别获得上课一等奖，评课一、二等奖，课件制作一等奖，微型讲座二等奖。

部分老师总结作文教学的成功经验，撰写的教研论文、教学案例、教学反思先后在报纸杂志发表或在各级各类征文比赛中获奖，一大批作文教学新秀也在课题研究工作中纷纷涌现。教师们在作文教学中尝试开放作文的教学观念、开放作文教学的内容、开放作文教学的教学过程、开放作文教学的教学方法、开放作文教学的教学评价，更好地辅助学生习作。

（四）学生写作兴趣较浓，习作水平有了明显的提高。

学生的作文兴趣愈加浓厚，习作水平有了明显的提高，从而使创新精神和实践能力得到了培养。有许多同学的作文在各级各类公开出版发行的报纸杂志上发表，或在各级各类中小学作文大赛中获奖。学生的写作能力有了很大的提高。实验班三年级学生在期末时，30 分钟内写出不少于 300 字的习作，达到四年级水平。四年级学生在期末时，40 分钟内能写出不少于 400 字的习作，达到五年级水平。五、六年级学生能不拘形式、自由表达自己的真实感想。我校将学生的优秀作文汇编成《优秀作文集》。

## 七、研究后的问题思考

在实验研究过程中，我们由于经验不足，理论不够，仍然存在着一些亟待解决的问题，比如本课题的核心是“个性化”，如何使教师真正在作文教学的全过程中牢固地树立这一意识，促进学生可持续发展；再比如，目前，给学生提供的张扬个性的生活空间还很有限，学生很希望能多亲近自然，多组织活动，但课时不足，这些问题还有待于今后的进一步研究。

此外，在课题的研究管理方面，我们也缺乏经验，管理不规范、不到位的现象时有发生，以至影响了课题研究的及时有力的推进，也制约了集体力量的充分发挥。这些都是今后开展课题研究工作应当引以为戒的。

# 为孩子点燃阅读的明灯

毕婉敏

“我们都是点灯人”——这是著作家梅子涵在儿童阅读推广宣言中的一句口号。他倡议，我们要为儿童的生命，为其成长栽种阅读的种子，为儿童的阅读点亮每一盏灯。的确，阅读改变了阅读者的生活，为一个人乃至一个民族灌注了一种积极的精神生命，给人类的现实生活带来光亮、梦想和希望。阅读不再是一个人的事，它是学校、家庭乃至社会的事情。因此，老师、家长要像那位执著的点灯人一样，为孩子点燃一盏又一盏的阅读明灯，引领着幼小的心灵从童稚走向成熟，从善良走向仁爱，直到羽翼丰满，翱翔于碧海蓝天之上！

让孩子爱上读书，不难！难的是如何引导孩子选读好书，怡情养性；让孩子开始读书，不难！难的是如何引导孩子日有所读，读有所获。学校一直致力于课外阅读推广，让孩子与经典同行、与书香为伴。



## 一、主题引领，开发阅读资源

茫茫书海，浩浩文化，如何让学生有主题地阅读与积淀呢？

从2007年9月开始，我校参加了花都区《加强小学生课外阅读有效指导的研究》课题，2008年被评为花都区“十佳”书香校园，今年还参加了全国《中华经典诗文诵读实验》课题研究。一路走来，老师们深切体会到：读书活动，应联系社会生活，与学生的年龄特点、思想实际紧密结合，将学生的阅读资源拓展到更为宽广的领域，使阅读呈现立体、多元的特点。因此，我们引领学生进行主题阅读，即根据教材特点、近期校园活动、社会热点、节庆活动等来确定阅读内容。如2010年3月，五年级的同学参加了香港中文大学的网上游戏结题礼，探讨的话题是“我最喜欢的中国城市”，老师就引导学生阅读《中国地理杂志》、《中国名城》等书籍。最近云南、玉树的灾情牵动着大家的心，除了捐赠，我们不忘布置学生看新闻，看报纸，网络阅读，关注事态的发展；在母亲节“感恩教育”活动中，让学生诵读有关感恩父母的诗篇，推荐《感恩亲情的100个故事》等书籍，还在各年级进行了说写感恩的话、写读后感、做手抄报，开展全校性的征文比赛活动；根据南方分级阅读目标，开展了“暑期

快乐阅读”等活动。主题阅读让学生多角度、多渠道、全方位从书中获得道德上、精神上、情感上的文化浸润，同时提高了他们收集整理信息的能力、发现思考问题的能力。

这个学期，学校还在各个学科，全面推行广泛阅读，要求各学科结合教学内容，向学生推荐优秀课外读物并在备课及学科计划中予以体现（出示各学科的推荐书目）。英语科组引导学生配合教材进行简短故事的拓展阅读，数学科课堂上渗透一些数学趣味故事、趣味题，带动孩子的数学阅读兴趣；综合实践学科让孩子在阅读中收集资料，动口动手动脑参与实践……阅读，主题引领，让孩子们的阅读视野宽广，收获丰盈。

## 二、营造氛围，培养阅读兴趣

要让每位教师都能鼓励学生读书，让每个家长都能支持学生读书，让每个学生都能热爱读书，必须重视读书软、硬件环境建设，营造良好的读书氛围。学校拨出专款购书充实图书馆，新建起了开放式图书角——书香校园，优化读书环境：教室墙壁悬挂了读书名言，各班建立了班级图书角，以书香为主题，精心布置富有特色、内容丰富的班级文化，展示孩子们的阅读成果。早上回到课室，孩子们进行“晨光阅读”；早操后，听着“诗歌新唱”轻松愉快地准备着学习的开始；中午，吃着可口的饭菜，聆听“经典剧场”播放的名著故事；下午课前，校园七彩阳光广播站进行讲名人故事比赛；有重点地规划了“日有所诵”的要求，除了“每周一诗”的诵读外，不同的年级也有不同的选择：或是《圆玄学子善行歌》，或者是《三字经》，或者是《弟子规》，校园内洋溢着有滋有味的经典诗文诵读声……这一切都营造出一种浓郁的书香氛围，给孩子们一种强烈的精神暗示：读书好，好读书。



同时，学校由语文科组牵头开展了“班级创意卡设计”、“我是故事大王”、“好书伴我成长”等系列活动，以推动读书活动的开展，吸引更多同学投身阅读活动。学校还注意根据主题阅读活动进行阶段性成果展示，展示活动形式多样：评选“书香少年”、读后感征文比赛、办手抄小报、经典美文诵读、课本剧表演等，或通过展板展出，或在广播上诵读优秀作品……阅读交流活动的有效开展，把全校的阅读氛围进一步推向高潮。

另外，学校推荐《英才是怎么造就的》、《心平气和的一年级》等书籍让老师们阅读，在潜移默化影响学生的同时，老师也渐渐依靠书的力量，使自己的教学迈向研究与成长的高度。通过寒暑假告家长书，学校与书店互通联动，向家长推荐亲子阅读书目，课外阅读也逐渐得到广大家长的理解与支持，学生购书读书蔚然成风，书香洋溢校园。

## 三、书海引航，开展课型研究

孩子们在阅读中总会遇到不少困难，需要老师的帮扶指导，方能读有兴趣，读有选择，读有方法，培养起孩子积累语言和运用语言的良好阅读习惯。

如何开启孩子们的阅读之门呢？学校每周有一节的课外阅读课，让孩子们灵活掌握了不少读书方法。如精读法、略读法、浏览、批注、做读书笔记等。低年级，我们侧重兴趣培养，指导阅读童话及注音童谣等读物，学习积累字词或简单的句子，鼓励填写“小书迷”读书卡；中年级，学生阅读水平有所提升，开始学习积累优美句段，书写简单的点滴感悟，从“采蜜集”开始；高年级，则可以在指导下提高到阅读整本书，鼓励接触一些经典名著，学生填写阅读报告，写出自己的读书感受。

由于课外阅读指导的教学是一个崭新的领域，正处在起步阶段。目前还没有具体的模式，没有固定的课程标准，没有参考教案，更多的要靠我们各位老师的共同探讨。我们先后进行了“好书推荐课”、“方法指导课”、“阅读赏析课”“成果展示课”等课型研究；老师们也会结合语文教学内容对童话、寓言、绘本阅读、名著指导、整本书阅读、人物传记类等不同读物的指导方法研究。师生同读，交流共享，使这些指导课切肤体己，为孩子提供了交流的平台。

就这样，师生携手书海，在孩子阅读热情低落时，及时拉一把；在孩子遇到困难时，及时帮一下。孩子的阅读习惯渐渐养成，在书海中其乐融融。

一路艰辛一路歌，师生在近几年的各类阅读、征文比赛中，屡获佳绩。未来，课外阅读的研究重点，我们逐渐会由资源的利用与开发转移到有效策略的研究上，我们结合学生的阅读现状，思考常态推进的策略。而如何减轻师生的课业负担，保护孩子的阅读兴趣，让师生的课外阅读常态化开展，这也是我们关注的重点。

“没有一艘船能像一本书，也没有一匹马能像一页跳跃着的诗行那样——把人带往远方”，努力当好点灯人，让阅读将我们的孩子带向遥远的前方。

# 探索读写策略在新课程下的应用实效

毕婉敏

## 一、研究理论和实践意义

读写结合是一个传统课题。虽已有一些研究，但多数停留在经验的传播上。在新课程标准理念下，如何从实践的层面探寻读写的有效互动，建立系统有序的训练体系，从而有效提升学生的读写能力，这是摆在我们教师面前的新课题，很有研究的理论意义和现实意义。

1. 朱作仁教授在其著述的《阅读心理》中，曾把阅读定义为“一种从书面言语中获得意义的心理过程”。并指出这种“意义”，不但指阅读材料内说的“是什么”，对于学生来说，更重要的是作者是“如何表达的”，阅读不仅是自外而内意义的吸收过程，更是写作的基础。

2.《语文课程标准》指出：“能联系上下文，理解词句的意思，体会课文中关键词句在表达情意方面的作用。”“积累课文中的优美词语、精彩句段，以及在课外阅读和生活中获得的语言材料。”“能复述叙事性作品的大意，初步感受作品中生动的形象和优美的语言。”我们不难看出，《课标》所要求的小学语文教学，特别是小学阅读教学，其理想境界应该是：读写有效沟通、工具人文和谐、文意能够兼得。著名特级老师丁有宽老师最早提出读写结合训练，强调读中学写，以写促读的思想，克服了长期存在的读写分离的弊端，这些理论在今天的教育教学中还是有着深远意义的。探索读写结合策略，有效地推进了语文课改的需要，促进课标精神的真正落实。

3. 教学研究指出，阅读是内化的吸收，写作则是外化的表达。通过阅读记忆，积累了丰富的语言材料，表达才具有心理前提。同时，阅读还能为作文提供范例，提供技能模仿运用的直观形式。从这一意义上讲，阅读是作文的基础，作文则是阅读的发展和提高。当然，反过来讲，作文又可以激发学生产生模仿的心理需要，从而带动阅读、促进阅读。小学语文教材在“读写沟通、读写互促”上的特点都非常突出，应该说都是引领学生“从读学写、文意兼得、增强语文实际运用能力”的好“范本”。因此，充分把握教材在这一点上的特点，利用好教材这一“读写结合”的好资源，读

与写相互促进、相互补充、相辅相成，极有利于提升学生的作文效能 。

## 二、研究现状分析

近几年通过实施新课程的推动，从整体上看，小学阅读教学基本实现了从繁琐分析向整体把握、从“深度”向“广度”、从一元解读向多元感悟的转变，教学的效率有所提升。但是，反观我们的语文教学，最令老师头疼的仍然是阅读和习作教学，高耗低效的现象仍普遍存在。学生厌读怕写，缺乏良好的读写习惯。其中的原因很大程度归结于我们的语文教学内容中读与写、讲与练、知识与能力的脱节。课改中，把语文的人文性演绎到了极致，却又忽略了语文的工具性和实践性，重感悟，轻表达。教学时空仍较封闭，读写量没达到课标要求，学生的读写兴趣得不到有效的培养。

处理好读写的关系是小学语文教学的基本问题，读写结合是推进语文教育素质化的有效手段。因此，研究读写结合的方法很有必要。基于上述原因，我们提出了“探索读写策略在新课程下的应用实效”的实验研究。

## 三、研究目标

按照系统、有效教学的原则，探索在阅读教学中进行读写训练的途径和方法，建构起有利于读写沟通、从读学写、读写互促的具有操作性、引领性的教学基本框架，从而培养学生的读写兴趣，养成良好的读写习惯，形成良好的语文素养。

## 四、研究内容及预期成果



1. 探索总结读写结合的联结点。

2. 探索读写结合的学习心理，探讨“在语文教学中读写结合策略”实施的基本教学步骤，重点研究习作教学的主题单元教学整体设计。

3. 对焦主题单元，设计读写结合工作纸张，构建“读写能力链”。

4. 尝试拟出一年级到三年级教材读写结合的细目表，进行科学化、序列化的训练。

## 五、解决问题的具体措施

1. 制订研究计划，研究方案，保证课题有序开展。针对本课题的目的和内容，结合班额大，学生年龄偏小的实际情况，制订了切实可行的研究计划。研究计划以《语文课程标准》为导向，以热爱语文、学好语文为目标。方案强调课题研究应遵循三项基本原则：①读写结合；②练写结合；③课内外结合。在课题实施过程中，力求做到读写结合，内外并进。研究的任务和目标，科学，准确，详细。

2. 组建教研团队，促进课题纵深发展。在研究工作中组建教研团队，对整个课题的开展起着举足轻重的作用。在集体备课、评课中，我们要发挥集体的聪明才智，采取集中与分散相结合制度，针对研究中出现的困惑与难题，共同探索，相互切磋，相互交流彼此的心得体会，使研究的成功之处得到及时的推广、借鉴和普及。

3. 探究有效策略，深化课题有效推进。在课题研究中，要针对学生的学习特点和规律，寻求多样化、综合性的教学策略，以推进课题的有效发展。尝试从以下方面着手：

（1）在单元设计中体现“系列训练，整体结合”。即要钻研教材，掌握教材的单元整体编排意图，明确训练重点，合理安排读写训练重点。因此，在集体备课中，其内容都是结合计划的主题“读写结合”，大体从三方面进行：①本单元阅读教学中应配合单元写作内容，该渗透哪些知识要点，写作技能。要有目标意识，才能根据课本的知识体系和能力体系在教材中的具体情况，制定出每次阅读和写作的教学目标。②在课堂教学上，需要运用哪些教学方法去渗透这些写作的知识与技能。要结合每次的写作内容，提出可行的意见，并取长补短，融合优化，筛选教法，确定具体的教学策略。③写作教学中，怎么样启发学生联系所学的写作知识进行迁移写作训练，做到了习作与课文之间的自然衔接。注重学生体验，以增强学生读中学写，读写结合的意识。

（2）加强阅读教学中的读写迁移。即把握文本特点，从课文的遣词造句、表达技巧、思想内容等方面入手，寻找具体的读写结合切入点，然后结合学生的实际需要选取恰当的训练方式设计工作纸，以仿、补、续、扩、缩等形式进行随文练笔，以促进语言文字的内化，促进写作技巧的迁移。

（3）课外积累夯实读写基础。文章源于积累，只有语言积累到一定程度，才可能文思如泉，笔下生花。在研究中，要注重课外语言素材的积累，夯实读写基础。一方面要引导学生多读课外书，有计划地分层次分阶段进行诵读各类文学作品，从中积累好词佳句的同时，吸收无穷无尽的精神养分，为学生打好精神与文化的底色。另一方面还要让学生阅读生活的“无字书”，懂得关注与捕捉切身经历的日新月异的平凡生活，使其成为他们源源不断的写作素材。



（4）写作课堂教学中追求实效。在读写结合的教学中已经有针对性地解决学生作文中存在的问题，引领学生从阅读中有意识地吸纳素材、语言、写法（积累），并进行模仿实践（运用），潜移默化中让学生储备大量的语言信息。在写作课堂教学中可采用体验法、情景法、游戏法等多种方法进行优化，要与落实的目标和教学的内容相符合，培养学生的自改能力，使每一堂作文课都能让每个孩子真正学有所获，有所长进。

## 六、预期研究成果及完成时间

（1）撰写调查报告，在研究准备阶段完成。

（2）教学案例及论文，在实施阶段和总结阶段完成。

（3）学生随文练笔集，在实施阶段收集。

（4）中期研究报告、结题报告，在研究中期和结题时完成。

## 七、研究过程设计

研究思路及步骤：

第一阶段（2010.9～2011.1）：酝酿准备。组建课题组，宣传发动，印发学习有关资料，领会实验精神，确立方案，组织开展各项活动。本阶段的主要任务是确定科研课题；拟定、论证课题研究方案；学习教育教学理论，并重点学习读写结合的有关理论，对教师进行教育科学研究的知识和方法的培训。

第二阶段（2011.2～2012.1）：尝试运行。运用读写结合策略进行实验。通过交流座谈、听课观摩、量表测量，进行反馈总结，及时调整方案。本阶段的主要任务是了解小学语文读写结合的开展现状；对学生和教师进行问卷调查，了解小学语文读写结合开展的现状、效果，师生的愿望等；积极投入课题研究，全面落实研究内容和措施，开展说课、上课、评课活动，探索出小学语文读写结合的理论和教学方法。

第三阶段（2011.2～2010.7）：结题总结。各实验教师总结各自的研究经验，形成论文，汇总写出总体研究报告。本阶段的主要任务是撰写科研论文，收集优秀教案，整理初步形成的研究成果；撰写研究报告；筹备、召开结题会，聘请上级主管部门和有关专家听取课题组的研究汇报，接受专家评估，做出课题研究结论。

研究方法：

1. 调查法：以问卷、访谈、听课等形式对学生学习态度、学习习惯、学习方式、学习能力、学习效果等方面进行观察，从而掌握实验第一手材料，进而分析实验操作的得失。

2. 观察法：以听课、检查、交往等形式对学生学习态度、学习习惯、学习方式、学习能力、学习效果等方面进行观察，进而分析实验操作的得失。

3. 经验总结法：对课题研究过程的感性经验和认识进行提炼和概括，提高相应的理性认识，形成相关的课堂教学范例、教学模式和研究经验。 

4. 文献研究法：通过搜集和分析相关的文献资料，形成对本课题的有关概念的认识与思考，寻求理论层面的支持，构建理论框架。

## 八、收集研究资料的项目和方法

研究资料项目：

1. 课题开题论证报告和课题研究的方案（包括方案的修改稿）。

2. 各年度课题研究计划和总结。

3. 中期总结报告或检查材料（对研究过程进行阶段回顾和总结的各种情况记录）。

4. 每一阶段重要的活动记录材料或阶段成果记录（包括研讨、交流、展示发表或社会反响方面的内容）。

5. 课题研究各阶段查阅和学习的文献资料目录。

6. 有关领导、专家及上级教育科研人员的咨询活动记录、听课记录等。

7. 研究过程中自制和引进的文字教材、音像教材、电教软件及其他教学材料。

8. 社会各界（包括专家、教师、教育行政领导、家长、学生、新闻界）对课题研究的直接或间接的评价。

9. 研究阶段或最终研究师生成果获奖材料、证书、作品等。

收集方法：

1. 记录法：将研究者观察到的、调查到的、查阅到的事实材料用文字、录音、录像、照相等手段如实地记录下来。

2. 复印复制法：将课题相关的文字材料复印；录音、录像材料复制加以保存。

3. 摘抄法：将书籍报刊中与课题相关的资料摘抄汇总，按照研究专题收集。

4. 量表法：量表不仅是一种测量方法，也是收集资料的有效手段。设计、制作和使用一些专门的表格来采集资料，既增加了收集资料的计划性和目的性，也更有利于资料的保存和整理。

# 读写互促，文意兼得
## ——读写策略在香港中文课堂的运用分享

毕婉敏

笔者曾赴香港参与中文教学交流活动，通过问卷调查，与学生交谈，课堂观测和分析学生作品，做了摸底，发现香港中文课堂中普遍存在着这样的情况：

1. 阅读教学与写作教学分割开来。
2. 学生写作兴趣不浓，有畏难情绪。
3. 粤语式的语言很难改变。
4. 与写作相关的练笔训练比较少。
5. 进行相关的语言积累比较少，导致学生写作时选材空间小，不知道写什么（言之无物）；词不达意，文章难以写具体生动（言之无采）；也不知道怎么妥当安排其结构（言之无序）。



究其原因，学生觉得写作困难的原因并非缺乏生活素材，也不是不会遣词造句，而是教师的训练方法比较陈旧单一，训练的内容比较枯燥乏味，大大限制了学生的写作欲望，使他们失去了写作的兴趣。

如何针对学生学习的特点和规律，寻求多样化、综合性的策略进行教学，提升学生读写能力呢？读写结合是一个有效的方法。笔者参与圣公会圣多马小学教学协作时，做了一些理性的思考，付之于实践，收获不少，下面来谈谈自己的一些认识与体会：

### 一、聚焦主题单元，有序训练

对课程资源进行整合，在单元设计中体现“系列训练，整体结合”，这是读写策略的前提。即对教材进行有机重组，体现每一单元围绕同一主题进行。而老师就要钻研教材，掌握教材的单元整体编排意图，明确训练重点，合理安排读写训练重点。因此，在集体备课中，其内容都是结合计划的主题“读写结合”作考虑，大体从三方面进行：①本单元阅读教学中应配合单元写作内容，该渗透哪些知识要点、写作技能。要有目标意识，才能根据课本的知识体系和能力体系在教材中的具体情况，制定出每次阅读和写作的教学目标。②在课堂教学上，需要运用哪些教学方法去渗透这些写作

的知识与技能。要结合每次的写作内容，提出可行的意见，并取长补短，融合优化，筛选教法，确定具体的教学策略。③写作教学中怎么样启发学生联系所学的写作知识进行迁移写作训练，做到了习作与课文之间的自然衔接。注重学生体验，以增强学生读中学写、读写结合的意识。

## 二、渗透写作元素，读写迁移

读写迁移，是帮助学生从阅读走向写作的一种重要手段。在课文中，无论是内容、语言还是表达形式等方面都为学生提供了可以依傍的范例。让学生借助课文中的例子，既可以降低学生写作的难度，又从一定程度上，激发学生的写作兴趣。在一次次的吸收和消化着别人的好词佳句、表达方式、写作技巧中，学生逐渐丰富了作文积累。在课堂操作上，我们分两大类进行迁移：

（一）在阅读教学中渗透写作方法，让学生在之后的写作实践中进行迁移。老师在阅读教学中可以根据教材特点，单元训练点，写作内容，精心选择，从题目、选材、词语、句段、篇章入手，让学生进行写法品评，从而积累语言，领会方法。具体操作如下：

| 品评内容 | 目　的 | 教学中增添的环节 |
|---|---|---|
| 题目 | 学会自主命题 | 对于很典型课文的题目，要归类指导。并引导学生感受：题目定得好吗？为什么要这样命题？如果你是作者，会怎么样命题？ |
| 选材 | 学会捕捉素材 | 对课文的选材，可引导学生作出评价：作者选了这个事例来写好吗？为什么？如果你是作者，你会选取那些方面的事例来写呢？ |
| 词语 | 学会积累语言 | 1. 在预习准备中添加：在课文中画出自己特别喜欢的好词、好句，多读。<br>2. 读出词语所要表达意思和情感，不仅是以前所要求的读准，理解意思。<br>3. 全班交流所勾画的好词，一起读一读。<br>4. 用自己最感兴趣的词说一句话，或者是说说自己今后在哪些情况下可以使用这个词。 |
| 句段 | 学会连句成段 | 1. 对于使用了修辞手法的句子，在以往圈画朗读的基础上，增加对比：如果不使用这种手法，句子应如何描述？增加体验：这种修辞手法好在哪里？增加拓展：如果是你来写，你会怎样写？<br>2. 对于使用了关联词的句子，则侧重体会关联词在句子中的作用，适时运用新积累关联词造句说话。<br>3. 对于句子中的特殊标点给予关注，在以往了解标点作用的基础上增添对比：如果换一般逗号句号，句子的意思会出现怎样的变化？<br>4. 对于好段，首先要形成主动积累的习惯。然后对于特别精彩或有借鉴意义部分进行仿写、改写、扩写，用直接学习的方式进行直观借鉴。 |

（续表）

| 品评内容 | 目　的 | 教学中增添的环节 |
| --- | --- | --- |
| 篇章 | 学会谋篇布局 | 对于整体的篇章布局和结构，在以往认识了解的环节上添加：谈谈这种写法有什么好处？换一种行吗？还可以怎样安排开头和结尾？如果这篇文章由你来写，怎么安排文中的内容？ |

（二）从文本学法，随堂练笔迁移。及时地给学生创设活用语言的情境，实现由读到写的迁移，让他们在语言运用的实践中逐步提高语言驾驭能力。如在教课文《买食物》，有这么一个片断：我拿着食物，开开心心地回到家，刚坐下，又马上跳起来，（噢），我竟然忘了给自己买个汉堡包！“噢”这个词语的运用，生动地反映出作者当时那种懊悔的心情，老师进行了以下的设计让学生掌握语气词的运用。

让我们试一试，看看下面几个情景可以用哪个语气词。

1.（　　），这是怎么回事？睿宣用疑惑的目光看着大家。

2. 我奋力一跃终于登上了山顶，（　　）眼前的景色太迷人了！

3.（　　），这可怎么办呐！他无可奈何地低下了头。

4.（　　），看你往哪儿跑，这回终于让我逮住你们了。

5.（　　），我怎么又错在这道题上！

课堂上，老师就是从课文的遣词造句、表达技巧、思想内容等方面入手，寻找具体的读写结合切入点，然后结合学生的实际需要选取恰当的训练方式设计工作纸进行随文练笔，例如在精彩处仿写、在结尾处续写、在概括处扩写、在留白处补写、换角度改写等，以促进语言文字的内化、促进写作技巧的迁移。



## 三、教给写作方法，先说后写

有效的写作课堂教学，就是能让学生真正有所收获，有所长进。那么，要写什么，怎么写，写到什么程度，老师必须要讲到点子上，练到实在处。

课堂实施中，我们针对不同的写作类型，提出了不同的对应策略，并结合学生的实际情况，认真筛选。

口头语言是书面语言的先导和基础，是内部语言转化成书面语言的桥梁。想得清楚，说得清楚，才能写得明白。老师们对“重书面，轻口头，重技法，轻体验”的倾向做了改变，在课堂上采用了“先说后写”的策略：创设情景，说选材，打开思路；范文引路，说构思，学会写法。老师们在每堂习作指导课上，加入游戏、音乐、视像等多种元素，创设说话的平台，调动学生多种感官参与，让学生联系自己的生活经验，获取了生动的具体形象，产生自己的体验、情感，最终用自己的笔来写自己想写的话。循序渐进，拾级而上，老师们这一策略的操作，有效地降低了写作的难度，激发了学生的兴趣与信心，让学生轻松写作。从学生的作品进行检测回馈，使其在选材

的空间上、行文构思上都有了可喜的变化。

## 四、课外积累语言，夯实基础

文章源于积累，只有语言积累到一定程度，才可能文思如泉，笔下生花。在研究中，要注重课外语言素材的积累，夯实读写基础。一方面要引导学生多读课外书，有计划地分层次分阶段诵读各类文学作品。我们向香港教师建议指导学生进行选择性的阅读：第一是与课内教学密切相关配合的书，教材中选文的原著，课文作者或课文人物的传记作品；第二是经典作品，名家短篇佳作、童话寓言、科普读物等；第三是属于字典、词典的工具书，让学生熟悉并善于运用。让学生全方位、全身心遨游书海，从中积累好词佳句的同时，吸收无穷无尽的精神养分，为学生打好精神与文化的底色。另一方面还要让学生阅读生活的“无字书”，懂得关注与捕捉切身经历的日新月异的平凡生活，使其成为他们源源不断的写作素材。

总之，读写结合，努力捕捉了读写联结点，让语文教学更加关注语言，关注表达，致力提高学生语言的理解能力和运用能力，在阅读教学中有效地架设好阶梯，做到有序、有点、有法，让学生顺利实现从“理解”到“会运用”的跨越。

（此文被收录在中国核心期刊数据库 2010/19 期 CN22－1282/1）

# 善寻练笔之机，提高读写能力

罗美琦

小学新课标明确提出小学生习作的要求：“小学生作文的性质是练笔，是习作，是模仿，不是创作”。在阅读教学时，老师有意识地把写作知识渗透在里面，其实也是间接地进行写作的教学（训练）。“随文练笔”是伴随着整个阅读教学过程而引导学生巧妙运用有关阅读方法进行的一种“短平快”的写作训练。课文是阅读教学的载体，随文练笔是从课文中精选出 一个或几个“训练点”，在每个训练点上组织有层次的一系列听说读写的训练。但是在实际教学中，不少老师设计的随文练笔随意性大，缺少系列的、整体的训练目标，练笔的时机、方法、难易度把握不当，致使训练低效甚至无效。“随文练笔”就像一个金矿，需要你找准金源；而“练点”就如一个突破口，只有找准突破口，才能更快更准地找到金子。所以，我们要把握好“随文练笔”的有效点。那么，在阅读教学中如何寻找练笔之机来提升读写能力呢？我认为，随文练笔的“练点”，一定要充分挖掘读与写的结合点，有目的地加以引导。它可以从以下几方面来进行引导训练。



## 一、善寻仿写之机

小学语文的教材中的选文都是有典范性，文质优美，富有文化内涵和时代气息的题材，而且体裁、风格丰富多样，难易适度，很适合学生学习 。老师在研读文本时，充分挖掘教材中“读”与“写”的结合点，有目的地加以指导。要让学生在阅读过程中去积累，去模仿。仿写可以从词的仿写开始入手。如教学《丑小鸭》第二段时，抓住“他的毛灰灰的，嘴巴大大的，身子瘦瘦的，大家都叫他丑小鸭”。这句话练写有关叠词的形容词。先让学生找出构词的规律是重叠式的词语：灰灰的，大大的，瘦瘦的；再让学生仿说其他的形容词：如胖胖的、蓝蓝的、黄黄的……老师最后要求学生把这些词语写下来。其次，还可以抓句的仿写。又如《荷花》中有一句“白荷花从这些大圆盘之间冒出來。有的才展开两三片花瓣，有的全都展开了，露出嫩黄色的小莲蓬。有的还是花骨朵，看起来饱胀得马上要破裂似的”。除了让学生体悟作者用“有的……有的……有的……”这样的句式来写出荷花的千姿百态之外，我们还可以

仿它的句式写其他的场景：“下课了，同学们来到操场，有的________，有的________，有的________。”；“假山上的猴子，有的________，有的________，有的________。”；“商场人山人海，有的________，有的________，有的________。”等。最后是段的仿写。一个个精彩的语段也同样蕴涵着典型的表达方式，这样的表达方式是学生进行语文实践的蓝本，教师要积极因势利导学生进行随文练笔。如《泉水》有很多结构相同的段落：“泉水穿过静静的山谷，流到……”教师在课堂上可以这样去引导：“这一路上，泉水流到哪里，好事就做到那里。它还会流过哪儿，有谁需要它的帮助?”学生就会说道：“泉水流过碧绿的草原，小草在大口大口地喝水。”“泉水说：‘喝吧，喝吧，我的水很多很多，喝饱了，你能长得更加茂盛!’”……

## 二、善寻补白之机

国人欣赏含蓄美，山水画讲究留白，书法重视飞白，音乐更有“此时无声胜有声”的特殊效果。同理，很多课文蕴涵着空白点或文本中有些句子话未说完，语意未尽就会留下省略号，让读者深思文本后面的深远意义。教师要善于捕捉这些空白点，让学生自读自悟，并把它写下来。这样，才能使学生更深入地体验人物的情感，同时，思维能力和表达能力也得到很好的发展。如《老人与海鸥》第十八自然段的省略号，让学生想象海鸥在呼唤什么呢?它们可能在呼唤：“老人！你快回来吧！快从沉睡中睁开眼来吧！快从黑暗世界里探出头来吧！你给了我们那么多，我们还没来得及回报你就已经离开我们了，你舍得吗?快回来吧！我们永远等着你，等你再次像往常一样来给我们喂食，来和我们一起说说话”……这样的好文段，作者故意留给学生想象的空间，这就需要我们语文教师读通教材、吃透教材，才能更好地把握教材、驾驭教材，充分挖掘文本，发挥学生的想象力，提升学生的读写能力。



## 三、善寻续写之机

续写是从原文出发，遵循原文的思路，对原文作延伸。续写前，做到熟读原文，故事情节烂熟于心，人物性格准确把握，全文旨意透彻理解。教材有很多优秀的文本，有的一篇文章的结尾往往蕴涵着下一篇的开始。让学生续写课文，让每一个人积极主动去想象，加深阅读的体验，享受审美的情趣。如《我要的是葫芦》，种葫芦人听了邻居的劝告后，第二年会怎么做?《坐井观天》的青蛙跳出井口后，看到的景象又会怎么说呢?这些都是续写练习的好材料。“一千个读者，就有一千个哈姆雷特。”因为每个学生都有自己独特的感受、体验和理解。教师要珍视学生与众不同的个性感受，鼓励学生敢说、爱说，教导他们会说。

## 四、善寻改写之机

顾名思义，改写就是在原文的基础上，改变文章的体裁、结构、人称、描述方法、语言、写作顺序等，充分发挥想象，对原文进行重组、加工的一种训练。又如《我要的是葫芦》一文，种葫芦的人不听邻居的劝告，到了秋天，一个葫芦都没收到，

这样的结果多令人惋惜呀？如果是你，你会怎样设计改写的练习呢？教师可以这样引导学生通过改变种葫芦人的做法来改写的。“一天，种葫芦的人看见葫芦藤的叶子上有些蚜虫在爬，心想：蚜虫要是把我的小葫芦给吃了，那可怎么办啊？想到这，他立刻去农贸市场买来了专治蚜虫的杀虫药。他急忙把药剂按一定的比例配好，装进喷雾器里，立刻拿着药赶到葫芦藤下，仔细地寻找蚜虫最多的地方，对准蚜虫，把杀虫剂喷在葫芦叶和葫芦藤上”。你看，这么一改，就把文中原来那个愚昧无知的种葫芦人变得聪明、头脑灵活了。除了这样的改写，还有古诗改成记叙文，让学生根据课文写成解说词，改变课文人称、题材、题目、描述方法、写作顺序等。此外，还可以把课文编成童话、儿童诗等形式。改写课文的过程是一个极富诱惑力的活动，不仅激活学生思维，使读写有机结合，更重要的是让学生感到学语文其乐融融，这才是学习语文的长远策略。

## 五、善寻扩写之机

刘勰强调：作家创作时决不能忽视对自然的感悟和体验，也不能离开生活实际，闭门造车。文学作品创作以生活为基础，随文练笔更应该与生活感受结缘。所以，扩写也应联系生活经验来进行。例如在《鱼游到了纸上》一文提到：“围观的人越来越多，大家赞叹着，议论着，唯一没有任何反应的是他自己。他好像和游鱼已经融为一体了……”教学到此，我们可以设计想象其他人会怎样说？同时还得注意不同人物，语言及说话的表现应有所区别：“小姑娘说……”“小男孩说……”“还有什么人，会说些什么，有什么表现？”等等。



## 六、善寻缩写之机

缩写是将内容较多，篇幅较长的文章按一定的要求缩写成篇幅较短的文章。缩写时应忠于原文，不改变原文的主题或中心思想。如《小英雄雨来》、《穷人》、《凡卡》等都属于篇幅较长的文章，我们可以进行长文短写的训练，提高学生的概括能力的读写能力。

除了以上介绍的六种练笔形式之外，我们还可以写读后感、随笔、反思等，随文练笔不应该拘泥一格。丁永正老师说：“阅读教学中写的训练，不应游离于课文之外，要使它成为阅读教学中的一个有机组成部分。”换言之，课文的理解是随文练笔的基础，同时随文练笔能促进学生对课文的理解。所以说它们两者是相辅相成，相得益彰的。教学中，只要我们多寻找练笔之机，就一定能提升学生的读写能力。

“水本无华，相荡而生涟漪；石本无为，相激而发灵光”。学生的感言，只有在合适的情境中才被点燃、启动。适当的点拨和指导学生写感言，让学生与文本故事对话，走进主人公的精神世界里，学生才会收获刻骨铭心的感悟，积累扎实的语言文字，语言和精神才得到同步提升。让这种真正焕发出迷人光彩的小练笔，成为语文课堂教学中的一道亮丽的风景线。

# 寻找善美的真谛

## ——《丑小鸭》教学设计

罗美琦

设计理念：

学习型的课堂是充满活力的，有效的课堂。首先，教师必须深入研读教材，以崭新的目光去理解和把握教学内容、挖掘教材的内涵，选择有效的组块，施以有效的教学方法，引导学生归纳写作方法，延伸到随文练笔方面，让教学变得更有效，更深入。其次，学习型的课堂是充满情感的自主课堂，让学生充满热情，在课堂上积极投入学习，提高听、说、读、写的能力。

本课的教学设计紧紧抓住“讨厌”与“欺负”两个生词作为引入阅读的切入点，通过图片美天鹅和丑小鸭的强烈对比，抓住受谁的“讨厌”与“欺负”去进入品读课文，抓住重点词“咬、啄”让学生进行想象并读出感悟。还有深入理解，感悟丑小鸭被人讥笑的难过是进行品德教育的契机，教育学生要做个“善待别人”的好孩子。我认为通过学习丑小鸭的外貌描写方法来进行其他描写的训练，达到读写结合的学习目标是难点，为了解决难点，我把重点放在第二段的品读上，归纳出写作方法，然后进行大量的说话训练，再过渡到写话，从而突破了难点，达到了学习目标。

教学目标：

1. 感情朗读课文第 1 ~ 4 自然段，体会丑小鸭受人讨厌、欺负时孤立无援的心情。

2. 懂得要善待他人，并正确地认识自己。

3. 学习外貌描写的方法来进行写作训练。

教学重难点：

1. 理解重点句子，感情朗读课文。

2. 学习外貌描写的方法来进行写作训练。

教学准备：课件、随堂笔记。

教学过程：

## 一、复习生字词，感悟图片

1. 我们先来和昨天学习的生字宝宝见见面。（开火车老师带读生字词）

2.（出示课件天鹅图）今天，老师给你们带来一位新朋友，是谁呀？谁用一句话夸夸他？可以用我们刚才复习的词语。

3. 板书课题，读题。

【设计意图：先复习词语，为学生赞美天鹅，学以致用。同时，发挥图片美天鹅和丑小鸭的强烈对比的作用。】

## 二、品读丑小鸭受人欺负、讨厌的画面，感受丑小鸭的善良

1. 课文的丑小鸭受人讨厌，被人欺负，到底是谁在欺负他呢？大家怎样欺负他？我们带着问题走进课文。请自由读课文第 1 ~ 4 段，用笔画出丑小鸭受人讨厌，被人欺负的句子。

2. 学生配乐自由读书。

3. 汇报。（出示句子）哥哥姐姐咬他，公鸡啄他，连养鸭的小姑娘也讨厌他。

哥哥姐姐（　　）他，公鸡（　　）啄他。

4. 指导朗读。师：咬在身上，痛在心里啊，丑小鸭的心——（难过，伤心）把这种感觉读出来。指名读——男女读——全班读。



5.（看图）师：我们来看看养鸭的小姑娘对丑小鸭的态度是——讨厌。看看是不是（出示讨厌生字格，随文学字），你们用什么方法记下这两个生字？（指名 3 个回答）要把他送回家，怎样才能写好他？师示范后，学生在书上写一个。师巡视，简单小结。

6. 讨厌是什么意思？（不喜欢）加上动作和表情来演一演这位小姑娘。我们就带着讨厌的表情和动作来读读这句话。

师引读：亲人的嘴咬在身上，丑小鸭多么的伤心啊！读：哥哥姐姐——

公鸡又尖又利的嘴啄在身上，丑小鸭多么的痛啊！读：哥哥姐姐——

7. 师：亲人的嘴咬他，公鸡又尖又利的嘴啄他，主人也讨厌他，（课件出示句子）丑小鸭感到非常的孤单，他钻出篱笆，离开了家，他边走边想：“——”

8. 师：这只在家忍受不住的丑小鸭，在外受到谁的欺负？

9. 指名（课件出示句子）丑小鸭来到树林里，小鸟讥笑他，猎狗追赶他。

10. 师：从哪个词你感受到丑小鸭受到欺负？（讥笑，追赶）（讥笑释义：拿别人的短处来取笑）你觉得这样讥笑别人好吗？平时的生活中，我们要做一个善待别人的好孩子。

11. 师：孩子们，课文只用了半句说：猎狗追赶他。我们来看看猎狗的样子：伸出长长的舌头，露出尖尖的牙齿，两只眼睛大大地瞪着丑小鸭，丑小鸭害怕吗？把这

种害怕的感觉读出来。（指名——师范读：老师是这么读害怕的——全体读）

12．师引读：因为他害怕，所以他白天——

因为他自卑，所以他白天——

【设计意图：采用先总后分的细节学习策略，让学生观察插图、抓重点词、发挥想象，进行说话训练，体验丑小鸭的艰辛生活，使观察、想象、理解三种能力互生共长。采用多种形式，层层深入地朗读、研讨，唤起学生内心的情感共鸣，感受丑小鸭可怜的境遇，实现学生情感与文本的融合。此时，老师既要认真倾听，又要适时点拨，还要及时纠正错误，以帮助学生形成正确的人生观、价值观和道德观，从而“使儿童初步懂得要从小善待他人，互相尊重，正确认识自己”的优秀品质。】

13．除了在家，在森林里，丑小鸭还会到——，遇到哪些困难呢？（课件出示）

14．孩子们，边读书边想象是一种很好的读书方法，我们带着想象，想象丑小鸭被人欺负的画面来读读第 3 ~4 自然段。（学生拿书读）

## 三、品读讨厌的原因

1．为什么大家那么欺负丑小鸭呢？是因为——

2．（课件出示）我们来看看丑小鸭的样子？你看到一个怎样的丑小鸭？（指名说）那课文是怎样写的？请默读课文第二段（出示默读要求），用“____”画出丑小鸭的样子的句子。



3．（课件出示句子）他的毛________，颜色不鲜艳；嘴巴________，与身体比例不协调；身子________，长得不可爱。（介绍叠词）

4．到底丑小鸭与别的鸭子有什么不同？（出示）别的鸭子毛________嘴巴________身子____________。

5．要是你是这位丑小鸭，你的心情怎样？（难过，伤心，自卑）读出来。

6．小结：读到这，我们终于明白了丑小鸭因为长得丑，所以受到大家的欺负，吃了不少的苦，经历了很多磨难。

【设计意图：让学生感受丑小鸭的“丑”，找讨厌的原因，画出具体描写丑小鸭“丑”的句子，在读中体会小鸭的“丑”。（1）仿说“灰灰的”等形容词，进行词的仿说。（2）看图根据例句，用同样的表达方式，说说其他的小鸭子，在对比中再一次感受丑小鸭的“丑”。学生在猜想中感受，在朗读中感悟，在对比中加深理解和积累运用词句。】

## 四、学习写作方法

师：孩子们，作者写丑小鸭的外貌很传神、生动，今天，我们也来学学他的这种方法。

1．作者抓住丑小鸭的外貌特征，写出毛的颜色（板书），嘴巴的形状（板书），

用了叠词。而且还有一定的顺序，我们平时写话时也要按一定的顺序，这样的文章才有条理。

2. 全班读板书。

3. 学习了方法，我们也来说说这只公鸡（课件），（指名 1 人）你按照什么顺序说的？先说毛——嘴——身子。

4.（指名 2 人）你按照什么顺序说的？先说头——嘴——身子——尾巴。

5. 同位之间说说课件，并要求说出写作顺序。

6. 孩子们，你喜欢什么动物，选喜欢的来写一写，一定要抓特征，按一定的顺序来写。

7. 学生动笔写，老师巡视指导，

8. 选 3 份作品评讲。

【设计意图：把学习的主动权交给学生，让学生先说后写，阶梯式进行，达到读写结合的学习目标。让他们的语言表达能力在扎扎实实的写话训练中得以提高，真正实现了读写结合的学习目的。】

## 五、布置作业

找安徒生的《丑小鸭》原著看。

板书设计：

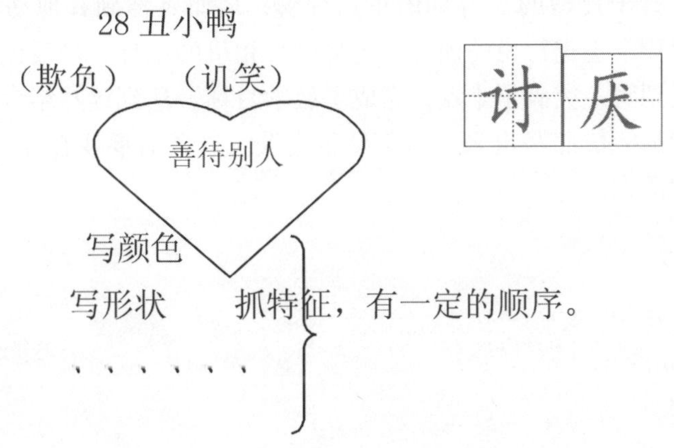




## 丑小鸭教学反思

《丑小鸭》是人教版二（下）的一篇课文，也是安徒生非常有代表性的一篇童话故事，寓意是非常深刻的，怎样引导孩子理解课文内容，指导他们读好课文是教学的重点。教学孩子学会一些写作方法进行写作训练是难点。

一、读准读好课文

“读”是语文学习的根本途径，它应该成为课堂的主题活动，在本课的教学中，

我始终牢牢把握住让“学生进行各种各样的读”这条主线组织教学，给予学生读的时间和空间，并借助一定的方法，激发学生阅读的欲望和空间。例：揭示课题后让学生自由地朗读课文，从读得正确到读出一定的语感；默读课文是让学生学会思考问题，指名读，男女分角色读，这些多种的读书形式让孩子在读中理解，书读百遍，其义自现。

二、想象是理解和朗读之间的桥梁

课堂上，我多处让学生发挥想象，让学生插上想象的翅膀，如教学第二自然段时我提出问题“大家在欺负他的时候会怎么说？怎么做？”让学生想象并用自己的语言和肢体语言来表达，从而融入课文情境；“丑小鸭在树林里还会受到谁的欺负？在你眼前仿佛出现了怎样的情景？”引导他们展开想象，孩子们设身处地地去想象当时的情景，去想象丑小鸭的心情，去想象丑小鸭当时那种孤独的境遇之后，他们的心与丑小鸭贴得更近了；孩子们的心显然被深深打动了，孩子们纯真的心灵与“丑小鸭”的美好心灵产生了共鸣，他们体会到了文章的情感，初步体验到了人生的真谛。课堂上尊重每个学生的独特个性和生活经验，并让他们带着自己的感受来读课文，体会丑小鸭的善良。让他们用稚嫩纯真的童心自由地去体验自然，潜移默化地对他们的学习生活有所感悟，有所提高。

三、积累语言文字，学习写作方法，达到读写结合的目的

语文课程标准再三强调语文教学要重视培养学生良好的语感，最根本的一条就是要引导学生加强语言积累、加强感悟，例如在学习第二自然段中，我抓住“毛灰灰的、嘴巴大大的、身子瘦瘦的”等词语重点理解，从而延伸到其他动物的外貌描写中，准备大量图片让学生进行说的训练，老师进行相机的指导，最后让学生动笔写一段话。让学生从说到写，突破了难点，完成了教学目标，达到读写结合的目的。从学生作品反映，大家都能仿照写出来，但不是很完美。这还需要我在今后教学中思考，创造更好的学习型课堂。

# 读中习法，读中悟情

## ——《桥》教学设计

徐莹明

### 教学目标：

1. 学习课文第 7 ~ 27 自然段，结合语言环境，流利、有感情地朗读课文。

2. 品味重点语句，感受洪水肆无忌惮、死神来临的危险情景，体会老汉无私无畏、临危不惧、先人后己的崇高精神和人格魅力。

3. 读写结合，抒发心中感受，体验生命之意义。

教学重点、难点：

领悟老汉言行的含义与精神。



### 教学过程：

一、复习导入。

这节课我们继续走进《桥》这篇课文，一起来读读课题。上节课我们已经初读了课文，了解了课文第一部分的内容，现在就让我们一起来读一读这些词语，联系这些词语，说说你仿佛看到了什么？

出示词语，学生齐读。

你拥我挤　跌跌撞撞　群魔乱舞　势不可当　一座山　一座桥

学生读完词语后汇报，说说自己仿佛看到了些什么。

山洪咆哮着，像一群受惊的野马，从山谷里狂奔而来，势不可当。人们你拥我挤地往南跑。死亡在洪水的狞笑声中逼近。现在就让我们来感受一下这种惊险。（出示洪水来袭的视频让学生观看）

课文是怎样描写的呢？现在让我们来重温上节课学过的关于洪水的句子。

课件出示句子，女生读第一句，男生读第二句，全班齐读第三句。

木桥前，没腿深的水里站着他们的老书记——那个全村人都拥戴的老汉。

水渐渐地窜上来，放肆地舔着人们的腰。

水爬上了老汉的胸口。

二、学习课文。

1. 洪水来得是这样的急，这样的猛。全村一百多号人都慌乱了。这个时候只有一个人还保持着冷静，他是谁？（老汉）下面请同学们认真地默读课文，边读边画出令你感动的句子并写上批注，然后四人小组交流汇报。

学生默读课文，画出句子写批注，四人小组交流。

2. 关于老汉的长相，课文里没有过多的笔墨描写，只用了一个词，这个词是（清瘦）。但就是这样平凡的一个人，他挽救了全村一百多人的生命。谁来说一说，有哪些画面让你最感动。

3. 学生随机汇报自己感动的句子。

①老汉清瘦的脸上淌着雨水。他不说话，盯着乱哄哄的人们。他像一座山。

哪个动作让你感受到他像一座山？（盯）

从这句话中你感觉到老汉是一个怎样的人？

学生汇报：冷静、临危不惧。（板书）

指导朗读，读出洪水中指挥者的冷静。

在洪水的面前，所有的人都是那么惊慌失措。只有老汉，他就站在木桥前，冷静地盯着乱哄哄的人们。此时此刻，他的心里会想些什么？

②我们来看一看老汉做出了一个怎样的决定？

出示句子：老汉沙哑地喊话：“桥窄！排成一队，不要挤！党员排在后边！”

这是老汉喊出的第一句话，谁愿意把它读一读？



那是让谁排在前面呢？（老百姓）

出示句子对比：

老汉沙哑地喊话：“桥窄！排成一队，不要挤！党员排在后边！”

老汉沙哑地喊话：“桥窄。排成一队，不要挤。党员排在后边。”

自由朗读这两个句子，看看带给你的感受有什么不同。

指名朗读。此时，你面对的是一百多人，场面非常混乱，要怎样读，才能让每个人都能听见？仅仅十五个字，作者却用了三个感叹号，这是要让每个人都能听见，所以每个字都要掷地有声。全班齐读。

③出示课文插图，看看洪水中的老汉在干什么？

老汉的表情是怎样的？哪个句子描述了这个画面？

学生汇报句子：老汉突然冲上前，从队伍里揪出一个小伙子，吼道：“你还算是个党员吗？排到后面去！”老汉凶得像只豹子。

你从哪些字词中可以体会到老汉当时的愤怒？

找学生上台，表演“揪”的动作。

④小伙子是心甘情愿地排到后面去的吗？你从哪个字体会到了？（瞪）

这一揪，对小伙子而言，意味着什么？（死亡）

你是从哪里知道的 ？

学生汇报课文句子。

突然，那木桥轰的一声塌了。小伙子被洪水吞没了。

仅仅是小伙子被洪水吞没了吗？还有谁？你又是从哪里知道的 ？

老汉似乎要喊什么，猛然间，一个浪头也吞没了他。

小伙子和老汉都被洪水吞没了，读到这里，你心里有什么感受？请把你的感受读出来。

⑤但其实老汉和小伙子是什么关系呢？你是从哪里知道的？

师范读最后 4 个自然段。

五天以后，洪水退了。

一个老太太，被人搀扶着，来到这里祭奠。

她来祭奠两个人。

她丈夫和她儿子。

现在我们知道了，在最紧急的关头，老汉揪出的居然是自己的儿子。知道了他们的关系，你觉得老汉是一个怎样的人？

学生汇报：大公无私。（板书）

三、情感升华。

现在让我们回到父子俩在木桥前相聚的那一刻，把文中的“老汉”改成“父亲”，“小伙子”改成“儿子”，我们来合作读读这几个自然段，老师读其他的，你们直接读他们说的话好吗？（师生合作读）

师：水渐渐窜上来，放肆地舔着人们的腰。父亲突然冲上前，从队伍里揪出儿子，吼道——

生：你还算是个党员吗？排到后面去。

师：同学们，他揪出来的可是他的亲生儿子呀，他有过一丝丝的犹豫吗？（没有）再坚定一点儿，父亲吼道——

生：你还算是个党员吗？排到后面去。

师：父亲凶得像只豹子。儿子瞪了父亲一眼，站到了后面。木桥开始发抖，开始痛苦地呻吟。水，爬上了父亲的胸膛。最后，只剩下了他和儿子。儿子推了父亲一把，说——

生：你先走。

师：他多么希望他的老父亲能够从这座桥上走下去啊！再说——

生：你先走。

师：父亲吼道——

生：少废话，快走。

师：再不走就来不及了，同学们，父亲吼道——

生：少废话，快走。

师：再响一点，父亲吼道——

生：少废话，快走。

师：他用力把儿子推上木桥。突然，那木桥轰的一声塌了。儿子被洪水吞没了。

父亲似乎要喊什么。如果时间就此定格，你猜他想对儿子喊点儿什么呢？

父亲所要呐喊的，是对儿子那份深深的爱，然而，那一片白茫茫的世界却告诉了我们，这对父子，连同这座窄窄的木桥都已经永远地离我们远去了。但是在那一百多号人的心中，却分明还有一座桥巍然屹立着。你们说这是一座什么桥呀？

四、总结。

这就是我们的课题为什么要以《桥》为名。那是一座精神的桥，是一座用生命搭成的桥，是一座闪烁着老汉精神光辉的桥。英雄离我们远去了，他们的亲人却长跪不起。她是一位白发苍苍的老太太，她是一位肝肠寸断的老母亲。泪眼婆娑中，她看见了泪流满面的乡亲们，却再也看不见老伴清瘦的脸颊；她听见了人们嘤嘤的哭泣声，却再也听不见儿子深情的呼唤；她看见了许多许多，唯独看不见两个至亲至爱的人；她听见整个村庄都在哭泣，唯独听不见那两个最最熟悉的声音。但，此刻，我们分明感受到有一座桥已经架在了老汉与人们之间。那是一座精神的桥梁。现在就让我们一起加入这祭奠的队伍，请同学们拿出小练笔，可以写写你对老汉的哀思，可以写写你对老太太的安慰。

学生练笔写作，上台朗读。

老汉虽然走了，但他永远是矗立在人们心中的一座高大丰碑，是老百姓心中一座不朽的桥梁。最后让我们自由地读一读这首小诗。

《桥》

你的身躯凝固成山，
一座村民的靠山；
你用山的坚定，
安抚了慌乱的民心；
你的血液流淌成旗，
一面鲜艳的党旗。
你用跃动的红色，
燃起了生的火种，
你的灵魂化作了桥，
跨越死亡的生命桥，
一头连着党，
一头连着百姓！

希望在今后的学习生活中，你们也能以高尚的品德、美好的心灵去架起一座座爱心桥、友谊桥、成功桥。这节课上到这里，下课！

# 德育篇

# 让"研究性学习"撑起学校本善德育工作的一片天地

江燕莉

## 内容提要

"研究性学习"作为一种科学的学习手段已广为人知，但是让"研究性学习"与学校德育工作结合却是一个全新的课题。本文旨在通过对学校德育工作模式的现状及困境、困难的探讨，尝试让"研究性学习"走进学校德育工作，拉近德育与学生的距离，提高学校德育工作的效能，提高学生的道德辨析力，让"研究性学习"撑起学校德育工作的一片天地，实现学校德育工作上一个新的台阶。新课改背景下"救失长善"教育理念必须在课堂教学中体现出来。



## 关键词

研究性　学习　学校　德育

中国《面向21世纪教育振兴计划》中提出要实施"跨世纪素质教育工程"，第三次全教会也提出了要全国推进素质教育。推进素质教育就必须要推进德育，因为德育是素质教育的重要组成部分，是实施素质教育的核心问题，关系到素质教育的启动、发展和成功与否，关系到整个社会公民道德水准的状况。但是，当今中国的公民道德水准却面临着尴尬的局面：某名演员竟身披日本军旗拍照以为时髦；光膀子挤公共汽车的大有人在；造假售假者多如牛毛；张口脏话，随地吐痰，闯红灯又为司空见惯。这也是中国道德面临的尴尬局面。一个重视德育的国家，公民的道德素质却远不如一些发达国家。我们于是就疾呼：道德从娃娃抓起。但是，那些人何尝不是娃娃过来的，何尝没有受过严格的德育教育。一面是学校强大的德育攻势，另一面却是公民道德存在着很大的问题。学校德育变得如此脆弱，不能不让人深思。这虽然不能完全归咎于学校德育工作，但是，纵观当今中小学德育工作，不难发现存在着方方面面的问题。学校德育工作存在着哪些问题，该如何走出学校德育的困境，本人作为一名教育

工作者，对此极为关注，并进行了尝试和探索，以求为学校德育工作尽一份绵薄之力。

## 一、学校德育工作模式面临的困境和问题，其主要表现为

1. 德育工作以灌输为主，缺乏学生的主动参与和亲身体验。德育离不开灌输，但灌输一旦离开了学生的主动参与，就只能算是一味地灌输，就难以实现我们的德育目标。我们的德育往往是重课堂教学，教师是演讲者，学生是听众。虽然我们也强调教育的“知情意行”，但大多数情况下，“知”仅仅是教师告诉学生该懂什么道理，“情”仅仅是教师把自己的感情移植到学生身上，在这种德育模式下，“意”和“行”就不难想象了，学校德育就变得很脆弱，很多学生在教师面前是“乖乖儿”，而回到家里却成了“小皇帝”，走上社会往往就成了“问题儿（脏话、随地吐痰、闯红灯等等)”。在现代社会中，道德现象呈现开放性、民主性和多样性特征，这种离开学生主动参与的德育灌输必将陷入困境：其一，被动接受教育，德育工作过于简单，教师告诉学生多少，学生接受多少，一旦离开教师，学生就丧失辨别能力，缺乏解决问题的能力；其二，离开教师等于离开了监督力，缺乏自制力；其三，学生在情感上对德育内容缺乏共鸣，老师讲老师的，我做我的，这就出现了我们经常说的“左耳入右耳出”、“今天说了明天又忘记了”的现象。老师说了一遍又一遍，但学生就是一次又一次地犯错误。

2. 以说教为主，缺乏德育实践。德育实践是培养学生辨别是非、提高道德能力的摇篮，如果德育工作不能立足于社会现实，缺乏社会实践，那么这样的德育工作是没有生命力的。但是，我们在工作中往往把德育实践简单化，把它定位在看展览、听报告、参加义务劳动等等。其实，判断是否是德育实践的标准不是地理方位（并非校内外之分）和搞那么几次活动，而真正意义上的德育实践应该是在教师的指导下，学生自己发现和提出问题，自己通过一定的途径去感悟，以达到一定的德育目的。而当今的学校德育最缺乏的就是这一点，只是告诉学生该做什么，不该做什么，让说教代替德育实践或把德育实践做成说教，不重视或者可以说根本就没有教会学生自我解决问题的能力，可以想象，这样的学生走上社会，一旦受到社会不良习俗的冲击，我们的学校德育还留有多少痕迹呢。



## 二、让“研究性学习”走进学校德育工作

社会正在发生深刻的变化，德育方式如仍沦于传统的模式，那么必将拖累社会的进步和发展，因此，解决传统的德育工作模式中存在的问题至关重要。那么，如何解决德育工作的困境，本人认为，其主要途径就是让“研究性学习”走进学校德育工作。“研究性学习”作为一门独立的学科和作为各学科的科学的学习手段已广为人们接受。但是，“研究性学习”不该是学科教学的专利，“研究性学习”还可以在德育等更加广泛的领域中发挥作用。让“研究性学习”走入德育工作领域虽然还是一个新的课题，但它的“获得亲身参与研究探索的体验，培养发现问题和解决问题的能力，

培养对社会的责任心和使命感”（摘自《普通高中“研究性学习”实施指南（试行）》）等等正是德育工作要解决的问题，使“研究性学习”与学校德育工作结合将极大地促进学校德育工作的发展，解决德育工作长期以来困惑的问题。

1. 让学生主动参与，亲身体验。学生主动参与、亲身体验是“研究性学习”的重要特点，在德育工作中，就是要在教师的指导下让学生学会关注道德现象，发现问题，提出问题，然后去调查、分析、理解和剖析，最后获得道德评价。为此，本人曾作过尝试，如针对当前中学生泡网吧（游戏机室）现象比较严重，我不急于评价中学生泡吧（游戏机室）带来的不良后果，把这个问题抛给了学生，给学生两周时间去“研究”中学生泡网吧（游戏机室）现象及其后果，同学们兴趣非常高，组成几个“研究”小组开展“研究”。两周后，各小组都拿出了各自的“研究”报告。有从经济角度去分析的；有从泡网吧（游戏机室）学生在泡网吧（游戏机室）前后学习成绩对比去分析的（泡吧后学习成绩明显滑坡）；有从泡吧者的爱好兴趣角度分析的（泡吧者兴趣爱好由原来的比较广泛变得非常单一，除了泡吧，什么都觉得没有意思）；有从泡吧者的精神状态的角度去分析的（平时想睡觉，精神状态较差，学习时精神恍惚）；有从泡吧者的身体健康状况角度去分析的；个别泡吧“瘾君子”更是“以身讲法”，最后大家对泡网吧（游戏机室）的危害性形成共识，大家一致约定，拥护学校决定，远离网吧和游戏机室。实践证明，让“研究性学习”走入德育工作，让学生主动参与、亲身体验，促进了德育工作的开展，达到预期的德育目标。

2. 角色转换，让学生告诉你。教师不要处处以说教者的身份出现，要学会做聆听者，最佳的效果就是让学生告诉你，如针对诚信问题，本人不再以一个说教者的身份出现，而是做一个聆听者，让“研究性学习”发挥其效能。因为让学生告诉你诚信是多么重要和让你告诉学生诚信有多么重要，两者之间的效果有天壤之别。诚信对我们到底有多大意义？诚信离我们有多近？学生们行动起来了，有的同学走访了银行，探讨了信用卡的透支问题及其诚信基础；有的同学“研究”了某商场的发展史，提示了诚信在商场发展中的作用；有的同学“研究”了诚信在邻里之间、同学之间、家长与学校之间存在的意义等等。然后组织同学们交流“研究”成果，同学们认识到，社会需要诚信，人与人之间需要诚信，诚信使人与人之间有了信任感，最后，同学们发出倡导：做一个诚信的人。



3. 要正确处理主导与主体之间的关系。在德育“研究性学习”中，教师发挥的是主导作用，学生是“研究”的主体，能否正确处理好教师的主导作用和学生“研究”的主体地位的关系，直接关系到“研究性学习”在德育工作中能否发挥作用。我们必须明确，在德育中教师的“导”与学科教学中的“导”有所不同，德育是一个严肃的问题，在学生“研究”德育现象时，教师要积极发挥“主导”作用，既不能让教师的思维捆绑学生的思维，又不能对学生的“研究”放任，教师的主导主要表现在：激发学生的好奇心、“研究”的兴趣；正确把握价值观和道德观；指导学生开展“研究”的方法；把握道德现象的价值评价等等。

## 三、"研究性学习"在德育领域中运用要注意的两个问题

1. 要根据德育的特点开展"研究性学习"。"研究性学习"在学科教学中运用，其特点是重过程，不重结果，但是德育不同，不仅要重过程，同时重结果。过程能提高学生发现问题解决问题的能力，提高学生道德辨析力，而结果是德育的目标，是道德评价，学生所得到的道德评价如果脱离社会正确的价值取向，那就偏离了德育目标，那将是失败的德育活动。所以我们不能照搬学科教学的特点，要根据德育的特点开展"研究性学习"。

2. 要预防和及时纠正学生在"研究性学习"过程中出现的不当行为。主动参与，亲身体验是让学生关注道德现象，并非让学生以身试"德"。因此，教师在指导的时候要特别关注学生在"研究"道德现象时在行为上是否恰当，要做好导向工作。

让"研究性学习"走进学校德育工作领域，虽然还是一种尝试，但它必将给沉闷的德育工作带来生机。拉近德育与学生的距离，使德育也成为学生喜欢的教育内容，是我们每个教育工作者的心愿。让我们共同努力，让"研究性学习"，撑起德育工作的一片天地。

（2008 年班主任技能大赛之教育故事演讲稿）

# 创设班级教育心理环境艺术
## ——案例与分析

梁秀媚

所谓班级教育心理环境，主要是指中小学班级教育中出现的能给教师及学生强烈感觉的一种精神表现或景象，是某种占优势的群体态度和情感的综合反映，是影响班级教育活动所特有的无形的育人因素。这种心理环境是在班级教育过程中形成和发展起来的，同时也是班级教育活动的心理背景。通常，健康而积极的班级教育心理环境能产生一系列有利于提高教育效果的积极因素。

有经验的班主任都十分重视并善于创造良好的班级气氛，使教育活动在民主、平等、和谐的气氛中进行。此间，学生没有精神压力，没有心理负担，心情愉悦，注意力集中，师生才能够有效地进行情感交流，有效地在孩子心中播种“善言”、“善心”、“善行”。相反，有的班主任不注意班级教育中的人际关系，甚至动辄讽刺挖苦、厉声训斥，学生情绪自然就冷淡、消极、恐惧不安，即使班主任理论水平较高，讲得比较深入，学生所获也是微乎其微。



因此，创设一个良好的班级教育心理环境，从而获得较为满意的教育效果，应成为班级教育活动中的一个极其重要的目标。笔者以为创设良好的班级教育心理环境，可从以下几方面着手。

## 一、强化师生班级教育心理环境的教育意识

班级教育心理环境是一种微观的社会心理环境，对于长期生活于其中的师生来说，它同样具有一般社会心理环境所具有的生存价值和发展价值。这里所谓的强化班级教育心理环境的教育意识，主要是指班主任要利用多种形式使科任教师和学生充分认识到，班级教育心理环境也是人类生存环境的一个重要组成 。这种专门设计和组织教育的特殊环境，对于师生身心的健全发展，具有其他环境的班主任创设班级教育心理环境的艺术不可替代性。确立了这样一种明确的班级教育心理环境的教育意识，就有可能使关心、维护班级教育心理环境成为班主任、科任教师和学生自觉自愿的行为。这种教育意识主要包括：

1．接受教育意识。

班级教育的目标、任务、方法和制度，只有为师生所了解和接受，才能变为自觉的行动。因此，每个个体必须具有接受教育的意识和组织纪律观念，服从正确的指挥和协调，履行个体的职责和义务。

2．合作教育意识。

班主任、科任教师和学生是班级教育活动的参与者，只有让师生在自觉接受教育的同时又积极参与教育，才能激发师生的主动精神，使班级教育卓有成效。

[案例]

开学初，我就利用班会课和同学们一起根据本班的实际情况和《小学生日常行为规范》，制定出班级教育目标和评价标准，并制出《太阳公公看是谁是小超人》和《擂台赛“加油”》两份评比表。为了激起同学们的参与意识，我根据不同的学生程度能力有异，目标要求、评分标准也就不同，任何人只要在原有的基础上有了进步，就根据幅度大小，给予不同层次的奖励、评价。同时结合评分细则，创造竞争气氛，以四人小组为单位，通过积分争高低，开展激烈的比赛，定期评比，一周一小结，一月一总结。

[分析]

通过评分，学生看到自己的努力成果，体会到学习、生活给他们带来的精神的满足和快乐。因此，学生也很乐意接受教育，自觉地履行个体的职责。通过合作与竞争，班级中形成了互相督促、互相帮助、你追我赶的氛围，师生在自觉接受教育的同时又积极参与教育，充分发挥了老师的主导作用和学生的主体作用。



3．自我教育意识。

班级群体中的每个个体都应该具有自我教育的意识和能力，摆正自己在班级群体中的角色位置，学会自我调节的方法，进行自我修养、自我控制、自我教育，从而发挥自己的最大潜能，追求至善。

[案例]

一年级的小学生日常行为习惯还比较薄弱。刚开学的时候，我发现班里的个别同学经常忘记带学习用品，提醒了几次，效果不明显。与家长取得联系，让家长督促固然是个办法，可我还不想为这点小事就去惊动家长。何况，让学生自己养成良好的习惯是最重要的。于是，我在班里给学生讲起了故事《小刚游太空》。这个故事是我临时编的，大意是一个小孩有一个非常难得的到太空旅游的好机会，可是由于忘记带身份证，宇宙飞船上不了，这样好的机会只有白白浪费了。后来，他终于可以到太空旅游了，可这次他又不记得带返程船票，只好一辈子留在太空了。这个故事其实告诫那些爱忘记事的孩子，经常丢三落四，可能造成很严重的后果。我们班的个别同学听了这个故事以后，心领神会，以后，这种现象大大减少了。

[分析]

利用学生感兴趣的故事，引起学生自我思考问题，自觉地辨别对错，学会自我调节的方法，有效地提高学生自我教育的意识和能力。

4. 创造教育意识。

有效的班级教育不仅应该具有主动性、自觉性，而且应具有创造性。教育不能墨守成规，必须不断开拓创新，不能习惯于静态的教育，更要借助于动态的管理。只有具有了创造教育意识，才能创造性地建立良好的班级教育心理环境。

## 二、建立起班级教育信息转换的心理机制

班级教育是教育者根据学校的教育目标要求，根据班级学生的实际情况，将教育内容浓缩成可输出的编码信息，在一定的时间内最大限度地向学生输送，同时及时接收来自学生的反馈信息，以矫正自己的输出。值得注意的是：班级教育心理机制（表现为亲密合作的师生关系）对班级教育信息的传递与反馈有着强烈的制约作用。良好的班级教育心理机制能够保证信息流通渠道畅通无阻，为教育信息的输送及反馈信息的回收创造先决定条件。学生在合作式的活跃有序的心境中才能完善自身的接收系统，与教育者配合默契，教育者才能得心应手地依照一定的秩序向学生输出教育信息。在此情况下，学生接受教育的兴趣浓厚、求知欲望强烈。

[案例]

学生张东伟，刚上小学一年级。因为他的鼻上有一块很明显的疤痕，所以他表现得很自卑，不爱跟老师打招呼，也不爱跟同学们玩，经常垂头丧气，上课趴在桌子上，精神不集中，多次教育也不见效果。因此，我一直留意着与他进一步交谈的契机。有一次，班里的清洁卫生工作都已经搞完了，大多数同学都离开了学校，但我还听见教室的另一边走廊有响声，走过去一看，原来是张东伟同学在收拾铁柜。我马上被这个年纪小小的孩子负责任的行为感动了，我情不自禁地说：“你真是个乖孩子!”他微微地叫了我一声老师，脸上露出害羞的笑容，让我不自觉地看到他鼻子上的疤痕，但他很快又把头低下去了。我敏感地觉得，他是怕我看到他脸上的疤痕。这时，我走到他身边悄悄地对他说：“张东伟，你笑起来的时候鼻子特别可爱，老师最喜欢你的鼻子了!”此时他的脸上马上露出惊喜表情。第二天，我在全班同学面前肯定和表扬了张东伟的行为，教育学生以他为榜样，并选他做值日组长。此后，张东伟不再垂头丧气了，每次见到他，总能看到他自信可爱的笑容。他上课更加认真了，下课，总能看到他与同学们嬉戏。



[分析]

在良好的班级教育心理背景下，学生对教育者敬仰、信赖，他们很清楚教育者承认他们的自我价值，所以明确自己的主体地位。他们会利用各种方式，通过多种渠道，利用语言、文字或非语言媒介（如表情等）将反馈信息及时而真实地回输给教育者，从而有利于教育者有效地实施教育控制。

## 三、运用理性感化的班级教育方法

所谓理性感化的班级教育方式，就是指坚持民主思想，主张通过理性和宽严得当的方法来教育学生，运用班主任及有关教育者自身的人格感化力量来培养学生良好的

行为习惯。它要求教育者处处以身作则，言行一致，循循善诱地教育学生；以身教代言教，以诱导代惩罚，禁用一切压抑专制的方法，但又不使学生滥用自由，走上放纵的道路。从根本上讲，理性感化的班级教育方法，是对压抑专制和自由放任两种方法的调和，它意味着学生通过教师理性的感化是能够遵守秩序、遵守班级行为规范的。这种教育方法可以培养学生自觉遵守班级纪律，又不至于过分呆板，也不会流于放纵和任性，从而保证教育活动的有效进行。运用理性感化的班级教育方法，还要求班主任在班级教育中注意消除不民主的现象，如“只有某种价值判断，没有之所以如此的具体理由”、“只承认一种观点、排斥其他同样正确的观点”、“坚持自己的一家之言，并将其视作不可更改的定论”、“缺乏实事求是、知错就改的勇气”、“对某些教育命题，没有留出必要的时间让学生思考、分析和质疑”、“学生讲自己观点的机会不均等”等。这些缺乏民主、沉闷、压抑的班级教育现象的存在，既会影响教育的效果，也不利于学生潜在思考力的挖掘和开发。

## 四、营造班级教育的和谐心理氛围

在班级教育过程中，班主任为学生创设良好的教育气氛，调动学生接受教育的积极情感，建立师生间和谐融洽的人际关系，这对于培养学生的良好心理品质和提高教育效率具有重要意义。营造班级教育的和谐心理氛围，应着重下列三个方面努力。

1. 捧出高尚的教育爱心。

班主任对学生的爱，在班级中主要表现在教育情绪体验、教育语言、教育动作、神态及教育艺术感染力等各个方面。在施教过程中，班主任应保持饱满高昂的激情和良好的心境，与学生接触要温和慈祥。

2. 赋予积极的教育情感。

在班级教育过程中，班主任每一个细小的动作或微妙的神情暗示，以及积极的情感特征，都会起到调控学生情绪变化，达到师生心灵与情感沟通，提高教育效率的积极作用。因此，班主任要潜心设计教育情境，发挥具有情感特征的班级教育信息反馈和评价的作用，使学生进入最佳的受教育状态。

3. 增强教育的艺术效果。

班主任教育艺术感染力的大小在很大程度上反映其积极情感投入的多少，班主任教育成功与否，又与其教育艺术感染力的大小有直接关系。因此，提高教育艺术水平，也应是班主任创设良好教育心理氛围所必需的。提高班级教育艺术水平的途径与方法是多方面的，但最主要的还应是具有过硬的教育基本功和灵活的教育方法。此外，班主任的管理技能、敏感性、自信心等等也将影响到师生间的了解和信任，直接影响到能否有效地进行班级教育活动。

（本文获2006年花都区德育教学论文评比二等奖）

# 班级中如何开展至善教育

梁雪玲

著名教育家陶行知曾言：“千教万教教人求真，千学万学学做真人。”的确，教育是一种“唤醒”，唤醒人向善的天性。让受教育者永远追求“向善”，唤醒受教育者的“善根”和“本色”，让受教育者能真实地感受到自我的存在与价值，生活在原汁、原味、原色的童真世界中。作为一位班主任，我深深认识到班主任工作是一项复杂的艺术性工作，是一种塑造人的心灵，让学生走向至善的活动。

## 一、让善文化熏陶课室



苏霍姆林斯基也说：“只有创造一个教育人的环境，教育才能收到预期的效果。”学校提出“凝炼本善本色文化，铸造诗化教育品牌”的办学思路，以诗化教育为抓手，打造班级的本善本色文化特色。以“经典诗文的诵读”为重点，以书香熏陶孩子至善的心灵，提升了学生的文化品位与底蕴。我和学生群策群力主要通过下面几种方式来营造这种古诗词环境。1. 开辟“每周一诗”栏目。由学生负责每天推荐一首诗给同学，并进行讲解、带读、背诵。2. 创建诗文角、诗文栏、诗香苑、诗文书法作品展等栏目。充分利用空间，在教室不定期地展示学生自行设计的不同专题、不同形式的园地专栏。在这里，时而粘贴学生的读诗感受；时而展示学生查找的古诗词资料，经过电脑的版面设计，图文并茂，文质精美。更引人注意的是一幅幅学生的古诗词书法作品，无不显示出他们的才能。小小的一块墙就是大大的一片天，成了学生展示个性特长的大展台。不单使许多优秀生找到自我感觉，满足了自我表现的欲望。甚至连一些平时不被老师同学关注的“灰色学生”，也有显示其闪光点的机会，获得了成功的喜悦，增强了自信心。3. 诵读古诗词，可以让学生得到传统文化精华熏陶的同时，接受民族精神的教育，从而提高学生的民族自豪感。4. 粘贴“圆玄学子”三字歌，每周晨会和班会坚持诵读，潜移默化，引道同学们至善为善，善知善为。

之所以以诗化教育为抓手，是因为凝聚中华美德的诗歌所追求和歌颂的真善美与教育的终极追求相一致。散发着诗的芳香，展示着中华传统文化的魅力的班级，让学生从我们源远流长而又生生不息的传统文化中吸取营养，感悟中华文化的强大生命

力，培养正确审美观，锻炼创新能力，增强班级向心力、凝聚力，激发爱班爱校的热情。这样让课室成为师生的精神家园，最终建成“至善”之班。

## 二、正面教育，培养学生良好的行为规范

对学生要采用正面教育，必须采取摆事实，讲道理。循循善诱的方法，帮助学生提高思想认识，解决思想问题，培养道德情感，增强道德意识，养成讲道德行为的习惯，启发他们认识每一个良好行为的道德价值，明辨是非，有些学生犯了错误，要坚持说理教育，同时可以树立榜样，进行对照比较，对学生进行教育。同时，我们要充分利用语文教材对学生进行教育。小学语文教材，约有4/5的课文是记叙文和诗歌，大都含有积极思想内容，反映高尚的道德情操，并且情节生动，形象鲜明，富有感染力。因此在阅读教学中，不仅要培养学生的阅读能力、认字能力，同时要培养学生的明辨是非的能力，陶冶他们的情操，形成正确的思想和良好的品德。为今后的品德教育打下良好的基础。

一个集体，要有良好的班风，才能是一个团结向上的集体。德育教育是重点，培养学生良好的行为规范是关键。为了更好地提高学生的德育素质，我们班经常开展了一些主题的班会。如结合《小学生行为规范》来进行学生自我约束能力的教育。培养学生的判断能力和理解能力。我认为经常搞些这样的集体活动，对整个班级学生来说是非常有益的，使学生达到自我激活，自我教育，逐步走向规范行为的目的，以此提高整个集体的德育素质。除了积极配合少先队大队部搞的活动及其他各项活动以外，我们也可以制订自己班里的班规或搞班内的小评比。如我班，我设立了一项评分制度，学生在学习以及日常行为中，做得好的加分，做得不好的扣分，一个星期评比一次，总结一次。这时，可以对学生提出要求。用班规约束一段时间后，学生就能自觉地培养成良好的行为习惯。



## 三、热爱、尊重学生与严格要求学生

在德育教育过程中，教师还要以深厚的情感，尊重、热爱、信任去关怀每个学生，尊重他们的人格和自尊心。在教学过程中，我本着这条宗旨，去对待每个学生，找他们谈心，就是要发现学生还有什么不懂和要求，倾听他们的想法和看法来补充我的教学方法上的不足，尽快达到学生和老师的统一。有的孩子因有病没能来上学，我便采取一切可利用的时间给他补课，使每个学生都不掉队。同时还要用爱心去发现他们的闪光点，发现他们的点滴进步，来及时进行鼓励，表扬。对学习生活环境不好的学生，特别是父母离异缺少母爱和父爱的孩子，就要更多付出教师的爱。作为一名班主任，在爱的基础上还要严格地要求学生。但要求要有度，提出一些事项必须要求合理，具体明白，使学生通过努力都能达到。如：在教育学生爱护班级环境中，有许多同学不知维护班级的卫生环境，几堂课下来，班级的地上就会出现很多废纸。就此事，我要求学生首先比一比，看一看，谁的地方最干净；再比一比哪一组最干净。由劳动委员下课进行检查，给各组打分。一天下来，给扣分最少的小组中的每个组员，

进行加分表扬。经过一段时间的监督和管理，同学们都能自觉地维护起班级的卫生环境，地上的杂物都能主动捡起来，扔到垃圾桶里，使学生增强了维护集体的意识。

## 四、结合活动，不失时机地进行德育教育

配合学校、班级开展的活动，不失时机地进行德育教育。近些年来，学校积极开展到敬老院慰问孤寡老人，到附近社区义务劳动等各项主题活动，让孩子们在活动中感受阳光与爱心。又如我们班获得了全校纪律卫生评比的流动红旗，当流动红旗挂在班里后，同学们都很高兴。我先是表扬了全班同学，指出这是大家共同努力的结果，然后，我根据班里的实际情况，让学生清楚，虽然流动红旗挂在了班里，但是我们仍有不足之处，要戒骄戒躁，总结不足，发扬长处，争取更大的进步。这样，学生在取得荣誉后能及时明确下一步的努力方向，不至于在荣誉面前迷失自己。还有一次我们班与五（1）进行拔河比赛，我班学生使足了吃奶的劲儿，手掌都被绳子磨红了，终于胜利了。在赛后的总结中，我引导学生认识到团结就是力量，在集体生活中，大家必须心往一块儿想，劲儿往一处使，拧成一股绳儿，才能实现我们的目标。在活动中增强了学生的凝聚力，培养了学生的集体主义精神。

总之，我觉得在做班主任过程中，最重要的还是情感的投入。我始终要求自己做到对学生"真心、细心、耐心"。百年大计，教育为本，德育教育则是教育中的重中之重，不容忽视，让我们从一点一滴做起，从大处着眼，小处着手，抓住一切有利时机，适时地对学生进行德育教育，塑造他们美好的心灵，使他们成为知识丰富、善言善行的人。

# 以“善”打造新型班级

李 静

我校正在打造“构建本善本色文化，铸造诗化教育品牌”，目的在于研究“本善本色”德育模式，成就“至善”之校。作为班主任，我在班级管理方面也希望体现“以人为本，与人为善”的特色，创设一个能使少年儿童全面发展的、和谐而净化的育人环境。

## 一、树立至善教育理念，创设班级特色文化

以“善”为理念的班级文化外部的环境，能使学生不知不觉、自然而然地受到熏陶、暗示和感染。

我紧扣低年级学生的特点，大力建设与学生朝夕相处的环境——教室。在课室的显眼处贴上两幅色彩斑斓、内容丰富的中国地图和世界地图，这种地图充满情趣，还包含有许多课外知识，从民族、物产、名胜到航海、太空、历史，包罗万象，平时总能吸引许多同学观察学习，对于从小培养他们心中有祖国，渴望认识世界的意识有很好的启蒙作用。有关儒家、道家的教人向善的名言警句赫然在墙，时时启迪向善的童心。我还大胆地在班级设立了一个鱼缸，开始怕上课会影响学生的注意力，实践证明这个担心是多余的。从每天的轮流换水、喂食，学生从中体会到了一种责任，培养了一种关注自然的意识和善以待物的性情。



“无规矩不成方圆”，建立有力且有效的班级制度，才能为学生学会自我管理，最终形成习善扬善、以善养德的班级文化。发挥对学生的行为的激励、约束、引导作用，增强学生自我教育能力，达到习善扬善、以善养德的目的。我班比较有特色的是鱼长和“班级日记”管理员，鱼长负责每日分配同学换水和喂鱼的工作；“班级日记”管理员则负责安排每天写日记的同学，以及把当天日记夹好的工作。“班级日记”要求学生每天按学号写一篇班级日记，内容包括这一天里你在班里的所见、所闻、所想，并配上相应的图画以做装饰或说明。这一做法目的是为了让学生学会观察、思考周围发生的一切，培养关心集体的精神。从“失去流动红旗的感想”、“从同学不团结行为想起”、“发试卷的一刻”等内容可以体会到一颗颗善于观察、善于思考、充满热情、上进的童心在跳动。

## 二、构建以善育人的师生沟通氛围

“以人为本，与人为善”。善待每一个学生包括有这样那样不足的学生，撒向学生都是“关爱”。师生之间心理沟通的重要，可以说是班主任搞好班级工作的重要条件之一 。结合“以善育人”教育理念，师生之间在心理上才能互相容纳，理解对方，接受对方，互相信任、互相尊重。

在平时的教学中我尽量做到以理解、尊重为基础，以爱心为出发点，尊重学生的人格，平等待人，以善启善、以善导善、以善励善。作为一个班主任、一个老师，即使学生犯了错误，对学生进行批评教育时，也应尊重学生的人格谆谆教导，学生才能取得教育的效应。一味的训斥，只能促成学生逆反心理的产生，更不能用挖苦、讽刺伤学生的心。教师对学生的思想尊重，就会使师生关系更为融洽、愉快。

对待所谓的“后进生”更要尊重、理解他们，千万不能伤了他们的自尊心。而应肯定他们的长处，指明他们的努力方向，调动他们的积极性，激励他们克服自身的缺点。而对优秀生应该更加严格要求，发现优秀生隐蔽的缺点，给予严格而有效的教育，也是必要的。才能让学生感到教师是公正的，为师生心理沟通扫除了心理障碍。

## 三、开展至善教育的班级活动

活动是班集体生命的依托，在丰富多彩的班级活动中渗入“至善教育”，更能有助于在班级形成“善”文化。



我班积极参与学校的以“经典诗文的诵读”为题的课外阅读活动，以书香熏陶孩子至善的心灵，提升了学生的文化品位与底蕴，组织学生开展了读一读“善的故事”的活动，各班组织学生读后写好读后感，班内交流。学生中心还挑选了部分好的读后感结成了册子，校内展览。与此同时，组织学生搜集“经典善语”与有关“向善”主题的格言、故事、广告语、宣传口号、主题画等等。做好两个本：1. 结合“日行一善、积善成德”的活动，深刻认识“日行一善、积善成德”的重要意义，并每天坚持做一件或几件好事，做好记录。2. 成长记录册。记载在成长过程中的感言或反思等。定期评出了班级的“寻善天使”。

上好班会课，结合“明善、寻善、向善、行善、扬善”倡议，针对班内同学之间爱闹矛盾，不文明等情况，选择了“尊重别人就是尊重自己”的主题，培养学生善于待己和善于待人的行为意识，评选班内“明善小明星”。组织学生讲一讲善的故事，学生所讲的故事都与“善”有关，而且都是发生在孩子身边的真实的故事，开展有关“善”的征文比赛，通过学生的眼睛去发现我们身边的善人善事，进行展示。

总之，为达到人人向善、人人崇善、人人行善的班风班貌，我要求自己和学生一起每天进步一点点，直至追求到最好，这也许是至善教育最朴实的理解和目标，我和我的班级在努力。

**参考文献：**

小学德育.

# 以善育德　知止至善

王丽霞

人之初，性本善。教育是一种“唤醒”，唤醒人向善的天性。自从学校开展了“本善本色”的特色文化教育，我努力打造“班级至善特色文化”，以“小善”孕育“大善”，使学生逐步走上至善之路。

## 一、小故事，点燃善念

苏霍姆林斯基讲过：“任何一种教育现象，孩子越少感到教育者的意图，它的教育效果就越大。我们把这条规律看成教育技巧的核心。”所以，我以讲小故事来点燃孩子们的善念。



小孩子难免会有说谎，不讲信用的坏习惯，我讲述了这样一个小故事：在德国，一位中国留学生以优异的成绩毕业后，到德国大公司寻找工作，可是一连二十多家公司都没有接受他。他想自己才能出众。找家小公司绝对没问题吧。可是小公司也把他拒绝了。原来这家公司不录用他的原因，竟然是因为他在德国期间乘坐公共汽车曾经逃过三次票。留学生很吃惊，难道我的博士文凭还抵不过三次逃票。德国老板说：“是的，我们不怀疑你的能力，但我们认为您唯独缺少了非常重要的两个字！”故事说到此，我问：“同学们，你们知道是什么吗?”（学生猜想）“你有什么样的感想呢?”至此，学生都有感而发，深切受到了诚实是金的教育。而在第一专题的感恩教育中，我给孩子们讲了《男孩和大树》、《窗外的小豆豆》等教育故事，使孩子们懂得了“相信自己”、“关爱别人”、“懂得感恩”、“学会宽容”、“学会欣赏”。

在“节约用水，善待地球”的主题班队会中，我抛砖引玉讲述了《大地之爱，母亲水窑——涛涛的梦想》。三年级的小学生已经有了追星的意识，为了激励孩子们努力学习，懂得一分耕耘一分收获的道理，我讲了《周杰伦小时候的故事》，通过周杰伦小时候学习钢琴的经历，使孩子们在追逐明星外在光环的同时，更要领悟明星在取得辉煌成绩背后的艰辛付出与顽强拼搏的精神，用明星的高尚魅力引领孩子努力学习，天天向上，才能有所作为。

一个个小故事，似一阵和煦的春风，让课堂充满故事的芳香，让老师成为故事的

引领者，让孩子们轻轻开启了向善之门。

## 二、小展示，以善育德

学校以“本善本色”为特色教育，以“知止至善”的校训作为文化立校的核心与根本。为把这一文化理念渗透给孩子们，我设置了“善文化涂鸦墙”，形成了独有的班级特色。通过这种环境的教育力量让教室的一切事物都会说话，使教室的每一个角落，每一件事情都能育人。首先，班级的大标题都是由我们班的梁海同学负责用毛笔书写，其次，在“班级创意涂鸦墙”上，展示了全班孩子一起参与精心制作的“善心卡”、“感恩卡”、“美文卡”、“名人名言卡”、“爱心卡”等等，这些卡片精美，在内容上更是把班级的善文化“外显于形 ”，形成了班级鲜明的“育善”特色，成为班级最为独特而靓丽的一道风景。另外，彰显善文化的还有“善文化宣传栏”这个重要的宣传阵地，我班的宣传栏都是我和孩子们合作创造的结晶。有时，我找资料孩子们分组、画图、抄写、设计版面。有时，孩子们自己确定一个“善”的主题，我来做最后的版图加工。虽然我们的宣传栏未必是最精美的，但这种创作的过程本身便是一种教育的过程，宣传栏围绕着学校每月的教育主题，使孩子们懂得了文明、守礼、向善、知行，从而逐步走向完善的自我。班级文化就像水，看似柔弱，却“善利万物而不争”，班级文化如水的柔韧规范着孩子们的行为，塑造着孩子们的精神脊梁。

每周的班会课，我班还让孩子们把自己的“积善箱”在四人小组交流，然后选出代表在讲台上进行展示，积善箱里记录着孩子自己或同学的善行，如吴浩源同学记录的是：今天，我把自己的衣服洗干净了，妈妈夸我是个爱劳动的好孩子。宋宪杰同学说：这一周，我一下课就看课外书，没有追逐打闹，我决心做个文明的好孩子。张斯琪同学说：今天我一回家就做作业，我真棒。许诺同学说：今天我为班级做了三件好事，我要做个至善的好孩子……每一张善行卡都激励着每位同学成为“至善人”，殊途同归地使班级形成“团结、至善、奋发、进取”的凝聚力。



## 三、小习惯，落实善行

良好的习惯是人一生的财富。我们作为奠基铺路人，更应在小学这一习惯形成的关键期抓好学生的行为规范。本学期，我把善行教育作为日常行为规范的养成教育来抓，力求持之以恒，常抓不懈，使学生的每日善行形成一种习惯，取得了较好的实践效果。主要体现在：

善行习惯一：自觉争当卫生监督员，其职责是检查每天的清洁卫生，关注教室课间的卫生保洁，放学后自觉留下等值日生来检查及格才离开教室。

善行习惯二：自觉争当纪律监督员，其职责是每天检查仪容仪表是否整洁，是否带好红领巾和校卡，是否注意语言文明、行为文明，及时向老师汇报各种不良现象，使不良行为防患于未然，高尚行为得到传承。

善行习惯三：争当礼仪小标兵，每天在校园内，遇到老师、来宾能够主动向他们问好，“您好”、“对不起”、“没关系”、“谢谢”、“再见”等礼貌用语时常可见；上

下楼梯靠右行、每天微笑、主动改错、诚实勇敢的孩子越来越多。

善行习惯四：争当环保小卫士，自觉把垃圾分类，制作个性十足的环保卡片，挂到小区的绿化带，提醒小区的住户在散步或玩乐时不忘保护环境。使学生真正懂得保护环境，就是保护人类自己。植树节那天，我班的冯雨西和魏正骁同学还积极参加了花都区团委组织的植树活动，两位同学在参加完活动后把他们植树的照片和植树的感受发到班级的邮箱，在班会课上大家看着他们植树的经过，听他们汇报植树的感受，深深地受到了感染，使爱护环境内化为每个同学的自觉行为。

善行习惯五：争当爱心小天使，每天热心帮助有困难的同学，比较典型的如杨晓晴和易佩颖两位同学，每天每节课上课前都主动到老师面前问老师有什么教具或作业需要拿上教室，有同学摔伤了就像大姐姐一样把他们带到办公室帮助上药等。在面对突如其来的玉树灾情时，同学们积极踊跃地捐献爱心，所表现出来的空前的资助热情正是我们善行美德教育取得成效的体现。

善行习惯六：争当学习小标兵，在我们班，每次测验，成绩一出来，我就带领孩子们玩成绩接龙过山车的游戏，让他们按成绩排成一条长龙伴着音乐和着节奏围着教室开开心心地跳一圈。开心完后，他们暗暗下定决心，下次我要争取排在龙头的位置，然后在四人小组也来个成绩大比拼，谁排在最前面谁就是这个小组的小组长，他们在小组长的带领下每天自觉地学习，你追我赶，排在后面的小朋友并不气馁，他们在暗暗地下定决心，下次，我也要细心一点，考个小组第一。这样，在这种良性的竞争氛围中我们班的同学们都有着强烈的学习进取心。

这些善行小习惯使孩子们一步一步、扎扎实实地迈着前进的步伐，使我班的孩子逐步在“日行一善，善行一生”的过程中登上“至善”境界。



## 四、小活动，知止至善

喜爱游戏、活动是学生的天性，行是知的最高境界，通过各项有意义的活动寓教于乐，使孩子们的善行具体化，逐步达到“知止至善”的境界。

1. 通过诵读、背诵圆玄学子善行歌，引导孩子们内化善行歌的内容，借此来对照，指导自己的言行举止。

2. 受人滴水之恩，当以涌泉相报。感恩是中华民族的传统美德，我班通过“算算亲情账，感知父母恩”等感恩主题班会，让孩子们明白要学会感恩父母、老师，感恩祖国，感恩大自然，感恩社会，使班级的孩子充满了温馨，生活充满了阳光。活动完后，我班召开了“我身边的感恩故事会”，很多同学涌上讲台争着讲自己和父母、老师、同学之间动人的小故事，其中许多同学讲到了她犯了错误冲出家门，妈妈耐心教育她改正缺点的经过时，动情得流下了眼泪，不少的同学也感动得泪光闪闪，我及时引导孩子们理解“父母之恩，云何可报？慈如河海，孝若涓尘”。再次使孩子们受到了感恩父母的教育。自从开展了感恩活动，主动帮助父母干家务；抢着帮老师拿作业、教具；爱护公共设施、自觉参与环保的同学数不胜数。

3. 通过开展“读经典书，做至善人”经典诵读：每日一诗、古诗长廊经典诵读、

故事园诵读、每星期新书推荐介绍、定期召开故事会、展示自己的读书采蜜本等。本学期，利用课余时间集体阅读的书目有《窗前的小豆豆》、《我的野生动物朋友》、《经典古诗文诵读》、《新三字经》。丰富的阅读活动使我们班的大部分调皮任性情得到了很大的改变，如宋宪杰同学，以前是个调皮捣蛋鬼，一下课就知道追逐打闹，玩得满头大汗，上课总是坐不住。自从爱上了阅读，他变得文静了，认识的字和懂得的道理越来越多，慢慢地他变成了一个爱学习的好学生。经典诵读使师生一同得到熏陶与感染，成为儒雅的圆玄人。

善行教育不是一蹴而就的，它需要一个长时间的潜移默化的过程，在今后的班级工作中，我和我的学生要坚持走实践的道路，不断地探索、前行。

**参考文献：**

小学德育.

# 用心用爱，缔造希望

严艳明

爱学生，既是教师职业道德的核心，也是对班主任的基本要求，更是推行素质教育必不可少的手段。爱学生愈深，教育学生的效果也就愈好。一个对学生冷漠无情的人，是根本无法实行教育的，更谈不上教育艺术。没有爱，就没有真正的教育管理；没有爱，就不能掌握成功教育的管理方法。相信每个班中总会有那么几个与众不同的孩子，除了成绩优秀，表现突出的，还有特别好动，难以管教的。在日常教学中，我对这部分孩子更加不敢掉以轻心。因此在小学里，班主任要从小学生的生理和心理发展的规律出发，从多方面、一点一滴做起，用自己对学生真挚的爱，去培育学生健康成长。所以，只有真正的爱生之情，才能掌握成功的教育管理方法。下面结合我的教学实践来谈谈关于后进生的转化教育上的几点粗浅的体会与做法。



## 一、用平等民主的眼光对待孩子

热爱学生，就要面向全体学生，平等民主地对待学生，不能歧视任何一个学生，哪怕是有的学生有生理或心理的残疾。学生也是合法的公民，他们完全应该享受到同等的权利，应该享受到同样的教育。前苏联的一位教育学家曾说："漂亮的孩子人人都爱，爱不漂亮的孩子才是教师真正的爱。"做老师的就应该公平地对待每一个学生，让学生享受到平等的权利。

平等地对待学生就要承认每个学生都有发展的潜力，只是发展的契机不同，途径不同、趋向不同。面对千差万别的学生，应该看到每个学生身上的发光点，全面地、辩证地认识学生。不宜过早地给学生下结论，用过激的语言训斥学生。

比如两个学生打架，有的老师可能不问青红皂白就批评所谓的差生，造成"冤假错案"。再如有时老师偏爱学习好的学生，冷落差生，时间长了，形成两种极端的学生。过分宠爱会导致学生优越感太强，容易目中无人，遇到挫折时不易适应。过分冷落会使学生失去自信心。所以，班主任对待学生的态度要一视同仁，这是班主任塑造自身形象，赢得学生尊重尊敬的必要条件之一。在班级管理中我从来没有歧视过任何学生，从各方面我对学生都一视同仁，从来不在学生面前表现出偏爱那个学生。记得

有一次，我的一个语文小组长和平时一个经常缺交作业的一个孩子打起架来，一了解，是双方都有错，所以两人都受到批评与惩罚，就算平时班干部犯了错误，我也从不偏帮。我要让每个孩子都知道，老师是公正地对待每一个人的。

## 二、用爱心交换孩子的信任

陶行知先生曾说过：“谁不爱学生，谁就不能教育好学生。”爱是教育的前提，信任是教育的开始，爱护差生是帮助转化的感情基础。后进生由于成绩差，上课组织纪律性差，引起许多老师厌恶嫌弃，由于好动，经常有意无意地去破坏其他同学正常的游戏活动，所以在班级中不受同学的欢迎，经常遭到歧视和冷遇。久而久之，他们的心理上产生了逆反心理和自卑感。为人师者，要放下架子，主动而自然地接近他们，同时，要像对待其他学生那样，尊重和维护他们的人格，尊重他们的意愿和情感。

例如，在当年担任二年级班主任时，刚插班一个叫小雄的学生，我发现他基础很差，几乎完全不会拼音，很多字都不会。因为父母离异，他跟着父亲，但父亲却根本没时间辅导他，所以成绩很差。他从来不做也不交作业，经常迟到，旷课，还总是衣衫不整的，惹来同学的笑话，他更加不愿和同学交往。一了解，才知道早上根本没人叫他起床，晚上也是自己一个人搭摩托车回家，晚饭也是有一顿没一顿的。知道这些以后，就算他犯了错误，我也不当众简单粗暴地横加指责，只是一边讲课一边走到他身边，敲敲课桌或拍拍肩，平时在班里有意无意地找他聊聊天，孩子意识到了我的善意和信任，慢慢地开始听课了，开始写作业了。甚至在一次写话中，他竟然用仅会写的几句话表达了对我的感激，虽然简短，虽然还有错字，但却使我受到深深的触动，想不到自己的一些细微的动作可以改变一个孩子，所以只要用爱去对待孩子，孩子是会感受得到的。



## 三、用细心发现后进生的亮点

差生不是一切都差，也有好的方面和“闪光点”等积极因素，例如我们班中有一个孩子，叫小锐，他是个很聪明的孩子，但由于家长的过分宠爱，任性妄为，无心向学，还经常违反纪律。经过观察，我发现他记忆力特别好，有一次他上课在搞小动作，我就要他把我正讲的那段背下来，不然下课就要跟我到教导处。只见他看了几遍书竟然很快就把文段背了下来，我注意到他这种“独特的方式”，发现他的这种特长潜能，就满腔热情地因势利导，鼓励他努力把优点迁移到学习上来，并在课后跟他讲道理，让他明白到只要他认真学习，他也能取到好成绩。在课堂上，我下意识地多提问他，久而久之，他知道我对他的特别关注，上课也不敢搞小动作了，还慢慢地养成了积极举手的习惯，成绩有了很大进步，纪律也慢慢好起来了。

三字经中云：人之初，性本善。一个小孩刚出生，你能说他是好人或者说他是坏人吗？显然不能。因为你压根不知道。只不过此时他有善的潜在基因。只有通过后天的教育和经历才能开发出来，表现在行为上，为人们所见，他是一个什么样的人。如果他受到良好的教育和培养，有辨别是非丑恶的能力，知道什么事该做，什么事不该

做。而我们就是要做那个引路人。

## 四、用无比的耐心期待后进生的蜕变

后进生一个突出的特点就是自控能力差，缺乏毅力，不能持之以恒，经常会出现动摇反复现象，因此转化工作不是一次教育或辅导就能奏效的，而是一个循序渐进的过程。在这个过程中，我反复抓，抓反复，决不能因为他们出现动摇反复就放弃教育，更不能泼冷水。

例如我班有一个父母亲离异的学生小斌，由于家庭问题，性格很孤僻，不爱开口，却很好动，经常打别人，上课又坐不住，全班孩子都不喜欢他。但有时他上课又很喜欢发言，读书很大声，不过有时改正了缺点，不久又重犯。所以要时常留意他，纠正他，鼓励他。后来我又发现他跟他的妈妈寄住在舅舅家，妈妈又很忙，没什么时间理他，但是他的姐姐在本校四年级，虽然是跟他爸爸住在一起，却很关心他，所以我除了在平时多在课堂上鼓励他，表扬他，还跟他姐姐常接触，并要求她多辅导他。经过长期的努力，小斌不但成绩有了进步，上课也经常举手发言，纪律也好多了。

总之，看着孩子一点一滴的进步，心里充满了感动与欣慰，我尽量不让任何一个需要我帮助的学生失望，我关心学生的衣食住行，更看重他们的身心健康，因为人与人之间没有太大的差异，但这种很小的差异往往造成巨大的差异！很小的差异就是所具备的心态是积极的还是消极的，巨大的差异就是成功与失败。很多时候，我们面对的困难不是没有发现前面的困难，而是没有发现我们内心世界不可估量的潜能，对学生也是一样，老师往往最关注他们的弱项而忽略了他们潜在的能量。不止一次听一些家长对孩子的班主任说："老师，拜托了，你说他一句比我们说十句管用！"也不止一次地看到孩子扬起天真的笑脸自豪地对自己的父母说："我们老师说的！"每次听到或看到这些的时候，都会有一股股暖流流进我的心间。学生的心灵是一个广阔的世界，这个世界是美好的、纯洁的，在这个世界里，最好的"位子"是留给老师的！所以给学生鼓励，给学生机会，说不定他就会给你一个惊奇！

# 善听，心的声音

梁秀媚

把学生引向“至善”的彼岸，是每一个教师毕生的事业追求，更是我们圆玄小学“本色本善”的研究课题。而我认为，“至善”首先要“善听心的声音”。

带着满怀希望，1998的那年，我踏进了学校——这个令人神往的世界。在这块充满阳光的土地上，我播撒着，收获着。人们常说，老师教育孩子们成长，但我总觉得，孩子们也让我快乐地成长着……回首往事，历历在目。我想跟大家分享的故事是：善听，心的声音。

刚刚踏进讲坛的我只有十八岁，说真的，除了满腔的热情，对于育人子弟的方法还是很懵懂。那时候，我被分配到一所农村的小学，教三年级的语文兼任班主任。班里有个女孩子，叫小茗。她来自于单亲家庭，妈妈吸毒、未婚生了她，几乎也没理她，村里的孩子都不爱跟她玩，叫她野孩子，她似乎也习惯了别人取笑她，好像对什么事情都无所谓一样。作业爱不做就不做，课爱不听就不听。开始我以为批评她、责罚她，她就会怕了，改了。可多次教育，她还是那么麻木冷淡，让我很头疼。后来，是这样一件事改变了我的想法。



那天，我发现小茗没来上课，有学生说她在学校外面玩了。下课后，我就跑到学校外面去找她，一路走，我一路生气，心想：怎么会有这么难教的学生的呢？后来，我在一片荒田上找到了她，她正一个人坐在田边发呆。当时正是寒冬，可只有十岁的她身上只穿着一件单薄的衬衫，寒冷的北风吹得她的皮肤发紫了。看着她这样孤独悲怜的身影，我的心都战抖了，我脱下了自己的外套披在她的身上，轻声地问她为什么不上学。开始她不敢说，沉默了几分钟后，她才说：“想妈妈了。”我问她：“妈妈去哪里了？”她说：“妈妈吸毒，被捉去戒毒所了。”那一刻，我无语了，眼泪一下就出来，双手紧紧地抱着眼前的这个可怜的孩子，听着她断断续续的哭诉，我内心十分的懊悔：多可怜的孩子啊，小小年纪就要承受这么大的痛苦。她也有她的爱她的思念，可从来没有一个人来聆听她内心的声音。面对同学的嘲笑，老师的严厉，她只好冷淡。其实，她比任何人都渴望得到关心得到爱。而我，作为一名老师，我怎么没有早一点用心去听听她内心的声音呢？那一夜，我失眠了。我在反省，自己有真正地去了

解过孩子们吗？我发现，很多时候，我只不过是自以为是地说教罢了。怎样才能更好地与学生沟通，成为他们成长路上的引路人呢？那一夜我想明白了，不同的学生有不同的生活背景，对于很多事情，只有用心地聆听，听听他们心的声音，才能真正地了解他们，帮助他们。

于是，我就本班的情况，开展了一次以“说说心里话”为主题的班会活动，让全班同学都来聆听她的心里话。我相信，人之初，性本善，同学们听了她的故事，一定会改变原来对她的态度。

事实证明，我的想法是对的。通过班会活动，同学们听了小茗的心里话，意识到以往对小茗的嘲笑是不对的。于是，他们自发组织了一个爱心小组，每天陪伴小茗一起上学一起放学，陪她做作业，陪她玩，不再嘲笑她。小茗感觉有人关心有人爱，不再孤独，人自然也开朗了，坏习惯也渐渐改掉了。整个班集体充满着浓浓的爱，似乎孩子们也学会了去听别人内心的声音。

看到孩子们的变化，我内心无比的满足。就是这样，在教学的路上，我一路聆听，一路成长。路上有欢笑，有泪水。可孩子们，请你们也来听听老师心的声音：“因为有你们，我快乐！我幸福！”

（本文是2008年班主任技能大赛之教育故事演讲稿）

# 让善良之花在孩子的心底盛开

张惠贤

教育的事业是爱的事业，没有爱就没有教育。教育孩子成为一个有爱心的、善良的社会主义接班人，是我们每个教师应尽的义务和责任。教育家苏霍姆林斯基曾说：“一个人应当在童年就上完情感的学校——进行善良情感教育的学校。”一个健康的孩子就好比一棵树，必须以善良为根，正直为干，丰富的情感为蓬勃的枝丫，这样才能结出美丽、善良的果子。因此，我们应当从细微处抓起，让我们的孩子真正懂得“真、善、美”，真正做到“勿以恶小而为之，勿以善小而不为”。



## 一、日常生活蕴善意

每个孩子都是父母的宝贝，特别是现代的孩子，十有八九都是独生子女，可谓万千宠爱在一身。很多孩子的身上承载着他人的关爱，却又偏偏缺乏一颗关爱他人的心。只是我们教育的重点，并非测评孩子的爱心指数达到哪个程度，而是重在日常生活当中去观察、去发现孩子们隐藏的善意，从而放大并帮助孩子修炼一颗尚善的心。

班上有个孩子叫小龙，经常与同学打架，大家都不喜欢与他一起玩，他也变得很孤独。一天早餐过后，我忘了带纸巾，结果他第一个跑上来递给我一包纸巾。我见这是一个契机，赶紧在同学们面前表扬了他，并说：“小龙同学是个有爱心的孩子，我相信他一定还做过更多的好事，让他给我们开个小小故事会好不好?”于是，小龙说了他做过的一些好事，比如帮爸爸拿拖鞋、帮妈妈做家务等。同时，我也鼓励其他小朋友要向小龙学习，并让他们也参与讲故事的其中。这样，既让孩子们在回顾的过程中再次体验“善为快乐之本”的感受，同时，也让孩子们因互相欣赏而改善他们和小龙之间的关系，使大家渐渐地和小龙成了好朋友。

正如雨果所说：“善良是历史中稀有的珍珠，善良的人几乎优于伟大的人。”中国传统文化历来追求一个“善”字，待人处事，强调心存善良；与人交往，讲究与人为善；个人修身，主张独善其身。我们可以抓住身边的一切资源作为挖掘孩子“善良之根”的材料，适时引导孩子们迸发内心隐藏的善意。如：同学生病请假了，可打电话了解情况并送上温馨的问候；同学在学习上遇到困难了，可结对子进行小组帮教活

动；老师下课了，可帮老师收作业、发本子；还可主动帮助校工叔叔、阿姨们搞卫生、浇花草……让孩子们在一系列善行中小显身手，品尝奉献爱心带来的快乐，并在不断的潜移默化中学会关爱他人，体验“赠人玫瑰，手留余香”的幸福感。那么，相信“善良之根”必然会茁壮成长，最终开出美丽的花朵。

## 二、课堂教学育善心

小学课堂教学活动形式多样、内容丰富多彩。著名教育家叶圣陶认为：“语言文字的学习，就理解方面说，是得到一种知识；就运用方面说，是养成一种习惯。这两方面必须连成一贯。就是说，理解是必要的，但是理解之后必须能够运用；知识是必要的，但是这种知识必须成为习惯。语言文字的学习，出发点在‘知’，而终极点在‘行’，到能够‘行’的地步，才算具有这种生活的能力。”这段名言充分论证了学与用、知与行的关系。因此，我们不仅要利用课堂教学向学生传授文化知识，更要重视教学活动本身对培养孩子善良品格的重要作用，在课堂教学中不失时机地对我们的孩子进行春风化雨般的爱的洗礼。

在我们的语文课堂上，大可利用文本的教育意义，结合孩子个人的生活经历、情感体验，设计一些具有针对性的活动。如教学《浅水洼里的小鱼》，孩子们都认识到文中小男孩珍爱小鱼儿的生命。这时，我让学生走进文本：“如果当时你也在场，你会怎么做?”并创设了一系列的情景：“你在路上捡到了受伤的小兔子，你会怎样做?”“看见有人捉小鸟，你会怎样做?”……这样，通过架设“知”与“行”的桥梁，让孩子设身处地思考，从而激起那颗行善的心。又如教学古诗《游子吟》，细细品读“谁言寸草心，报得三春晖”之余，我让学生反思自己与父母亲人之间的关系，从中感受父母、长辈的无私奉献以及默默付出的艰辛，教育孩子懂得体谅并帮助父母做一些力所能及的家务以减轻父母的负担，无论对亲人、朋友还是同学，都应予以关爱，常怀一颗感恩的心。



此外，还可通过音乐课、美术课等其他课堂教学活动的实施，渗透孩子的个体情感因素，让孩子自己去体验、自己去思考，使孩子课内的“知善”与课外的“行善”统一起来，最终达到“知而后行”的真正目的。

## 三、学校家庭促善行

学校和家庭是孩子生活的两个主要场所，有人称学校与家庭在孩子的教育和发展中的作用犹如“车之两轮，鸟之双翼”，可见其环境、教育对孩子的影响是非常重要的。“新大纲”也指出：要“努力构建校内外沟通的教育体系”。因此，要培养孩子们的善良情感，我们必须重视“学校与家庭，拧成一股绳”。孩子美好心灵的培育尤其需要学校与家庭的密切配合、共同合作，老师的悉心引导固然重要，家长的通力支持更是必不可少。

那么，要让学校、家庭紧密取得联系，定期召开家长会必然成为最好的途径。我们要充分利用家长会这一平台，做好家长的思想工作，转变家长的教育观念。要向家

长敲响警钟——时刻注意自己的言行，做摒恶扬善的好榜样，避免部分家长因自身缺乏爱心而造成对孩子的负面影响。我们要让家长真正认识到，文化知识固然十分重要，但培养孩子成为上善之人更能使我们的孩子受益终身！

除了有效利用家长会这一载体外，为促进家校合作能够更加愉快地进行，我们还可利用各种节假日开展亲情回馈活动，让孩子们在节假日给亲人送上诚挚的祝福。如：母亲节为妈妈唱首歌，父亲节替爸爸做件事，早上替妈妈倒杯水，晚上给爸爸捶捶背。重阳节的时候，还可与家长一起到敬老院慰问老人…… 教育孩子走向至善的同时，也起到教育家长的作用。既让孩子与家长共同体验关爱他人给自己带来的幸福与满足，同时也拉近了教师与家长之间的距离，使家长最终成为我们打造上善之人的可靠的联盟军。

善待别人就是善待自己，播种善良就是收藏希望。一个在善意流淌的环境中成长的孩子，相信他一定会愿意日行一善，为他人付出自己的爱心。查尔斯·赫梅尔说：“我们的星球，犹如一条漂泊于惊涛骇浪中的航船，团结对于全人类的生存是至关重要的。”为了人类未来的航船不至于在惊涛骇浪中颠覆，为了使我们的孩子成为“地球之舟”合格的船员，教师们，我们有责任培育好自己的小水手，让他们拥有勇敢、坚定、机智的美德，更要让他们成为一个个心灵丰富的人，懂得善良、同情、友爱、关怀……就让我们一起努力浇灌，让善良之花在孩子们的心底灿然盛开！

**参考文献：**

1. 叶圣陶语文教育论集. 教育科学出版社.
2. 马忠虎. 家校合作［M］. 教育科学出版社，1999.



（本文获花都区创新论文评比优秀奖）

# 让微笑给孩子们播下“善”的种子

全秋菊

微笑，一个多么美好的字眼，它体现着人们的友善与真诚，沟通着人与人之间的关系。在创建“和谐校园”的今天，作为一名教师，我更深地体会到微笑的神奇。

曾经的我和许多老师一样，都认为老师要有“师威”，学生害怕了就会听老师的话，专心听讲，认真完成作业，学习才会好起来。改变了我的看法的是那一次，我组织了我班学生给老师提意见的活动，我在翻看学生的意见时发现，大部分的学生都希望老师在课堂上微笑，我记得有一名学生这样写道：“老师上课时笑一笑，能让老师变得更可爱。”看了这份意见书，唤醒了我记忆深处的东西：孩子们渴望老师的微笑！因为他们能够从微笑中读出爱心，读出自己在老师心目中的位置。苏霍姆林斯基说：“孩子会因为喜欢某一个老师而喜爱他所教的课程。”



于是，我进行了尝试，我清楚地记得，第二天，我一改往常严肃的态度，带着微笑走进了教室，当我发现几个小朋友低下头时，我微笑地说：“聪明的小朋友，请抬头。”要是以往，我肯定是提高了音量直截了当地说：“某某同学，不专心听课，要注意了！”但今天我发现这几个小朋友听到我温柔的话都抬起了头。在上课的后半段，我发现我班杨文浩和李浩佳两个小朋友又在讲话了，我停止了讲课，停了大概十秒钟，他们感觉苗头不对，怎么教室里变得那么安静，便转过头偷偷地看了我一眼，此时日光正与我略带微笑的日光相遇。我微笑着一个个直视他们，我看到他们满脸羞红，低下了头，然后正襟坐好，那一节课他们听得非常认真。课下杨文浩私自找到我说：“老师，我上课不认真听讲，你为何不批评我?”“为何我没说一句话你却做得那样好?”说完，我们师生二人相视而笑。

之后，我在课堂里不管有多生气，我都不发火，保持着微笑。当学生圆满地回答一个问题后，我会给他一个赞许的笑容，学生自然会露出开心的笑；当学生回答得不够完整时，我会给他一个鼓励的笑，学生也会倍感幸福地积极思考；即使学生答非所问，我也微笑着让他坐下再想想。这样，我发现学生不但体会到成功的喜悦，保持旺盛的精力，时时处于兴奋状态，而且也是教师有质有量完成教学任务的基本保证。记得那一年教师节，我收到了一份特殊的礼物，这份礼物给了我意外的惊喜，学生们用

他们灵巧的手将自己写给老师的信折叠成了美丽的具有象征意义的图案，有心、有飞鸽、有帆船、有千纸鹤、有百合花……当我小心翼翼地打开这些精美的折纸，尽收眼底的是饱含真挚情感的言辞，这着实让我感动和欣慰。是啊，我的学生们是在用这种特别的方式来表达他们对老师的尊敬、热爱和祝福！

看罢这些信件，我发现了一个共同的特点，那就是“老师的微笑”。在此，我摘录几则：

我们的全老师，一张白净的脸上始终带着亲切、和蔼的笑容。这种笑容使我们有一种如沐春风的感觉，又如丝丝春雨般滋润着我们这群学生的心田。

全老师，你上课对我来说是一种快乐的享受，其他同学可能也会有同感。上课了，你都是春风满面，笑容可掬地走进教室；下课了，你还是春风满面，笑容可掬地离开教室。来时，一声“大家好！”去时，一声“同学们，再见！”

全老师，一晃一个学期即将过去，我从不及格到及格，原因很简单：我对语文感兴趣了。因为语文课轻松、愉快。你给我最深的印象：微笑！

全老师，你亲切的笑容能让雨天挂彩虹！

全老师，在我的眼中，您的微笑比“蒙娜丽莎”的微笑更迷人！

全老师，你的笑容早已融入了我的心中，让我终生难忘！

全老师，我可能会忘记您的某些话语，但我绝不可能忘记您的笑容！

通过自己小小的换型，我深切地体会到：微笑就是一种尊重，微笑就是一种鼓励，微笑就是一种认可，微笑就是一种宽容……在教学中，当你想激起学生的学习志趣，想与学生进行情感交流时，不妨轻轻一展笑容，胜过千言万语；与学生游戏时，同他们一起开心微笑；当学生需要帮助时，用微笑给他们增添力量；当学生克服了缺点时，用微笑作为最好的奖赏；当学生面对压力时，用微笑感染学生，让他们觉得生活中处处有阳光……



以下是我在教学中总结了微笑带来的几点好处：

1. 能很好地组织教学。

上课铃响了，教师走进教室，面带微笑用目光扫视一下全班学生，学生就会很快安定下来。随着班长喊“起立”，同学们说“老师好！”教师微笑着说：“同学们好！”课堂教学很顺利地开始。

在教师讲课时，有学生在下面做小动作。教师发现后，如果点名批评，必然会打断教学，影响其他同学。在这时，教师可以给他一个眼神，让他注意，然后轻轻地微笑。无声胜有声，学生会觉得不好意思，老师在注意我了，我可要改正，不然老师会生气的。

2. 能给学生以鼓励。

在课堂上提问学生，学生暂时回答不上来，作为教师可以微笑着看着他，这样他不会感觉有压力，能使他觉得老师对我有信心。在学生回答完问题后，同样微笑着说“请坐”，这样虽然没有语言上的表扬，他也会觉得老师是肯定我的，我一定会更努力的。即使学生回答不出，也要微笑着让他坐下。这对学生来说，是赞许，是鼓励，会

使他产生努力学习的动力。

但是如果教师是生气着对学生说："怎么没回事，连这个也回答不出来。坐下。"则是对学生回答问题的否定和不满意，会挫伤他们的学习积极性，丧失对学习的兴趣。给学生上一个机会，就给予了他一个成功的起点，也给予了他一颗希望的种子

3．增进师生感情。

在教学过程中师生关系的情况如何，对教学所产生的作用截然不同。学生从喜欢一个老师，到喜欢这位老师所上的课，自然就会学好这门课。作为教师，我们要注意师生感情的培养。我们的教育与其他行业不同就在于我们的对象是人，所以必须进行情感的沟通。微笑是打开学生心灵窗户的一把钥匙，本来学生对老师天生就有一种畏惧心理，微笑会让他们的压力减少到最低。在校园里学生对教师说"老师好!"教师对他们报以微笑。当学生遇到困难去找教师时，教师在帮助解决问题的同时，同样也需要面带微笑。当他们考试失利时，我们不是严厉地责备和批评，而是给他们以鼓励的微笑。学生之间有了矛盾，教师在处理时，也要面带微笑，有一颗宽容之心，让学生也觉得原来我们可以互相理解，互相宽容，这样我们的这个集体才会更团结，更优秀。

4．人格魅力感染学生。

文学家雨果说过："笑就是阳光，它能消除人们脸上的冬色。"是的，微笑是人类最甜美、最动听的表情。微笑可以表达人们的喜爱，传达友善的信息，使人们显得可爱又有魅力。在孩子们的世界里，微笑就是阳光，就是和风，就是细雨。让和风吹拂他们的心灵，让细雨滋润他们的心田。



作为老师，不仅要教会学生知识，还要教会学生对生活的态度。虽然在生活中我们会遇到很多不如意，但在课堂上，我们没有理由对学生展示自己的心情。一个在课堂上喜欢微笑的老师，必定对生活，对工作，对朋友，对学生充满爱心。我们对生活的乐观、对自己的信心和对学生的爱心都可以融化在每一个微笑之中。我们的微笑也会感染学生，使他们对学习，对生活充满信心和勇气。

微笑是老师洒向学生心田的一缕阳光，是滋润学生心田的一丝春雨。让微笑给孩子们播下"善"的种子，愿这颗"善"的种子在孩子们心中生根、发芽、开花、结果。

# 赞赏是善心的体现

张剑云

每一个学科的老师都知道赞赏自己的学生，尤其是班主任更是懂得如何去赞赏每一位学生。在我印象中，对学生的赞扬，鼓励，在教学、教育中有着无形而强大的力量，促使他们向上，求进步，能很大程度地增强他们的自信，相信自身的潜能，不断努力地把潜力挖掘出来。

美国著名教育家本尼斯精辟地概括教师期望的价值：“只要教师对学生抱有很大的期望，仅此一点就足以使学生的智力提高 25 分。”我深信无疑，在课上，我经常表扬班上有进步的同学，或者举一些中外名人的例子来激励他们，告诉他们，老师相信你们能行。



有一次我在班会课上分析：“成功由何而来?”这个问题时，先让学生说，小结出获得成功要有：自觉性，自信心，要刻苦勤奋。最后我还列出一点：“潜能”，学生们都睁大眼睛看着我。我告诉他们：我们每一个人的体内都有“潜能”，只要我们把它挖出来，发挥它的作用，我们每一个人都能成功。我们要相信自己的“潜能”，我把它叫做“金子能量”。因为它可以发挥金子一样珍贵和强大的力量。听我说完，学生们的眼睛里就闪烁着金子般明亮的光芒。此后，学生们学习的劲头更足了，积极性更高了。仿佛在他们的体内就有“金子能量”一般，珍贵无比，争先恐后地要把它展现出来。这时全班学生自我学习的习惯已培养起来。

真要感谢存在我们之间的赞扬与鼓励。

我班的小辉同学，是一个有主见、却又提不起劲来学习、只顾着玩的男孩子，成绩一直上不去。在平时我找遍所有的机会来表扬他，可收效也不大。在接近学期未考试时，我在考虑着他的评语怎样写，在课堂上看着、想着，小辉感觉到了我的目光，上课很认真，我心中一动。下课了，当着同学们的面对他说：“你的进步老师看在眼里，喜在心头。”当时他听了不好意思地走开了。意料不到的情况出现了，以后的每一堂课他都很认真听讲，尽自己的能力努力去学，还多次举手发言。成绩一下子提高了 20 多分，让我感到很欣慰。

学生的信心来源于老师的评价。简单的一句话能使学生迸发出自身的潜能，激发

学生的强大的动力，这就是教育力量，不同的教育培养出来不同的人。最根本的是情感问题，教育到底对孩子有无感情——是把孩子当作自己挣钱升官的筹码，还是真心希望把他们培育成人。老师的期望让学生有了目标，有了自觉的情感注入；老师的鼓励让学生体会到了“被爱”的快乐，被重视的愉悦和自信，哪有不进步、不成功的道理呢?

《新课标》中说，“教育教学一定要以人的发展为本，服从、服务于人们全面健康发展。”教育过程应该成为学生一种愉悦的情绪生活和积极的情感体验，学生在课堂上是兴高采烈还是冷漠呆滞，是其乐融融还是愁眉苦脸?伴随着学科知识的获得，学生对学习的态度是越来越积极还是越来越消极?学生对学习的信心越来越强还是越来越弱?这一切必须为我们所关注，这种关注同时还要求我们教师必须用“心”施教，不能做学科体系的传声筒。用心施教体现着教师对本职的热爱，对学生的关切，体现着教师热切的情感。

简单的、短短的一句赞赏可以包含所有。让我们的赞赏走进学生心灵，关注每一位学生的健康发展。

**参考文献:**

走近新课程与课程实施者的对话.

# 这样赞美恰到好处

温远有

俗语说：好话不怕多，有些话天天可以对人说，一天可以说很多遍，学生非但不烦还很爱听，这就是赞美。赞美学生既是一种教学智慧，也是一种心理技巧。生活中每个学生都需要赞美，每个学生都愿意听到老师的赞美。有效的赞美可使人获得充足的心理营养。从心理角度来说，有效的赞美能给人带来愉悦和自信，能抚平学生心灵的创伤，能满足人被尊重的需要，能使人真实地认识自我，能成为学生的最佳动力。

## 一、在班务工作中，关注学生每一处亮点



无论是成绩好的学生还是成绩差的学生，都渴望被老师赞美。作为老师来说，特别是班主任，应当把对学生的赞美之词经常挂在嘴边，通过赞美，可以使班主任与学生关系更加融洽，我们就能更有效地开展班务工作，提高工作业绩。

在一次全校的大扫除里，我看见了大胖子刘家豪干得不亦乐乎，大滴大滴的汗珠从额头上掉下来，衣服也被汗水贴在背上，他正使劲地拖着地上由于长期分饭而粘在地板上的饭粒的顽固污迹。好不容易拖干净了，大胖子气喘吁吁，我以为他会休息一会儿的，谁知，他看见门窗还没擦，又搬来椅子，费劲地爬上去……我不动声色地把大胖子刘家豪的好事悄悄地记在班上所设的“卫生纪律登记本”上。大扫除完毕，总结会上我拿着本子在班上表扬了刘家豪同学任劳任怨，不怕苦、不怕脏、不怕累的劳动精神，一双双赞许的目光投向了刘家豪，这时，大胖子的脸“刷”地一下子红了，那红扑扑的圆脸分明挂着难以抑制的喜悦和激动！而其他同学，从一双双渴望得到老师的赞扬的目光中，我仿佛看到了希望。

第二天，我按往常的时间很早就来到班里，准备指挥卫生工作，当我来到班里一看，没有一个人在劳动，以往这个时候起码有两三个同学拿起扫把装模作样的，但现在一个装模作样的都没有。我看在眼里气在心上，正想大发雷霆，值日组长徐丹及时上前报告：“老师，卫生值日完毕，请验收！”我放眼一看，地面干干净净，刚拖的水迹还未干，桌子摆得整整齐齐，垃圾倒了，扫把、拖把摆得井井有条。没等我发话，值日组长徐丹说：“老师，今天值日没人偷懒，任俊烨、龙一尹等人争着帮忙……”

怪不得，徐丹这个值日组长挺会察言观色的，要不是她及时报告，我就错怪他们了。看来，昨天表扬大胖子刘家豪今天奏效了，我及时地表扬了他们，并在本子上记下了他们的名字。同学们脸上洋溢着满足的微笑。从此，偷懒的同学少了，积极干活的人多了。无论是每天三小扫，还是每月的大扫除，也无论是学校领导或老师叫我们班的同学打扫多媒体室或电脑室什么的，大家都踊跃举手参加，不被老师叫到的同学心里还不高兴呢。

## 二、在学习中，随时随地鼓励赞扬

新学期开学以来，我发现有几个同学上课从来不爱举手发言，教《鲁本的秘密》一文时，我问："同学们知道母亲节在哪一天吗？"我扫视全班，意外地发现一次手都没举过的中下生徐伟楷居然举手了！我如同发现了新大陆，当然不会放弃这宝贵的机会。"每年五月份的第二个星期天"。这"小不点"（全班最矮，同学们给的外号）用爽朗的声音回答道。"同学们，这是徐伟楷同学第一次主动举手回答问题，他居然答对了！那么了不起！让我们用热烈的掌声送给他！"徐伟楷同学那天真的笑容和难得的自信让我至今难忘。

徐伟楷同学这一表扬后一发不可收拾，在以后的语文课中，只要他认为会的都举手，一节课下来，不下五六次。每次答对我都会夸他："真了不起，连这么难的题你都答对，成功不属于你还会属于谁呢？"或"老师真佩服你，那么长的文章你都能背出。"……当他答错时，我会说："没关系，虽然你答错了，但老师还是表扬你有勇气举手。"徐伟楷当初是一名中下生，成绩很差，每次测试十几分很正常，最多也不过30多分，经过一学期老师的鼓励、表扬，仿佛给他注射了一支强心针，期末考试，他终于消灭了低分，没想到的是，他竟然及格了，第一次及格，第一次成功，第一次看到"小不点"自信的重现，我用诚恳的话语，激昂的语气公开赞美了他。



徐伟楷的进步同学们有目共睹，他成为了全班后进生学习的典范和前进的动力，因为谁都想得到老师和同学们的赞许。瞧，赞美的力量可真不小，翁澄豪居然也举手发言了，徐振源也天天做作业了，杨柳永上课不爱说话了，张伟燊的字体写端正了，还有刘紫艺不再违反纪律了，侯思慧上学早了……所有的进步哪怕是一滴一点，我都会及时地甚至有点夸张地加以鼓励，加以表扬，班里自然而然地形成一股积极向上的、你争我赶的风气。

## 三、在生活中，智慧灵活运用赞美

一天，我接到了家长的电话，"温老师，我儿子林志昊天天回家都看电视，不做作业，我骂他，他还顶嘴，气死我了，赶明儿你在班上给我好好批评他。"第二天，我按他父母的意思照办了，谁知他父母又来电话投诉他的不是，说不但没有一点儿进步，还更顽固了。我非常气愤，简直把我这个班主任的话当耳边风了！

第三天上课，一进门我就看到林志昊低垂着头不敢正视我，看样子这大胖子知道心中有愧，正等着班主任的数落呢。"今天，我要表扬林志昊同学，他昨晚没看电视，

还认真完成作业呢……”尽管是违心话，但我说得很诚恳，不带一丝讽刺的含义。看我意外地、破例地表扬了他，大胖子张大嘴巴不相信地望着我，感到又惊奇又高兴又惭愧，表情非常复杂。

第四天，林志昊家长来到学校找到了我，说儿子昨晚一放学回家丢下书包就做起作业，一眼电视也没看过，那正经的劲儿从未有过。问我用了什么妙招，我笑而不答。我想，明天我又得表扬他了。

在班主任工作中，当我们用这种方法行不通时，我们就要灵活地换另一种方法去想问题，会收到意想不到的效果，而不是一味地去埋怨学生、批评学生。

## 四、在班级比较中，善用赞美激励学生

有时候，老师们会说你看人家这班的学生多乖，那班的学生学习多勤奋等，想以此来激励学生，可学生却不那样想。学生只会在心里说，那班的学生不乖的时候你没看到。但如果你说我班的同学最乖了，都知道早上不迟到，认真做作业，上课专心听讲，卫生搞得最干净，邻班的学生就不如你们，经常有同学迟到，不爱学习，不搞生卫，班里乱糟糟的，看把他们班主任气得……学生得到这样的激励，说不定明天就开始没人迟到了，没人不交作业了，班里更清洁了。因为他们要证实他们的确比邻班的学生优秀得多。在比较中你会发现学生的进步，还可以根据学生的实际情况，提出更适当的更高要求，使学生更快地进步。在比较中赞美学生，可以使学生做得更好，对自己抱有更强的自信心。



赞美在我们的现实生活中，特别是在我们的教学教育工作中，它的价值是时时体现的，它的意义是广泛的、深远的。耐心地赞美学生会让他出类拔萃，持久地赞美学生可以使学生做得更好，因为赞美能赋予学生积极向上的力量。同时，赞美学生也使得我们教育工作者能以宽容的心态去面对教学教育工作中的一切。

老师们，我们不能再吝啬自己的赞美了，发现学生的闪光点，让我们敞开胸怀去赞美学生吧，赞美学生的进步，赞美学生的创造力，赞美学生的成长，赞美学生的品格，赞美世界上一切美好的事物。

**参考文献：**

石晓娜. 这样赞美恰到好处. 中国市场出版社，2006.

# 善用批评，关顾成长

王爱欢

人非圣贤，孰能无过？何况是单纯幼稚、少不更事的小学生。学生一旦犯错，老师就要对其进行批评教育。批评，是对学生的不恰当思想行为给以的否定都评价，以唤起他们的警觉，去努力改正自己的错误和缺点；是使学生正视自己的不足以求不断进步的锐利武器；是为达到教育目标必须采取的重要手段之一。那么，如何批评才让学生易于接受、乐于改错呢？

## 一、尊重人格，以爱育人

尊重他人人格，既是一种道德规范，也是一门交往的艺术。批评，要以尊重为前提。“真没见过你这样坏的学生！”“你真是无可救药！”这类挖苦、讽刺的批评话语刺伤对方，极不可取；反之，“老师相信你能改好。”“你没有必要这么沮丧。”这样宽容、鼓励的话语，能使受批评的学生觉得老师没有把意见强加于他，还能体谅他犯了错误的难过心情，那么，他对自己错误的修正，就更多地出于他的自我检讨，批评就会取得事半功倍的效果。



我班的石俊是个内向的学生，有一次看到同桌的笔漂亮就悄悄地拿走了。事情被揭穿后，他的家长把他狠狠地教训了一顿。第二天回到学校，知情的同学指着他的背影骂他是“小偷”。我马上制止这种行为，并找石俊去谈话。当我看到他低垂的头和红肿的眼，感觉到他对自己的行为已追悔莫及，就对他说：“用你自己的表现来改变大家对你的看法吧！”此后，我没有再提及这件事。他在羞愧中反省自己，默默改正，以后再也没有犯什么过错了。这正是“精诚所至，金石为开”。在批评中倾注对学生的关心、爱护、尊重、信任，才能取得最佳的教育效果。

## 二、了解情况，实事求是

“事实胜于雄辩”，这是颠扑不破的真理。批评要以事实为基础，只有掌握了第一手材料，批评才具有说服力和威慑力。插班生王锦调皮好动，掷粉笔、用扫把打功夫……小毛病层出不穷。老师找他谈话，他总是东拉西扯，歪曲事实。针对他的个

性，我每次批评他之前，总要从同学、班干、家长等各方面掌握他犯错误的全部情况。批评他时，因为有足够的事实依据，他不得不承认错误。经过几次这样的批评，他的侥幸心理渐渐地被打消了，觉得经常受老师批评没什么意思，同时也慢慢认识到自己的行为造成了不良影响，于是不再捣乱，并最终转变成为一个自觉遵守纪律的好学生。

## 三、批评要因人而异

每个学生都有不同的个性特点，可谓“千人千面”，批评不能“一刀切”，用千篇一律的方法，而应针对不同的个性选择相应的批评方式，做到“一把钥匙开一把锁”。温顺内向的学生，一个制止的眼神，一句严厉的话语，就足以让他在错误中觉醒；顽皮捣蛋的学生，可能要严厉批评，反复教育，耐心等待其转变；个性刚强的学生，使用激将法将会有意想不到的效果；而品学兼优的学生，教育他作自我批评，可能最能见效。

学生林一对打游戏机很着迷，耽误了学习。针对他争强好胜的个性，我对他说：“林家成既会玩又会学，成绩年年名列前茅。你虽然打游戏机是第一，但是学习嘛，就比不上他了。”我这么一说，激起他的好胜心，他马上下了保证，表示要在下一次考试中把林家成比下去。在后阶段的学习中，他果然自觉地把时间和精力重新放回到学习中去。这样的批评针对性强，比较容易达到预定的效果。



## 四、批评要刚柔相济

现在的小学生自尊心、逆反心都很强，心理承受能力却又较差。他们犯错后，受到老师、家长和同学的责备，既难过又自卑，个别甚至会产生“破罐子破摔”的想法，而另一方面，他们的内心深处，仍有上进的要求，渴望得到大家的理解和帮助。因此，教育界更提倡宽容、温和的批评方式。美国著名的管理家雅柯卡也说过：“表扬可以印成文件，而批评打个电话就行了。”

我班刘伟经常旷课，以往老师的严厉批评他都听不入耳，被老师判了“死刑”。有一次他又旷课，回校后我批评他，不过我不是历数他的过错，也不讲他屡教不改，而是让他将以往旷课的原因总结出来，并想想有什么困难是不能克服的，老师可以帮助他。第二天，他告诉我，旷课的困难都可以克服，其实可以做到不旷课。于是我说：“你已经懂事，自己好好想想该怎么做吧。”后来，他果然想通了，一个学期都没缺过课，连迟到都极少。含蓄而不张扬的批评，有时比那种电闪雷鸣式的批评效果更好。

## 五、批评要留有余地

批评时，点到即止，留有余地，给学生一个自我批评、自我教育的机会，学生不但易于接受，还对老师的宽容产生负疚感，这更有利于他们不断鞭策自己，努力改进，尽量少犯或不犯错误。

有一次上文体课，我班几个学生占了低年级同学的游戏场地打篮球。我了解情况后，温和地对他们说：“打篮球既能锻炼身体，又能培养同学之间的团结合作精神，真是一项好活动。但是，如果为打篮球而要做一些违反学校要求的事，损害到班级名誉，个人形象，那就不值得了。你们能不能想个两全其美的方法？”这几个同学听后，不好意思地低下了头，纷纷说：“那我们去其他地方打球。”其实，学生是有一定的分析能力、辨别能力的，许多事情只要稍加提点，让他们自己去思考，他们就知道该怎样做了。

本着与人为善的教育宗旨，从爱护和负责的立场出发，抓住问题实质，有理有据地进行形式多样的批评，晓之以理，动之以情，就能使学生消除顾虑，听从教导，朝着老师指引的正确方向不断迈进，健康成长。

**参考文献：**

1. 周明星等. 成功班主任全书［M］. 下卷. 人民日报出版社，2000.

2. 王夫明. 小议批评与责罚. 班主任［J］，2006（5）.

3. 李明义等. 中小学德育工作指导全书［M］. 下卷. 延边人民出版社，2001.

# 让批评孕育向善之花

张雪群

在成长的历程中，学生犯错误是难免的，对学生适当的批评也是必要的。教师对学生的不恰当思想和言行给予批评，是让学生认识并努力改正自己的缺点和错误，提高思想觉悟，提高品德修养，帮助学生健康成长。批评与表扬一样，都是我们教育学生的一种手段。但批评毕竟有别于表扬，虽是“忠言”却不免“逆耳”，它意味着某种否定，人们一般不乐于接受，哪怕是最正确的批评，有时也会使批评者和被批评者产生隔阂、矛盾甚至怨恨。因此，教师对学生的批评要慎之又慎。但批评是常常难免的，教师批评学生当然希望他们接受，更希望他们改好，学好。那么对学生的批评，怎样才能让批评孕育向善之花呢，下面谈谈我个人的体会：



## 一、宽容的批评，呵护学生的向善心

要批评学生，肯定是学生做了不好甚至错误严重的事，这时，我们不能因内心的不快，不顾事实，不分青红皂白就急性子地、简单粗暴地对学生责问、训斥，且不容置辩，致使学生满腹委屈，内里不服，或当面顶撞，公开对抗。这样非但不能达到预期的教育效果，反而把学生的错误往前推进一步。对学生的批评，不是主人对仆人的训斥和责备，不是发牢骚，泄怨气；是关心帮助，是育心树人，不可儿戏。这要求教师要有人本思想，要真心关爱，要宽容大度，要耐心细心，尤其要懂得尊重学生的自尊心和呵护学生的向善心。谈到这里让我记起陶行知先生教育孩子的一件事：

陶行知当校长的时候，有一天看到一位男生用砖块砸同学，便将其制止并叫他到校长办公室去。当陶校长回到办公室时，男孩已经等在那里了。陶行知掏出一颗糖给这位同学：“这是奖励你的，因为你比我先到办公室。”接着他又掏出一颗糖，说：“这也是给你的，我不让你打同学，你立即住手了，说明你尊重我。”男孩将信将疑地接过第二颗糖，陶先生又说道：“据我了解，你打同学是因为他欺负女生，说明你很有正义感，我再奖励你一颗糖。”这时，男孩感动得哭了，说：“校长，我错了，同学再不对，我也不能采取这种方式。”陶先生于是又掏出一颗糖：“你已认错了，我再奖励你一块。我的糖发完了，我们的谈话也结束了。”

这是何等的宽容与关爱，这是何等的细心与机智啊！这教育会令这孩子终生难忘，一生受益。试想，如果批评者缺少应有涵养和必要智慧，又怎能使教育的效果达到如此完美的境界？可见，对学生进行批评教育，教师不可不修炼自己的涵养，不可不发挥自己的智慧，尤其不要忘了播送爱和尊重。让我们记住另一位伟大教育家苏霍姆林斯基说过的话："一个好的教师，就是在他责备学生、表现对学生的不满、发泄自己的愤怒的时候，他也时刻记着：不能让儿童那种'成为一个好人'的愿望的火花熄灭，而应'充满情和爱'。"

## 二、幽默的批评，保护学生的自尊心

批评要讲究方法，一味地批评孩子，只会导致孩子丧失学习的信心，教师只要讲求教育的方法，下大工夫，学生还是可以雕琢好的。因此，在发现孩子有错误行为时，不去思考而是片面理解，对孩子横加指责，不但不能对孩子有所帮助，反而会产生片面的影响。在实际的教学中我也一直努力使自己的批评要有特点、要有艺术，要用孩子们乐意接受的方法从而达到意想不到的效果。

有一次是自习课，学生们都在座位上专心地阅读、写字，我站在讲桌前批改他们的作业本，当改到小焜的作业时，我不禁皱起了眉头：字又宽又大，格子塞得满满的。于是，便随口说了一句："小焜啊，你的字该减肥了。"事情就这样过去了，下课后，几个平时快嘴的孩子将我围住了："老师，你今天批评小焜真幽默，我们喜欢你这样说话。"体育委员晓旸说道："老师，我们犯错误时，你要能像今天批判小焜那样，我们肯定喜欢你了。真的，我们喜欢这样的批评。"是的，这样的批评，创设了和谐融洽的教育情境，它让本来难堪的批评变得友好起来，正如老舍先生所说："幽默者的心是热的。"幽默的老师不仅保护了学生的自尊心，更能激发起学生改过向善的强烈愿望。



## 三、无声的批评，唤起学生的信任心

情通则理达，老师对学生进行批评教育时，不能有一种高高在上、盛气凌人的架势，要对学生发自真心地理解，多一点宽容、多一点微笑，会让我们的教育工作产生意想不到的效果。

那是一个星期五的早晨，工作了一周的我正身心疲惫地在教室里辅导学生早课。这时，我发现家峻同学的座位还空着，正当我思考着怎样批评他的时候，"咚"的一声教室门被撞开了，门口站着的正是家峻。只见他背着书包，气喘吁吁地，嘴里还嚼着什么东西，噎得脖子一伸一伸的。本来他迟到了，按规矩是要受批评的，更何况他没打报告就把门撞开了，但看到他那滑稽可爱的样子，我忍不住笑了起来，同学们也被逗笑了。家峻也微笑着站在门口望着我，那神情似乎在向我挑战，看你把我怎么样？这时，我原来准备好的一大堆话都烟消云散了，我没有说一句话，只是微笑着挥了挥手让他回到了座位上。接连很长一段时间，当我早晨走进教室的时候，同学们都整整齐齐地坐在座位上认真地读书，后来班上几乎没有迟到的同学了。以往经常迟

到，有几个甚至一周迟到两三次的同学也出奇地准时到校了，这一次以一个小小的微笑代替批评竟然有如此神奇的效果，真是“此时无声胜有声”呀！

我想，我们做教师的如果能从工作生活的烦恼中挤出一些微笑留给我们的学生，在教学工作中遇到问题能正确、特别对待，那我们换来的将是无数张灿烂的笑脸。

## 四、点名的批评，激起学生的悔改心

“玉不琢不成器”、“无规矩不成方圆”，当学生犯错误时，就像小树上斜长了枝丫，不剪除会影响整棵树的成长，但是剪得多了，剪得不合适了，同样会影响树的生长。因此，对于学生的错误，我们在尊重学生人格的基础上，适当批评，必要时要当众明确指出，这样做既批评当事学生，又警示他人。当然，点名批评要适可而止，要讲究方式方法，要给当事的学生以震动，但应是内心的、理智的启示，而不是情绪化的、肤浅的谴责。该留则留，该剪则剪。

记得一节语文课上，小刘同学又趴在桌子上，准备梦周公。我想必须采取措施，不然刚刚开学就如此状态，长此以往，如何得了。

我说道：“每一个人都是有梦想的，尽管他知道自己的条件很差，他依然会有梦想，大家说‘对不对呀’?”“是”同学们哄然作答。我接着说：“小刘的妈妈会有什么梦想呢?”这时小刘猛然抬起了头，奇怪地看着我，仿佛不相信自己的耳朵。“小刘的妈妈一定盼着他能考上理想的中学，但是她老人家一定想不到他的儿子每天都在睡觉。”同学们都看着小刘，班里很静。我又笑了笑：“其实小刘比大家都累，睡一节容易，睡两节容易，难得的是节节都睡，是不是?”同学们乐了，小刘也不好意思起来。



下课后，我一直担心：毕竟是六年级的学生了，被当众的点名批评，他能接受吗?

第二天，他居然没睡觉，还认真回答问题，我还收到他交上来的作业本，真是让人感到意外。我在他的作业本上写道：坚持就是胜利。

一个星期过去了，他的表现都很好。

很多时候我们都在回避着点名批评，因为它的结果不好控制，容易产生不良效果。但是，只要怀有一颗爱心，正确地运用，点名批评学生也是能理解的。我呼唤真诚的点名批评。

教有法，无定法。对学生的教育，能不批评的就尽量不批评；一定要批评的，就必须用心，求法，不可草率视之，贸然为之，要让批评帮助学生在成长中走向成熟，走向善美。

**参考文献：**

1. 陶行知教育文集.
2. 福建教育.
3. 班主任之友.

# 让“善行”之花在学生心中盛开

徐丽贤

列宁曾经指出：“判断一个人，不是根据他自己的表白或自己的看法，而是根据他的行动。”所以好品德最终要以善的行动表现出来，在道德教育之魂渐行渐远的今天，作为一个小学老师，我们应该着力培养学生的向善性，培养他们的行善能力，让“善行”之花在学生心中盛开。

## 一、营造学习氛围，让学生感受善

在班主任管理工作中，我们不难发现，在健康的家庭氛围中与在不健康的家庭氛围中成长起来的子女的品德有很大的差异。有一个很明显的事实就是与他们所感受到的善的多少密切相关。对于小学的孩子们来说，他们刚跨入小学校门时，都对老师充满着崇拜和敬畏，我充分利用学生的这一向师心理，找准切入点，打开他们的心灵之窗，为他们找准方向，引导他们学习善的知识。同时结合学校的德育总课题“本善本色”，指引他们走向至善的道路。为了让学生养成重修养、增内涵的新世纪圆玄人，我要求学生背诵朗朗上口的《圆玄学子善行歌》，每天背诵三至五句其中的内容，这样可以培养学生循序渐进的学习习惯。个人积累一段时间以后，我会在全班进行背诵《圆玄学子善行歌》的比赛活动。在活动中有齐背、轮背、接龙背等，看谁背得多又准。还可以回家后由家长督促背诵，这样，即不加重学生的负担，又能把读书的乐趣与家人分享，让他们在宽松的环境中进行快乐的学习。

## 二、开展具体活动，让学生观察善

学生有了积累，还要明白这些语言中蕴涵的道理，领悟了道理才可以学以致用，指导自己的学习活动和生活活动。由于现在的小孩多是独生子女，所以学生之间的关系比较冷漠，只会关心自己。针对这样的现象，我在学生中开展了一个活动“团结就是力量”，把班上59名同学分成了7个组，每个组就大约有8～9名同学，其中还有一个组长，规章制度和奖惩条例一一建立。在每天的学习生活当中，开展评分的活动，主要让学生对照《圆玄学子善行歌》里面的要求，加分的项目有：小组作业全

对、座位下面干净、红领巾佩戴整洁、集队不吵闹、对人有礼貌、为班集体做贡献等。减分的项目有：上课开小差、作业不按时交、课间打架、骂人。虽然面对的是六年级的学生，但通过这样的形式，每个组的成员都会开始关注除了自己以外的同学了，因为这是小组的分数，而不是个人的。于是同学之间有了更多的了解，孩子们都乐于这样的比赛，而且每个学生都在为小组的名次加油。紧接着，我相机地召开了“团结就是力量”的主题班会，使学生看到合作的力量，感受到同伴的友爱和集体的温暖，使他们心胸开阔，性格开朗，精神振奋。

同时我还引导每个学生都设定一本“日行一善”登记本，在每周的班会或者《品德与社会》课堂中，班上的同学依次介绍自己观察到的良好的行为，然后可以联系自己的生活实际向大家阐述自己的理解，教师在这个过程中给予指导。例如，我班的黄子浩同学，他是语文课代表，上语文课前，当老师还没到教室，他总会带领同学们读书，有一天，他从杨子轩同学的桌子前经过，走上讲台时，不小心把杨子轩同学的笔盒碰撞在地，当他准备弯腰去捡的时候，杨子轩同学却对他说：“不要紧，你赶快上讲台带读吧！全班同学都在等你，我自己来捡就可以了。”只是一个小小的举动，黄子浩同学当天就把这个举动记下来了，当他在班上说出这件事情的时候，我首先表扬了两位同学，接着就联系实际并进行延伸教育，讲华罗庚的故事，讲朱自清的故事，讲李四光的故事等等。全面深入开展教育，使他们能对善的行为有更一步的了解。

## 三、以身作则，讲清道理，明确善行



孔子曰：“其身正，不令而行；其身不正，虽令不从。”教师的魅力人格是学生成长的重要保证。教师的人格之光对学生心灵的烛照深刻且久远，甚至可能影响学生的一生。试想，一位平时都随地吐痰、乱扔垃圾的老师能说服自己的学生弯腰捡起地上的纸屑吗？俗话也说“上梁不正下梁歪”，孩子的眼睛是明亮的，孩子的心是洁白的。而且，孩子的可塑性强，模仿性更强，也许教育者不经意的一些举动便成了污染孩子的“墨棒”。因此，我恰当地向孩子们讲清道理，并且随时严格要求自己的行为，让他们更明确如何才能做到“勿以恶小而为之，勿以善小而不为。”把言教和身教有机结合起来，实现教育的目标。

## 四、充分利用资源融入善的教育

教育工作有两大目的：一是培养人的品德，二是学以致用。在班级管理中，我充分利用资源，例如，语文课本的每篇文章，都蕴涵着丰富的文化内容，无不富于人文精神。而德育的教学研究，就是要挖掘蕴涵在教材中的、健康积极的思想道德内容，使学生在学习过程中感受到人生哲理，在心灵上受到前人生活经验的洗礼，从而自觉自愿地接受并创造充满积极情感的道德生活方式。圆小课题汲取了“道、儒、释”三家精华部分，将继承和弘扬圆玄学院“正心修身，明道立德”的传统美德，以“知止至善”为校训，打造诗化校园。语文课程中隐藏了脍炙人口的诗篇，千古美文朗朗上口，在五千年的文明传承中大放异彩。我充分利用班会的时间，把这些传统文化教育

逐步渗入。例如，当学生在遇到难一点的思考题，而不去思考，只在等待别人给意见的时候，我会说："玉不琢，不成器。人不学，不知义。"我立即让另外的学生说说自己的理解，学生会说："一块美玉如果不经过精雕细琢就不可能成为一个精致的玉器，人如果不好好学习，就永远不会懂得许多知识和道理。"我接着就联系名人故事加以指导：王羲之苦练书法二十年，写完十八缸水；贝多芬练琴专注时，手指在键盘上练得滚烫放在水中泡凉后再接着弹。然后，我告诉学生，一块美玉如果不去雕琢它，它就永远是一块璞玉而已，人也是一样，不管他天资如何聪明，如果不用心去学习，就不可能通古博今，明白事理，他的思想境界就永远停留在常人的层次上。进而告诉同学们：忍受雕琢才能成器。我们在学习中要知道"多思则明；多学则精；多问则博"。这样恰当地给学生教育，并且开展"我最喜欢的名言警句"、"古代文人知多少"、"我是小小创作家"等活动，让学生们耳濡目染，从心理和思想上自然就产生学习的愿望和激情，从而巩固其向善的内驱力，提高其行动的能力，养成良好的道德习惯。

"善行才是真善"，"无善行而入墓穴，等于无船舶而渡海洋"，帮助学生理解和接受美德的教育，培养行善的能力，并且承传传统经典文化，让"善行"之花在学生心中盛开，必能让他们成就美好的人生。

**参考文献：**

1. 美丽的德育在课堂——小学阶段欣赏型德育教学模式研究. 安徽教育出版社.
2. 论语. 大学语文. 华东师范大学出版社.
3. 特级教师论教书育人. 广东教育出版社.

# 沟通结善果

## ——与家长沟通之浅见

江兰芬

苏联教育家苏霍姆林斯基说：“教育的效果取决于学校、家庭的一致性，如果没有这种一致性，学校的教学、教育就会像纸做的房子一样倒塌下来。”这就告诉我们，教师与家长的沟通，直接影响着孩子的成长。因此，要获取预期的教育效果，不仅仅要孩子“亲其师，信其道”，还要运用各种方式与家长沟通，要家长也“亲孩子之师，信孩子之师之道。”但无论何种沟通方式，要想取得良好的沟通效果，就要讲究沟通的艺术，因为艺术化的东西往往易于感染人、易于感动人、易于被接受，那么艺术化的沟通也最容易在学校与家庭之间、教师与家长之间形成一种融洽的合作气氛，从而有利于教育教学工作的顺利进行。



### 一、爱心——沟通的助长剂

爱，如同春风化雨，滋润心田；爱，如同阳光沐浴，温暖人心；爱，如同一盏明镜，照亮人生…… 人可以漠视富贵，人可以漠视贫穷，人可以漠视别人的赞许，人可以漠视别人的嘲讽，人可以漠视凡此种种，但没有人能完全漠视关爱，这就是之所以爱会成为人世间永恒不变的主题。爱学生，就得公平地对待每一位学生，不因孩子的美丑存在偏袒和私心，不因他们先天素质的高低而优待或歧视，不因家庭环境的优劣而厚此薄彼，做到一视同仁，尊重、信任、理解、热爱每一个学生。只有这样，才能让家长对你信服，从而走进你的工作中。

我以前教的班级中有一位孩子眼睛严重散光和弱视，而且得了肥胖症，家长为有这样的孩子不仅感到伤心，而且还感到特别“丢人”，对孩子采取放任自流态度，导致孩子学习习惯差，与同学相处紧张，有些自轻自贱。我在了解孩子情况后，并没有放弃孩子，而是发自内心地给予关爱：我帮孩子调整位置，跟他一起完成作业，陪他聊天、运动，每次活动我从未把他弃之一边，能参与的都让孩子参与，不能的我就让他做一名观众，让孩子真切地感受到自己是班级的一员；同时，我还发动班级学生走进他，帮助他，与他做朋友。在孩子的父母感受到我是真心爱孩子后，我又主动与家长联系，商量共同教育孩子的办法，得到了家长的最大支持。

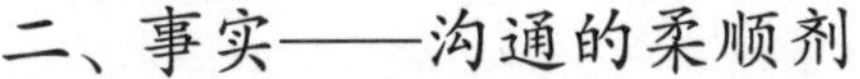

## 二、事实——沟通的柔顺剂

理解是矛盾化解的催化剂，教师在对学生进行教育过程中，难免有一些事情会使家长难以理解或者说平心静气地理智接受，而要得到家长的理解，最好的事实是学生对你的喜欢、对你的爱，用学生对你的肯定开启家长的心扉，家长自然会被软化，给你多一些理解，使你的教育教学工作少一些阻力。

期末了，同学们都投入到紧张的期末考查之中。每一个学生都希望用自己最好的成绩来回报自己的老师和家长们，每一个学生都期待在一学期的最后一刻能给自己一个最大的收获!

可是我班的一个女生陷入了阵阵忧虑之中，考试临近而她却住进了医院。原来，一年以前她的大腿股骨骨折了，在她的大腿里接上了一枚帮助固定的钢钉，而现在需要再做手术，取出钢钉，才能恢复她正常的大腿活动能力。在女生骨折入院以来，我经常前去探望，还义务给她补课，风雨无阻，就连她的妈妈也对老师一直以来的关心表示发自内心的感激。她深深感受到，自己的女儿能有这样的一个老师而感到骄傲，能有这样的一个集体而感到温馨，能有这样的一个学校而感到幸福!

## 三、真诚——沟通的软化剂

太迷信权威就会流于盲目，而鄙视权威又会流于放任，家长看高或看低教师在学生成长中的作用，都是不科学的，所以用真诚开启家长的心扉，让家长平视你，可使你教育教学工作中出现的突发事件顺利解决而不至于影响全局。我想说，面对家长，不用抬高自己，也不能贬低自己，实实在在把现状展现给家长，让家长平视你，让他自由选择，当他选择你时，那便是一个心甘情愿的选择，这时会使你的教学少了很多因家长看高你而不得时的失望，会使你的教学少了很多因家长看低你而不悦时的挑剔!



## 四、赞美——沟通的加强剂

林肯曾经说过：“每一个人都喜欢表扬。”无论是小孩还是大人，都喜欢听表扬的话，家长尤其喜欢听别人表扬自己的孩子，因为每个家长都把孩子视为未实现的理想的继续，都希望通过孩子的出色表现来增加父母的荣耀。“如果你想得到一个人的认同和好感就夸他的孩子吧；如果你想最大可能地伤害一个人，使你们的关系中止就责骂他的孩子吧。”一句直白的话揭示了人际交往的原则。所以，家长在心底里都不愿自己的孩子输给别人。这就要求教师能充分认识到这一点——“投其所好”。与家长谈话时，特别是有第三者在场时，尽量以表扬为主，让家长每次与老师沟通时都有一种被尊重的舒畅感。

一次，我和另一位任课老师去家访，碰上了这个学生的一个邻居。现在很少有教师家访，见是教师上门，邻居以为是这个学生做错了事上门告状的，一个劲问我们：他家孩子怎么啦？出什么事啦？干什么坏事了？我们说没有，这个邻居还不信，竟尾

随我们去到学生家，听我们与家长的交谈。在这种场合我和另一位老师都只说一些这个学生在校表现好的方面，积极维护家长和学生在邻里面前的形象，把这个家访开成了一个小型表扬会。在以后的交往中，我能感觉出这个家长对我们那天的表扬很是感激，而学生也在家长的督促下，向我们表扬的方向不懈努力着。

教育是一门艺术，掌握与家长沟通的技巧，才能让你的教育行为艺术化，才能达到“沟通零距离，结出善果”的境界。到那时，你就不会为教育所累，而是切实在享受教育。

**参考文献**

1. 郭日兰. 班主任——家长与孩子沟通的桥梁.
2. 孙培青，赵荣昌，张法琨等. 教育名言集［M］. 上海教育出版社，1984.

# 活动篇

# 至善的文化　诗化的校园

## ——与书同行，熏陶至善心灵

德国诗人荷尔德林有一句名诗：“人，诗意地栖息在大地上。”中国是诗的国度。近日，我们走进广州市花都区圆玄小学，扑面而来的是“满园春色关不住”的书香诗意气息。该校毕校长介绍说：学校“凝炼至善文化，打造诗化校园”的活动刚开始。“用诗情画意培养至善的人，是我们的追求。”

走进课堂，美文的诵读令人陶醉。孩子们用那稚嫩的童声吟诵着人称半部就能“治天下的”《论语》、被誉为“五千言哲学诗”的《道德经》。孩子们拍着手儿、朗朗上口、富有节奏地诵读着“天下第一规”《弟子规》及蕴涵丰富的《三字经》……孩子们声情并茂地朗诵李白、杜甫、白居易、苏轼、柳永以及毛泽东等人的诗作。孩子们或正襟危坐，或摇头晃脑地吟诵，是那么无拘无束、轻松愉悦。此时，毕校长的话也充满着诗情画意：我们带领孩子们领略老子的洒脱、孔子的智慧和庄子的飘逸；和杜甫一同感受“国破山河在，城春草木深”的忧国情怀；同白居易一起体会“可怜身上衣正单，心忧炭贱愿天寒”的忧民情结；与范仲淹共赏“岳阳楼”的美景，感悟“不以物喜，不以己悲”的超脱和“先天下之忧而忧，后天下之乐而乐”的崇高境界；体验岳飞“待从头，收拾旧山河”的爱国豪情……



哦，校园里溢满了浓浓的书香。展览板上一张张精美的读书卡、读书小报，让你流连却步；校园的小道上，花园旁，到处有孩子们晨读的身影；教室里，孩子们琅琅的书声回荡在美丽的校园内；教室的书柜里陈列着孩子们喜欢的书籍，是孩子们智慧与心灵的“加油站”；课间，孩子们三三两两地在交流读书体会，成为了圆玄一道亮丽的风景线。书，成为了孩子们的精神食粮，这浓郁的书香熏陶着他们至善的心灵。我们惊奇地发现，读书使圆玄校园富有生气，读书使圆玄孩子更加可爱。

## “五彩阳光”广播站，让至善洒满校园

为丰富学生的课余文化生活，传播圆玄至善文化，让至善洒满校园，圆玄小学开通了“五彩阳光”广播站。广播站由校大队部管理、各中队轮流主办的学校少儿广播站，每天下午2：05～2：25定时播出20分钟，设置了6个栏目即《新闻大视角》、《青青芳草地》、《知识百宝箱》、《每周一歌》、《放大镜》、《快乐聪明屋》，全面展示学生生活。每当美妙的音符传出的时候，整个校园沉浸在“润物细无声”的美妙境界里。

## 以活动为载体，根植至善心灵

三四月份，同学们开展“日行一善”的活动，收获着一路阳光与爱心：少先队员到敬老院慰问孤寡老人；少先队员为附近的社区义务劳动；将爱心献给妈妈，给妈妈做一张感恩卡、干一件力所能及的事；将爱心献给同学，为需要帮助的同学伸出援助之手；将爱心献给残疾人，为北京“心灵之星”艺术团的残疾人捐款；将爱心献给自己，像雷锋一样珍惜时间，像雷锋一样勤奋学习，像雷锋一样勤俭节约……

我们发现，至善文化是该校的一道风景，学校因师生的至善而美丽。

（2009年5月7日《现代中小学生报·热点追踪》　通讯员　徐晓珊）

# 圆玄小学师生爱心联结孤寡老人

2009 年 3 月 5 日，新华圆玄小学 50 多名少先队员在该校校长毕拱文带领下到芙蓉敬老院开展“学雷锋、献爱心”活动。

在学校老师协助下，少先队员们为孤寡老人洒扫庭院，大搞环境卫生，并用古筝、书法、绘画等向老人们表达亲切问候，同时赠送蛋糕等慰问品。当“诗书琴韵”在老人们心目中回荡的时候，当孩子们用现场绘制的《仙桃贺寿图》表达美好祝愿的时候，当《感恩的心》歌舞响起的时候，现场气氛融洽到了极点，乐也融融，暖也融融。老人们不由自主地唱起了山歌表达对共产党的感谢，表达对新华圆玄小学师生的感谢之情。

毕拱文校长强调，学校将以本次向孤寡老人献爱心活动为起点，启动该校“学雷锋活动月”系列活动，包括开展主题班会讨论及强调学生在家庭的动手能力等。

（《今日花都》　记者　匡世平　通讯员　吉庆燕）

# 新华圆玄小学师生赴港交流学习，促进两地文化传播

为更好推进粤港两地基础教育领域的交流与合作，促进两地文化传播，自缔结为姊妹学校以来，花都区圆玄小学、广州朝天小学、香港圆玄学院陈吕重德纪念学校、香港圆玄学院石围角小学四校开展着多元的教学交流活动。近期，圆小学生赴港与香港学校开展了两次交流活动：“学习村庄”伙伴学校网上游戏结题礼活动、学生交流团访港活动。

3 月 13 ~ 14 日，圆小 15 名学生在老师的带领下参加了由香港中文大学科技资讯中心举办的“学习村庄”伙伴学校网上游戏结题礼。在成品展览中，圆小学生的参展作品丰富多彩，吸引了许多香港孩子，他们纷纷留影纪念。在活动中，同学们的跨校小组协作学习能力、资料搜集整理能力得到了进一步的提升。



3 月 16 ~ 18 日，圆玄小学第二批学生，赴港与香港圆玄学院陈吕重德纪念学校、香港圆玄学院石围角小学的学生开展交流活动。学生交流团除了参观香港学校校园，与香港学生一起健身、玩游戏以外，还深入香港的英语课堂听课。在有趣、生活化的英语课堂上，圆玄小学的同学们积极参与活动，快乐互动。同学们还参观了香港的文化中心，坐着古典电车环游香港岛，从中了解了香港的历史文化和发展变迁，深切地感受了香港作为国际金融中心和“动感之都”的魅力。同学们在活动中拓宽了视野，增长了见识。

（2010 年 3 月 13 日《今日花都》　记者　匡世平　通讯员　吉庆燕　徐晓珊）

# “千校扶千校”

## ——圆玄小学梅州蕉岭之行

江艳芳

为贯彻落实广东省实施的“千校扶千校”行动计划精神，花都区新华圆玄小学精心安排帮扶内容和计划，组织开展帮扶工作。2010 年 3 月 11 日，圆玄小学毕拱文校长带领学校部分行政和教学骨干（语、数、英等三个科组的科、备课组长）一行 7 人到梅州市蕉岭县乐群小学进行送课交流活动。活动中，双方领导各自介绍了学校的教育教学情况，随后，我校三位骨干教师分别上了语、数、英三节交流示范课。三位老

师经过精心准备，为乐群小学的师生和蕉岭县全县的骨干教师送上了融激励教学、情感教学、多媒体教学于一体的渗透新课程理念的示范课，为活动提供了典型的研究案例。送课老师富于语言、教态自然大方，较强的亲和力，都给学生和听课的老师留下了深刻的印象。课后，我校老师与该县教育局领导、教研员及骨干教师等 20 人进行了更深入的教学交流，共同探讨新的教育形式下的教育教学理念、课堂教学改革等教学实质性环节，真正做到互助互学，共同提高。我校还就“如何变革课堂教学，提高课堂效率”作了经验介绍。这次送课活动得到了省督导验收组专家和市、县、局领导的好评，双方教师都得到锻炼，实现了双赢共进。

# 校本科研课题开讲

2009年12月8日下午，广州市小学德育校本科研课题现场交流会在圆玄小学举行。广东省教育厅教材研究室钟守权主任、《小学德育》杂志社谢光灵副社长、广东省教育学院周蕴容主任、广州市教育局教研室品德学科教研员姚顺添以及花都区教育局有关负责人，区内各学校相关教师等200多人参加活动。

在该校四楼多媒体室，圆玄小学温远有老师进行了《善待生命》的课题展示，温老师引领孩子们对生命进行关注与思考，在课程中引导孩子们思索生命的起源与意义，让孩子们在欢乐和精彩的气氛中获取了知识。该校校长毕拱文结合《善待生命》

的课题展示，结合该校实际作了《本善本色学校文化建设的实践与研究》报告。毕校长认为，教育就是教育，学校所做的一切就是回归教育的本真本色，踏踏实实，全心全意地围绕学生的身心发展做真正有意义的工作，才是教育的根本所在。

省、市专家听完课题展示后，对圆玄小学的课题研究给予了充分肯定。他们认为，教育是为学生美好、幸福人生奠定基础。学校不仅是孩子们的成长所，同时也是教师不断发展、成就事业的地方。千淘万漉虽辛苦，吹尽狂沙始到金，学校、教师、学生同路同途，一定能迈向教育的美善境地，成就全新的追求。

（记者　舒仕雄　通讯员　毕婉敏）

# “粤港配对学校网上游戏研习”活动开锣

舒仕雄

2009 年 11 月 30 日下午，新华圆玄小学迎来一批客人。香港中文大学信息科技教育促进中心，香港陈吕重德纪念学校、石围角小学的师生到该校开展“粤港配对学校网上游戏专题研习”活动。圆玄小学 20 名同学与来自香港的 2 所小学 40 名同学进行了交流与互动，进一步加强了了解，增进了友谊，扩大了知识面。

据了解，粤港配对学校网上游戏专题研习活动是香港中文大学信息科技教育促进

中心与华南师范大学教育技术研究所合办项目，是属于全国教育科学“十一五”规划教育部重点课题《计算机支持协作学习促进意义建构的研究》的子课题之一。通过香港及广东两地学生使用一套融合电脑协作学习讨论平台与网上游戏的教育系统“学习村庄”，进行专题研习任务。计划的目的在于培养学生对专题研习的兴趣，提升学生高层思维技巧，鼓励学生主动和独立学习，并通过两地小学的协作以促进文化交流。学生通过“学习村庄”，达到熟悉“学习村庄”网上教育系统的操作，学习通过系统从网上有组织地表达对主题的观点与想法以及回应他人的意见。课余积极参与“学习村庄”里的讨论，每周利用至少约一小时在系统里的村庄内阅读、回应他人意见，以及发表自己的观点。学生要遵守“学习村庄”守则，学习尊重别人不同意见的讨论文化。

2009 年 10 月，圆玄小学与香港陈吕重德纪念学校、石围角小学、广州朝天小学结为姊妹学校。这次的研习活动，就是学校之间加强后续交流的一种形式。圆玄小学校长毕拱文表示，“粤港配对学校网上游戏专题研习”计划是一项跨文化、跨地域的联合课题研究活动，计划通过共同讨论“你最喜欢的中国城市”、“中国航天探索”等话题，让两地同学有机会通过学习、游戏，拓展大家庭的视野，培养同学们的交往能力与团队合作精神，促进彼此的学习。

活动中，香港两所学校与圆玄小学的同学搭配相坐，香港陈吕重德纪念学校 2 名同学、石围角小学 3 名同学、圆玄小学 2 名同学上台畅谈学习心得与体会。小朋友还向对方赠送礼物和卡片，就“学习村庄”遇到一些问题进行广泛交流。

# 七彩乐园　欢乐童年
## ——圆玄小学庆祝“六一”儿童节活动

六月是童年的摇篮，是童年的沃土。为了让孩子们过上一个快乐而又有意义的“六一”，5月31日，圆玄小学特举办了“七彩乐园，欢乐童年”庆“六一”活动。当天，圆玄小学校园内呈现出一片喜气洋洋的景象，孩子们欢聚一堂，欢庆自己的节日。

圆玄小学举办的主题为“七彩乐园，欢乐童年”的庆祝“六一”系列活动，分为文艺汇演、快乐体育活动、游园活动三大部分。异彩纷呈的文艺演出，给更多的同学一个展示才艺的舞台，为孩子们带来了节日欢乐；快乐的“二人三足”接力赛活动，既丰富了孩子们的课余生活，激发他们参与活动的积极性，又培养了他们的集体荣誉感和团体合作精神；丰富多彩的游园活动，既符合孩子的兴趣，又富有挑战性，给快乐的节日增添了一道靓丽的风景。孩子们在活动中兴趣盎然，或载歌载舞，或蒙眼贴尾巴，或鼓腮吹蜡烛，或快乐读绕口令，鼓乐声、喝彩声、欢笑声汇聚成了一首优美的交响乐。整个校园沸腾一片，像欢乐的海洋，到处洋溢着节日的欢快气氛。活动结束后，孩子们还余兴未尽，每张可爱的笑脸上都不由自主地流露出幸福的喜悦。

圆玄小学本次庆“六一”系列活动的经费，得到香港圆玄学院的大力支持，这充分体现了该院“扶老携幼、兴学育才”的宗旨，发扬了济世利人的优良传统。

（通讯员　徐晓珊　梁雪玲）

# 善待森林　节约用纸

## ——一（3）班主题班会

梁秀媚

教学目标预设：

1. 了解森林资源被破坏及贫乏的现状，形成善待森林、节约用纸要从我做起的意识。

2. 明确自己应有的实际行动，体验参与节约用纸、保护环境实践活动的乐趣。

3. 学习利用废纸的技能，懂得善用废纸的好处，发展学生讨论、策划、交流的能力。



教学重点：懂得善待森林，节约用纸要从我做起，明确自己应有的实际行动。

教学难点：引导学生明确节约用纸和善待森林之间的关系。

教师准备：教学课件

学生准备：课前收集有关纸和森林的资料，准备有关的活动材料。

教学过程预设：

教学环节

教师活动预设

学生活动预设

设计意图

## 一、引导思考

为什么要善待森林，节约用纸？

1. 课件出示各种各样的纸制品。

2. 引导学生回顾旧课内容，知道纸来自于森林。

3. 课件展示森林被破坏的图片、录像资料，老师动情描述，引导学生谈感受。

1. 回顾“纸”创造的奇妙世界。

2. 谈看到森林被破坏的感受。

1. 让学生体会纸与森林密切相关，知道纸来得不容易。

2. 了解森林资源贫乏和被破坏的现象，知道节约用纸就能少砍树木，激发学生善待森林，节约用纸的情感。

## 二、探讨：怎样善待森林，节约用纸？

1. 引导学生小组回想生活中发现的浪费纸张的现象，并让学生集思广益，讨论、汇报“善待森林 节约用纸”的办法。

2. 让小组展示“环保大行动”实践活动。

3. 随机对各个学生、小组的汇报作出适当的评价、奖励。

1. 小组讨论、汇报自己在生活中发现的浪费纸张的现象和“善待森林 节约用纸”的办法。

2. 小组课前“环保大行动”实践活动展示。

3. 师生对小组活动互动评价，谈收获、感受、建议。

1. 通过交流，了解生活中浪费纸张的现象，并提出切合生活实际的解决办法。

2. 懂得善待森林，节约用纸要从我做起，明确自己应有的实际行动。

3. 体验参与保护环境实践活动的乐趣。

## 三、拓展、总结

1. 总结语，并提出“我和小树同成长”的活动拓展目标。

2. 随机：与学生共唱《同一个梦》。

1. 了解“我和小树同成长”的活动目的。

2. 随机：唱《同一个梦》。

1. 利用拓展活动延伸课堂教学。

2. 结合板书激发学生参与活动的兴趣和明确活动的目标：更好地善待森林，关注自己的成长。

附：改编《同一首歌》——《同一个梦》歌词

同一个梦

作词：梁秀媚

鲜花曾告诉我　森林多美丽
大地知道森林曾受过的伤害
绿色的森林　我们的梦想
节约使用每一张纸　让梦想成真

小鸟曾告诉我　森林多美妙
不要再让森林去遭受到破坏
绿色的森林　绿色的家园
大家一起行动起来　创建绿色之梦

阳光洒满了　绿色的森林
花儿鸟儿展开了笑脸
同样的梦想给了我们同样的欢乐
善待森林　实现我们同一个梦

# 爱在屋檐下

## ——三（1）班主题班会

李春燕

活动目的：

1. 通过比较，让学生体会母爱是伟大的、无私的。
2. 让学生回报亲情，把对父母的爱付诸实际行动。
3. 让学生把爱延伸到社会，能用感恩的心去对待自己身边的亲人和老师。

活动准备：

1. 让学生查找日历，确认今年母亲节的时间。
2. 准备卡纸、彩笔。
3. 歌曲《烛光里的妈妈》、手语歌《感恩的心》。
4. 制作幻灯片。

活动形式：介绍、表演、宣誓

活动过程：

### 一、致开幕词“爱在屋檐下”

《烛光里的妈妈》前奏响起，背景画面《烛光里的妈妈》。

老师：还记得父亲那坚实的肩膀吗？还记得母亲那灵巧的双手吗？是他们，伴着你成长；是他们，伴着你品尝生活中的辛酸苦辣。他们的爱是你们成长的见证。今天，就让我们一起走进《爱在屋檐下》——三（1）班亲情主题班会。（两位歌手演唱《烛光里的妈妈》）

### 二、调查统计

老师：同学们，你们知道是谁给了我们生命吗？（妈妈）

你能说出母亲节是哪一天吗？（5 月份的第二个星期日）今年的母亲节是几号？(9 号）今天是 5 号了，还有几天就是母亲节了。你给妈妈送过礼物吗？你知道妈妈的生日吗？有没有给妈妈过生日？妈妈给你过生日了吗？（学生自由说）

教师小结：通过刚才的调查可以看出，你们对妈妈的关爱还太少。

## 三、了解母爱的伟大与无私

妈妈对你们的爱不仅表现在给你们过生日上，他们还为你们做过很多很多的事情，请同学们回忆一下从小到大妈妈都是怎样关爱你的？学生交流。（我生病了，妈妈陪我去医院；我的衣服破了，妈妈给我缝补好……）

教师简单讲解一下母亲从怀孕到养育我们长大成人，付出多少艰辛，让学生从中体会妈妈的辛苦。

## 四、说一说自己对母亲的爱

妈妈的爱是无私的，伟大的，她们为你们付出了这么多，你们又为她们做了些什么呢？学生交流（我帮妈妈洗碗；我帮妈妈扫地；妈妈生病了，我帮妈妈拿药、端水……）

同学们都说得很好，说出了自己做的好事。但是老师也知道有些同学做得不够好。比如：回到家，躺在沙发上看电视，什么事都不做；做错了事情，妈妈批评的时候顶撞妈妈；在家乱花钱等等。

那么在母亲节到来之际，你们想用什么方式感谢自己的妈妈呢？（学生交流）

## 五、实施回报方案

（一）给妈妈一份惊喜。



送一份独特的礼物给妈妈，如自己设计的贺卡或小制作；给妈妈洗洗脚；汇报最近通过努力取得的进步和成绩；一封感谢母亲的信……

（二）帮母亲做家务。

放学回家帮助干家务，向父母表示关爱。

（三）陪妈妈聊聊天。

陪妈妈聊聊天，说说学校发生的事，同学之间的事，自己的心情。听听妈妈工作的事，在沟通中积累情感。

今天老师给你们带来了卡纸，你们可以自己设计，制作一张卡片并写上祝福妈妈的话语。等母亲节时送给妈妈，好不好？

## 六、主题的拓展

今天我们主要聊了妈妈对你们的爱，但除了母爱，还有师爱、亲人的爱、朋友的爱、社会上的爱。老师希望同学们在接受这些爱的同时，也能以一颗感恩的心去对待别人。

播放课件：《誓词》

感谢我的父母，您给了我生命，教我学走路，教我学说话，让我健康地成长；感谢我的老师，您给了我教诲，教我学知识，教我学做人；感谢我的朋友，你给了我纯真的友谊，教我学会关爱，让我充满了希望。感谢社会，感谢人生。我一定自理、自

立、自尊、自强，健康成长！

师生一起宣誓。

## 七、教师小结

通过今天的活动，老师希望同学们能有一颗孝心。从现在做起，从小事做起，把爱体现在一言一行中。去关爱自己的父母，去爱身边的每一个人。

## 八、在手语歌曲中结束活动

同学们，我们前段时间学过一支手语歌《感恩的心》。下面就让我们随着歌声表达出我们的心声吧！（师生一起手语表演）

# 好读书，我知善
## ——四（5）班主题班会

王尧姜

活动目的：

1. 引导学生多读课外书，从课外书中获取知识，增长见闻。

2. 指导学生如何选择合适的课外读物。

3. 教育学生从书中知道名人行善的事迹。

活动过程：

师：从我们懂事那天起，爸爸妈妈就会对我们说：长大后，你要好好读书。进入小学后，在老师的教导下，我们认识了a o e，学会了读书写字。从此，一位良师益友就走入了我们的生活，那就是——书。书籍是人类进步的阶梯，书籍是我们精神的食粮。今天，就让我们与书成为朋友，让心情在书的海洋中遨游。四（5）班，“好读书，我知善”主题班会现在开始。



第一章：好读书。

师：为什么我们要读书呢？这个问题好像几百年以前就有人问了。那么，作为21世纪的小学生，我们应该怎么回答这个问题呢？那就请我们班级里的几个同学来谈谈他们的体会吧！

（学生介绍）

师：听了他们的介绍，大家都明白了吧，其实，读书不但能给我们带来知识，更能给我们带来乐趣。读书，让我们成为高尚的人。请听诗朗诵《我爱读书》。

第二章：读好书。

师：我们知道了要读书，那么，什么样的书才适合我们小学生读呢？请大家来说说吧！谁愿意先说。

（学生讨论）

师：我们班级里有很多同学喜欢看漫画，经常拿着漫画书看了又看。大家觉得这样好不好呢？

（学生讨论）

师：看来读书也要有选择啊，下面，请小组长来给我们推荐几本适合我们看的书吧！

（好书推荐）

师：选择了好书，还要有好的读书方法。请看小品《小猴看书》。

（小品：小猴看书）

师：同学们，让我们来帮助淘淘，介绍他几条读书的好方法吧。

第三章：读懂书，知善事

师：讲了那么多，大家一定都累了吧！现在，让我们轻松一下，做个小游戏吧！我们就来个成语比赛吧！

师：第一个游戏是《巧填成语》

1. 填空激趣。

2. 分组竞赛。

第二个游戏是《抢凳坐》知识问答游戏。

师：看来同学们通过自己的阅读，真的积累了很多知识啊！这个学期，我们班组建了读书角，同学们积极地投入读书活动，让我们来看看吧！

（学生介绍）

师小结：通过读书活动，同学们的知识丰富了，视野开阔了，语文能力得到了进一步的提高。更可喜的是，大家对于世界的认识更加深入了。读书活动中，同学们还写了一定数量的读书笔记和读后感。下面，就让我们来听一听吧！



（指名两位学生读自己的读后感）

师：同学们，让我们积极投入到读书活动中去，做一个爱读书的孩子吧！到那时，你会觉得，世界是那么美好，生活是如此多姿，学习是多么快乐。

师：四（5）班“好读书，我知善”主题班会到此结束。

# 孝敬父母、尊敬师长

## ——五（3）班主题班会

徐凡英

目标：

1．能够认识到孝敬父母、尊敬师长是中华民族的优良传统。

2．能够在日常行为中做到孝敬父母、尊敬师长。

3．明白孝敬父母、尊敬师长对自己对社会产生的效果。

重点：1．能够在日常行为中做到孝敬父母、尊敬师长。

难点：明白孝敬父母、尊敬师长对自己对社会产生的效果。

手段：讨论、辩论等（使用多媒体教室）。



课型：班会课。

教学过程：

### 一、导入

师：中国历来有“礼仪之邦”之称，历代的读书人都很注重道德和情操的培养，讲礼貌不仅仅是一个形式，更要内化为个人素质，要晓之以“礼”，才能导之以行，诚信是明礼基础上进一步的要求，是对人的道德的要求，是平等交往的基础，人无信而不立。今天的我们更应该继承这种优良传统，弘扬时代精神，从我做起实践公民道德规范。今天我们就来拾起这个古老的话题，开展一次主题为“孝敬父母、尊敬师长”的班会课。（出示幻灯片1：主题：“孝敬父母、尊敬师长”；主办：五（3）班；时间：2010年5月5日）希望通过大家的参与，加深对公民道德规范的理解，并能付之于行动。

### 二、从整体感知道德规范

师：作为学校的学生、社会的公民，我们必须合格，尤其在“以德治国”的重大举措前，什么应放在首位呢？（生：公民道德规范。）

师：是的，很好，公民有公民的道德规范，哪位同学说说20字“公民基本道德规范”的内容是什么？

生：（回答）（不完全的，教师举出相应的例子，引导学生回答。）（伴随学生回答出示幻灯片2：公民基本道德规范：爱国守法 明礼诚信 团结友善 勤俭自强 敬业奉献）

师：（出示幻灯片3：明礼，作为公民基本道德规范的一条是做人的起点。）文明礼貌不仅给他人、社会带来愉快和谐，创造充满爱心的环境，也给自己带来快乐温馨。一个文明人肯定也是一个孝敬父母尊敬师长的人。

师：同学们，今天的班会课，我们将围绕这个“孝敬父母、尊敬师长”主题开展活动。

## 三、活动板块一：孝敬父母（出示幻灯片4：孝敬父母）

师：先作一个小小的调查，知道父母生日的同学请举手。（学生举手作答）再进一步看你为你的父母生日送过祝福吗？（学生回答）

师：父母赐予我们生命。我们从呱呱落地到成长为今天的学生，父母牺牲了多少的时间和心血，花费了多少的精力和财力。父母对我们的恩情深厚而无私，孝敬父母是我们做人的起码的道德。

师：还记得5月的第二个星期日是哪天？是什么节日吗？（出示幻灯片5：5月12日，是我们母亲的节日——母亲节。你是如何为你的母亲庆祝这个节日的？）

生：送卡片，或为父母扫地做饭，或给父母打电话写信，或送上一句祝福：节日快乐！）

师：其实，是不是节日并不重要，重要的是自己在平时与父母的融洽相处，用实际行动来孝敬父母。听完大家的发言，接下来我们不妨放松一下，一起来听一首歌。（出示音乐幻灯片5：常回家看看）

师：（出示幻灯片6：听完这首动听的乐曲，是否也会在你的心房有一点触动呢？说说你的感觉。）

生：（学生畅谈应孝父母，尊重父母）可引导学生：这里告诉了我们他是如何去孝敬父母的。

师：（出示幻灯片6：想一想：如果说孝敬父母，我们必须做到哪些方面？）

生：（学生讨论后回答）

师：（总结并出示幻灯片7：孝敬父母的方面有很多，但是，有五个方面是我们必须做到的：1. 听父母的话，接受劝告。2. 对父母有礼貌。3. 体贴父母。4 珍惜父母的劳动成果，不向父母要超越家庭经济条件的东西，不为难父母。5. 像孝敬父母那样孝敬祖父、祖母、外祖父、外祖母。）

师：是的，孝敬父母是从点点滴滴做起的，并不是轰轰烈烈才是孝敬父母的。作家毕淑敏曾言孝心无价。（出示幻灯片8：……也许是大洋彼岸的一只鸿雁，也许是近在咫尺的一个口信。也许是一顶纯黑的博士帽，也许是作业簿上的一个红五分。也许是一桌山珍海味，也许是一只野果一朵小花。也许是花团锦簇的盛世华衣，也许是一双洁净的旧鞋。也许是数万计的金钱，也许只是含着体温的一枚硬币——但在“孝”

的天平上是等价的。——毕淑敏《孝心无价》)

生：(齐声朗读这段文字)

师：说到孝敬父母，同学们肯定会想到尊敬老师的。是的，学生要在孝敬父母的同时尊敬师长。

## 四、活动板块二：尊敬师长（出示幻灯片9：尊敬师长）

师：老师是我们成长道路上的引路人，是培育我们成材的辛勤的园丁，为我们付出无私的劳动，我们没有理由不尊敬老师。(出示幻灯片12：尊敬师长是中华民族的优良传统，也是我们应当具备的优良品德。)

师：下面，请几位同学给大家讲讲几位伟人尊师的故事。(出示幻灯片10：伟人的故事)

生：(讲故事)(老师适当引导，如鲁迅、毛泽东等尊师的故事以及“程门立雪”的故事。)

师：听完伟人的故事，我们再来看一则小品，这是发生在我们身边的故事。(出示幻灯片10：身边的故事)

生：(表演)(内容：一次在一辆拥挤的公交车上，一个孕妇艰难地上了车，一位中学生模样的男孩对她叫了一声“老师好！”却并没有给老师让座，老师站得很累不停地在擦汗，而那位学生依然没有反应，只是胸前的“三好学生”佩章很是刺眼。)

师：从我们听到的故事，看到的表演中，你想到了些什么？(出示幻灯片10：从所闻所见中，你有怎样的感想？)



(生：有关的尊师内容和该学生不尊师。)

师：(出示幻灯片11：你是如何去尊敬老师的？)生：(学生回答：问好、敬礼、好好学习等等)

师：我们大家都说了如何去做，概括而言，有两个方面即行动和语言，对于这两个方面哪一个更重要？

生：(学生各抒己见)(教师引导：我们大家都来说说理由开一次小辩论)(分别从两种观点中各选出三人上台展开辩论，其他同学可以加入其中开展争论。)

师：(引导学生展开辩论，语言是行动的向导，行动是语言的实践。引导学生举事例。)其实，这两个方面都很重要的。

(简要概括学生的发言。)

(出示幻灯片12：尊敬师长就应该做到：见到老师主动问好，从语言做起；好好学习，完成老师布置的作业，以行动来说明。)

(出示幻灯片13：如果，人人能互相尊重，互相信任，互相帮助，互相理解，团结起来，共建我们的祖国；那么，我们的中华民族就一定能成为世界上最文明、最高尚、最富强的民族！)

师总结：通过这节课，我们加深了对公民道德规范的理解，我们不仅要从思想观念上认识到应该孝敬父母，尊敬师长，更应该从行动上做到从我做起，实践公民道德

规范。《常回家看看》写到自己长大以后还想着回家看看父母，今天就在父母身边的你们想过为父母做些什么吗?

## 五、课后活动

师：今天回去再安排大家一个活动，给父母洗一次脚，或捶一次背、揉一次肩，并在自己的日记上写下自己的感受。我们还读读课外书《弟子规》。

# 文明和谐伴我行

## ——六（3）中队主题队会

吴燕云

一、全体队员起立，出队旗，敬队礼，唱队歌

二、各小队整队，报告人数

三、活动过程

辅导员：花开的日子，我们走进校园这个快乐的地方，我们遨游校园这个知识的海洋；花开的日子，我们用辛勤的音符去谱写校园的欢乐篇章。

女：六（3）班“文明和谐伴我行”主题中队会现在开始。请先欣赏小品《不和谐的音符》。



男：同学们，懂礼貌讲文明是一个人最基本的道德修养。

女：不知道细心的同学发现没有？自从学校开展了“文明城市文明人”的专题活动后，同学们的文明意识大大增强了，全校呈现出一派文明上进、和谐创新的新气象，不信？你们看——

（背景音乐：《文明歌》）（课件出示）

男：爸爸常说，中华是文明古国。

女：妈妈常讲，中国是礼仪之邦。

合：老师告诉我们，知书达理儿时起。

我们告诉自己，文明礼貌要发扬。

女：下面请大家欣赏《文明礼仪三句半》。

男：如果你曾感动于教室里的一个微笑、一个眼神、一声祝福、一句劝勉。

女：如果你曾感动于校园里的一抹曙光、一片绿叶、一滴露珠。

男：那么请用你的智慧去品味多彩的生活吧！

女：请听诗歌朗诵《校园文明从我做起》。

男：和谐之风进校园，文明花儿朵朵开，下面请欣赏舞蹈《举手发言》。

男：课间活动多么丰富多彩啊，跳橡皮筋的同学一边跳，还一边宣传文明礼仪呢，请听《文明礼仪歌》。

女：在这个季节里，让生命之花盛开，尊重他人，便是尊重自己，关爱他人，就

是关爱自己，让我们学会尊重和关爱世界上的每一个人，请听全班同学的《文明礼仪歌拍手歌》。

男：和着欢乐的节拍，我们懂得了文明的重要，文明就是要有良好的行为习惯，请欣赏相声《讲礼貌》。

男：礼仪是文明的使者，是金色的种子，

女：让我们传承文明的文化，唱响礼仪的音符吧！

《歌声与微笑》

男：社会需要讲文明的公民，学校需要讲文明的学生，家庭需要讲文明的孩子。

合：为了文明和谐永伴我行，请全体少先队员起立，让我们共同宣誓：

为创建文明和谐的校园，我决心做到：

衣着整洁，不奇装异服；

举止文明，不打架骂人；

刻苦学习，不抄袭作业；

尊敬师长，不傲慢无礼；

孝敬父母，不顶撞骄横；

遵纪守时，不迟到早退；

团结同学，不歧视侮辱；

热爱劳动，不好逸恶劳；

关心集体，不损坏公物；

讲究卫生，不乱吐乱扔。

向不文明行为告别，让文明和谐永伴我行。

女：让我们在和谐的校园中愉快地学习，

男：让我们在和谐的乐园中陶冶情操，

合：让我们在和谐的人际关系中健康成长。

请中队辅导员吴老师讲话

未来不是梦，今天，让我们手牵手，心连心，争做文明学生，共创和谐校园。

呼号

退旗，宣布活动结束。

# 以活动为载体，根植至善心灵

## ——少先队“至善”活动侧记

毕燕嫦

少先队工作是学校德育工作的主阵地，而活动又是少先队的生命，我们圆玄小学少先队开展了以不同的“至善”为主题的活动，让孩子们在活动中感受阳光，感受爱心，大大推进学校的“善”文化的建设。

## 一、爱心捐赠，圆玄涌动爱心潮

“只要人人都献出一点爱，世界将变成美好的人间……”每一次《爱的奉献》歌声响起，都牵动着我们所有圆玄学子的心。大地无情人有情，圆玄小学爱心如潮，一浪比一浪高。

1.“小小包裹寄真情”捐赠活动。

“5·12地震”一周年和“六一”儿童节来临之际，为了能让灾区的孩子们收到一份特殊的礼物，我校大队部积极响应“5·12灾区学生‘六一’关爱行动”，5月27日早上在学校操场举办了“寄一份包裹，送一份关爱”爱心捐赠活动。爱心无价，真爱无声！我们的一份小小爱心，会给灾区的孩子们带去无尽的温暖；我们的一份小小奉献，会让他人感受到世间的温情。一份份爱心包裹将承载着圆玄学子真情美好的祝愿，寄往灾区，温暖每一个灾区孩子的心。

2.“涓涓细流献爱心，点点甘霖润沃土”。

2010年4月11日早上，我校在学校大操场举行了“涓涓细流献爱心，点点甘霖润沃土”为广西旱区捐款活动。全体教师和同学们奉献出自己的一份爱心，学生们捐出了自己平时攒下的零花钱，钱虽少，但却饱含了孩子们的爱心。全校师生为广西旱区共捐款16493.50元，用行动弘扬了中华民族“一方有难，八方支援”的传统美德，用行动谱写了一曲善的赞曲。

3.“情系玉树，大爱无疆”捐赠活动。

2010年4月27日，全校师生在学校操场，举行了隆重的“情牵玉树，大爱无疆”抗震救灾募捐活动。校领导和老师们率先带头，把自己的捐款投到“爱心箱”；紧接着，各年级各班同学代表纷纷上台献出自己的爱心。对这次活动，师生们都表现出高涨的热情，用自己的实际行动为玉树灾区奉献自己的力量，再一次体现了“大灾无情人有情，一方有难八方相助”的大爱精神，给全校师生上了一节生动的爱心教育课。本次活动共筹得善款54038.4元。



4.“情系福利院，关爱孤残儿童”。

在“六一”儿童节和新春来临之际，我校领导，老师及家委会代表、少先队员代表来到花都区儿童福利院慰问。学校为福利院的每位孩子送上一套新衣，送上糖果、牛奶等食物，家长和孩子们也为孤残儿童赠送鞋子、衣服、糖果饼干及学习用品。通过活动，既让福利院的孩子感受到社会的关怀，同时让孩子们受到爱的教育。

5.“爱心点燃希望，行动播种阳光”关爱弱势群体在行动。

2010年6月3日早上，少先队大队部组织三、四年级学生在四楼多媒体还举行了“爱心点燃希望，行动播种阳光”之关爱孤儿的行动。校长代表学校赠送了“六一”礼物给三、四年级的三个福利院的孤儿，让他们深深地感受到学校大家庭的温暖，从而变得更加自信，更加阳光。

## 二、“学雷锋、献爱心”

1963年3月5日，毛泽东主席题词“向雷锋同志学习”。我们圆玄小学围绕“至善”主题，积极开展学雷锋活动。

少先队大队部组织50多名少先队员到芙蓉敬老院开展“学雷锋、献爱心”活动。少先队员们为孤寡老人洒扫庭院，大搞环境卫生；并用古筝、书法、绘画等向老人们表达亲切问候，同时赠送蛋糕等慰问品。当“诗书琴韵”在老人们心目中回荡的时

候，当孩子们用现场绘制的《仙桃贺寿图》表达美好祝愿的时候，当《感恩的心》歌舞响起的时候，现场气氛融洽到了极点，乐也融融，暖也融融。

## 三、善待环境，圆玄学子能做到

“善待环境，共享蓝天”，在生态形势日益严峻的今天，改善环境、实现可持续发展，已成为人们关注的焦点。为了使孩子懂得保护生态环境，爱护人类资源的重要性，在圆玄小学里，我们用小行动，保护大地球，保护我们共有的家园。

1.“我为大地添绿衣”亲子植树。

2010 年 3 月 27 日，我校组织部分少先队员及家长参与“青山绿地、蓝天碧水”工程建设，一起进行义务植树活动，以实际行动迎接广州亚运会，让孩子亲身体验，感受植树造林、保护环境的重要性。

2. 红旗飘飘 快乐出游。

为了让孩子们多多亲近大自然，我校充分利用教育基地，精心组织全校少先队员参加可耕园快乐社会实践活动。在参观与游玩的过程中，少先队员们始终牢记“文明出行，做最好的自己”。在植物园内，孩子们井然有序地参观，在儿童乐园，孩子们尽情游玩，一起留影、做游戏，玩游戏……活动结束后，地面上没有一片废纸，没有一个水瓶，青翠草地还是青翠一片，没有一点纸屑杂物。

3. 组织参观污水处理厂。

为纪念第 39 个“6·5”世界环境日，6 月 5 日上午，我校组织了部分少先队代表参观新华街污水处理厂。活动中，污水处理厂工程师向孩子介绍了污水厂的概况及目前的运营情况，同时结合参观现场向代表们详细介绍了污水处理的工艺流程及处理原理。通过这次活动，让孩子自觉增强了珍惜水源、节约用水、保护环保的意识。

## 四、“感恩的心，感恩有你……”

落叶在空中盘旋，谱写着一曲感恩的乐章，那是大树对滋养它的大地的感恩；白云在蔚蓝的天空中飘荡，绘画着那一幅幅感人的画面，那是白云对哺育它的蓝天的感恩。因为感恩才会有这个多彩的社会，因为感恩才让我们懂得了生命的真谛，感恩教育在我们圆玄小学也生根发芽了。

1. 浓浓尊师情，款款爱生意。

9 月 10 日早上，少先队“五彩阳光广播站”特选“老师您早”、“老师的生日”、“良师颂”等与老师有关的歌曲播放，同时少先队在门口放上宣传栏“老师，节日快乐”，少先队礼仪岗，送上一支鲜花，一句句“老师节日快乐!”、“老师，您辛苦了!”、“老师，让我来帮您!”……让所有的教师在愉快的气氛中度过自己的节日。

2. 温馨五月天，感恩母亲。

有一种情，血浓于水不离不弃，那是亲情；有一种爱，无私给予不求回报，那是母爱；有一个人，生死相依永记心间，她就是母亲；我校大队部在五月份，通过各种

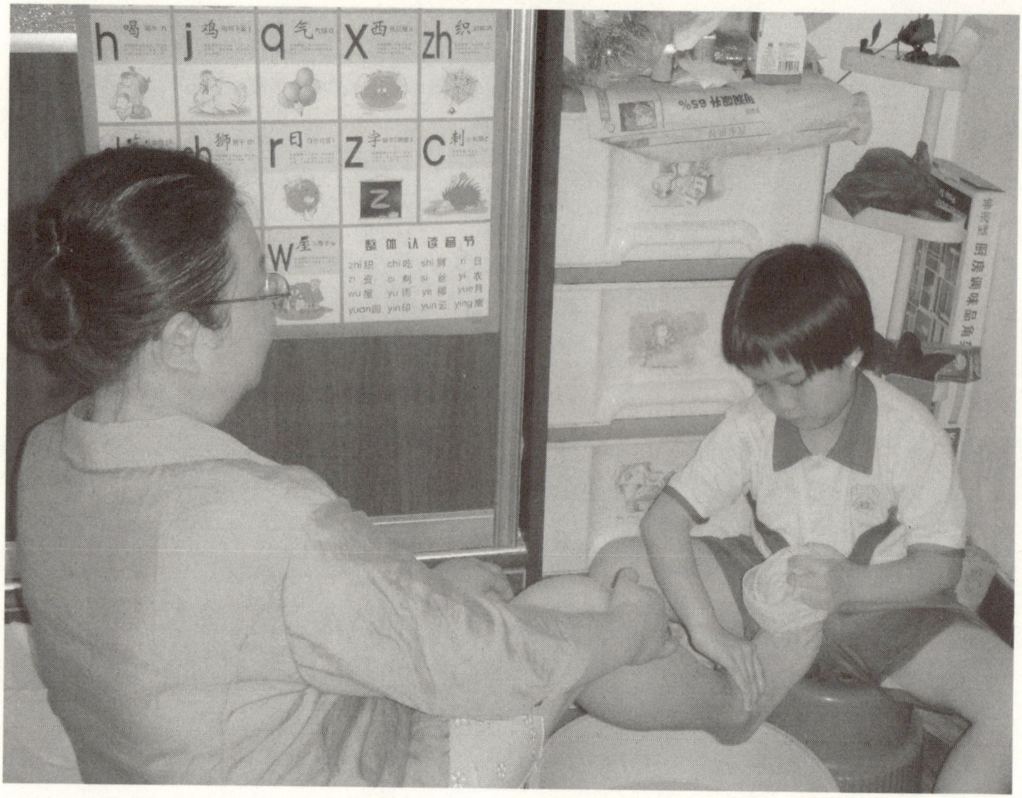

形式来表达对母亲（父母）的感恩之情，让父母感受到孩子尽孝之善。让孩子回家根据实际，选择性开展“感恩”行动。如：为母亲捶捶背、泡一杯热茶，让母亲享受子女给她的爱。为母亲洗一洗脚，看看母亲那粗糙而又长满茧的脚，想象她为你付出的一切。向母亲敬一个崇高的队礼，表示你的敬意，并亲口对妈妈说：“妈妈，我爱您！”……

孩子们在“善”文化中，感受一路阳光……

# 教学篇

# 新课程　新理念　育新人

毕拱文

新的课程改革对学校生活的冲击是全方位的。以新课程的相关要求为视点：课堂的概念需要重新书写，课堂教学的活动需要重新规划，课堂中教师以及学生的行为方式需要重新规范。

## 一、教师要转变角色

新课程的主要任务是转变学生的学习方式，为学生构建一个自己体验、探究、合作、交往的学习平台。学习方式的转变期待教学模式的转变，教学模式的转变始于教师角色的转变。课程标准的核心就是“为了每一个学生的发展”。新型教师要充分发挥学生的主体性，真正为学生发展服务。具体地说：（1）教师不应仅是一个道德的传播者，更是道德发展的向导。教师应给学生的发展指一条路，起航标的用。（2）教师不仅是知识的传授者，而且是学生掌握知识的促进者。（3）教师不是学生问题的解决者，而是学生解决问题的参与者、指导者。



## 二、教师要尊重学生的人格

“为了每一位学生的发展”是新课程的核心理念。为了实现这一理念，教师必须尊重每一位学生做人的尊严和价值，尤其是尊重以下六种学生：（1）尊重发育迟缓的学生；（2）尊重学习成绩不良的学生；（3）尊重被孤立和拒绝的学生；（4）尊重有过错的学生；（5）尊重有严重缺点的学生；（6）尊重和自己意见不一致的学生；（7）尊重单亲家庭的学生。

在现行教育中，许多老师都能把学生看成“正在成长的人”。我们学校有一个学生由于中途转学功课落下不少，一次上品德与社会课，老师发调查表让学生走向市场、商店调查文明及不文明的经商的情况，这位学生提心吊胆地接过发回的调查表一看，意外地发现老师既没有给他打上 A、B、C、D，又没有写上什么意见，只写了两个字：“哎呀”。他领会了老师的心意，决心向同学们学习，尽快适应新的教学环境，适应新的教法。果然下一次调查小区住户节约用电用水情况时，调查表写得一清二

楚，小组评议“优”，老师评议“非常好”。“哎呀”这两个字，包含了老师的良苦用心；既有善意的批评，又有委婉的鼓励；既维护了学生的自尊，又调动了学生学习的能动性。当老师批评学生时，请先想到保护——保护学生的主体地位，保护学生自尊和幼小的心灵。

《基础教育课程改革纲要》要求“教师应尊重学生的人格，关注差异，满足不同学生的学习需要，创设能引导学生主动参与的教育环境，激发学生的学习积极性，培养学生掌握和运用知识的态度和能力，使每个学生都能得到充分发展”。由此可见，教师要尊重每一位学生，使教育不仅仅在内容上是正解的，在方法上也是极富育人的功能的。

## 三、教师要营造自由的氛围

《基础教育课程改革纲要》指出“教师在教学过程中应与学生积极互动、共同发展，要处理好传授知识与培养能力的关系，注重培养学生的独立性和自主性，引导学生质疑、调查、探究，在实践中学习，促进学生在教师指导下主动地、富有个性地学习”。这就要求我们教师把放飞心灵的空间和时间留给学生，营造宽松自由的课堂氛围。如果我们仍然坚持那些建立在师道尊严等级观念基础上的清规戒律，让学生在课堂上正襟危坐，连话也不敢说，或以分数、标准答案的无形绳索捆绑学生，学生的智慧发展就完全成为纸上谈兵了。

只要有助于学生学得主动、学得积极，课堂上应该给学生“一路绿灯”。教师应把学习的主动权还给学生，给他们创造一个自主发展的时空，使其个性得到充分的发展。



## 四、教师要尊重学生的选择

教育家崔峦曾这样说：“我们要实行教育民主，给学生更多的自主权，包括选择学习内容的权利、选择学习方式的权利、选择学习伙伴的权利。”比如选择学习方式，我校一位青年教师在科组的集体备课下开了一节青年教师教学技能公开课《手拉手献爱心》，采用合作学习的方式，让学生自己找伙伴，想办法解决“用什么办法献爱心”这个实际问题，有的小组采用表格式，有的小组采用表演的形式，有的小组用手抄报的形式，有的小组用书信的形式等等。孩子们通过自己的智慧，一个爱心见行动的动人场面跃然在课堂上。从这个教学片断说明，教师要相信孩子自有一片天空，要相信孩子们的潜能，相信孩子们的创造力，就能使每一个孩子都得到发展。

## 五、教师要学会教学反思

反思是教师以自己的职业活动为思考对象，对自己在职业中所做出的行为以及由此所产生的结果进行审视和分析的过程。教学反思被认为是“教师的专业发展和自我成长的核心因素”。新课程非常强调教师的教学反思，按教学的进程，教学反思分为教学前、教学中、教学后三个阶段。在教学中进行反思，即及时、自动地在行动过程

中反思，这种反思能使教学高质高效地进行；教学后反思——有批判地在行动结束后进行反思，这种反思能使教学经验理论化。教学反思会促使教师形成自我反思的意识和自我监控的能力。

前段时间，我校在品德学科中，进行了《品德与生活》、《品德与社会》常态课教学反思评比活动。品德这科的教师通过教学反思交流，一致认识到新课程、新教材对教师的确是个挑战，但它也给老师的自我提升和成长提供了巨大的机遇。然而如何促进每一个学生发展，发现每一个学生的变化，这也是我们老师应下的功夫。从教学反思中，老师们深刻认识到，教师应当成为永远的学习者、课程的开发者、学生的促进者、经验的创造者、教学的研究者。

## 六、教师要学会终身学习

新课程要求教师要树立终身学习的目标。未来社会是终身学习的学习化社会，学习已成为最重要的人生权利。教师要想不被社会淘汰，就必须不断地进行自我认识、自我调适、自我学习，以更积极的方式生存和发展，以适应教育改革的浪潮，成为教改实践、教育实验与教育理论探索于一身的研究型教师！

**参考文献：**

1.《广州市小学品德（社会）课程发展性教学评价的实践意见（2003 年）》。

2. 2003 年《试教通讯》小学德育专辑第七册。

3.《品德与生活》《品德与社会》课程标准。

# 品德课程资源的有效整合探究

毕拱文

课程资源的有效整合是将课程从规定性、统一性，进入到变通性、校本化的桥梁，是对课程预留空间的丰富和补充。从课堂教学和学生学习的角度看，没有资源的教和学，必定是照本宣科地教、必定是学得索然寡味。没有课程资源的整合就没有课程的源头活水。课程资源是丰富的，同时有些是必要的，但也有一些是不适合学生的。如何让课程资源的整合能有效地发挥其实质意义？几年来，我们从品德教学研究中探索出有效整合课程资源的几个途径：

## 一、预设性整合



1. 以目标为“经”进行整合。

例如，针对“懂得与邻里要和睦相处”这条内容标准，有位老师在紧扣目标进行资源搜索后，最终选定的资源有我国古代“孟母三迁”、“六尺巷”的故事，以及在网上下载的关于邻里之间小孩与狗同名引发命案的真实案例等等。“孟母三迁”让学生体会邻里关系居住环境该是多么重要；“六尺巷”的故事让学生感悟邻里之间互谅互让的美德是多么感人肺腑，邻里之间和睦相处是一种幸福；而因人狗同名而引发的命案更让人感受到邻里之间需要忍让，需要沟通，需要尊重。上面这些资源都十分经典，具有很强的冲击力，可以使人们记忆久远，成为思考、处理、评价邻里关系的镜子和尺子。

2. 以活动为“纬”进行整合。

以活动为“纬”进行整合实际上是以活动来统摄活动的构成要素。一位老师为《品德与社会》三年级（上册）第1课《温暖的家》所作的活动设计是这样的：

第一课时：《我长大了》。活动一，听一听《世上只有妈妈好》（歌曲）；活动二，讲一讲“我在亲情中长大”（故事）；活动三，演一演“我们都来扮父母”（小品）；活动四，诵一诵“把最美的诗献给爸爸妈妈”（诗歌）。第二课时：《爸爸妈妈抚育我》。活动一，想一想“我对父母知多少”（反思）；活动二，做一做“设计一个‘爱心行动’方案”（计划）。计划内容的选择性很强，如：①做传递欢乐的小天使——给父

母过生日；②做照顾父母的小护士——照顾生病的父母；③做关心父母的小帮手——给忙碌的父母助一臂之力；④做传递信息的小信鸽——给远方的父母写一封信。

上述以活动为“纬”进行的资源整合十分顺畅，它将“歌曲、故事、小品、诗歌、反思、计划”这六项资源组合成一个有机整体，将课堂学习设计得多姿多彩。

## 二、非预设性整合

1．课中扩展性整合。

课中扩展性整合实际上是对问题对知识对活动的外延进行扩展或发散。如有一位老师在教二年级《品德与生活》“保护牙齿”一课的教学过程中，她抓住了有利发散的环节，即针对学生提出的几个很有意思的问题做文章。有同学问：我们人一共有几颗牙？为什么我们口中的牙长得不是一个样子？为什么换牙总是从前面（门牙）开始掉？虽然这些问题有点超出教学要求，但老师还是对学生作出了恰如其分的引导。针对第一个问题，老师说：咱们同桌互相数一数，看各自的牙一共有多少颗，还要请一个学生数一数老师的牙有多少。通过这个活动，学生知道了成人一般有 32 颗牙。数牙的过程实际上是一个获取知识的过程，接着老师对牙齿的知识作了相应扩展：人的一生共有二副牙齿，第一次长出的叫乳牙，一般是出生后 6 个月开始萌生，3 岁初出齐，6 ~7 岁开始脱落；第二次长出的叫恒牙，6 ~7 岁起开始长出第一磨牙，13 ~14 岁出齐并替换乳牙，听了这些知识，学生很感兴趣。学生提出为什么口里的牙齿不是一个样子，这里暗含着这样一些知识点：不同的牙有不同的名字，不同的牙有不同的作用。老师要求学生根据牙齿的样子猜出它们的作用，然后，模拟吃饭吃菜吃水果吃硬东西吃软东西时是用的哪部分的牙，从而感受牙齿有“切”作用，有“磨”的作用，有“撕”的作用，从而得出牙齿分为切牙、尖牙、双尖牙、磨牙四类的结论；上述环节在老师的教学设计中是没有的，课中根据学生需要随机发散，学习效果十分明显。



2．课中聚合性整合。

“课中聚合性整合”同“以目标为经进行整合”都是围绕一个问题进行聚焦。但前者多为课前有目的地准备，后者则是在学习的过程中动态生成。比如在教学有关“诚信”问题的课堂上，老师和学生聚合了十分丰富的资源。老师说：“我记得《南方都市报》曾报道过一位老汉二十多年前向别人借了几斤肉和十几斤米，现在富裕了寻找债主还钱而债主搬家了，他不知问了多少人，走了多少路程结果发现当年的债主已经去世，最后终于把钱还给了债主的后人。大家有没有这样的例子和故事啊？”经过老师这样一引发，有的同学说：“我读过《买火柴的小男孩》这个催人泪下的故事，买火柴的小男孩为了兑换零钱，在穿过几个街区时不幸出了车祸，在生命垂危之际还不忘要弟弟去寻找买他火柴的人把钱还给人家”；也有同学从反面讲述了不讲诚信的例子，他说听他的爸爸讲，有一辆货车上装载的货物在途中突然起火，司机急得团团转，这时先后路过这里的两辆的士急忙停下，的士司机取出自己车上的灭火器迅速扑灭了货车上的大火，货车司机感动得眼泪都要流出来了，并当场记下两位的士司机的

通信地址，说一定要偿还灭火器的钱，可哪知道这位货车司机一去则石沉大海，杳无音信。围绕诚信问题，老师引导同学们进行讨论，自找案例，自证其理，达到了自我教育的目的。

## 三、品德课程资源有效整合应注意的问题

资源的有效整合，非常重要。资源重在精选和有用；资源的整合，关键在于适用而不乱用，有效而不泛滥。具体注意事项如下：

1. 广开资源渠道，拥有资源活水。品德课教师要有一双慧眼，要善于在随手翻翻、随意看看、随便走走之中发现和捕捉信息；要学会做有心人，时时留意身边发生的事情，建议老师们建立一个教学资源手册或者剪贴本，把有价值的材料记录下来，以便备课所用。

2. 充分把握学情，课前做好备份。课前准备对于课堂教学十分重要。备课实际上就是备学生，备学生又有两点，一是课前应充分了解和掌握学生的需要，二是要预测课堂上可能出现的问题。再根据两个方面的要求来收集资源处理资源，做好教学备份，教学时就可以随时加以整合运用。

3. 灵活驾驭课堂，促进资源生成。在教学诸要素中，老师和每位学生都是资源。而且个体所挟带的信息以及在交流之中生成的信息是最难预测的资源。因此，教学时要充分挖掘和有效整合运用。如有位老师在教一年级小朋友认识春天的特征时，多数学生是从天气变暖来回答对春天的感受，而这时有一个学生偏偏说春天很冷。要是没经验的老师可能会误认为这个孩子在乱发言，而这位老师当即肯定说回答得有道理，由此引导学生认识，南方的初春天气潮湿寒冷，但天气总会越来越暖和。并用成语和俗语对这种天气现象进行概括，如：乍暖还寒、倒春寒。由于对自然现象的感受在前，归纳概括在后，学生并不觉生僻，反而理解得透彻了——噢，春天并不是一下子就变暖和的。

# 谈品德课如何加强道德思维训练

毕拱文

知难行易（孙中山先生语），这句话道出了明白事理对于行为的制约作用。《课程标准》也明确提出，思品课对小学生“进行思想方法……的教育”的任务。因此，加强明理教学仍是品德课不可忽视的重要环节。思之愈深（充分）、知之愈透（全面）。加强道德思维训练，可以使学生的明理达到入心入脑的效果。教学中可紧扣“四导”展开训练。

## 一、以“问”导思



问题是思维的发动机，是思考的方向和内容。一个好的道德问题，可以推动学生认知产生飞跃。如在《坐、立、走姿势要正确》的教学中，怎样才能使三年级的小学生形象地感知，正确的姿势好处多，错误的姿势害处大呢？有位老师在以问导思上颇费了一些功夫；投影出示两棵小树，一棵直直的，一棵弯弯的。老师提问：两棵小树长大后哪棵会是有用的材料？这棵为什么会变弯曲的呢？学生十分感兴趣的回答：“这棵直直的会长得又高又大，会成为有用的材料，人们都会喜欢”；“这棵弯弯曲曲，长不高了，它是被人弄弯的，我们要爱护小树”。教师顺势投放了第二组图片：画面有两个小朋友，一个坐得笔直，一个弯腰驼背。问：这两个小朋友的姿势不一样，这样下去，长大后会怎么样啊？于是同学们议论开了：“姿势不正确，会成驼背、会生病”，“姿势正确可以长得又高又大，能当解放军……”老师因势利导：“同学们，我们从这棵长得弯弯曲曲的小树身上明白了一些什么道理？”“小树长成弯弯曲曲的，可能是有人损坏了它，可是坐成驼背，是自己不正确的姿势造成的”。“我们从小要养成正确的坐、立、走姿势，真正做到坐如钟，自己爱护自己。”学生说得多好啊！“导而弗牵”，只要方法对头，即使是中年级学生，其思维也会有一定深刻性的。

## 二、以“景”导思

借助情境的感染力，依托事实的雄辩力，是启发学生思考，避免空头说教的好方式。在教学《做人要有责任感》一课的开始导入中有人作了这样的处理。教师首先出示的四幅耐人寻味的场景投影：正在滴水的龙头；未关好的窗扇被风雨吹打着；悄无一人的操场上散落的扫帚、簸箕；“严禁烟火”的油库重地上扔下的烟头。教师让学生评述画面上潜在的人物行为，学生触景生情，踊跃发言：“有人洗手后没关好水龙头，过往的同学视而不见”；“地没扫完就跑了，值日生也没有检查”；“行人没有防火意识，值班人员没巡查……”教师顺水推舟设问：“这些行为让我们觉得他们做人缺少了一种最宝贵的东西，同学们说是什么？”学生们异口同声回答：“责任感。”这样，以“景”导思就把抽象的责任感和具体的做人要求联系在一起了。

## 三、以“评”导思

教师的点评在学生的思维还没有足够展开和兴奋时，可以起到一石击起千重浪和推波助澜的作用。例如《遵守交通规则》一课的教学，教师在充分让学生列举了交通设施、交通标志的不同功能和作用后，作了这样的评述：“同学们说的都不错，交通标志以及设施设备的确为我们筑起了一道安全保障线，但请同学们再想一想，是不是有了这些完善的交通设施设备，有了严格的交通规则，人们就一定会自觉遵守，是不是同学们遵守了交通规则，就一定会人人平安呢？如果不是，那么还会出现一些什么情况呢？通过学生的一番思考，一番讨论，引出了由于行人违规引发的事故和司机违章而引发惨案的例证。从两个不同侧面强化了自觉遵守交通规则和人人遵守交通规则的重要。

## 四、以“辨”导思

“辨”是点燃学生智慧火花的燧石，品德课的明理教学，从某种意义上说就是教会学生怎么摆事实讲道理，在争论和辨析之中掌握认识事物的基本思想方法。例如有位教师在教《胜不骄》一课时，先设计了“获奖后要不要把奖挂在墙上”的二难情境题让学生争论，一派认为挂奖状本身就是骄傲的表现，一派则说挂奖状就是提醒自己不断努力，不是骄傲。在这难解难分之时，教师巧妙地提出了两个问题：“把奖状挂在墙上，这位同学就一定骄傲吗？如果不把奖状挂在墙上，这位同学就一定不谦虚吗？”同学们顿时拨开思维的迷雾，让认识逼迫正确结论：看一个人是否谦虚，主要不在于形式，关键在于他的思想。像这种以“辨”导思，就十分有效地提高了学生的思辨能力。

总之，加强道德思维训练就是要让学生自己下一番功夫去获取道理，就是要让他们费一番周折去寻找结论，而不是让教师将现成的答案、统一的标准强加给学生，灌输给学生。不仅如此，加强道德思维训练，还可提高学生独立思考的能力，培养他们自觉探求真理的意识。

**参考文献：**

小学品德学科“课程标准”解读.

# 浅析小学阶段提高科学素质的途径

邱秀芬

《全民科学素质行动计划纲要》指出科学素质是公民素质的重要组成部分。公民具备基本科学素质一般指了解必要的科学技术知识，掌握基本的科学方法，树立科学思想，崇尚科学精神，并具有一定的应用它们处理实际问题，参与公共事务的能力。培养小学生的科学素质是全面实施素质教育的要求，是时代和民族发展科学技术对未来人才素质的需要。在科学教学中，科学学科因其本身的特性——对小学生进行科学启蒙教育的一门重要的基础学科，对培养学生的科学志趣和创新精神，学科学、用科学的能力，对学生的科学素质的提高和创新能力发展都有着十分重要的作用。



从小培养学生的科学素养，包括必要的科学知识、科学能力、科学精神和科学态度以及对科学本质的理解，让他们了解科学技术的发展与社会进步的关系，以及科学技术在生活生产中的广泛运用；增强他们的科学技术意识以及对个人、社会、环境的责任心，使他们学会探究解决问题的策略，为他们终身学习和生活打好基础。因此结合小学生和科学的特殊性，本人在科学教学中采取以下的途径提高学生的科学素质。

## 一、培养科学素质的原动力——兴趣

儿童天生就对周围的事物充满好奇心，对科学具有好奇心是培养科学兴趣最好的心理基础。学生学习科学，不仅仅是获取信息、接受知识，更重要的是能运用一定的科学方法去自行探究科学，探索大自然的奥秘，并让他们在经历科学探究的过程中，更好地掌握获取知识的方法和能力，来解决生产生活中的一些具体问题。如在教学《一片完整的叶》时，本人组织学生观察自己捡来的树叶有什么特点，这时的学生可以根据自己的特点与爱好，去挑选自己喜欢的观察方法与角度。学生由于不受课堂上老师的各种限制，观察的空间大了，学生的兴趣也马上提升，学生对自己所定的内容也按自己的爱好自选，而在观察中，也相当认真。如有的学生选择观察叶的颜色，有的学生选择观察叶缘，有的学生选择观察叶脉，有的学生选择用放大镜来进行观察等等。当学生把学习看成是自己的愿望和需要时，学生对观察会很细致，对动手实验会更加积极，思维会更活跃，发言会更热烈，想象会更加丰富多彩，逐步提升学生的科学素质。

## 二、探究活动能使学生更好地适应学习和生活，提高科学素质

科学探究活动不仅可以提高学生的学习能力，而且可以提高学生的生活能力。学生学习科学知识，也可以帮助学生更好地学习其他学科知识。如：学习电的知识可以帮助学生了解各种家用电器的原理，掌握安全用电的方法；力和机械的知识可以帮助学生了解各种家用机械的原理，掌握一些工具的正确用法；燃烧灭火的知识可以教给学生正确用火、防火的方法；信息科学知识，可以帮助学生更好地使用电话、传真、电脑等各种现代信息工具。如：有部分家长向我们反映自家的孩子在学习完有关的电的知识后向他们说有关各种家用电器的使用方法和该注意的问题。

又例如，在教学《摆的研究》时，先让学生们在规定的时间内让摆摆动起来，然后汇报摆的次数，并从结果中发现了什么？在汇报时，老师给予肯定，没有给予否定，而是让学生自己去做。学生做得可卖力了。最后学生发现摆长会影响摆的快慢。学生通过自己做，经历了像科学家一样的探究活动，因此他们在科学素质上有所发展、有所提高。学生经历了这样的学习，不但对日常生活中所遇到的事例认真研究，并对学习其他学科更认真钻研。如：杨文浩同学在一二年级时一直抵触学习数学，但自从三年级开设科学后，他运用学习科学的方法——探究活动到上数学课，他的成绩有了突破性的进步。从这说明了学习科学知识有利于学习其他学科。



## 三、评价能促进学生的科学素质的培养

课程标准指出：小学科学课程是以培养科学素质为宗旨的科学启蒙课程，并且要面向全体学生。因此，使每个学生的科学素质得到提高和发展就成了小学科学课程的宗旨。所以科学课对学生的评价应该做到全程评价，也就是对学生的学习评价不仅要重视对科学知识获取，更要重视学生在知识获取过程中的兴趣、探究欲，问题的提出与思考，问题的解决与表达，知识的积累与应用等各方面因素。因此，在课堂中或课后，如能捕捉到学生的一点点闪光点，都应给予学生适当的评价，都会让学生更加认真学习科学，有兴趣学习科学，以达到培养科学素质的目的。如：在课堂上发现学生的思路及操作非常有创意，本人一般会对他们说“你们真会想”，“你真聪明，比老师还要棒”等等。孩子们在老师的赞美下，学习科学知识都非常认真，有冲劲。正因为这样，学生的科学素质也得到提高。

## 四、利用学到的科学知识，开展科技创新教育，以培养学生的科学素质

科技创新教育课程的开发，给学生发挥自己潜在的智慧，学生非常乐意参加科技课中开设的各项活动。学生把一部分心思投入到了活动中，将一部分坏习惯改掉，以

及投入新的学习中，如：

1. 科技创新让“网虫”远离网络。

有位母亲来校反映，她的儿子在踏进五年级就迷上了网络游戏，经常因上网吧逃学、说谎、骗钱，甚至为了筹集上网资金，将其新买的玩具车（高级）卖给同学。但是自从孩子参加校航模队，在校的比赛中获奖，已经没有再去网吧玩游戏了。

我发现原先迷恋网络游戏，经常出入网吧不能自拔的孩子，自从参加科技创新活动以来，兴趣发生转移，由“网虫”逐步变成航模高手或无线收音机拼装能手、四驱车拼装能手。

2. 科技创新活动让学困生重拾自信。

一些学习习惯差，文化成绩差的学生，在科技创新活动中找到感觉，找到自信，每年一度的科技节，将校内各类科技竞赛作为他们展示自我的宽广舞台，因为得到大家的认同，这些学生又有了自信，努力学习。

总之，课后开展一些与科学有关的科技创新活动，丰富了学生的课余生活和增长了学生的科学知识，进一步促进了学生科学素质的形成，并使学生的科学素质得到一定的提高。

## 五、宣传科普知识，增强学生的科普意识，提高科学素质

科学教育是不断深化素质教育，加强青少年科普意识，向学生传播科学思想，努力培养青少年的科学精神和创新精神。在课堂课后，利用墙报、录像等方式推广科普知识，学生能更好地了解环境、生物、地质等等的知识，并能运用所学到的知识解释日常的现象。如：利用周二第六节课播放地震、台风、龙卷风等录像，学生了解到很多与其有关的知识。学生的科学知识面广了，科学素质也提高了。



培养学生的科学素质是一个长期的目标，也是一项值得老师们去做的工作。科学素质是学生知识与经验的积累，应该从小抓起。小学科学课是培养学生科学素质的主阵地，要在科学教学中更好地引导学生学习、探究、实践、创新，还需要不断地进行教育探索，不断地潜移默化地在学生心灵上播撒科学和创新的种子。

**参考文献：**

1. 网上的《科学素养培养的探索与实践》、《关于小学生科学素养培养的探索》

2. 国家新课程教学策略研究组编写. 新课程如何教——如何教好新课程下的科学.（3～6年级）.

3. 杜稼锋. 科技创新教育：学校特色发展的一条捷径. 江苏教育，2007（12）.

4. 张卫东. 多识鸟兽草木之名　初探生态教育之路. 江苏教育，2007（7）.

# 谈美术教学中创设情境的情感价值

徐慧敏

《美术新课程标准》中指出：课程的改革不仅是内容的改革，也是教学过程和教学方法的改革，因此，除了需要在教学目标、内容、结构、教法诸方面下功夫，还必须重视创设良好的课堂情境，满足儿童的情感需求。通过情境的创设激发学生学习的兴趣、愿望，使学生参与学习的意识增强以取得最佳的教学效果。下面谈谈我的几个观点。

## 一、构建美好情境，激发学生的兴趣情感



“兴趣是最好的老师”，是学生探求知识、发展思维的巨大动力，也是培养学生主动参与意识的有效途径。德国教育家赫尔巴特指出：“教学应当贯穿在学生的兴趣之中，使学生的兴趣在教学的每一阶段都能连贯地表现为注意、等待、研究和行为。”学生的学习兴趣，学习的积极性往往是在轻松、愉悦的课堂氛围中产生的。轻松愉悦、美好的环境会使人产生良好的心情，良好的心情会给人带来绘画的灵感。美术和音乐是相通的，色彩鲜明，线条流畅的画面能刺激学生的感官，优美的旋律同样也能激活学生大脑中储存的表象，使其产生“通感”，联想出一幅幅鲜活的画面。如在《快乐小鸟》教学中，通过设置一定的情境：音乐声中有各种鸟的优美鸣叫声，并把一系列快乐小鸟丰富多彩的画面场景展示给学生，让他们置身于有声、有色、有情、有景的氛围中被形态各异的小鸟深深吸引住，他们会情不自禁地发出赞叹声：“真美的小鸟啊!”学生的兴趣被激活了，然后老师导入新课：“想把快乐的小鸟画出来吗?”孩子们意气激昂地回答：“想!”这样不仅能吸引学生的注意力，激发学生的求知欲，而且激发了他们内在的兴奋点，促进学生主动学习、尽情发挥的美好愿望。最后一幅幅“快乐小鸟”展现在我们面前。

## 二、构建和谐情境，激发学生的自信心情感

教学活动是教师和学生共同参与的活动，构建良好新型的师生关系、和谐的课堂环境，让学生感觉到“无拘无束的气氛”，他们才能自由地呼吸。增强自信心，发挥

其能动性，实现大胆而个性化的美术创造。例如：教师微笑着走进教室，用明亮有神的眼光看着大家，学生能从目光中感到教师的亲切，学习的欢快，从而充满信心上好这节课。课堂作画前，我总是用简短的话语，引导他们思考，或者用信任的目光表示对他们的期待。这样可以减少他们的心理障碍，使课堂气氛和谐。课堂上多从鼓励的角度评价学生的作画甚为重要。如《手拉手，找朋友》一课，让学生用粗细不同、色彩多种的笔随心所欲地在纸上画，当他们无意画出长线、短线、点线、粗线、波浪线、乱七八糟的线，我走到他们面前，学生马上盖着，我温和地问：“你画得不错，能给老师看看吗?”他打开给我看，我便及时地鼓励：“你真行，画了这么多线，看，这些小点，真像雨点，这条线很直，跑得真快，这一圈圈的线真像旋涡，这波浪线就像海水汹涌澎湃，画得真好，还能画出其他不同的线吗?”“能!”“你能画排得很整齐的线吗?”“能!”“你可以在粗线旁边加上细细的线吗?”“可以!”“你能把这些曲线画成格子吗?”“可以!”“还能画出不同的点吗?”“能!”学生从老师的夸张中产生不可抑止的激情，使他们重新认识自己的能力，激发了画画的信心。他们思维更活跃，手更灵活。他们理解老师提示和绘画的能力大增，创造的热情会更强。

## 三、构建示范情境，激发学生的表现冲动情感

美术课的最大特点是直观性，而示范可以说是这一方面的最直接体现，示范可以给学生一种心境，可以创造一种氛围，可以产生一种情绪，更可以激发一份表现的冲动。故此，在美术教学中，我重视示范的教学，教师的示范是直接的感官反射，是直接的心理反应，会产生一种欲望，会去尝试表现与创作。在《千奇百怪的鱼家族》教学中，出示形状奇特、复杂的鱼，问：如何画？怎样用线条装饰？学生一脸惘然，感到困难。这时我直接在黑板上示范（边讲边示范）：画外形，用折线画它的鳍，用弧线组成花的图案装饰它的眼睛……学生对作品的形成有了全面清晰的认识，很容易掌握画鱼、装饰鱼的基本方法。这时创设另一种示范情境：让学生到黑板上示范。并鼓励下面的学生：谁画得好也可以上来示范给同学看。正是有这种示范情境给学生，激发了他们的表现冲动，并且使他们在表现的过程和结果中获得一定的成就感。所以，在示范的状况下，学生是亲临其境的，当美好的事物作用于人的感官引起心理上的共鸣，就会产生一种欲望，就会去尝试表现与创作，并使这种情感态度转化为持久的兴趣。这正是美术课程所需求的。



## 四、构建合作学习情境，激发学生的参与意识情感

合作性学习情境就是为学生营造相互学习、相互勉励、共同成长的团体文化氛围。让学生进行合作学习，可以提升学生的学习动机和人际交往能力，更会激发学生学习的参与意识。

1. 根据课文内容，创造条件，提供参与机会。

教学中，在学生完成个人作品后，根据课文内容我会采用卡纸或KT板，让学生把自己的作品进行随意组合粘贴展示。如：画花朵可以让学生把各自的作品都贴到板

上，共同组成美丽的花园。制作课做小动物，创设一个动物园的场景，要求学生共同完成“动物大聚会”。在学生动手之前，我会告诉学生：谁不画出花朵，不做小动物，我们的花园就不美丽，动物也不能聚会。学生为了能组成美丽的花园，动物都能聚会，他们都会认真地进行绘画、制作。所以，合作学习给予了每个学生展示的空间，大大提高了学生参与学习的意识。

2．鼓励小组学习，调动参与积极性。

赞可夫认为儿童有一种交际的需要。要满足儿童的情感需求，课内应多给学生交流的机会。我认为小组学习是给学生交流的最好机会。小组学习中，需要小组成员共同合作，大家参与，才能完成学习任务。如小组讨论问题时是学生交流的时候，学生你一句、我一句地讨论问题，他们踊跃发言，大胆地说出自己的意见和建议。有了这样的氛围，每个学生自然而然地加入到学习当中。在小组完成作业时，老师要布置任务，提出要求，创设一个合作的学习情境，学生就会主动地参与到创作中来。如在《海底世界多奇妙》学习中，我分小组进行创作活动。要求：每个小组要完成一幅海底世界，有不同的海洋生物、形态各异的鱼、各种不同的水草。结果每个小组成员都忙开了：有的画鱼，有的画海洋生物，有的涂颜色，还有的添加水草。最大限度地创设学生参与课堂学习的空间，学生得以充分展示自我，释放豪情，显露潜能，每个学生都获得参与的快乐感，在创作中感受到成功的喜悦，从而激发了学生学习的参与意识。

可见，在美术教学中，注意情境的创设，通过设置一定的情境，激发他们的情感，他们会更快更好地投入到学习中去。



**参考文献：**

1．美术课程标准（实验稿）．北京师范大学出版社，2001．

2．中华人民共和国教育部委办．中国美术教育．2006（2）．

3．（日）石川勤著．教与学的艺术．上海人民出版社．

点评：在美术课堂上创设有利于激发学生学习的情境，让学生在美好和谐的环境气氛中感受美、表现美、创造美，从而导出学生本善的天性，提升学生向善的素养。在课堂教学中体现本善教育的真谛，学生的创作过程以及作品便是至善教育在学生心中开花结果的最好体现。

# 以善以生为本自主开放的小学美术课堂教学

谢少芬

“构建开放的课堂”是新课标倡导的理念，它呼唤教师教学方式的改变，力图改变传统教育中教师的教和学生的学，树立以学生为本，自主学习的新观念。美国教育家罗杰斯曾经说过：“教师必须是促进学生自主学习的促进者，而不是传统的只注重‘教’的教师。”构建自主开放的课堂，能充分体现学生的“主动性——我要学，独立性——我能学”，最终使学生“学会学习，学会做人”。

## 一、营造小学美术课堂中本色本善自主开放的学习环境



小学美术课堂上需要教师去营造一个民主平等，利于师生情感交流的比较宽容的学习环境。美术教师在教学中以平等的心态参与到学生的自主学习活动中，协同合作，师生互动，因材施教。只有在宽松愉快的环境里，学生才敢于自由想象、标新立异与富于创新，个性得到发展。教师要善于启发、激励学生以自己的方式去发现和理解，不要干扰和限制学生个性化的知觉和创造方式。民主平等的课堂氛围中，学生情绪积极，思维敏捷，想象丰富，能主动、积极地参与学习，教师要努力营造这种良好的课堂氛围，激励学生走上讲台，参与“教学”。

教师需要有宽容和耐心，允许课堂偶尔给人一种乱的感觉，让学生离开座位，自由组合。学生的动作与声音是学生成长的一部分，动作和语言是儿童情绪、情感的伴随物，在激烈的讨论中儿童可以表达自己内心的喜悦、愤怒、遗憾和沮丧。教师应适应学生的情感、态度，允许学生比较自由地参与，与学生分享这种情感和体验。课堂需要纪律，但课堂纪律必须有助于营造一个良好的课堂氛围，要符合儿童的生理和心理发展特点，能容纳儿童的不同个性，因为学习氛围更重要。

## 二、形成学生自主参与的心理意识

1．激发学生参与的兴趣。

兴趣是学生探求知识、发展思维的巨大动力，也是培养学生主动参与意识的有效途径。因此，课堂上需要教师充分发挥美术学科特有的魅力，以种种途径创设引人入

胜的教学情境，使学习内容与学生的不同年龄特征的情感和认知相适应，激发学生的学习兴趣，并使这种兴趣转化成持久的情感态度，把学生带入美妙的学习乐园。

小学生普遍具有一种好奇的心理，新奇的东西往往会激起他们探索事物的强烈欲望。如：在上《动物的花衣裳》一课时，让学生到“动物时装屋”给动物挑选“时装”，当学生挑选了花衣裳给动物穿上后，魔术般见到漂亮的蝴蝶、金鱼……他们都赞叹不已，都想亲自给动物挑选花衣裳，这样就迅速引起学生的注意，激发了学生的兴趣，使他们踊跃参与接下来的学习。

2. 搭起与学生情感沟通的桥梁。

小学生是富于情感的，了解学生的心理特点，与他们进行情感交流，有助于学生的自主参与。

（1）拉近师生的距离。

教师在教学中与学生之间的空间距离，很大程度上，影响学生主动参与教学的强度与时间。因此，教师可采用主动在教室里来回走动的方式“接近”后面的学生，缩短与他们之间的空间距离，从而缩短师生的心理距离，为全体学生积极主动参与创造条件。

（2）让学生感觉到安全感。

绝大部分学生对教师有一种畏惧心理，为了使学生积极参与教学活动，在课堂教学中必须使学生从心理上感到是安全的，做出的作品不论好坏，都不会影响老师和同学对自己的看法，特别是做得不好时不会受到批评与嘲笑。多鼓励所有的学生积极参与各种活动，给他们改正错误的机会，使用一些使人轻松愉快的幽默，给学生安全感，那么，即使没有把握，学生也会争先恐后地参与，其创造性也会大大增强。



## 三、在自主开放的美术课堂赋予学生参与的能力

教学是教和学的活动的统一体。构建开放自主的美术课堂教育，并非教师可袖手旁观全然否定教师的“教”，在教学中应有系统地把学法指导与学习过程联系起来，使学生有愿望也有能力动手动脑参与学习，进行创造。

1. 赋予学生一定的技法技能。

基本的技法对学生正确描绘制作对象，进行创作是必须的，如手工课的折纸、裁剪、粘贴，蜡笔水粉的造型、勾线上色，泥塑课的揉搓粘画等等。因此当学生掌握了这些技巧，他们才有参与的勇气。当然在这过程中，要因材施教，既要着眼于全班同学，也要照顾个别能力突出或能力较弱的同学；既要表扬鼓励，又要具体辅导，帮助他们解决技术上的困难。

2. 拓展学生想象的空间。

世界上许多创造发明都是从想象开始的。美术课堂教学中，我们可用创设情境的方法来拓展想象空间，在教学内容与学生求知心理间创设一种差异，使学生在探索的乐趣中寻求知识，培养参与能力，提高智力。卢梭说过：“教育都应该是行动多于口训”“不要教他这样那样的知识，而要由他们去发现那些学问”。让学生在玩中培养感

性认识，实现自我表现的愿望十分重要。如《我在天上飞》，带学生到草坪玩模型飞机，比赛谁的飞得远。在游戏之余，学生创作更得心应手，各具其态。

3. 注重多媒体在教学中的应用。

时代在发展，需要有发展的眼光，现代媒体教育融入课堂已成为必须。它通过利用现代的优越性，达到优化教学过程、提高教学质量的目的。多媒体教育中，运用课件教学不失为一个非常有效的教学手段。电脑展示的画面色彩丰富，有动画效果，有故事情节，有优美的音乐，学生的学习积极性将被最大限度地调动起来。而现代多媒体教育技术具有形象直观性，声像同步性，画面的动态选择性和时空的可变性等优势，使学生对于学习美术的信息来自各方面，呈现出令人难以想象的效果。

## 四、改进评价方案

1. 确立评价标准。

根据新课程标准，从学生的成长需要出发，理解儿童的眼高手低。不脱离学生实际水平与生活经验，不从艺术性考虑，更不用成人的标准来度量学生作品。

因人而异不管是谁，不管是作品的质量如何只要参与学习就能得到肯定与表扬。

评价标准侧重于创造性与个性，内容是否有情趣，是否显示出对周围事物的留意与好奇，是否有一定的想象与个性成分。

允许大家反复尝试，作业讲评后修改获得成功。

2. 形式多样的评价方式。



让学生参与评价就能使学生主动参与学习。

（1）让学生自评。

在课堂中根据学生心理特点与能力循序渐进，从简单的"这画真美"到各自的审美标准评价，把个人的审美标准和作画认知表现出来，要求学生对自己的画作客观 、公正的评价，强化优点，如果发现不足或有了新的创意，可以把画取回去重新修改完善作品。通过自评，学生可以在同学面前表现自我，评价自我。

（2）师生共评。

教师选择技法、形象感、创意各有千秋的作业让学生先评价对方的作品，将个人的审美与认知表现出来，教师在一旁因势利导。对画得好的学生，实事求是地给予表扬，并提出新的期望，鼓励其向更高的目标迈进；对画得差的，要发现其"闪光点"，鼓励大胆创作，从而激发其学习积极性。

（3）作品展评。

在上《克隆动物园时》时，让学生把"克隆"的动物展示在展示板上的动物园里。这是一种自主参与的过程，同时，作品可一目了然，优劣比较，让全体学生在教师的指导下，学习优点。不理想的作品让学生修改，力求完美。

（4）作业批改。

这一传统的评价方式不能因为课堂上的讲评而丢弃或简化，这样会令未能在课堂中展示作业的学生觉得得不到关注，令无力修正的学生得不到指导，教师应利用这一

时机，用铅笔圈点加简短评语的方法肯定优点，指出不足，让每个学生都得到评价。

总而言之，构建一个以善以生为本自主开放的美术课堂，没有了老师一本正经滔滔不绝地讲；没有了学生正襟危坐死气沉沉地听；没有了老师故作高深地问和学生挖空心思地答。只有感受到学生个性的张扬，心灵的舒展；收获着鲜活的思维，多彩的想象，美丽的图画。

**参考文献：**

小学美术新课程标准.

# 美术教学课前准备的五件大事

蒋丰硕

引言：

大家每当在评比一堂课的好坏时，可能过多地关注课堂上的教学技巧、教学效果多，而对课前准备工作的肯定有点忽略了。课前准备是上好一节课的基础和保证。它的整个过程应该是精心的、繁琐的、有序的。俗话说：台上三分钟，台下十年功。对一堂课来说可能有点夸张。但是谁也不可以小看课前准备。只有充分做好课前准备，才能去营造一堂从头到尾都生动无比的有效教学。任何学科都应该如此。美术课更应该如此。对于一个美术老师来说，课前准备是一门学问，更是一门艺术。以下我就美术课的课前准备谈谈我的看法：美术课课前准备需要做好钻研教材、了解学生、物质准备、考虑教法和编写教学计划五件大事。



## 一、钻研教材

这是课前准备的头等大事，包括钻研教学大纲、教科书和教学参考资料。钻研教材首先要通读大纲、教科书、教学参考书三本书。对教科书要弄懂、吃透再善于变化，才算是真正掌握了。弄懂教材，是对基本教学内容，基本概念，书中每幅图的思想内容、艺术特点，都要清楚、明白；吃透教材，是在弄懂的基础上，对教材内容每个部分的地位和作用以及思想性、科学性、系统性都能深刻理解、掌握，再根据每一节课的德育、审美教育和基础知识、基本技能等具体的教学任务，并结合学生的实际情况，对教材内容进行编排和必要的补充，明确教材的重点、难点和关键；善于变化是指教师在教课时能够深入浅出地灵活运用教材，才算是完全掌握、精通教材。

由于美术教材与其他学科教材不同，是视觉艺术的教科书，因而独具特色，既有文字，又有大量的视觉艺术形象材料，如欣赏作品、技法图例、参考图片等。教师对美术教材不仅要在知识、理论方面掌握、精通，而且要对教材涉及的各类美术技法、技巧和工具材料熟练掌握。这就是要求美术教师在备课中多动手绘画和制作各类美术作品，做好上课需要用的技能、技巧的准备工作。

## 二、要了解学生，才能教学联系实际

对学生的知识，技能水准和学习兴趣，思想、纪律状况要了解。每学期开始接受新班级教学任务时应深入了解。

## 三、物质准备是美术课堂教学的物质保证

它包括美术教室、画板、画架、画凳、写生台、展览板设施写生用静物、石膏几何形体、石膏头像、各类美术教学所需用的材料、工具等美术用品、多媒体电教器材，以及教师准备的图书资料、范画、示范用的作品、幻灯片、投影片、模型等教学用的直观教具和学生应准备的学习用具、教材。

## 四、考虑教法

就是考虑如何将自己掌握的教材内容传授给学生，解决组织教学和确定教学方法等工作。组织教材是教师对教材进行教学方法的加工，使教材成为学生易于接受的东西；教师要根据教科书规定的内容和学生的实际，围绕教材的重点作适当的补充和精简，进而确定教学方法。

## 五、编写好下列三种教学计划

（一）学期或学年教学进度计划：它是确定全学期或全学年教学任务、内容，是对教学工作所做的全面的规划、安排。教学进度表的制定，主要根据教学大纲和教科书的教学内容要求的授课时数规定，从学校、学生等方面的实际情况出发，按照学期周数，分配教学内容，安排好全学年或一个学期的教学进度。



（二）单元教学计划：它是在制定学期或学年教学进度计划之后，上课之前，教师根据教科书中的每个单元的题目作全面考虑而制订的整个单元各课时的课题计划。课题计划的内容包括本单元知识和技能的内在联系、教学重点、难点和关键应如何突出、解决，各课时的上课类型和教学方法，以及本单元课题必须准备的教具、教材和工具等。

（三）课时计划：也被称为课时教学计划或教案。顾名思义，“教案”就是“教学方案”；教师设计、制订好“教学方案”，才能保证上好课。因此，应当了解设计、制定教案的方法、步骤和主要项目。

1．确定课题：要根据大纲和教科书的要求，并要结合当地实际情况确定课题，如静物风景写生的内容、工艺制作的材料等，都有很强的地区性，季节性的变化。

2．教学目的：明确目的，正确地确定教学方向和基本指导思想，才能使师生教学活动有所遵循。教学目的一般包括思想品德和美育方面，知识技能方面，智力发展方面的目的要求。

3．课的类型和方法：要正确地分析写出是何种类型的课，运用什么教学方法。

4．确定课的重点难点：要根据具体的教学内容，学生原有知识、技能的基础，

质量和巩固程度等确定。重点、难点有时有相同，有时又不一致，因此准确地确定重点、难点是教师的基本功的反映。

5. 教学过程：在设计安排教学过程时，教师要精心考虑如何传授基本知识和训练基本技能，如何培养智力，如何分配课堂教学时间，如何突出重点、突破难点，如何选择、组合教学方法，如何板书、板画，如何选择或制作教具、范画、幻灯片、录音带，如何确定课堂练习具体要求、辅导方法，如何巩固学生所学的知识技能，如何课堂小结等等。凡是师生在课堂中的每项活动都应在教案上具体反映。

6. 教学用具。课堂上教师需运用的教具、美术用品和学生应准备的材料、工具都要写清楚。

结束语：

综上所述，教师充分的备课，完成各项课前准备，是上好课的先决条件。同时，一堂生动、有效的美术课自然就水到渠成了。自古以来的教学实践经验证明，教师课前辛苦地充分准备，上课时学生就能轻松、活泼地乐于学习，就会取得好的教学效果。在科学技术和文化技术飞速发展的当代，教师更需要不断学习、研究许多新课题，教与学都是无止境的，所以要求教师终生应当不断地读书、学习和备课；不管是老教师还是新教师都需要认真做好课前准备才能去上课。

**参考文献：**

1. 杨佩文. 美术教师之友. 东北师范大学出版社，1995.
2. 孙俊三. 教育学. 湖南人民出版社，2003.

# “以善育人，育人为善”之中华武术
## ——《自创拳》教学设计

李艳梅

### 一、资源简介

孩子们自己练武，把老师教的动作来个组合，自己做主！

### 二、教学目标

1. 参与目标：激发学生对中华传统武术的兴趣和认同感，培养积极参加体育锻炼的观念。

2. 技能目标：通过学习使学生初步学会武术三种基本手型、步型。

3. 身体目标：发展学生身体的协调性、灵敏性和柔韧性。

4. 心理目标：通过各种形式的练习及自创组合，培养学生创新合作精神和创新能力，增强竞争意识、团队精神、展示意识。

5. 社会适应：培养学生互相合作的人际关系，增强学生的自尊心和自信心。



### 三、教材分析

武术是我国民族体育的瑰宝，是华夏五千年灿烂文化的一部分，是一种强身健体，防身自卫的运动项目。该项目深受学生的喜爱，继承和弘扬中华武术是我们每个体育教师应尽的责任。根据体育与健康课程标准“教材内容要有利于引导学生独立思考和探索，培养学生的创新精神和创新能力”这一新理念，本课选择了武术《自创拳》教学内容。学生在初步掌握简单的武术基本功的基础上，通过观看挂图，拓展思维，自己揣摩动作，和同伴相互合作探究，创编出属于自己的“自创拳”，并能向大家展示。

### 四、学生分析

水平二（小学四年级）的学生，模仿性强，思维活跃，对新事物接受得快，爱“独立”，想“自由”，一般对老师安排的课不太感兴趣，有一定的自主自立和鉴别能

力，争胜好强，活动量大，所以运动的兴趣对他们显得尤为重要。教师要抓住这一年龄段学生的心理、生理发育特征，教学内容要选择趣味性强的，教学方法要灵活多样，教学评价要俱进，多激励他们，以吸引他们，“稳住军心”。

## 五、设计思路

本节课设计了激发（武术传奇及老师展示，激起学生渴望自创武术拳的欲望）—热身操—诱导（新授武术基本功）—创编（自创演练“无名拳”）—展示（学生集体展示和接力比赛）—放松（师生同做）六个阶段。通过本节课的学习，不仅使学生的体能得到提高，更主要的是重视、激发和保持了学生的运动兴趣，培养了学生主动参与、积极探究学习的兴趣和能力。

## 六、教学方法

1. 启发创造性思维的艺术：（1）运用情景教学：以音乐渲染情景；以表演体会情景；以语言描述情景。可用来激励学生，帮助学生理解体育教材，促进学生创新能力的提高。（2）增加体育游戏：学生在可行的范围内自己创编拳参加游戏展示，使课堂充满公平竞争、冒险获胜的气氛。

2. 情景导入法：激情引入，调动学生学习、锻炼的积极性。

3. 图解示范法：加深学生对所学内容的印象，使学生更快更牢固地掌握所学知识。



体育武术课《自创拳》教案

| 年级 | 四年级 | 人数 | 40 人 | 日期 | 2009 年 12 月 2 日 | 执教 | 李艳梅 |
|---|---|---|---|---|---|---|---|
| 教学目标 | 1. 参与目标：激发学生对中华传统武术的兴趣和认同感，培养积极参加体育锻炼的观念 | | | | | | |
| | 2. 技能目标：通过学习使学生初步学会武术三种基本手型、步型 | | | | | | |
| | 3. 身体目标：发展学生身体的协调性、灵敏性和柔韧性 | | | | | | |
| | 4. 心理目标：通过各种形式的练习及自创组合，培养学生创新合作精神和创新能力，增强竞争意识、团队精神、展示意识 | | | | | | |
| | 5. 社会适应：培养学生互相合作的人际关系，增强学生的自尊心和自信心 | | | | | | |
| 教学内容 | 1. 武术的三种基本手型及步型（弓步、马步）<br>2. 自创拳表演接力赛 | | | | | | |
| 重点难点 | 重点：武术的基本手型及步型　　难点：武术基本手型及步型的自由组合 | | | | | | |

（续表）

| 课序 | 时间 | 教学内容 | 教师活动 | 学生活动 | 组织形式 | 练习 | |
|---|---|---|---|---|---|---|---|
| | | | | | | 次数 | 强度 |
| 一 | 1分钟 | 1. 集合并整理队伍<br>2. 师生问好<br>3. 宣布本课的学习目标和内容<br>4. 检查服装、安排见习生 | 1. 向学生问好<br>2. 提出本课的学习目标和内容 | 1. 向老师问好<br>2. 队伍快、速、静 | ☆☆☆☆☆☆<br>☆☆☆☆☆☆<br>○○○○○○<br>○○○○○○<br>△<br>要求：动作迅速<br>进入角色 | 1 | 小 |
| 二 | 2分钟 | 1. 言语引入<br>2. 认真欣赏武术音乐，看老师的演示<br>（音乐《男儿当自强》） | 1. 老师：同学们，你们喜欢看武打片吗？以霍元甲自创“迷踪拳”激情引入课堂教学<br>2. 教师配音乐向学生展示自创拳，激发学生的学习和自创兴趣 | 1. 思考并回答问题<br>2. 欣赏音乐，认真看教师的表演 | ☆☆☆☆☆☆<br>☆☆☆☆☆☆<br>○○○○○○<br>○○○○○○<br>▲<br>要求：互相配合<br>动作协调 | 1 | 小 |
| 三 | 3分钟 | 1. 跟教师一起做热身操<br>（1）头部运动4×8拍<br>（2）肩部运动4×8拍<br>（3）体转运动4×8拍<br>（4）膝部运动4×8拍<br>（5）腕踝运动4×8拍<br>（音乐《魅力无限》） | 1. 整理好队形<br>2. 播放背景音乐<br>3. 带领学生做热身操 | 1. 迅速按老师要求调整好队伍<br>2. 认真跟着老师做热身操，使自己进入到学习状态 | ☆☆☆☆☆☆<br>☆☆☆☆☆☆<br>○○○○○○<br>○○○○○○<br>▲<br>要求：观察模仿 | 1 | 中低 |

（续表）

| | | | | | | | |
|---|---|---|---|---|---|---|---|
| 四 | 10分钟 | 导入新授内容：<br>1. 武术的抱拳礼：左脚上前一步，右脚跟上；并步的同时，两手环抱胸前，右手握拳，拳面向左手，拳顶对着左掌中指下端；左手四指伸直，拇指弯曲，两手手心向外前推<br>2. 武术基本动作：<br>手型：拳、掌、勾<br>①拳：四指卷拢，拇指压于食指中节。拳面要平，任何四指不得突出拳面<br>②掌：四指伸直、并拢，向后伸展。拇指一节屈与食指一侧<br>③勾：五指尖捏拢，屈腕<br>3. 步型：弓步、马步<br>弓步：一脚向前迈一大步，前脚弓，后腿绷，抱拳、抬头、挺胸<br>马步：两脚开立与肩同宽，脚跟外蹬，屈膝半蹲，目视前方 | 1. 学武术要讲武德，施“抱拳礼”是武术界的礼节<br>2. 组织学生分组依图解学习<br>3. 集中学生讲解与示范，共同练习。同时教会口诀：拳像斧头掌像刀，屈腕捏勾像镰刀<br>4. 组织学生一对一练习，教师巡视学生练习情况，并进行指导及纠错<br>5. 教师统一口令并组织练习 | 1. 认真观察图解的内容<br>2. 认真听老师的讲解示范，并根据之前的观察图解，领会动作要领。模仿教师示范的动作<br>3. 个别学生改正错误动作<br>4. 一对一练习，互相指正，左右交替进行练习<br>5. 根据口令集体练习 | 1. 分组学习队形：<br>■　■<br>☆☆☆　☆☆☆<br>☆☆☆　☆☆☆<br>▲<br>○○○　○○○<br>○○○　○○○<br>■　■<br>■ 为图解<br>一二列向左转－走<br>三四列向右转－走<br>2. 集中示范讲解队形：<br>☆☆☆☆☆☆<br>☆☆☆☆☆☆<br>○○○○○○<br>○○○○○○<br>▲<br>要求：观察模仿<br>积极学练<br>互帮互学 | | 中 |

（续表）

| | | | | | | | |
|---|---|---|---|---|---|---|---|
| 五 | 6分钟 | 1. 行进间练习：分成四组围成圆，边跑边听教师口令做新授的基本动作，手型与步型自由搭配<br>（音乐《奔跑》） | 1. 一边喊口令，一边引导学生自由组合手型与步型<br>（音乐《奔跑》） | 1. 听教师安排调整好队伍<br>2. 认真听老师的口令，做出相应的动作 | ▲<br>要求：保持距离 | | 中 |
| 六 | 6分钟 | 1. 分组自创拳：依挂图及新授内容自创组合。要求必有抱拳礼、拳、掌、勾、马步、弓步。其他可自由加入，顺序自由安排 | 1. 言语激励，提出自创拳的要求<br>2. 组织学生分组进行自创拳练习<br>3. 学生分组表演 | 1. 听教师安排调整好队伍<br>2. 根据教师要求，拓展思维，相互合作探究，创编“自创拳” | 1. 分组自创拳队形：同“四部分”分组学习队形 | | 中 |
| 七 | 8分钟 | 1. 自创拳表演接力赛：分组进行往返接力，到返线时，进行接力的同学，面向队友表演自创拳。（音乐《为我鼓掌》） | 1. 讲解游戏方法和规则并请一队学生做示范<br>2. 随时调节活动的气氛<br>3. 总结表扬自创拳表演突出及接力优胜的组 | 1. 认真听老师讲解游戏的规则<br>2. 迅速分组进行<br>3. 积极投入到自创拳的表演及游戏中来，亲身体会自创拳及游戏的乐趣 | ☆☆☆　☆<br>☆☆☆　☆<br>○○○　○<br>○○○　○<br>起点　返线<br>要求：节奏协调<br>相互保护 | | 中 |
| 八 | 2分钟 | 1. 跟老师一起欣赏音乐《虫儿飞》，并跟着节奏做放松运动 | 1. 在音乐的配合下，带领学生做放松操<br>2. 通过语言引导学生更充分地做到身心放松 | 1. 感受音乐，跟着老师，充分放松自己<br>2. 调整心态，身心放松 | ☆☆☆☆☆☆<br>☆☆☆☆☆☆<br>○○○○○○<br>○○○○○○<br>▲<br>要求：自然放松身心 | | 小 |

（续表）

| 九 | 1分钟 | 1. 学生自评、互评、谈感受<br>2. 老师总结课堂情况<br>3. 师生再见 | 1. 引导学生进行客观的评价<br>2. 教师小结本课完成情况<br>3. 表扬与鼓励 | 1. 自评、互评、谈感受<br>2. 认真听老师的讲评<br>3. 师生共呼再见 | ☆☆☆☆☆☆<br>☆☆☆☆☆☆<br>○○○○○○<br>○○○○○○<br>▲<br>要求：认真听取 | | 小 |
|---|---|---|---|---|---|---|---|

| 安全保障措施 | 1. 合理布置器材，防止学生练习时相互打闹 |
|---|---|
| | 2. 听清教师要求，加强合理的保护与帮助 |
| | 3. 练习中拒绝嬉闹，站位不能影响其他同学练习 |

| 场地器材 | 操场、录音机1台、图解4幅 | 练习密度 | 30% ~40% | 平均心率 | 130~140次/分钟 |
|---|---|---|---|---|---|

| 教学点评 | 武术是华夏五千年灿烂文化的一部分，该项目深受学生的喜爱，继承和弘扬中华武术是我们每个体育教师应尽的责任。武术不仅是一种强身健体、防身自卫的运动项目，更重要的是可以增强他们吃苦耐劳的精神，锻炼其意志力。习武先习德，教学过程中，不断完善学习内容的同时，更需渗透武德的教育，开阔胸襟，从而做到“以善育人，育人为善” |
|---|---|

# 让个性的花朵盛开在阅读教学中

徐晓珊

《语文课程标准》指出："阅读是学生的个性化行为，不应以教师的分析来代替学生的阅读实践。应让学生在主动积极的思维和情感活动中，加深理解和体验，有所感悟和思考，受到情感熏陶，获得思想启迪，享受审美乐趣。"所谓学生个性化阅读，是指学生个体从书面语言中获取信息并与非认知因素互为影响的活动，存在着个体差异。它是学生借助文本与作者对话的心理过程，具有鲜明的个性特征；它是教师引导学生探究性、创造性地感受、理解、评价、鉴赏文本的过程；由于每个学生的生活积淀、文化底蕴、审美情趣千差万别，因此，它是一种个性化行为。那么，怎么引导学生进行个性化的阅读呢？



## 一、尊重学生的独特体验

要想让学生在阅读过程中彰显个性的风采，教师必须尊重学生的主体地位，最大限度地尊重学生的主体感受。学生是以自己独特的感性和经验模式参与解读才能感悟的，其与文本及作者的"对话"是极富个性化的，所谓"一千个读者，就有一千个哈姆雷特"。陶行知先生曾倡导过"六大解放"，即解放学生的大脑、双手、眼睛、嘴巴、时间、空间。这六大解放的核心是解放学生的大脑，在我们的阅读教学中的集中体现，就是要尊重学生的独特体验，对学生在阅读过程中产生的不同的理解，甚至是"出格"的想法，教师都应该抱着宽容、欣喜的心态去对待，不应简单地以教师的"一言堂"、"标准答案"去取代学生丰富多彩的解读。

如在教学《小珊迪》一课时，一个学生站起来说："老师，我觉得小珊迪的腿被轧断了应该住在医院，怎么躺在一张破床上？"我愣了一下，没想到学生敢向教材挑战，提出这样的问题。教室里顿时安静下来，同学们的目光都投向了提问题的同学。我马上用一种期待的目光注视着这位学生说："你真勇敢，能谈谈你的看法吗？"这名学生听到老师这样说，马上自信地说："腿被马车轧断了，没钱看病；司机跑了，就躺在自己家的一张破床上；也有可能自己就没家——连一张破床也没有，是一位陌生人给他一张破床……""多好的想法啊，请同学们在小组里再读一读、议一议，希望

同学们都能像这位同学一样，勇敢地说出自己的见解和感受。”同学们的表现欲望被激活了，读书声、议论声充满整个课堂。学生们踊跃发言：“可能是小珊迪乞讨积攒下来的钱买了一张破床”，“也许是小珊迪和他的弟弟亲自做的破床”，“也许是他爸爸临死时留下的破床”，“也许是他俩流浪在街头，遇到一家已经没人住的破房子里有张破床”……

又如，《秋天的怀念》这篇文章，有许多感人之处，我就让学生说自己最喜欢之处。学生说最喜欢第一自然段，因为“我”因瘫痪，脾气变得暴怒无常，对一切美好的东西都失去信心，砸东西，可是妈妈却忍受了这一切，她不但没有怪“我”还等“我”恢复时带“我”去北海看花。有的学生说，我最喜欢第二自然段，因为那里写出妈妈再一次要带“我”去北海看，几乎是在央求“我”，妈妈之所以央求“我”是为了让“我”开心呀！有的同学说，我最喜欢最后一个自然段，因为，妈妈虽然离我们而去，但是我明白妈妈的话，懂得珍惜生命，和妹妹一起面对生活的困难，勇敢地活下去。也有的同学说，喜欢文中的第五、第六两个自然段，因为这里讲了“我没想到她已经病成这样”。说明妈妈有病，且因为过度的操劳，病已十分严重了，这不都是为了我们儿女吗？还有她临终前的最后一句话，也正体现妈妈在生命垂危时还挂念着自己的儿女，根本没考虑自己，这就是母爱。鼓励学生们畅所欲言，让他们把自己的感受真实地说出来，效果多好啊！

阅读是一种过程，是“我思”的过程，教师要珍视学生的独特感受、体验和理解，尊重学生对文本的个性化解读。



## 二、与文本进行个性化对话，探究性、创造性地解读文本

语文课程标准关于阅读教学的建议：“阅读教学是学生、教师、文本之间对话的过程。阅读教学应逐步培养学生探究性阅读和创造性阅读的能力，提倡多角度、有创意的阅读，拓展思维的空间，提高阅读质量。”如在教学《可爱的草塘》时，为实现这样的阅读教学效果，我运用“讨论研究式创新教学法”进行教学，使学生在民主、平等的讨论研究氛围中，开展研究式学习，通过自己的体验和研究获得具有个性化和多样性的学习结果，从而培养学生具有一种研究的意识和态度，提高学生创新能力。课堂设计如下。

（一）课前准备，教师创造情境提出研究性自主学习提纲，并提供信息。

1．搜集关于北大荒的资料，想象一下它的明天会是什么样的。

2．仔细读课文，说说草塘的可爱表现在哪些方面，作者的情感发生了怎样的变化。

3．请你根据文中对草塘的描写，写一点感受，设计一句广告词，作一首小诗，画一幅小画，谱一支小曲……

4．围绕“棒打狍子瓢舀鱼，野鸡飞到饭锅里”这句话中讲的三件事，选择你感兴趣的一件事讲故事，要把故事的经过说清楚。

5．注意随时总结你在学习中有什么新的收获和新的问题，并记录下来。

（二）学生对课前研究学习的收获和问题的交流。

（三）根据课前积累、师生交流，感受作者的情感变化。

（四）反思小结，总结自己的收获及存在的问题。

（五）运用研究性作业把学生的语文学习引向更广阔的课外生活实践中去。

这样的课堂设计，意在把研究性体验学习作为阅读教学的第一个环节，打破以往我们阅读学习的常规模式，改变课堂结构，延伸了课堂学习的空间，使学生的课前学习不仅仅完成了文中基础知识的学习、基本内容的整体感知及相关资料的收集，更重要的是让每个学生都进行了体验性学习和具有个性化的创造性阅读。再加上学生在课堂上讲故事，课文没有点明棒打狍子、瓢舀鱼、逮野鸡的经过，学生却能结合自己的生活实际，把情境展现出来，学生在自己的头脑中实现文本的重构，进行了超文本式的阅读，全面培养了研究意识和创新能力。把课堂上更多的时间交给学生进行讨论、研究，减少了语文课上的无效劳动。

通过课前的学习、积累，课堂上实现了合作、交流、探讨和研究，在学生、老师、文本三者的对话中，学生的思维在不断的相互碰撞中产生灵感的火花。课堂上每一个学生成为一个共享的信息源，使课堂上信息不断在流动、交换，产生新的知识和问题。

## 三、扩大阅读范围，补充文本容量

《语文课程标准》在“基本理念”部分十分强调要丰富语言积累，培养“语感”，在总目标中又要求在阅读方面“有较丰富的积累，养成良好的语感”。学生就必须利用课余时间博览群书，广泛涉猎各种知识，日积月累，才能构建自己完整的知识体系，提高自己的语文素养。所以在教学中，有必要借助文本进行拓展阅读。我从以下几方面入手。



1. 从作者着手。学了《海上日出》，我让学生读老舍的其他作品；学了《秋天的怀念》我让学生阅读史铁生的著作；学了唐朝的几首诗歌，我让学生背诵唐朝的其他诗篇等。

2. 从文本内容着手。学了《狼牙山五壮士》，让学生阅读革命英雄故事，并写写读后感；在学习了读写例话《阅读要有一定的速度》后，让学生自由选择课外喜欢的文章快速阅读，并写出所读课文的主要内容……

3. 从生活实际着手。“天地阅览室，万物皆书卷”，春夏秋冬，花鸟虫草，江河湖海，行人车辆，都是一本书，引导学生读“天下无字之书”。让学生用稚嫩的双手触摸世界，用清嫩的慧眼观察着世界，在社会生活这所学校里读书。

阅读教学要从传统的分析型模式中彻底解脱出来，让阅读真正成为学生个性化行为，仍有一段相当艰辛的“路”要走。然而尊重个性、弘扬个性是时代的呼唤，发展个性化教育也是时代的必然选择，语文阅读教学要尽快突破樊篱，走个性化阅读教学之路。在学生阅读的原野上，我们期待着个性的花蕾绽满花枝。

（本文刊登在《广州教学研究》2006 年 5 月）

点评：张熊飞教授在《诱思探究教学论》一书中曾说：“善诱则通，善思则得，诱思交触，众志成城。这是教学的辩证法。”在语文课堂上，教师要善于引导学生思考，这不仅有利于打通学生思维的关节，最大限度地调动学生思维的积极性，从而让学生学有所获，思而有得；也不仅有利于通过课堂教学培养学生个性化发展；更在于它通过教师的“善诱”和学生的“善思”，融合了师生关系，沟通了人、文的情感，实现了教学价值，让语文课踏上回归本源之路。

# 善于激发孩子的课外阅读兴趣

梁秀媚

担任起育人角色的老师，最终是希望将学生培育成一个有善心善行的人，除了平日老师的以善“种”善，最好的办法是把学生引领到课外书中更广阔的空间，让更多古今伟人的善举善德、故事中的深刻道理滋养学生美好的心灵。我们都知道：“读书破万卷”，“开卷有益”，那这个“读书”的习惯，如何培养呢？有一句话说得好：“几乎所有的习惯，都开始于兴趣。”所以老师要善于激发孩子的课外阅读兴趣。

你可以把马儿牵到水边，但你无法让它喝水；你可以逼迫孩子每天、每月坐到书桌前，但他可能一辈子也不会养成读书的好习惯，如果他对所读的东西不感兴趣的话。



孔子说得好：“知之者不如好之者，好之者不如乐之者。”可见孩子有了阅读兴趣，才能从内心深处对课外阅读产生主动需要。因此，教师要努力激发学生课外阅读的兴趣，让他们愉悦地进行课外阅读，快乐地接受自己想要学习的语文知识。只有孩子感兴趣的书，他才会愿意去阅读，并且容易在内心里打开情感闸门，在阅读的过程中体会到阅读的快乐。

## 一、把握不同年龄孩子的阅读心理特点，参谋选书

有关专家说，5 岁左右，是儿童开始由看图发展到识字，是孩子的阅读启蒙敏感期；5 ~7 岁，应该进入大量识字的阶段；8 ~ 10 岁，应该进入自由流畅阅读的阶段。在经历了幼儿期识字、由图向文字的转变、初步建立阅读兴趣的基础，在小学中年级(3 ~4 年级)，孩子应该进入他一生中第一个，也是最重要的一个黄金阅读期。这是每一个人在其一生中，由于生理、心理、教育的发展，存在着的一个最佳阅读时期，如果错过了这一时期的大量阅读，将会给孩子的成长造成难以弥补的缺憾。

(一) 不同的年龄有不同的心理特点，认知水平不一样。

小学一二年级，因为识字不多，拼音不熟练，学生读的书可以以图为主，字大一点，书薄一点，选的书最好是拼音版本的。童话与神话故事书是这个年龄段孩子的最爱，还有笑话书、卡通书等。

因为孩子小，不会选书，所以家长和教师要帮着孩子参谋着选书。但提起课外阅读，也许有些家长会抱怨说，他给孩子买了很多的书，发现孩子不爱看，觉得买那么多的书很浪费，还说等孩子懂事了再买。殊不知有时原因不在孩子身上，而在家长自己身上。有可能是家长选的书不适合孩子看，二是选的书难度高于孩子的阅读水平。

（二）低年级家长，尤其是一年级家长替孩子选书时要注意三点。

1. 图文并茂。

图多对开发孩子右脑有好处。可以丰富孩子头脑中的表象，对孩子今后创造力的发展有好处。

2. 书尽量选薄一点的。

最好是一本书里只有一两个故事的，这样孩子很快能读完一本，内心就能产生一种成就感和愉悦感，下次就还会想读。如果家长为了省钱，给孩子买那种少图的、故事多的、很厚的书，孩子就会丧失读书的兴趣。

3. 先帮孩子扫除书里生字的障碍。

要么是买拼音版本的，一本书里不认识的字最好控制在20%以内，这样孩子读起来才不会磕磕巴巴，才会乐意读下去。否则的话，就建议父母或老师与孩子一起读，最好是识字与读书同步进行。

小学三四年级，可以读一些深刻的童话书，像科学童话与故事，知识类图书（十万个为什么、自然科学、宇宙之谜、动物知识等）、伟人故事与历史类的书，还有儿童报刊等。



小学五六年级可以读一些漫画书、寓言、儿童小说、儿童报告文学、科幻小说、探险故事、人生智慧、为人处世、少儿百科全书等等。

## 二、尊重孩子的阅读自由

苏霍姆林斯基曾说：“只有能够去激发学生进行自我教育的教育，才是真正的教育。”也就是说，在培养学生阅读兴趣的过程中教师家长要给学生提供独立的阅读空间，给学生真正的阅读权利，在一定范围内尊重学生的阅读选择，不能硬性要求学生读名著。不同的人或同一个人在不同的年龄阶段，阅读的兴趣是不一样的。只要是有益的东西，都要鼓励学生读。

在选书方面，我们可以当孩子参谋，但对于孩子选择的书籍，我们也应该给予他充分的自由度。在我看来，在孩子还没真正喜欢上阅读的时候，首要的任务应是想方设法激发他们的阅读兴趣、保护他们刚刚萌发的阅读兴趣，而不是用诸如应该读什么、不应该读什么、什么书读了要没收，这样的“禁令”来扼杀他们的阅读兴趣。

当然，孩子们的读书兴趣往往与家长们的愿望在很大程度上是合不上拍的。现在经常在网上和书上看到教育专家和学者为小学生和中学生开出的必读书目。许多家长就照着这些“必读书目”和“推荐书目”去给孩子们买书。还有的家长，要求孩子必须看作文书，买教辅书，而孩子们对这些书并不感兴趣。

当代著名学者余秋雨先生曾经说过这样一句话：“老师和家长在不知道孩子兴趣

的前提下，不要硬性给孩子开出书目，使孩子失去了阅读兴趣。”这话说得很有道理。

有一次，我在书店看书，旁边一位年轻妈妈带着一个小女孩到书店买书。小女孩看到书店里有那么精美的好书，非常高兴，精挑细选了几本故事书和童话书。没想到年轻的妈妈看到了，气不打一处来，一把夺过小女孩手中的故事书，拉长着脸说：“就知道买这些书，看这些闲书有什么用，对你写作文又没有什么帮助。你怎么不去买几本作文书呀，也好学学别人怎么写作文呀?”结果，那小女孩兴致全无，一脸的无奈。不用说，家长把读书看成是为了应试提高学习成绩。此时的小女孩呢，她已视“读书”为一种负担。

还有一次在书店，年轻的妈妈带了一个读一二年级的孩子来买课外书。看到孩子又去翻看《机器猫》、《虹猫蓝兔》等漫画书，妈妈气不打一处来，从书架上搬来高尔基的《童年》、《在人间》，还有《红楼梦》、《三国演义》塞给孩子，对孩子说：“整天只知道看些没用的书，就不能看看这些书?”这个妈妈的心太急了，她不知道从《机器猫》到《红楼梦》需要有个过渡，孩子是不可能一下子对那些名著产生兴趣的。而且，漫画书也有它有益的一面的，比如《机器猫》里的叮当机智、爱动脑筋，当它的主人遇到困难的时候，它总有超出人类想象的发明解决主人的困难。这样一个形象也可以给孩子树立很好的榜样啊。

## 三、身教言传，作孩子的读书榜样

学生读书的兴趣与水平直接受教师的读书兴趣与水平的影响。培养学生读书兴趣，作为语文教师，可以做而且应该做的是首先自己要成为一个读书人。小学生爱模仿，教师的一言一行，都是学生模仿的对象。如果教师对阅读怀有极高的热情，具有良好的阅读习惯，那么教师的这种阅读习惯必能通过教师自身情感的外露来感染、影响学生，调动起学生的情感，产生共鸣效应。我本人就是一个爱读书的语文教师，我不会喜欢布置抄写 10 遍、20 遍的课外作业，也不会喜欢发大量的试卷，而会鼓励学生走进图书馆，走向大自然，去阅读、欣赏、感悟、体验。

我爱看各式各样的经典作品，但我更爱读儿童文学。因为儿童文学恰似一股清风吹进儿童稚嫩的心灵，能从外及内打开儿童心扉。教师品读儿童文学，既能找到一条与孩子沟通的捷径，又能及时推荐好的作品给学生。在孩子阅读时，我也常手捧书读得津津有味，书中的喜怒哀乐尽现脸庞，看到精彩处，就声情并茂地朗诵给孩子们听。而孩子们都正襟危坐，明亮的眼睛紧盯着我，那神情分明在告诉我们：精妙的语言、文章已如磁铁般吸引了他们，他们已一起溶进了文章。有了这样的经验，孩子们怎么会不说“我要读”？如有一次，我发现学生刚开始不大喜欢看长篇童话，于是我就声情并茂地朗读安徒生童话《卖火柴的小女孩》，让学生体会小女孩那悲惨凄凉的生活，孩子被那故事情节深深地吸引着，急切地让我把故事情节读完，此时我知道他们已经喜欢上这种具有故事情节的童话书了，于是我在接下的一段时间里又随机地指导他们去阅读同样具有故事情节的童话书，如《美人鱼》、《皇帝的新装》、《聪明的阿凡提》等，并跟他们分享阅读的收获与心情，如今学生们对于这类书可喜欢读了，

而且还把老师当成是他们的大朋友。因为他们发现老师也爱看儿童文学，与他们有共同的兴趣，他们的心思老师也懂，是课外阅读使我和学生的心与心得到了沟通与交流，拉近了我和孩子的心理距离。

## 四、配合教材，引导学生积累与运用课外阅读

现行的语文教科书的作品经过严格的筛选、编排时充分考虑了儿童各个因素在各阶段的发展。我们除按进度读好自读课本外，还可以根据教材需要引导学生阅读有关的课外读物。

比如，小学1~2年级要认识常用汉字1600~1800个，这样的识字量比旧教材多出好多倍，目的是让学生尽早进行阅读，给他们打开一个丰富多彩的文本世界。如果只利用书本教材，要求孩子死记硬背，这会增加孩子很大的学习负担，学习效果也不会理想，而且渐渐地，一个只有七八岁的孩子就会对学习语文失去兴趣，因此，新课改强调多识少写。怎样才能更好地让学生巩固识字，又不增加学生的负担呢？我认为，在这个时候就可以开始培养学生的课外阅读了。因为通过阅读，不断地使用文字，让文字通过不同环境反复呈现是个很好的识字办法，这样也体现了语文的工具性。前几年我教一年级，一个半月的拼音教学结束后，孩子们开始学习识字、写字了。此时，我就引导孩子借助拼音这个拐杖开始阅读了。我利用每天的中午时间抽空给学生讲故事，学生每天都很期待讲故事时间的到来，看他们听得津津有味的时候，我就趁机鼓励他们说：“小朋友们现在已经学完拼音了，可以自己看书了，故事书里有许多动听的故事，如果想知道的话，你们就像老师一样读书吧。”学生被扣人心弦的故事情节激起了浓厚的兴趣，纷纷要求借书，有许多小朋友还买了书，效果非常好。三个月下来，多半孩子阅读带拼音的读物已经不成问题了。后来，我还指导孩子们制作“读书卡”，在阅读的过程中，把喜欢的字，会认的词或句子记下来。日积月累，孩子们在读中使用文字，又利用已认识的文字去阅读有趣的课外书，识字学习变得有趣、有用、有效，成功感日益递增，阅读兴趣越来越浓。



又例如，三年级上册第五单元，本组教材以“中华传统文化”为专题，由《孔子拜师》、《盘古开天地》、《赵州桥》、《一幅名扬中外的画》四篇课文组成。课文中既有描写生活中的人物故事，也有神话故事；既有对古代建筑的介绍，也有对古代绘画艺术的描述。学生通过学习课文，了解了中华传统文化的博大精深。针对本组课文，语文园地五的综合性活动紧紧围绕“生活中的传统文化”展开活动。如果不做准备就要学生说，学生肯定不知从何说起从何写起。这时候，老师就应该引导学生利用课余的时间，通过各种途径、采用多种方式了解生活中的传统文化。可以看书，可以读报，还可以把网络上的资料打印下来，这些都是课外阅读材料。我记得当时孩子们为了这次活动看了一些很有意义的书，比如，有《中华民族传统文化》、《生活中的传统故事》、《风筝的历史》等。根据语文园地五的要求，我还引导学生把在综合性学习中搜集到的有关中华传统文化的资料，进行整理、积累。大概过了一个星期，孩子们运用之前搜集积累的知识，在与这专题有关的口语交际和习作课堂上，说得精彩，写得

流畅，脸上挂满了成功的喜悦。是课外阅读给予了他们信心，使他们获得了成就感，自然而然，他们对课外阅读的兴趣就更浓了。

## 五、以赛激趣

（一）开展丰富的课外活动。

小学生好胜心强，任何一种竞赛，都能激发他们的兴趣，促进他们阅读。于是，我经常利用班会课开展多种形式的读书活动，如组织读书知识竞赛、查阅资料比赛、开展朗诵会、故事会、读书报告会，举行读书笔记展览、手抄报、剪贴簿展览等。这样的活动既检查了学生的阅读情况，巩固了阅读成果，又使学生自然体验到读书带来的乐趣。举办读书擂台赛可让学生根据自己的特长，自由选择参赛方式，通过形式灵活的多种活动，以体现学生的自主性，争取给每一位学生展示的机会。

（二）撷取多彩的社会信息。

飞速发展的社会把现代化课程的实施推向了一个全开放的崭新领域，充分发挥现代信息技术组合性、交互性的优势，日趋成为语文教学的组成部分。教三年级的时候，我就结合语文书上“宽带网”的内容，引导学生大力开发和利用信息化资源，组织学生进行撷取信息竞赛，课外阅读读的不仅仅是普通的书，还可以是各式各样的“书”，我鼓励学生自己创造“书”，以此促使学生主动去获取信息，养成良好的“阅读”习惯。每一个学期，我都让学生准备一个文件夹，并给这个文件夹设计一个漂亮的主题和封面，把平常收集到的资料都放进文件夹里，这样的文件夹就成了一本有趣的书了，孩子们把它称作《五彩缤纷的“书”》、《收集乐园》……有一次，在教学《孔子》前，我布置学生课前上网查阅搜集有关孔子的资料，让学生对孔子有个初步的了解，并引导学生在课堂上利用自己搜集到的资料进行交流讨论。课后，我让学生把资料整理好放进属于他们自己的“书”里，并定期交换阅读、评比奖励。孩子在交流阅读的过程中，时而得到老师肯定的表扬，时而换来同学羡慕的眼光。或者看到别的同学做得比自己好，暗暗下决心下次要做得更好。“书”的范畴在孩子的意识中扩大了，孩子的眼界也变宽了。孩子觉得原来自己也可以创造这样的“书”，自豪感满足感油然而生，对阅读的兴趣就更浓了。除此以外，我还让学生看中央电视台的《新闻联播》，新闻内容涉及国内外的政治、经济、军事、文化、科技、教育乃至人文风物等，信息十分丰富。然后在班内开展新闻发布会的时候，我就鼓励学生把搜集到的信息讲给大家听，为学生创设主动撷取信息的氛围，学生从中能获得许多课本中所没有的知识。

（本文获2009年花都区教学论文评比二等奖）

# “善”十足　魅无限

## ——浅谈在小学语文教学中培养学生的“善”

吴燕云

小学语文教学的目的，是指导学生正确地理解和运用祖国的语言文字，使学生具有初步的听说读写能力；在听说读写训练的过程中，进行思想政治教育和道德品质教育，发展学生的智力，培养良好的学习习惯。

教育是一种“唤醒”，唤醒人向善的天性。如果教育能够唤醒并保持儿童、少年向善的天性，提升儿童、少年向善的素养，那我们的教育就是符合人性的教育，我们看到的将是一个个健康活泼的身影，一张张灿烂快乐的笑脸，这样的教育就是“本善教育”。



但，看看我们身边的一些教育现状，你会觉得心疼。由于小学语文教学长期处在应试教育的重压下，一些急功近利的传统教学方式造成了人文教育的失落、个性和灵感的践踏。语文教学脱离实际，压制学生的个性和情感，特别是在对学生的日常观察中发现，由于应试教育使学生缺少接受人文教育、审美教育的机会，越来越多的“不善”出现在一些学生的身上。学生的“不善”的具体表现：

1. 学生不善学习。具体表现在课前不善预习，课堂上不善思考，发言不积极，缺乏合作、交流、探究精神。课后不善复习和巩固。

2. 教室校园环境较差。学生带零食，吃后口袋、果皮、食物壳乱扔，每天都在清扫，但保持不了一会儿，学校老师虽做了大量工作，效果不好。

3. 学生个人卫生习惯差。有的不剪指甲，有的不常洗澡、换衣服。个别不洗脸、不洗手者常见。这些不良行为影响了学生精神风貌，影响了校风校貌。

4. 绝大部分学生懒惰，好逸恶劳。他们在校参加卫生扫除拖沓、马虎，乃至不完成。在家很少参加家务劳动，一些学生从未做过家务，不知劳动的艰辛。种种不良行为对学生的健康成长造成了不利影响。

5. 学生不守纪律、不讲文明、不懂礼貌的行为时有发生。

这种情况的出现，与我们的日常以知识为本位的传统语文教学模式有很大关系。传统语文教学模式漠视了对学生“善”的人文素质的培养，从发展的角度看，这种教学无论在知识层面还是精神层面都不利于学生的发展。

《语文课程标准》提出："语文课程应重视语文的熏陶作用，注意教学内容的价值取向，同时也应该尊重学生在学习过程中的独特体验。""语文课程还应重视提高学生的品德修养和审美情趣，使他们逐步形成良好的个性和健全的人格，促进德、智、体、美和谐发展。"语言训练和思想政治教育二者是统一的、相辅相成的，语文训练必须重视思想政治教育，不仅要教学生学会作文，更重要的是教学生学会怎样做人。

为此，本人认为，21 世纪的教育应该重视提高对学生的"善"教育，使他们逐步形成良好的个性和健全的人格，促进德、智、体、美和谐发展。

那么，如何才能在小学语文教学中做到"善"十足，魅无限呢？在这里浅谈一下。

"善"教育是整合语文教学的深层教育。

语文学科是一个由工具性、审美性、思想性构成的多层次结构的学科。在这个结构中，工具性属于表层，审美性属于中层，思想性属于深层。"善"教育属于思想性的其中一种。因此，语文"善"教育绝不是语文教学的一种装饰，而是为了促进学生德、智、体、美和谐发展的一个重要手段，"善"教育是人文素质教育的重要目标。在语文教学中，培养学生的"善"，提高学生的"善"，塑造学生全面发展的完美个性是十分重要的，它直接影响着学生语文素养的形成和发展，是语文教学的重要目标，而不仅仅是手段。

在语文教学中，只有充分调动师生"善"的情感，挖掘教材中的"善"的因素，重视个体心灵的感受与体验，通过有效途径实施"善"的教育，才能使学生在参与性的双边教学活动中，发现语文教材中的"善"，培养鉴赏"善"、创造"善"的能力，不仅在过程中轻松快乐地学习知识、提高语文素养，而且为今后塑造全面发展的完美人格打开一扇成功的大门。



实践，是语文教学中实施"善"教育的最有效途径。

结合实践，下面我从识字教学、阅读教学、写作教学三个方面陈述实施"善"教育的有效途径。

## 一、有效途径之一 —— 在识字中培"善"

（一）美化、优化识字环境。

为了激发学生对识字的兴趣，我精心设置了有趣的识字环境：教室墙壁上贴着小朋友带来的汉字剪报；课桌上是小朋友注着拼音的名字；许多教具、学习用品、卫生用具都标上了注有拼音的汉字，让学生一进教室就像进入了汉字王国。学生们还给校园里的花草树木插上牌，写上它们的名称、生活习性、生长过程等。在学生能看到、听到、接触到的地方我尽量营造一种"美""善"的识字环境，让他们在不知不觉中学到知识，陶冶"美""善"的情操，培养审美、审"善"的情趣。

（二）根据学生的识字能力，挖掘汉字的文化价值和"善"价值，引导学生自发地寻"善"探幽。

1. 识字教学形象化。在识字教学中，追根溯源，对字形与意义进行有针对性的

分析，提取其音、形、义联系中的形象化审“善”因素融入教学，才能使学生见形察义，因声辨音，乐在其中。

2. 识字教学趣味化。在识字审“善”过程中，必须使各个环节都具有趣味性，使孩子们不断产生强烈的求知欲和愉快的体验，从而提高识字效果。

①联想识字。儿童以形象思维为主，识字往往依赖于简单的直接联想和具有智慧性的间接联想。他们的识字方法，常常有着独特的审“善”方式。比如：有学生这样记“德”字：“‘德’，就是十四个人一条心，团结一致，否则做任何事都不会成功。”这是多么有趣又合理的识字方法，既让学生掌握了知识、训练了思维，又培养了学生的“善”。

②猜谜识字。我们把机械的识字过程变成有趣的猜谜过程，不仅可满足学生的好奇心，还能使他们享受到成功的喜悦，从而更喜欢识字。有些字谜，能让学生加深对字形的记忆，同时也是对中国文字巧妙构造的审“善”。比如，“双木成林，三人成众”；有的谜语像一首美丽的小诗，是对学生进行“善性”教育的好素材，如：“木下口一张，酸甜伴清香，一枝出墙来，红艳报春光。”（杏）。

“一半绿，一半红，红的怕水，绿的怕火。”（秋）；“一口咬掉牛尾巴”（告）。学生一看到一首首小诗，就非常喜爱，反复诵读。这样的猜谜不仅仅是在帮助学生识字，更是在积累美好的语言文字，关键是培养了学生的“善”。

③童谣识字。许多形声字某些部件相近，低年级学生往往张冠李戴，而编首童谣儿歌把特别的字形与形象的情境联系起来，在风趣的语言中，可以让学生巧妙地记住字形，强化识字效果。比如：教学以“青”为形旁的一系列形声字时，我出示顺口溜：“有水方说清，有言去邀请；有目是眼睛，有心情意浓；丽人留倩影，日出天气晴；有虫是蜻蜓，有米人精神。”学生读时乐得眉飞色舞，读后笑得前俯后仰，记得特别深刻。更喜人的是，学生也逐渐爱上了用编童谣的形式记形近字，一时间，学习园地里贴满了学生创作的识字儿歌。



3. 识字教学情感化。美育的情感性决定了培“善”过程要以情动人。在识字教学中，结合汉字背后的文化因素和书法审美常识，使识字、写字教学情感化、审美化。

①在故事中体味中国文字之“善”。比如在讲解“朝”字一字多音的用法时，我向学生介绍了温州著名诗人王十朋在江心寺留下千古流传的对联：“云朝朝朝朝朝朝朝朝散”和下联“水长长长长长长长长消”。让孩子们在掌握课本知识的同时，亲身感受中国汉字一字多音的魅力，激发学习汉字的浓厚兴趣。

②在书法艺术中感受汉字的“善”。写字教学要以情动人，我经常向学生介绍历代名碑名帖，引导学生欣赏书法艺术之“善”，在练字课上播放些古筝音乐助兴，通过乐曲中力度的强弱，旋律的起伏变化及节奏的抑扬顿挫，使学生在书法练习中获得美的享受。

（三）开放识字课堂，在生活中识字，领略真实的汉字“善”。

我们鼓励学生在生活中自主识字，让识字从生活中来，再回到生活中去。比如：

走在马路上，让他们读读路名、商店招牌及广告牌；让他们依靠识过的字读懂一则小故事，一首儿歌。学生的识字能力和自信心也在开放识字的过程中得到培养。

## 二、有效途径之二 —— 在阅读中育“善”

《语文课程标准》坚持把培养学生的人文素养放在语文教学的首位，认为它是现代社会一代新人的必备条件。钱理群教授说：“中学语文教学落实到人文教育上，就是给人建立一种精神底子。这个根本任务，当今语文教学应当担负起来。”

语文的阅读教学是一种审美、培“善”的教学。文章不是无情物，文学的艺术，语言的艺术，思维的艺术都激荡着强烈的“善”情感活动，蕴藏着丰富的“善”情感因素，凝聚着人类“善”情感的精华。

在语文阅读教学中，要引导学生领悟中国语言所蕴涵的民族精神、民族感情和民族道德关怀，学习中华民族的优秀传统文化，开掘中国语言的人文价值，注重领悟作品本身所包含的感情因素和文化内涵。语文教师必须担当传播“善”的使命，像重视智育一样重视人格的培养，促使学生在“善”的追求中形成高尚的情趣和健康的个性。一旦学生具备了完美的人格，他们就有了丰富的情感去爱国、爱人和自爱，他们也就有了高尚的“善”的追求。

如通过教学陆游的“死去元知万事空，但悲不见九州同。王师北定中原日，家祭无忘告乃翁”，文天祥的“人生自古谁无死，留取丹心照汗青”，龚自珍的“我劝天公重抖擞，不拘一格降人才”等，就会使学生得到高尚的人生价值观、道德观教育。我们在解析这些范例，训练学生阅读的时候，还可以不失时机地引导他们努力把模范人物的品格移植到自己身上，借助教材中得天独厚的育人因素，优化学生的人格结构。

又如六年级的《卖火柴的小女孩》，丹麦著名的作家安徒生通过这个童话，表达了对穷苦人民悲惨遭遇的深刻同情。教学这篇课文，我利用多媒体辅助教学，引导学生逐层深入，品读并理解课文。

上课一开始，我就绘声绘色有感情地范读，把学生带到悲伤、凄凉的氛围中。然后我放手让学生自己读书，让学生在读中感悟，加深了对小女孩的可怜与悲惨生活的理解，更尊重学生的情感体验，激发同学们对小女孩的同情。

接着在课堂中我抓住文中的重点句：“他们俩在光明和快乐中飞走了，越飞越高，飞到那没有寒冷，没有饥饿，没有痛苦的地方去了”，让学生体会小女孩的可怜，在此基础上，精读、感悟课文第五至第九自然段。利用课件展示她五次擦燃火柴，体会她为了美好的幻想，付出了幼小而鲜活的生命，小女孩的境遇实在是太凄惨了，同学们的心情也随之沉重下来，并深深地为卖火柴的小女孩而鸣不平！

最后课外练笔，升华主题。假如卖火柴的小女孩来到我们身边，你们说些什么，做些什么？她警示我们，应该去关注并关爱像小女孩一样被穷困生活所折磨着的人。

通过课外练笔，不仅加深了学生对小女孩悲惨遭遇的理解，还进行了一次爱的教育与洗礼，使学生懂得，只要人人都献出一份爱，世界将变成美好的人间！

我们深入钻研教材，同时也是一次自我教育、自我培“善”的过程。我们从接触

教材开始，就要使自己的思想和教材中的思想意境融合在一起，为教材中体现的爱而爱，恨而恨，忧而忧。正所谓：“清风明月本无价，近水远山皆有情。”

## 三、有效途径之三——在写作中养“善”

作文是心灵的写照，是认识的再现，是感知的流露。有什么样的认识和感情就有什么样的文章，叶圣陶先生说过，“文是心有所思，情有所感，而后有所撰作。”文如其人，作文和做人相一致，教文和育人相统一。在作文的过程中育人，在育人的过程中作文。

在作文教学的各个环节中进行德育渗透。在平时的作文训练当中，一般是由老师选题，无论是命题作文、半命题作文，还是话题作文，都有一个德育导向的问题，作文内容自然是离不开人和事，让学生关注哪一方面的做人道理呢？孝敬父母，尊敬长辈，珍惜友谊，讲究公德，热爱劳动，热爱生活，热爱祖国等等，这些传统的中华民族传统美德均可入题。即使是写景的文章，也能培养学生热爱家乡、热爱祖国山河的思想感情，或进行一次环保德育。有了好的题目，学生是否能“领情”呢？这时就要求学生能正确地审题了。审题时要抓住题眼，挖掘其中的德育内涵。例如作文题目《做你的学生真幸福》，题眼是“幸福”，是什么令你幸福呢？是老师循循善诱的教学方法？是老师情同父母的关爱？还是老师那活力四射的激情感染了你？题中一个“真”字，不由得你不尽情回忆和老师朝夕相处时的每一分美好时光。这时候其实已经在选材了。你与老师之间发生过哪些印象深刻的事情？老师的哪些言行对你的教益最大？根据这个题目，我选哪些内容最妥当？在这样思索的过程中，感恩之心油然而生，一种急切表达的欲望喷薄而出。作文写好后，语文老师的评改是一个必不可少的环节。老师及时而正确的德育性批语能给学生以明确的价值取向，能促进学生形成健康的价值观和人生观。



叶圣陶老先生曾说：“写东西全都有所为”。这一精辟论述深刻地揭示了语文学科的性质，揭示了“教作文与教做人”的辩证统一关系。作文教学的难度就在于它是一种作者思想、生活、知识、文学等各方面的综合训练；作文教学的深度就在于它反映在所见所闻、所感所思、所作所为的相互渗透之中。实践证明，作文教学为德育工作、教书育人提供了基础，以文悟道、相机渗透又推动了作文教学。这就是寓德育于作文教学之中得天独厚的优越性。

以上，是我对小学语文教学对学生培“善”、育“善”、养“善”的一些看法。总之，我们要善于抓住一切机会，善于发掘教学材料中的“善”，恰到好处地表现材料中蕴涵的“善”，以此培“善”、育“善”、养“善”，让我们的社会更加和谐美好！

为了我们孩子的美好将来，让我们的语文教学“善”十足，魅无限吧！让我们的语文教学永远美丽绽放！！

**参考文献：**

语文教育研究．2005－08.

# 游戏是天使　趣味是老师

## ——让作文课堂动起来

利满珍

苏轼曾写过一本《画竹记》，介绍画竹的经验说：“画竹，必先得成竹于胸中。”这就是说，画竹的画家，在动笔之前一定要酝酿成熟，先有一个生动具体的竹子形象在心中，这样画出来的竹子才生动。

苏轼的好朋友文与可也同样擅长画墨竹。两位文人的竹画能如此成功，是因为做到了胸有成竹，仔细体味，他们的经验给了我三点提示。第一，文与可家的院子前后，栽满了青翠的竹子，他每天到竹林观察竹子在不同时间、不同气候的变化。可见，善于观察，生活经验的积累是他们创作的基础。第二，激动情绪，客观对于主体来说是充满情趣，能激发灵感的。两位文豪不约而同地钟情于画竹，可见竹正直不阿的形象是两人所欣赏和喜爱的。这是他们笔下的竹栩栩如生、极之传神的前提。然而，内在的素养、创作的热望都具备，行动却没有与之同时进行，待灵感消失，热情冷却再执笔，笔下的事物就难再畅快淋漓了。文与可他观赏竹子，看得高兴就挥笔作画。转眼之间，他的笔下就出现了一根根生动传神的竹子。可见，当我们在产生不吐不快的激动情绪时，便是下笔的最佳状态。此时，物动于眼、情动于心，笔动意丰，主客两者间得到最和谐的融合。因此，写动态中的事物和情感，这是本人所倡导的第三点。



将这几点带到作文课堂中，付诸实践，在本人的教学中发挥了举足轻重的指导意义。

首先，采撷生活中的“浪花”，以生活中的真人、实物为作文的材料。

很多学生在写作文的过程中都觉得无话可说，不然就是篇幅长，但言之无物，内容空洞，乏善可陈。久而久之，学生对写作文产生畏惧感，谈“作”色变，作文的水平就更难提高上去。究其原因，我们能发现，很多学生对“我的爸爸（妈妈）”“记一次××比赛”等一类现实性较强的命题作文是完成得较好的；而一些时间、空间与生活相距较远的命题作文，如“二十年后的我”，让农村的孩子写“繁华的广州”，让一些学习条件落后的孩子写“我们的科技小组”、“快乐兴趣班”等，学生对作文的命题就已觉得陌生，还能要他们写出好作文来吗？

所以，我们的立意新颖，题材特别，时代感强的作文当然是老师理想中的佳作，但能写出这样的作文的学生毕竟只有少数。其他的学生，并不是他们智力低、文采乏，而实在是因为那些作文的命题和内容在他们的生活中只是一鳞一爪。面对陌生的命题，即使满腹文辞，也派不上用场。也就造成了不少学生厌写作文。

如何在课堂上给学生一个相对平等的起点，从而引起他们习作的兴趣呢？那么就从真真实实的生活出发吧。教学生带上他们的“五员大将”，看生活、听生活、说生活、感受生活，“我手写我口”，写生活中实实在在、有血有肉的人、事、物；从平常中写起，从字数、篇幅处抓起，逐步在他们的头脑中将作文的概念明朗化，并适当降低难度要求，减少学生的挫折感，消灭对作文的畏惧感，树立他们习作的信心。

其次，多写现在进行时，让学生写出“动”的内容。

既然要采撷生活中的真实，又要给学生一个平等的出发点，那么作为老师就要在课堂上多为他们创设一些生活的“浪花”，制造作文的现在进行时机，让学生在游戏活动中感受、观察、思考，写出“动”的作文。将生活浓缩，可以在课堂上进行游戏，使课堂气氛活跃起来。游戏可以是竞赛型的，如“击鼓传球”游戏，体育技能竞赛等；也可以是活动型的，如组织一场哑剧表演等；还可以是开放型的，如做做大脑保健操，给学生一个圆点，能想到什么，或进行一些心理小测试，训练学生的想象力和综合能力。总之，迎合学生的心理需求，多给他们制造一些游戏的情境，一些表现的机会，多替他们积累一些生活的经验。

但游戏并不是作文课的最终目标，做游戏是为了帮学生写好作文，所以在进行游戏时一定要善于引导学生在游戏中进行观察及理清内心感受，并提醒他们生活中的时间和艺术时间的不同，教会他们将有限的课堂时间在作文中多角度地拓宽，提高他们的技巧，避免出现流水账。



再次，习作“热身运动”——激动情绪，激发表达的热望。

激情，自古是名篇孕育的温床。屈原主张“发愤抒情”，司马迁提出“发愤著书”，陆机在《文赋》中强调“缘情”，韩愈认为“不平则鸣”。可见，情感的激动是写作的源泉，人只有受到外物的刺激，激发表达的欲望，下笔才能清晰透彻，骨肉丰满。当一个学生正处于成绩退步的懊恼中时，他能写好“快乐的一天”吗？不能。但如果此时让他写写“学习中的喜与忧”，他一定能娓娓道来。情感态度在很大程度上决定了作文的成功与否。

此外，学生的习作也是需要灵感的，跟一些机械的抄写作业不同。知道这一点可以使我们对学生的作文作出更客观的评价和宽解。一个学生就曾告诉我，他白天写作文时是“寸语难行”，但在安静的晚上，如果认真、聚精会神，文思犹如泉涌，没多久就能完成一篇好作文。对此，我是可以理解的。唐代大诗人李白，被称为“诗仙”，但如果少了酒精的刺激，他那浪漫、豪迈、瑰丽的诗作就难以诞生。而提到鲁迅，一手拿烟，一手握笔，这也成了许多人心中不可磨灭的形象，《狂人日记》《阿Q正传》等等名篇便是在这袅袅的烟雾中诞生的。

训练观察、启发思维、提高作文、旨在创造，这是语文老师都赞同的作文教学的

大方向，而新课标也要求我们的学生“易于动笔、乐于表达”。在新课标这一阵春风的吹拂下，各地的理论和研究如百花齐放般开遍泱泱神州的教坛，百家争鸣、异彩纷呈。我从前辈的成果中汲取了宝贵的经验，也看到了作文教改的光明前景。在各家理论的学习及教学的实践中，我体会最深的是，我们不能再光喊“学生是主体”了，应该把这个学习的主动权落实到学生的身上，尊重他们的天性，信任他们的能力，支持他们的行动，让游戏成为帮助他们学习的天使，让趣味变成他们最接受的老师。

点评：“本善本色”是我校近年开展的课题研究，在教学中，我也有机地结合我们学校的课题研究，根据学生年龄特点，尊重学生学习主体，尊重孩子的天性，充分调动孩子的兴趣，在教学中，不但让孩子掌握写作的技巧，更是注重培养孩子的观察能力，与人合作的能力，还有培养孩子高尚的品格。

# 善于探索，提高课堂提问技巧

李春燕

提问是课堂教学中不可缺少的一种重要手段，可以说一个不能提出有效问题的老师，不是一个好老师。新的教学理念要求：提问不仅仅是老师的事，更是学生的事。从这个角度说，一个不能够引导学生提出有价值问题的老师，更不能算得上一个好的老师。因此，在课程改革的今天，教师不仅要善于探索课堂教学时提问的有效性，更要善于探索引导学生提出有价值问题的方法。

## 一、教师课堂提问应该有效



教师有效的提问，可以激发学生兴趣，启迪学生思维，检查学生获取知识、掌握方法的情况；还能调节课堂气氛，沟通师生感情，吸引学生的注意力。在课堂教学中不时提出一些有效的问题，营造一种积极的、热烈的、竞争的课堂气氛，一个个闪烁着奥秘之光的问号一定会转化为学生的智慧火花。老师在课堂上提问要做到以下几点：

（一）讲究提问方式，激发学生思维。

1．发散式提问。

求异思维是创造性思维的核心，采用发散式提问是培养学生求异思维的有效途径，采用发散式提问，教师要精心选择一些发散点，引导学生从不同角度，不同侧面，不同切入点思考。由点发散，多向思维，可以锻炼学生思维的多元性、广泛性，也可以为某些创新提供契机。

例如，在教《故乡》一课时，就少年闰土月夜看瓜的一个细节，故意提出这样一个问题：少年闰土聪明机灵，可为什么没有刺到猹？这一问题激起了学生的多角度思维，得出了各种各样的答案。有的从猹的皮毛特点考虑，认为皮毛太滑，难以刺中；有的从月夜特点考虑，认为月光下瓜地一片朦胧，看不太清；有的则从作者创作意图的角度进行分析，认为要表现的不是少年闰土的刺猹技能，而是小闰土纯真活泼的童趣，若真让他刺死了猹，反而破坏了这种耐人寻味的情调；还有一个学生的见解更为独特新颖，他说那是闰土并不想真刺死它，主要是这晚的月色太美，刺死那猹岂不太

煞风景？……学生的每一种回答都有一定的说服力，有的甚至上升到了意境和创作意图的高度来理解，充分体现了学生思维的灵活性与深刻性。可见，发散式提问的巧妙运用有助于培养学生的发散思维，进而培养学生的创造性。

2. 突破式提问。

突破式提问，是指问题的答案并不仅限于所学课本的知识内容，而往往是超越课本知识以外的回答。也就是说，教师在课堂上提出的问题，不仅要求学生能用课本上的现成知识回答，还要求学生以自己的阅历和知识基础，根据自己收集和储存的知识和自己的社会经验来回答问题。其作用，一是开阔知识视野，处处留心皆学问。二是培养学生收集、积累知识的习惯。三是建立自信心，使学生相信自己的眼睛和判断，相信离开老师，自己也能获得知识。四是提供一个让学生表现自己的机会。其目的，无疑是培养探索意识，保持学习热情，丰富知识基础，为创新精神的形成奠定基础。

例如，教学《故乡》，我设计了这样一个突破口：闰土小时候“红活圆实”的手，到了中年时却变得“又粗又笨，而且开裂，像松树皮了”。这其中的原因，让学生根据课文内容及他们丰富的想象去探求。学生便很快地理解了二十多年来，故乡不但没有变化，甚至更落后及衰败了，从而也理解了封建制度的罪恶，人物形象的分析与小说主题的揭示很自然地让学生领悟到了。

3. 比较式提问。

比较式提问，是指教师提问的目的是让学生在众多答案中进行比较、鉴别，选出最优的答案。比较是一切思维和理解的基础。比较式提问，能使学生在观察、对比中获得对事物清晰完整的认识，从而得到新颖而有价值的思维成果，从而诱发兴趣。



例如，让学生回答“____的小路，____的小溪”，答案有很多，但如果从“长长，弯弯”选择最恰当的分别填空，那么最恰当的选择是：长长的小路，弯弯的小溪。本来“____的小路”两个词语都可以用，但因后面有“____的小溪”，所以只能选择“长长”。通过比较式提问，使学生能在回答问题的过程中既进行发散思维的训练，又进行集中思维的训练。

4. 激励式提问。

采用激励式提问能促使学生产生求知的激情，探索的欲望，促进学生的创新思维，为学生自主发展创造机遇。如：上课适当允许学生随时举手提出问题、讲出思想的火花；允许学生和老师争论；课堂提问时经常问“你说呢?”“你认为呢?”“你的观点呢?”“你的看法呢?”“还有不同的想法吗?”“再想想?”等，鼓励学生自由地表达自己的观点。一旦学生成功，要及时赞扬鼓励，让学生体验创新的喜悦。例如经常以“很好!”“很有新意!”“你真会动脑筋!”“你的想法真令人惊奇!”“看谁最聪明，最能干!”“你真棒!”“你真行!”“你真了不起!”等话语赞扬学生的新观点。

5. 逆向式提问。

思维习惯的束缚和思维定势的影响，是学生创新意识和创新能力发展的最大障碍。在阅读教学中，教师要把握课文重点，突破定势，采用逆向式提问，引导学生从反向思维中进行新的探索，促使学生寻求与众不同的答案，发表独到的见解，有利于

学生批判性思维的发展。

如：教学《詹天佑》一课时，为了引发学生从不同角度讨论，全面理解课文内容，学生默读完课文，我在黑板上郑重写出“假如詹天佑不出来主持修筑京张铁路，将会有什么样的情况?”的问题。打破常规的教学方式“逆向提问”，引发了学生激烈的讨论、争辩。一堂课下来，学生几乎是各抒己见，滔滔不绝，一致认为詹天佑不主持修筑京张铁路，将会出现：①外国人的讥笑会使中国人抬不起头；②不会出现“人”字形线路，也没有“中部凿井法”的技术；③中国修筑铁路的技术也许不会发展得这么快；④詹天佑不会“杰出”，更说不上“爱国”……

6. 启发式提问。

启发式提问就是教师运用富有启发性的语言，“创设问题的情境去点燃学生好奇心之火，去打开学生思维的门户”。具体说就是指教师在讲授中适时地提出发人深思的问题，激发学生思考，把学生引入新的求知境界，使他们从单纯的“听而有得”的被动局面中解脱出来，移步到“思而有获”的主动局面来。

如：教学《狐狸和乌鸦》，老师：“你们大概听说过乌鸦反哺的故事吧？小乌鸦为什么会这样呢？因为它们小的时候，大乌鸦非常爱它们，找到好东西从不舍得自己吃掉。有一天它飞出去，找到了一片肉，就叼了回来，落在窝边的树枝上，心里甭提多高兴啦，你们以为它的孩子这下一定可以大饱口福了吧？没有哇！它的孩子根本没有吃到肉——它把肉喂了树下住着的那只狐狸啦！乌鸦为什么把肉给了狐狸呢?”待到学生基本熟悉了课文情节以后，老师继续问道：“狐狸两次问好，乌鸦都没上当，为什么第三次就中了计呢?”这样趣问，学生的定向探究始终活跃，易于清晰揭露注意对象的意义和作用。“启发式提问”不仅仅是在培养学生的“问题意识”和解决问题的能力上起一定的作用，更重要的是反映了教师本身的创造性。一般的教师能让学生在愉快的环境中学会教学大纲中所规定的知识内容，而好的教师不仅让学生学会知识，还能让学生掌握一定的学习方法，能在教学过程中经常提出一般教师不易发现的问题，那才是具有创造性的教师。



## 二、控制提问的“度”

课堂提问应遵循学生的认知发展规律、思维发展规律、心理发展规律和语文教学规律，因此，要控制课堂提问的“度”，一是难易的“度”，二是时间的“度”。

（一）控制提问难易的“度”。

课堂提问要难易适中。教师设计课堂提问要能激发学生积极思维。过大、过深、过难的问题，全班站起来一大片或谁也回答不了，最后只好由教师自答，这虽然完成了提问的形式过程，但只是在学生的陪衬下表演了一下教师的高明。过小、过浅、过易的问题，学生不假思索即能对答如流，不仅无助于思维能力的锻炼，而且在表面上看似繁荣的背后，会养成浅尝辄止的不良习惯。那么，如何正确地掌握课堂提问的“度”呢？有位教育家说得好：要把知识的果子放在让学生跳一跳才能够着的位置。这个比喻生动而准确地告诉我们：课堂提问既不能让学生高不可攀，也不能让学生唾

手可得，而应该让学生“跳一跳”——开动脑筋积极思考后获得正确的结论。

如《给颜黎民的信》中有这样一句话：“至于看桃花的名所，是龙华，也有屠场，我有好几个青年朋友就死在那里面，所以我是不去的。”这个句子表达的意思比较隐晦，为帮助学生理解其中深刻的含义，可设计如下提问：①鲁迅喜爱桃花吗？②龙华既是看桃花的名所，鲁迅理应去看看，为什么不去呢？③这几句主要表达了鲁迅怎样的感受？第一个问题引导学生从上下文找出有关词句，明确鲁迅是喜欢桃花的。第二个问题是启发学生理解的关键，引导学生理解不去龙华看桃花的原因。第三个问题深入追问，水到渠成，使学生理解这句话蕴涵着鲁迅对死难烈士的深切怀念，对反动派罪行的强烈愤慨，表达了鲁迅爱憎分明的思想感情。如果省去前边两个问题的铺垫和启发，直接问：这句话表达了鲁迅怎样的思想感情？就会把学生问“哑”，收不到理想的效果。

（二）控制提问时间的“度”。

如何从有限的时间上合理安排“等待时间”，要从两个方面入手：第一要有高质量的问题。这就需要教师在备课时花更多的时间精心设计问题：根据学生的身心特点和自身的发展情况，设计难易适度、有层次、针对性强、思维含量高，切入点准确的问题。问题精当之后，学生在课堂上就会有充分的时间进行思考。第二要考虑问答的对象。教师常会指定学生发问，或开火车等形式发问。这样做虽然省时，弊端是部分学生不去注意思考教师的问题。所以教师在确定答问对象时应面向全体学生，要让所有的学生都带着问题去思考，等学生思考之后再指名回答。同时也要高度重视发挥学习小组的作用。小组讨论交流时间要充分，不能流于形式：既不能过于频繁，也不能过于仓促。在课堂上要舍得花时间去讨论有价值的问题，对于一些无讨论价值的问题，教师应适时点拨，以免浪费时间。这样，学生学习的目的明确，会积极主动地参与教学，与同学们一起探究、讨论。另外，确定答问对象还要考虑学生的层次性，对不同层次的学生设计不同难度的问题，这样促使他们通过回答问题产生成功的快感，激发其学习的自信心。



教师的不同提问方式，对学生的思维、学业成绩以及对外界的态度产生的作用是不同的。因此，研究课堂提问，首先要提高教师的提问水平。善于探索课堂提问的技巧，能促使教师有针对性地提出有思考价值的问题，激活学生的思维，使学生的思维水平由低级向高级水平发展。运用新颖、多变的提问形式，激发学生的学习兴趣，主动探索的欲望，促使他们千方百计地寻求与众不同的答案，发展了学生的批判思维，培养了学生的创新意识。

（2009 全国优质科研论文评选活动中，获优秀学术成果一等奖）

**参考资料：**

1. 刘显国．课堂提问艺术．

2. 吴效锋．新课程怎么教——教学艺术与实践．

3. 陈龙安．创造思考教学的理论与实际．

# 为孩子开拓快乐阅读的新天地

张雪群

古人有“书中自有黄金屋”之说，朱熹也曾经指出“读书百遍，其义自见”，杜甫所提倡的“读书破万卷，下笔如有神”等，无不强调了多读书广集益的好处。确实，一个爱读书的人，必定是一个文化素质较高的人；一个有理想和追求的人必然是爱读书的人。《语文课程标准》中也明确指出：“培养学生广泛的阅读兴趣，扩大阅读面，增加阅读量，提倡少做题，多读书，好读书，读好书，读整本的书。鼓励学生自主选择阅读材料。”对于孩子们来说，世界是挂满了问号的天空，通过阅读，他们不断地找到答案，同时在阅读中又不断地提出问题，从而不断地向知识殿堂的更深处去求索探秘。课外阅读是孩子们接受知识的重要领域，它大大地开阔了孩子们的视野。我深深意识到提高阅读能力，对课外阅读进行合理引导已势在必行。那么如何把孩子们领进课外阅读的广阔领域呢？



## 一、让孩子们“了解”课外阅读

小学是孩子们步入学习殿堂的起始阶段，他们的课外阅读均是自发的并带有一定的盲目性。教学的艺术在于激励、唤醒、鼓舞，让他们明白课外阅读是为了丰富知识，培养兴趣，陶冶性情，发展其智力。掌握精读、细读、画线、眉批等一些基本的阅读方法，为今后提高孩子们课外阅读质量打好坚实的基础。

孩子们是阅读的主体。课外阅读的开展要以人为本，不断挖掘课本资源，实现“拓展性”阅读。这样，以孩子们自主独立阅读为“中流砥柱”，一方面，结合语文教学进程，进行发散性阅读。如：学习《乡村四月》，我让学生阅读古今中外关于描写美好乡村生活的诗词歌赋，这样既能使孩子在意境悠远的诗词歌赋中徜徉，又升华了对课文的感悟。另一方面，以同一主题的选文为载体，让学生进行扩展性阅读。如：学习《麻雀》一组选文时，我让学生收集阅读有关“爱”的文章。学生通过上网、去图书室等方法收集了如反映“父子之爱”的《背影》、《地震中的父与子》，表现“母子情深”的《秋天的怀念》、《看望》等佳作，收到了良好的效果。

课外阅读并非只有阅书一法，它应该是一个以书籍为中心，涵盖听（如书籍录音

带等)、说（如演说体会等)、读（如表情朗读等)、写（如精彩语段等）的完整的读书系统。如收看“三星智力快车”、“大风车”等电视节目，也是丰富学生知识，开展课外阅读的一种有效途径。现代意义上的阅读已经不仅仅局限在报刊书籍上，电影、电视、网络大大地扩大了孩子们的阅读空间。因此，有选择地观看知识含量高的影视节目和光盘，可以迅速增长知识。

## 二、让孩子们“亲近”课外阅读

课外阅读的顺利开展，“了解”是前提，“亲近”是关键。孔子云：“知之者不如好之者，好之者不如乐之者。”因此，要让课外阅读能“深入人心”，激发孩子的兴致，实现灵魂上的“亲近”是当务之急。只有让孩子们产生阅读的内部动力，才能开发心智，主动去了解、研究，在了解和研究的过程中，逐渐培养学习的持久性，提高自学能力。

（一）情境渲染。我用“开卷有益”、“读书破万卷，下笔如有神”、“熟读唐诗三百首，不会作诗也能吟”、“博览群书，而晓天下”等成语和诗句来启发、熏陶学生，让他们懂得多读书对提高自身的习作水平与语言表达能力有着重要的作用。

（二）名言引路。为了让孩子亲近阅读、亲近母语，我运用了家喻户晓、耳熟能详的名人名言来启发他们，发挥亲近母语中那充满警示性的名言佳句的优势，如“知识就是力量。”“生活里没有书籍，就好像没有阳光，智慧里没有书籍，就好像鸟儿没有翅膀。”“书，能保持我们的童心；书，能保持我们的青春。”等名言警句，让孩子们走上课外阅读的“罗马大道”。



（三）轶事启迪。以叶圣陶、马克思、鲁迅等伟大人物的终生学习的热情来激励学生。比如，有人向著名教育家叶圣陶请教：“您在语文方面的造诣那样深，您是怎样学习语文的呢?”叶老坦言：“得益于校外。”诸如这些名人读书轶事，让孩子们从中懂得：读的书越多，其源愈远；读书的面越广，其水愈活，写起文章来才能左右逢源。

（四）书籍推荐。根据年龄、学段、性别、性格、心理特点等方面的差异，对孩子的爱好进行了解，有的放矢地介绍他们感兴趣的书籍，一般来讲：小学低中年级以童话、神话、寓言、民间故事为主，而高年级学生除故事外还对传记、传奇、惊险小说等感兴趣，可以说进入了文学期。女生一般喜欢看有故事情节的书，而男孩则对史地、体育、科学等方面感兴趣。罗曼·罗兰曾说过：“要撒播阳光到别人心中，总得自己心中有阳光。”所以，教师不光要熟知图书内容，更要加深对书的感受，这样在推荐书时才会游刃有余。

1. 推荐方式可以有书刊的推荐、篇目推荐和内容的介绍。例如：我教五年级时，就给学生讲《三国演义》和《水浒传》的故事内容。课后，同学们争先恐后地看这些书，得到了很好的效果。

2. 教师推荐和学生推荐方式的机动性相结合，统一推荐和个别推荐相结合。

3. 教师在推荐过程中，应用必要的指导和技巧。老师在学生的心目中总具有特

殊的地位和作用，他们往往想了解自己的老师在他们这个年龄时是如何学习的。根据这一心理特点，教师可利用时机和学生谈谈自己儿时的学习，为学生树立学习的榜样。美国全国阅读方法研究协会某一校长，就曾根据学生的这一心理特征进行教学实验：她一有空就待在教室里，把自己喜爱的书推荐给学生。在她的影响下，她所在学校的学生早已行动起来，从图书馆中找到这些书并借出，劲头十足地读起来。这位校长给学生强烈而绝对肯定的启示便是：“阅读非常有趣。”这一实例说明教师的指导方法和技巧对于引领孩子们“亲近”阅读是很重要的。

## 三、让孩子们“迷恋”课外阅读

为学之道在于厚积而薄发。著名语言学家吕叔湘先生曾经说过：“从我自己学习语文的经验来看，将课内与课外三七开。”可见课外阅读已成为他学习语文的主要来源，如何才能让我们的孩子“为伊（课外阅读）消得人憔悴，衣带渐宽终不悔”呢？

首先，开展形式多样的读书交流活动，激活孩子们的心理状态，满足他们阅读交际情感需求，为孩子们提供表达的机会和舞台，让孩子们留恋。孩子们进行课外阅读，既希望读有所得，又期望所得的收获明显，得到老师、家长和同学们的认可与赞许，从而满足自己的成就感。针对他们的这一心理特点，我们可开展一些读书心得交流会、朗诵比赛、讲故事、猜谜语、读书经验交流会、自办手抄报和自办手抄小杂志等活动，让孩子们有施展才能的机会，大大激发了同学们的阅读兴趣。所以大力开展多样的读书活动，能极大地激发孩子们课外阅读的信心与热情。



其次，通过经常性的读书交流活动营造浓郁的读书氛围，形成“阅读情感场”，产生谐振，让学生期待。我的做法是：每周确定一个具体时段，让每位学生去精选些感受深刻的语段来读一读，品一品，实现“资源共享”。“每周一诗”，每星期抽出一节课举行诗词朗诵会，检查学生背诗的情况，对一些能够有感情地朗诵，能简单介绍诗词内容，并能说出诗歌的写作特点的学生加以表扬。长此以往，古诗词那精练的语言、抑扬顿挫的韵味、丰富多彩的思想感情，潜移默化地提高学生的阅读鉴赏能力。“每日一听”，发挥教师的语言魅力和人格影响，每天给学生读一篇佳作。“每日一背”，让学生每天从摘抄本上摘抄一些精彩语段，推荐给学生背一背。让孩子们“迷恋”课外阅读。

课外阅读是课内阅读的延伸与补充，是根治学生语言贫乏症的良方。在课程改革如日中天的今日，作为母语启蒙教学的我们为孩子的未来该做些什么呢？那就是——引领孩子走进课外阅读的广阔领域，开拓快乐阅读的新天地！

**参考文献：**

1. 语文课程标准.
2. 小学语文教学.

# 小学语文教学中创新能力的培养

欧阳秀玲

创新是一个民族的灵魂，提高民族素质是教育的根本任务。小学语文作为义务教育阶段的基础学科，对学生基本素质的培养有着不可替代的作用。在语文教学中如何实施创新素质教育，培养学生的创新精神和实践能力呢？下面谈几点看法：

## 一、创和谐氛围，铺创新路子

心理学家曼德勒认为，环境刺激引起认识解释，认识解释引起唤醒知觉，唤醒知觉导致情绪体验。因而那种昏昏欲睡的思维状态，死气沉沉的思维空间，是诱发不出创新激情，迸发不出创新火花的。怎样创设和谐教学氛围呢？首先，教师要以情激情，以情启智，以情动人，摒弃“师道尊严”，尊重学生，爱护学生，让学生感受到教师对自己的呵护，倾心于师，信从于师，“亲其师，信其道”，建立平等师生关系。其次，教学中把自由发表意见的权利交给学生，充分听取学生意见，突出主体作用，允许学生发表不同意见，对于学生别出心裁的想法、千奇百怪的疑问，教师不得压抑、挖苦和讽刺，应实事求是地解答或组织讨论，对自己没有把握的问题，避免简单的指责和训斥，要创设民主的教学氛围。三是打破师言堂的教学格局，避免牵着学生鼻子走，师生之间要共同讨论，达到配合默契、心灵相通的教学境界，用“谁愿试一试？”“你能解答吗？”等商量的口吻与学生一起探讨，共同学习，促进学生敢学、愿学、乐学的最佳状态的形成，营造积极参与、主动探索、和谐互动的教学氛围。



## 二、质疑问难，诱发创造个性

动脑筋、有创意地生活是时代对儿童提出的要求。因而在教学中，我们要切实保护学生的好奇心和创造火花，鼓励学生质疑问难，激发起学生求知的强烈愿望，让学生在已有的知识基础上，去探索规律，给学生更多的想象机会，从而培养学生的创新精神。

例如：在教学《小摄影师》一文，让学生读课文提问，高尔基为什么一直记得小男孩？为什么不喜欢大记者的采访，却喜欢少先队员的采访？这说明了什么？让学生

在疑问中去探索，在不断探索中去创新、发展，从而了解这篇课文的写作意图和中心思想。

在教学《奇怪的大石头》，学生在学习时会提出，这块石头从哪儿来的呢？李四光怎么解开这块巨石的来历呢？李四光明白了什么？通过质疑，学生加深了对课文的理解，提高了阅读教学的效果。

发现问题远比解决问题更重要。要创新，首先要善于发现问题，而要发现问题，要有质疑习惯。质疑问难本身就蕴涵思维的火花，也是创新的起点。因而在教学中，我们要经常鼓励学生多思考，多提问题。我们要善于激疑，以启发他们的思维，使之茅塞顿开。由于学生的知识、经验有限，有时思维的触角达不到隐含在课文中的疑点。教师应引导学生从隐含疑点处质疑，投石击浪，拨动学生思维的琴弦，掌握知识的内在联系。

## 三、自主学习，促进创新思维

《基础教学课程改革纲要》中指出：“改变课程实施过于强调接受学习、死记硬背、机械训练的现状，倡导学生主动参与、乐于探究、勤于动手，培养学生搜集和处理信息的能力、获取新知识的能力、分析和解决问题的能力以及交流与合作的能力”。自主学习，是指学习主体有明确的学习目标，对学习内容和学习过程具有自学的意识和反应的学习方式。学生是学习的主体，教师是学习的辅体。良好的学习方式是“以学生为主，教师从辅”。学生的自主学习对理解课文的意义有着举一反三的作用。



例如，在教学《找骆驼》一文中，让学生根据课文阅读提示的要求，自己快速地阅读课文，然后找出问题的答案，并谈谈对文章的理解。

其次，现代教育要培养学生的创新精神，在传统教育上教师处于学生之上，其思想统治束缚着学生的思想。如：要听老师的话，要按老师要求的去做，不容许学生对自己去怀疑甚至批判，这些都不利于学生创新精神的培养，因此，我们要勇于担负起打破这种传统教育思想束缚的开路先锋。要培养学生怀疑、批判精神，教师要超越自我，敢让学生向自己挑战。主要从我做起，做好自我批评，为学生做好示范。在教学中多让学生谈自己的感受，说自己的想法，出题时多出些主观性试题，在评价时不要求统一，尊重个性差异。

## 四、启发创造想象，自主创新

一切创造都伴随着想象，丰富的想象是创新的翅膀。在语文教学中应充分发挥想象功能，找准想象的切入点，激活学生的创新思维。如在教学《狐狸和乌鸦》一课后，可设疑延伸想象：“如果乌鸦再找到一片肉，狐狸又想得到这片肉，情况会怎样?”有同学说：“狐狸先说好话，乌鸦毫不理睬，狐狸随即破口大骂，诬陷乌鸦偷人家东西，迫害小麻雀，造小白兔的谣言……这时乌鸦沉不住气了，立即还击，刚一张口，肉就掉到狐狸的嘴里……”这位同学的想法冲破了定势思维的束缚，迈入更广阔的思维空间。于是教师紧接着设疑：“乌鸦又一次上当，我们应当如何认识呢?”学生

发言十分热烈。有的认为狐狸实在太狡猾，防不胜防；有的认为乌鸦太老实，不能识破奸计。其中有一个同学说得更准确，也更深入："这说明我们既不能爱听奉承话，也不能经不住造谣陷害，受不得一点委屈，遇事要冷静分析，排除各种干扰。"教师创设条件，让学生展开丰富的想象，使课堂真正成为学生自立活动和实践创造的天地。

# 规规矩矩端正写字　堂堂正正向善做人

王丽霞

德育工作一直被认为只是思想品德课、班会课、语文课才可以实施，随着课程改革的深入发展，随着我校“本善本色”省级德育课题的研究的深入，越来越多的老师改变了对德育工作的看法，人人都是德育工作者，科科都能渗透德育教育已深入到每个教育工作者的心中。让学生时时处处受到“至善”的特色教育，我也不例外，作为有多年经验的硬笔书法老师，在日常的写字教学活动中，我尝试在教学中结合教材进行德育渗透，收到了事半功倍的效果。本文就是我在一年级硬笔书法教学过程中如何引导新生养成良好的坐姿以及培养良好的写字习惯进行德育渗透的几点尝试。



## 一、指导学生选好学习用品，渗透环保不浪费的教育

刚读一年级的学生写字的主要用品是铅笔和橡皮，针对孩子们的心理特点，刚开始写字前，我就对孩子交代学习用品的使用方法：铅笔和橡皮就如战士的枪，要想取得战斗的胜利，战士就像爱护自己的眼睛那样爱护好自己的枪，勤抹勤上油，枪在战斗中会增加无穷的威力，我们在写字时，铅笔和橡皮就是我们的枪，要爱护他们，充分发挥他们的作用，不要浪费，铅笔可以选用环保铅笔，既环保又好削。铅笔在削的过程中要注意不要削得太尖，用了一段时间后要重新削好，用橡皮改正时，把笔放好，注意不要掉到地上摔断了笔芯等，在使用橡皮时更要注意选用质量较好的绘图橡皮，不留痕迹，而且橡皮的使用寿命较长，以往就是不注意选用合适的橡皮而把字迹擦不干净，留下黑黑的污迹或把纸张擦成了一个又一个小洞，影响了写字的美观清洁，达不到好的效果，所以教会孩子在写字前选择好的写字用具是必要的。

## 二、注重学生写字姿势的培养，渗透堂正做人的“向善”教育

正确的写字姿势是写好字的必要前提，我先从学生感兴趣的儿歌入手：身要坐直头要正，身离桌子一个拳，手离笔尖一寸长，眼离书本一尺远，然后趁热打铁，让学生注意示范，一个动作一个动作过关，使学生能做到正确执笔，臂开、腰直、脚安。

写字姿势看似简单，但要学生在写字的过程中始终保持那真是非常困难。首先，孩子在写字过程中会不自觉地把头往练习本上凑，头越来越低，腰越来越弯。其次，孩子刚接触写字，手容易疲劳，他会慢慢地改变执笔姿势以图轻松。因而在写字过程中，要不厌其烦地提醒，鼓励他学会提醒自己，严格要求自己，同时用幽默的语言告诉学生：一个写字姿势正确的孩子坐在那里，显示出来的不光是他的坐姿，还有他的一丝不苟的态度，做什么事情都堂堂正正光明正大的内涵，反之，让别人看到你随便的、歪扭的坐姿，就让人感觉你是一个做事不认真，不可靠，不负责任的人，别人绝对不会委以重任给你。学生明白了这些道理，坚持正确的书写姿势成了自己的信条，慢慢地，逐渐做到了整个写字过程都能保持正确的写字姿势。另外，写字的量要掌握好，求精不求多，注意循序渐进，给足够的时间做练习是必要的，如果在时间不足，就会养成急于求成、马虎了事的书写态度，这样一来，就更不用谈什么正确的书写姿势了。

## 三、注意指导学生掌握基本的书写技能，渗透爱国主义情操的教育

1. 注重基本笔画的正确书写。能正确写好基本笔画，是写好字的基础。因此，在笔画教学时，我从汉字的演变特点讲起，向学生交代中国是一个历史悠久的文明古国，我们的祖先很早就创造了文字，从最早的象形文字逐步发展到殷代的甲骨文、商代的金文、战国时期的石鼓文，秦始皇统一中国以后又出现了小篆，汉代又出现了隶书，以后又逐渐演变出现了行书、草书和楷书。勤劳智慧的祖先给我们留下了丰厚的文字文化遗产。到目前，在世界范围内汉字是唯一可以成为书法的文字，我们应该热爱我们的祖国，写好每个字，我们国家汉字的特点是方形字，注重横平竖直。然后，具体讲解每个笔画的写法，从起笔、运笔、收笔三方面以直观感知性来指导他认真书写练习。



2. 借助田字格正确书写。帮助学生正确认识田字格的作用，让他严格按照田字格的要求写字，能起到事半功倍的效果。刚学写每个字时，抓住每个字的关键笔画来写。这样，就能较易入手，达到正确书写的目的。

3. 教会学生认真观察，勤于思考的写字习惯。学生掌握了一些基本笔画和一些简单的独体字后，我就教育学生在写字的同时要善于思考，才会有更大的进步。指导他看到一个合体字后，想一想上下结构、左右结构等字要如何写才能让人看起来舒服一点，让他自己体会有些字要写得上小下大才好看，有些字要写得左小右大才合理，有些多横的字要注意哪一横最短，哪一横最长，多撇的字要注意哪一撇是平撇，哪一撇是竖撇，哪一撇撇得长一点，哪一撇撇得短一点等等。还有一部分的象形字可以边在脑海中想象具体事物，边体会字的形状怎样写才能体现出字的特点。如教学“田”字时，让学生观察田地的宽和一块块的特点，然后指导他把字写得宽一点扁一点、才能让人感觉到“田”确实是在眼前。这样边想象边写，往往能使学生感受到写字的乐趣，乐于写字。如在学写“马”字时，我放手让学生发挥想象，谈谈如何写好这个

字。他兴奋地说马的头是小小的，身子较大，所以这一笔就写得宽一点，把这个马头托住。结果这个字学生们写得津津有味，非常神似。

《语文课程标准》在总目标中指出：“要在语文学习过程中，培养爱国主义情感”，“要认识中华文化的丰厚博大，吸取民族文化智慧”；在“教材编写建议”中又指出：“教材要注意继承和弘扬中华民族优秀文化”。写字是一项重要的语文基本功，而这一基本功形成和发展的关键时期在小学，一年级的新生阶段尤为重要。在汉字的间架结构乃至一提一纵中，都蕴涵和传达着中华民族丰厚博大的民族文化。因此，在写字教学中我尝试一边教给学生写字的技能，同时对学生进行相关的至善教育，真正达到了教书育人，无处不教育的目的。

**参考文献：**

1. 语文课程标准.
2. 中国书法.

# 审美教育与语文教学

毕燕芬

席勒姆指出“道德的人只能从审美的人发展而来不能由自然状态中产生”。①可见美育对人的发展的重要作用。好的艺术作品又会对人产生积极的影响，对于这一点，柏拉图早就有认识，他说：“我们不是应该寻找一些有本领的艺术家，把自然的优美方面描绘出来，使我们的青年们像住在风和日暖的地带一样，四周一切都对健康有益，天天目染于优美的作品，像从一清幽境界呼吸一阵清风，来呼吸它们的好影响，使他们不知不觉就培养起来对于美的好，并且培养起融美于心灵的习惯吗?”②我们的语文课本中就蕴藏着许多美，当中有令人陶醉的自然之美，有感人肺腑的情感之美、人性之美，有令人赞叹的艺术之美。作为教师，我们要巧妙地运用，使我们的孩子也“美”起来。语文审美教育主要有以下四种途径。



## 一、展示自然美，让学生“身临其境”

我们要把教材中描绘祖国秀美山川的名作，展示大海壮美，高原雄浑，江河柔美的名篇，以及讴歌四季变化的美文展示在学生面前，然后借助视觉和听觉媒体，或视听媒体的有机组合，让学生通过声像感知自然美。如教老舍先生的《草原》，课文开头描绘了一望无际，翠色欲流的大草原美景，我选择了《我的额尔多斯》片断作为导入语的配景，学生深深地被草原美景所陶醉。自然界的柔美景观永远铭刻在学生的脑海中。

## 二、体现情感美，让学生“触景生情”

我们的语文教材的内容丰富多彩，它所蕴涵的情感美绚丽多彩，有的颂扬了祖国日新月异的辉煌成就，可以激发学生的民族自尊心和民族自豪感；有的课文塑造了为国家富强而呕心沥血的仁人志士，可以增强学生的责任感和使命感，语文教师只要对教材的美进行挖掘和再创造，营造一种情境和氛围，就能使饱蘸情感的语言内化到学生的心中。我们首先要缩短学生与作品的时间距离，要让学生置身于作者所处的时代之中去感受，就必须创设特别的情境，让学生置身于情境的渲染之中，我们可以凭借

电教手段让学生“触景生情”。如《倔强的小红军》，这篇文章描写的是长征途中的一个故事，跟孩子们所处的年代时间距离较远。教学中，我先让学生观看红军长征过草地的录像片段：荒无人烟的草地，红军战士在艰难地行进，他们当中有年过半百的老战士，也有跟学生年纪相当的小红军。草地里食物短缺，而且危机四伏，稍不留神就会滑入沼泽，遭遇灭顶之灾。有的战士因饥饿、疾病倒下就再也起不来了；有的陷入沼泽，旁边的战士看着战友在号哭呼救而无能为力，悲愤交加。看着这样的情景，学生的心灵受到了震撼。再进入课文的学习，就一下子把时间距离缩短了，学生不由自主进入文中描述的情景，从而触“景”生情。

## 三、感知艺术美，让学生“陶醉其中”

语文教师要注意启发学生理解作品中的艺术美，教《参观人民大会堂》一文时，我按作者参观的顺序，展示一幅幅幻灯片，并配上详细的“导游词”。人民大会堂晶光闪耀的地面、会堂的格局、天花板上如点点繁星的灯饰，这样一幅幅画面的展示，使学生一节课下来，不仅理解了课文内容，而且对大会堂的结构有了清晰的印象，感受到大会堂的建筑艺术美。在动情与动心的同时获得了精神上的愉悦与满足，于不知不觉中提高了自己的美学与艺术修养。

## 四、进行审美创造，让学生“自得其乐”

美育的最终目的是培养学生的审美创造力。美是创造的动力。我们常用以下三种方法培养学生的审美创造力。一是编演课本剧。《争吵》、《渔夫和金鱼的故事》等课文讲授完后，我们让学生自编自演，创造出美的艺术形象。二是举行录音故事赛。在学习《回乡偶书》一诗后，学生将课文改编成故事，然后练习讲故事，最后录音，我们再从上交的作品中选十件优秀作品，在全班播放，让学生听评，学生听到自己的录音，心里异常高兴，他们在活动中“自得其乐”。三是鼓励学生进行文学创作。我们通过作文比赛，出版文学期刊，让学生在发现美、欣赏美的过程中，激发灵感，利用美、创造美。



简而言之，在语文教学中进行审美教育，可以使语文教学充满美的情趣，使学生获得美的享受。

**参考文献：**

1. 美育书简．中国文联出版公司，1994：118.
2. 柏拉图．柏拉图文艺对话集．人民文学出版社，1963：62.

# 尝试亲历过程，收获至善精彩

徐丽贤

学生是学习与发展的主体，在教学中，给学生一片自由的天地，把主动权还给学生，发挥教师的主导作用，调动他们的主动性、积极性、创造性和探究性，就能把蕴藏在学生身上的巨大潜能挖掘出来，达到“本善本色”的效果。传统的阅读教学忽视学生主体作用的发挥，轻视学生学的活动过程，由此导致学生读书、思考、讨论、质疑问难的机会与时间减少，学生大多处于被动状态，参与意识不强。不能把自身的潜能充分发挥出来。鉴于此，本着“为了每一个学生的发展”的教学理念，我在高年级语文教学中运用各种教学方法引导学生主动参与学习过程，指导学生掌握学习和思维的方法，切实发挥学生在学习中的主体作用，让他们在学习中培养多方面良好的习惯：



## 一、鼓励自主质疑，给学生自由畅想的一块天地

陶行知先生认为：儿童获得言论自由，特别是得到问的自由，才能充分发挥他的创造力。学生的问，正体现了其创造力的发展，是创新的萌芽。有了疑难就是成功的一半，知大疑则大进，知小疑则小进，不疑则不进。质疑的能力是学生自主学习的动力。巴尔扎克也说过：“打开一切科学之门的钥匙毫无疑问地是问号”。问题是思维的向导，当一个人有了强烈的问题意识，就会激起求知的冲动性和思维的活跃性。因此，在阅读教学中我将改掉以解决阅读卷上关于文本的几个问题或老师提的问题为主的教学过程，重视引导学生学会质疑问难，鼓励他们大胆提问。同时注意引导他们由提一些不着边际、鸡毛蒜皮的问题过渡到围绕文章主要内容提一些有价值的问题。

例如：在教学《千年梦圆在今朝》这课时，我先出示“梦”，让学生读后组词，接着把课题补充完整，请女生齐读课题。并要学生针对课题进行质疑，顿时有学生问道：“课文中的‘梦’指什么?”“梦圆为什么要经历千年?”……在学生畅所欲言地提出自己的问题后，我要学生带着问题自己进行朗读，在朗读中找答案。这样，学生在无拘无束、自由宽松的空间里，他们才会尽情地“自由参与”与“自由表达”。给学生自由畅想的一片天地，学生才能敢想、敢问、敢说，积极主动地参与教学过程，

达到获得知识，体验情感，促进发展的目的。

## 二、倡导合作讨论，给孩子自由交流的一座舞台

合作与交往是现代社会的需要，是人的素质发展不可缺少的因素。每个学生都有着各自不同的学习历程。即使是同一学习内容，同学之间所采用的学习方法，所经历的学习过程也存在着差异。教学中如果善于适时引导学生积极开展课堂讨论，交流学习方法，并营造合作需要的宽松民主氛围，不仅可以增进彼此之间知识，情感交流，使每个学生都参与到学习中来，充分、自由发表自己的意见，找到自己位置，获得自身价值的肯定，学会倾听他人意见，评点他人观点，接受他人意见；还可以使每个学生反思自己的学习过程，延伸学习过程，促进学生在学法上“求异”中再“求佳”。《将相和》这篇课文，用精练的语言，形象地描绘出廉颇和蔺相如的故事。我依据教材的特点和高年级学生的身心特征，先为学生创设了生动、形象、情景交融的教学情境。然后，鼓励学生都来当一回廉颇，四人小组进行表演，学生们个个兴致勃勃。我顿时抓住契机，指名让学生上台表演，让学生在合作学习实践中互相帮助，互相完善，取得进步。然后，启发学生换位想象：“廉颇身为大将军，他是怎样勇敢地走出这一步的?”鼓励学生心里想什么就说什么，怎么想就怎么说。学生们情自心中来，情自口中出，他们的思维在亢奋中孕育出智慧的火花，争先恐后地把自己对课文的内心体验尽情倾吐了出来。有的说：“廉颇知错能改，是个勇敢的人。”有的说：“廉颇看到蔺相如顾全大局，非常惭愧!”有的说：“我要向廉颇学习!”……充满情趣的教学活动，不仅为激发学生的主动意识提供了鲜活的生活背景，还通过合作学习、情感体验，令学生领悟到廉颇勇于改错的可贵品质，完成了发展语言与弘扬个性的有机融合。



## 三、激励自主学习，给孩子释放天性的自由空间

在课堂教学中真正有效地把过程还给学生，把时间还给学生，把学习的权利还给学生，让学生充分发挥主体作用，积极参与体验，并不是淡化知识的教学，而恰恰能更好促进知识的教学能力的培养。小学生的直观行动思维占优势，他们天性活泼好动，乐于边玩边学习，边玩边思考，边玩边创新。因此，教育的课堂，就必须是动态的，充满乐趣的，就应该成为学生释放天性的自由空间。在执教《詹天佑》一文时，在学生初读课文后，便让喜欢绘画的同学就动笔画“开凿隧道的示意图、人字形线路图”，爱操作的同学就拿学习用具动手操作，爱演示的同学就几个人合作，用自己的身体创建，顿时，学生全体参与，八仙过海，各显其能，显示出来的图形都能紧扣课文内容。我及时抓住学生思维的兴奋点，再让学生夸一夸自己的杰作，鼓励学生充分展开想象，用自己的语言说说设计的意图。学生们纷纷举手发言，课堂气氛非常浓厚，学生们在欢乐中放飞了自己的想象，释放了各自的天性，展示了各自的特长，很好地理解了课文的重点，并从中品尝到学习的乐趣，体验到创造的快乐，促进了学生个性品质的有机生成。

## 四、多采用鼓励性的评价，让孩子享受成功学习的体验

《课程标准》中指出："建立促进学生全面发展的评价体系，帮助学生认识自我，建立自信，发挥评价的教育功能。"让学生参与到评价中，采用鼓励性的评价，更能激发学生的求知欲，发挥智慧的潜能，产生奋发向上的学习激情，让他们积极主动地学习。例如，在教学《山雨》这篇课文时，我先让学生同桌互读，然后指名读，当有一位学生读完后，有同学指出他错漏好几处，那名学生垂头丧气地坐了下去。看到这个情景，我及时扭转局面："大家听得很仔细。下面该帮助他找找成功之处吧?"于是，大家列举出这名学生读书声音响亮，哪段感情处理得好，哪个词读得好等等不少优点。听到同学们的赞扬，学生低垂的头抬了起来，暗淡的目光亮了起来，主动要求重读一遍。我又适时"打气"："哇，真有志气！我们就给他一次机会，怎么样?"并在那名学生的耳边悄悄地说："老师相信你一定能行。加油啊！"这一次，他读得既正确又流利，感情的处理也更好了，同学们情不自禁地为他鼓掌。我进一步鼓励他："祝贺你的成功！相信你会有更出色的表现。"这样，该学生的自信心越来越足，在以后的课堂学习中，他都能积极勇敢地发表自己的见解。由此可见，多采用鼓励性的评价语言，能使学生形成自主学习的习惯，主动参与学习的全过程。

童心似小鸟，它需要爱的阳光，需要我们给它一片茂密的森林和蔚蓝的天空。在课堂教学中，我们要把真正的创造还给学生，给他们一片自由的天地，让他们在无拘无束中舒展想象、自由表达，充满自信、释放本真、放飞自我，达到至善，体验成功，使课堂焕发生命的活力。



**参考文献：**

1. 小学语文教师. 上海教育出版社.
2. 发展与创新. 课题研究资料汇编.
3. 小学语文教学. 2007（298）.
4. 小学语文新课程标准.

# 在小学语文教学中如何进行创新教育

梁雪玲

国家的兴旺，民族的昌盛离不开创新，这已成为了共识。创新往往孕育在一个人的孩提时代，让创新的种子根植于孩子们的心灵，也就为他们日后的创造奠定了基石。因此，激发学生强烈的创新意识，培养学生的创新精神和创新能力是当前教育刻不容缓的事情。小学语文教学要根据其自身规律和特点，大力实施创新教育。

## 一、引导自主探索，激发创新意识

目前的小学语文教学中，不少名义上是实施创新教育，但实际上仍然是老师严格地控制着课堂，一切按教师事先设计好的路子牵着学生走，学生的“创新”仅仅是为教师的教学服务，是教师的工具。真正的创新教育应该让学生积极地、自主地去探索。把课堂作为教师的“讲坛”变为学生的“学坛”，变为学生自主探索、自主创新的场所，才能调动学生创新意识。



1. 创设情景。要激发学生的自主探索的欲望，师生间应当建立一种平等、民主、亲切和谐的关系，以保证智力和非智力的因子都处于最活状态，使学生敢想、敢说、敢问、敢争辩、大胆探索。对此，在课堂上我常用商量的口吻和激励的语言，以激励学生去发现和创造。如“你从中了解到什么?”“你有什么疑问吗?”“谁的答案与众不同?”“谁能把大家问倒?”“你真会想!”“你的看法很独特!”“你敢向名家名篇挑战，真了不起!”……一石激千浪，学生的主动性、积极性自然就提上来了。同时，在课堂教学中，做到两个“不满”：一是不讲满，给学生留有探索的余地；二是不上满，给学生留有自由发挥的时间。课上留出两个五分钟，课始五分钟预测，广开思路。比如，围绕课题预测，可以写哪些内容，可以有哪些方法；课尾五分钟“信息发布会”，广开言路。比如：学完《赵州桥》，课尾的五分钟让学生交流有关世界上各种桥的信息，由一桥知多桥。坚持这样做，就能培养学生不唯上、不唯书本的精神，敢于向一切人、一切事挑战的勇气。

2. 引导发现。课堂上教师要引导学生主动探索、发现事物发展的因果及其内部联系，从中找出规律，形成自己的概念或由此引发出更多的联想、结论等等。在阅读

课教学中，可以采取课文让学生读，问题让学生提，疑难让学生议，见解让学生讲，规律让学生找的方法。例如学《乌鸦喝水》这篇课文，让学生做实验，首先准备一个小玻璃杯，倒上半杯水，再找一些小石块，然后在课堂上一个个地把石子放在杯子里，边放边看有什么变化，动脑筋想一想，学生自然就明白了乌鸦为什么后来喝到水了。这样，学生在民主、融洽、活跃的课堂氛围中进行阅读实践活动，就会不断产生“新发现”，不仅满足了他们的成功欲，而且还能在“新发现”中激发学生的创新意识、激活他们的创新思维。

3. 提倡争辩。创造心理学认为，学生间对不同见解的争辩，是创造力发展的激素。课堂上，学生对同一问题的认识有差异，这是必然的，有差异，就可能有争辩；有争辩，学生的主体意识就会大大增强，个体潜能就能得到尽情发挥，就能唤醒学生的创新意识。如教学《海底世界》一文，在理解“景色奇异”部分时，教师打破教学常规，提出了一个能引发学生争议的问题展开讨论：“海底有光吗？海底有声音吗？结果出现了两种对立意见：一种认为有光有声；一种认为无光无声。经过读书、讨论得出统一认识：海底是黑暗的，但有光点；海底是宁静的，但有微声。由这一结论，学生进而认识到海底世界的景色的确是奇异的。通过争辩有利于学生经历探索创造的过程，为学生提供了更为广阔的发表独立见解的思维空间，学生创新思维火花在争辩中点燃。

## 二、鼓励质疑问难，培养创新精神

“读书无疑者，须教有疑；有疑者，却要无疑，到这里方是长进。”朱熹的这番话可称至理。质疑是人类思维的精华，拥有创新能力的人必然具备敢于质疑的良好思维品质。对学生创新能力的培养离不开对学生质疑精神和质疑能力的培养。



1. 突破思维定势，主张大胆质疑。教师、教材、书本，常常被学生视为权威，认为教师讲的，教材上说的，书本上写的毫无疑问都是正确的，这种思维定势束缚了学生的手脚，即使有学生偶然发现教科书上的疑点，也常怀疑是不是自己的认识出了问题。殊不知，这种不敢越雷池半步的从众心理，压抑着创新思维火花的闪现，以至于不敢请问，不敢质疑，唯教师是听，唯教本是从，长此以往，哪里还会有什么创新意识？著名特级教师于漪指出：“教学过程实质上就是教师在教学大纲指导下有目的、有意识地使学生生疑、质疑、解疑、再生疑、再质疑……的过程，在此循环往复，步步推进的过程中，思考，探索，发现，创造。”古人亦云：学贵有疑，小疑则小进，大疑则大进。所以，在教学中，应时时处处主张学生大胆质疑。

2 培养质疑精神和能力。对学生的质疑，教师的态度应该是：鼓励、引导，通过鼓励，使学生从不敢提问到敢于提问。我把学生的质疑问难作为必不可少的教学环节。例如：学《爬山虎的脚》，课前先鼓励学生读题质疑：“爬山虎是什么？”“它的脚是怎么样的？”“它怎么爬？”“为什么叫它爬山虎？”学生提出的疑问我都给予肯定。然后让学生带着这些问题读课文，小组讨论、交流。在学完 3 ~ 5 自然段的内容后，又鼓励学生质疑，提出了课文是写爬山虎的脚，为什么要写叶呢？

从“敢问”到“善问”又是一个飞跃的过程，教师要不断提高质疑的质量，认真研究学生思路，教给他们提问的方法。刚开始时，大多数学生只是从字、词方面考虑。但只要老师循循善诱的，学生质疑的问题越来越有质量，会从课文的重点和难点处质疑问难。例如：学《狐狸和乌鸦》一文，学生提出了一个揭示寓言故事的问题：“乌鸦的羽毛是黑色的，叫的声音也很难听，为什么狐狸说乌鸦的羽毛比麻雀还漂亮，嗓子也真好，谁也爱听呢?”对于二年级的学生来说，能提出这样高质量的问题，已相当不错。

3 运用多种质疑方法。引导学生质疑是手段，释疑则是目的。许多教师认为当堂对问题给出一种明确的回答才是好的解释方法，其实，这样会限制学生的思维发展，学生自己没有自由发挥和讨论的空间，在释疑的过程中，教师不可包办代替，一般问题可指导学生查工具书解决；关键、重点、难点的问题，可组织学生讨论，最后教师作适当的讲解、纠偏和点评。总之，释疑应让学生自求得之以达到“教是为了不教”的目的。这样，有利于学生充分发挥个人见解、独创思维，培养学生的创新能力。同时，在课堂无须将所有的疑点一一解决，而应给学生留下思维、再质疑的空间。如学《秋天》一文，学生提出“为什么秋天到，梧桐树的叶子会变黄？枫树的叶子会变红？燕子要往南飞？”我没有马上给学生解答，而是让学生课后去学校的图书室找答案，从中培养学生自主探索、创新精神。

## 三、诱发多向思维，提高创新能力



创新的源头是奇思异想，思别人所未思，想别人所不敢想的，因此，求异、发散性思维是创新的核心。在小学语文教材内部与外部存在相当多的创新思维训练因素，如：《植物妈妈有办法》体现着思维的求异性；《跳水》反映了思维的独特性等等。在教学中，教师要善于从教材中挖掘创新的因素，教会学生多方面思考，求异发散，提高思考的敏捷性。

1. 引导求异思维。要培养学生的创新思维，就要摆脱思维的僵化、呆滞，打破思维的定势、惰性，变换思维的角度、指向，鼓励学生标新立异，另辟蹊径，去探索新问题，发现新结果。如：教学《狐假虎威》和《狐狸和乌鸦》两文，在学生理解寓言后，引导学生用一分为二的观点，从贬到褒将狐狸作为正面形象加以重新认识。通过分析、比较、讨论，使学生认识到狐狸狡猾、欺骗的本性虽然不对，但面对凶恶的老虎的侵略，它却镇定自若，机智灵活，为求生而将计就计，这是自我保护，是“正当防卫”，值得肯定。而面对生存，狐狸能利用乌鸦爱听好话的弱点骗取乌鸦的肉。在弱肉强食、适者生存的大自然环境中，狐狸可算聪明机智。

2. 引导发散思维。在小学语文教学中，我们应鼓励学生在思考问题时，不要只满足一个答案，要从多个角度去思考问题，探求多向目标，寻求多种结果。例如教学《落花生》一课时，学生明白了父亲的话就是让孩子们学习花生，做有用的人。这时，我问学生：“你们认为什么样的人，才是有用的人?”学生各抒己见：“能为国家作贡献的人就是有用的人”；“不夸夸其谈的、实事求是的人就是有用的人”；“能乐于助人的人就是有用的人”；“虽然残疾但能自食其力的人就是有用的人”。又如：教学《三只白鹤》时，在学生解决了中心问题“哪只白鹤能找到那条大鱼，为什么?”后，再设计一个问题：“请你来告诉另外两只白鹤，还有什么办法既能藏鱼，又能找到鱼?”问题一提出，一下子就激活了学生创造的热情。这样就拓宽了思路，有效地培养了学生的发散思维。

## 四、引发成就动机，体验创新乐趣

成就动机的核心是使学生获得学习成功的体验。在教学过程中创设体验成功的条件和情景，能有效地引发学生的成就动机、树立自信心，学生有了能力，从而更好地激发学生学习的主动性、创新性。

例如学习《黄山奇石》一课，放手让学生用自己喜欢的方法学习课文，充分发挥各自的特长，获得成功体验。教师提示：“了解黄山奇石特点时，你想用读的方法就反复读，在读中领会；想抓住词语分析，就通过分析去理解；想一边学一边把奇石的特点用动作表现起来，就可以表演。”有了这样的要求，学生的学习立刻活跃起来；接着，再让学生戴上导游帽，举起小红旗，担当“导游”，想象“天狗望月”、“狮子抢球”、“仙女弹琴”这些奇石的样子，进行创造性的描述，介绍就水到渠成了。

在教学中，角色的塑造本身就是一种创造活动。创造性地想象，更需要学生积极的思维，从而体验到创新的快乐，成为学生下一次创新的动力源泉。

## 五、拓展活动空间，提供创新环境



创新思维只有在自由自在的思维空间和充分放松的思维状态，才能孕育诞生。要培养学生的创新精神与创新能力，应提供广阔的活动空间，创设优良的创新氛围。

1. 插上想象的翅膀。丰富的想象是创造的翅膀，教学中要善于启发学生想象，激励学生大胆想象。如教学《我的战友邱少云》一课，一团烈火将邱少云整个包围住的画面，我用一段很精彩、感人的导语把学生引入情境结合插图，让他们根据画面中邱少云的目光、神情、动作展开想象：邱少云当时可能想些什么？最大的愿望是什么？从想象帮助学生体会到英雄人物崇高的思想境界和顽强的革命意志。

2. 给予选择的自由。在学习上给予学生自己选择方式、方法的权力。如在课文《秋天》的教学中，表达秋天的美，可以让学生用诗歌、短文、童话、故事、作画、音乐、舞蹈的形式，各尽所长，充分发挥学生的聪明才智，展现学生的个性。又如作文训练形式上的自由，主要特征为开放、随机、沟通、合作，给予学生习作时间自由，习作形式自由，习作内容自由，心灵自由。让学生写出别人想不到，不敢想的；写出别人没有说，不敢说的；写出个性和创意。这样任想象驰骋，任感情激荡，任思路纵横，多种想法涌动、交汇，自然碰出创新的火花。

3. 开辟活动的空间。在小学语文教学中进行创新教育，首先是观念上要开放，要树立大语文观，要立足课本，放眼课外，放眼社会。把小课堂与大课堂结合起来，把课内与课外结合起来。课内、课外两条腿并行发展。例如学习《北京》，为了让孩

子们对祖国首都有更多的了解，以“祖国的首都——北京”为主题让学生设计一份手抄报。提示选材范围可以十分广泛：北京的悠久历史，名胜古迹、风土人情，繁华富饶、变化发展……学生可灵活选材，灵活剪贴图片，引导学生通过翻阅书报，收听广播，收看电视，甚至可以去北京游览……收集素材，灵活选择。这样让学生把课内学习、课外活动与社会实践活动结合起来，学生自身的创造力才能得到充分施展。

## 六、倡导自主、合作、探究的学习方式

学生是学习和发展的主体，语文课程必须根据学生身心发展和语文学习的特点，关注学生的个体差异和不同的学习要求，爱护学生的好奇心，求知欲，充分激发学生的主动意识和进取精神。新课堂倡导自主、合作、探索的学习方式，其实也是整个国家创新体系的一个构成部分，是培养学生主动探究，团结合作，勇于创新的重要途径。

1．把学习自主权交还学生。在创新教育课堂中，学生不再是“配角”，而是课堂的主要表现者；学生不再是接受的“容器”，而是可点燃的“火把”，要打破传统的“师道尊严”，使师生成为互相尊重、赞赏、合作的伙伴。这样，学生真正拥有自主权，得到尊重，主人翁的精神增强了，大大提高了学习的主动性、积极性，学生的创新能力就能发挥得淋漓尽致。例如：教学《捞铁牛》一课，我设计了两个创新点：①以现代的环保观点看，怀丙和尚的打捞办法有没有问题？②还有什么办法能把铁牛捞上来？要是现在呢？经过思考、讨论，答案千奇百怪，有的说：“怀丙和尚的打捞办法不环保，太多泥沙倒进河里。”有的说：“现在可以用浮筒打捞、浮吊打捞……”可见，只要引导恰当，学生的创新思维是不可估量的。



2．重视合作学习。利用小组学习和师生交流的机会，互相启发，在讨论中加深理解，从别人的思路中得到启示，如此坚持下去，全班定会形成探究的氛围，从整体上具有较强的提出问题、分析问题和解决问题的能力以及创造性思维能力，要根据手段的不同、课文内容和形式的不同，采取不同的教学方式。要把行之有效的语文活动形式引进课堂教学。画面感强的课文可以读读、画画；诗歌可以读读、背背、唱唱；童话和情节曲折的故事可以读读、演演。学生在画、唱、演中，不仅能加深对课文内容、思想、情感的体会，而且能发展语言，激发想象力、可创造力。

人民教育家陶行知先生说过：“人人是创始之人。天天是创造之时，处处是创造之地”。我坚信，只要我们改变观念、勇于探索、努力实践，创新之花将会在语文教坛中灿烂盛开。

**主要参考文献：**

1．广州教学研究．2002（8）－（9）．

2．小学语文发展与创新教育报刊．

（本文在广州市中小学第二阶段教学设计与实施活动中获优秀成果二等奖）

点评：在小学语文课文中，处处埋藏着善言、善心、善行、善理。在创新教学中，只要老师善于挖掘这些善的种子，不断给种子浇水施肥，善言、善心、善行就会在孩子心中扎根，发芽，开花。

# 推波助澜的教学艺术

温远有

新课标强调：“阅读是学生的个性化行为……应该让学生在主动积极的情感活动中加深理解和体验。”不过，学生积极的情感活动并不是可以自发而深刻地进行的，必须经过有效的强化才能得以充分开启。语文教师作为学生语文学习活动的主导者，在教学中应积极发挥语言魅力，在推波助澜中点燃学生的情感和智慧之火，使学生情不自禁地走进文本，和文本进行心灵的碰撞，情感的交流，进而促进理解与感悟，提升语文素养。好课，就是这样上出来的。



## 一、情感，在推波助澜中升华

有人说，语言是世界上最美的智慧火花。教学语言不应该完全等同于日常用语，教师的语言更要别具一格，能拨动学生情感的心弦。

请听窦桂梅老师教《再见了，亲人》中的动人语言，“车轮滚滚，列车在走，心却在留；此时此刻，人们早已忘记了自己的国别，忘记了自己的血缘，眼里见的，心里想的，只有‘亲人’！”“汽笛声，车轮声，深情的告别声，奏响了中朝两国人民伟大的友谊，在亲人们的心中久久回荡，它将随着历史的车轮更加深厚绵长！”……

窦老师的语言如此“抓”人，她的话如点点音符，奏响了孩子们情感的琴弦，让孩子们感受到中朝两国人民的深情厚谊，一种超越普通亲情的情感悄悄渗入了学生的灵魂。这不是煽情，而是动心。这样的情感熏陶教育才是智慧的有效的教育。

## 二、演绎，在推波助澜中体验

窦桂梅老师的课堂演绎更为动人。《再见了，亲人》有这样一个教学片段：

师：你们这边（指左边同学）是志愿军，这边（指右边同学）是朝鲜人民，你们就这样一句接着一句不停地向对方送别。你们（指左边同学）读课文最后三个自然段，你们（指右边同学）就读上面（课件）的三段。

（教师指挥，学生扮演不同角色互相对读，此起彼伏，气氛感人）

师：（课件播放火车开动的情景）车轮滚滚，列车在走，情却不走，心里想的还

是亲人！一边是志愿军，一边是朝鲜人民，他们的告别一声叠过一声，千言万语化作了一句话——

生：再见了！再见了！

师：（指刚才扮演的两组）一边还是志愿军，一边还是朝鲜人民，你们的告别声叠叠起伏，一浪高过一浪。（教师用手势指挥。两组学生在“再见了，亲人”的声音重叠中，在火车的渐渐远去中，在老师的指挥中，声音越来越弱……）

师：历史的车轮走过，但最终沉淀在我们心中，让我们永远铭记的是这声音——

生：亲人！

师：带着刚才的体会，把志愿军和朝鲜人民的深厚友谊再来读读。

窦老师就如一位高明的指挥，又似一名出色的导演，她运筹帷幄，调动全体学生的情感，步步深入又分寸准确地体验并演绎着文本丰富的深层信息，让师生之间、生生之间各自感受着，相互感染着，美好的情愫在悄然流淌，共同走向高潮。

## 三、形象，在推波助澜中感悟

叶圣陶老先生有过精辟的论述：“导者，多方设法，使学生自求得之，卒底于不待教师教授之谓也。”可见，正确得力的引导和精当机敏的点拨是取得教学成功的重要因素。

特级教师徐善俊指导学生深读《将相和》一文时，推波助澜的教学艺术使学生的思维再次激活，思维之潮奔涌，智慧之花竞开，形成了一个教学高潮，令学生豁然开朗。

……

师：老师这儿还有非常有意思的问题和你们讨论。渑池之会上的斗争是打成了平局，还是决出了胜负？为什么？

生：打成了平局。他们都演奏了乐器。

生：赵王为秦王鼓瑟，秦王也为赵王击缶，一比一，所以说打成了平局。

（大多数学生都同意这种意见）

师：请同学们再看课文，再想想，还有什么意见？

生：我认为是决出了胜负，是赵国胜了。

师：为什么？课文中有什么根据？

生：因为秦国的力量比赵国强。

（两种意见发生了争执，课堂气氛非常热烈）

师：同学们，老师做两点提示，请同学们再看书，认真思考：1. 秦国比赵国力量强大，秦王是大国的王；2. 秦王是一国之王，而蔺相如是臣。

生：我认为是赵国胜利了。因为秦国是个大国，赵国是个小国。大国的国王为小国的国王演奏乐器，小国的国王也为大国的国王演奏乐器。比较起来，大国的国王显得更难堪。

生：我也认为是赵国占了上风。因为赵王鼓瑟是秦王叫的，而秦王击缶是蔺相如

叫击的。秦王是君，蔺相如是臣，这样也显得秦王更难堪。

生：我再补充一点。瑟是古代的一种弦乐器，声音悦耳动听。缶是打击乐的乐器，形状像个瓦罐子，声音单调（是配合瑟演奏的）。赵王鼓瑟，而秦王击缶，比起来秦王显得更丢人。

……

老师一语激起千层浪，学生终于明白渑池之会上秦输赵赢，从而为进一步读懂课文，认识蔺相如勇敢、机智的形象起到了推波助澜的作用，也使学生真正读懂了书的滋味，大大激发了学生学习语言的兴趣。

崔峦老师说：“教师绝对应当是学生学习的伙伴，要与学生‘亲密接触’，融入学生的学习之中。这样你才有资格做学习过程中的指导者、引导者、诱导者、辅导者。教师的‘导’主要体现在：激发兴趣，使学生爱学；营造氛围，使学生投入地学；适当开展合作学习，使学生在探究中互相启发，互动地学；根据学情加以引导，使学生有目的、有层次、有实效地学。”教师在课堂上推波助澜的教学艺术便是‘导’的有效体现，无疑，一节好课，就是这样上出来的。教师合理的、巧妙的推波助澜能渲染浓浓的课堂气氛，调动学生学习语文的兴趣，深化学生情感和智慧的体验，对文本的深入理解和感悟起到重要的作用。

**参考文献：**

1. 杨文华等. 拨动儿童心灵的琴弦. 小学语文教师. 上海教育出版社，2007－04.
2. 周益民. 推波助澜的组织艺术. 小学语文教师. 上海教育出版社，2007.

# 在课堂中享受生活的真善美
## ——《秋天的雨》教学案例与反思

张雪群

片断一

（老师拿出准备的新鲜橘子悄悄剥开一点）

师：请同学们闭上眼睛，使劲吸气，待会儿告诉老师你闻到了什么气味。

（老师将剥开的橘子依次放到孩子们的鼻子跟前，学生好奇地闭上眼睛，一个个撅起小嘴使劲地吸着，有的偷偷地笑着）

师：同学们，你们闻到了什么？

生异口同声地说：闻到了橘子的清香。

生：我还闻到了橘子的酸甜味。

师：你们的鼻子真灵，每年的什么时候开始我们就可以闻到橘子的清香和酸甜味呢？

生：秋天开始。

师：秋天到了橘子才成熟。我们能闻到橘子的清香应该感谢谁？

生 1：应该感谢秋天。

生 2：应该感谢秋天的雨。

师板书：11 秋天的雨

片断二

师：同学们说秋天的雨是钥匙，是颜料，藏气味，是喇叭，是丰收的歌，欢乐的歌。老师不明白为什么。让我们一起在课文中找答案好吗？请大家认真读课文第一段，画出自己不明白的词句，等会儿和大家一起探讨。

（学生认真读书，并画出不理解的词句）

师：刚才看到大家读得很认真，老师知道钥匙是用来开门的，作者为什么说秋天的雨是一把钥匙呢？雨能打开门吗？

生 1：因为秋雨来了，秋天就来了。

生 2：因为我爸爸说："一场秋雨一场寒，十场秋雨穿上棉。"还说："一场春雨一

场暖。”

师：你知道得真多。是的，秋雨下，秋天到，每下一场秋雨，天就越凉了。所以说秋天的雨是一把钥匙，把秋天的大门打开了。春天的雨也是一把钥匙，把哪扇门打开了？

生：把春天的大门打开了。

师：大家记得秋天的雨是怎样的吗？

生：秋天的雨不像夏天的雨那么大。

生：秋天的雨凉凉的，风也凉凉的。

师：所以作者说秋天的雨这把钥匙是怎样打开秋天的大门的？

生齐答：它带着清凉和温柔，轻轻地、轻轻地，趁你没注意，把秋天的大门打开了。

［教学反思］

《秋天的雨》这篇抒情意味很浓的散文，名为写秋雨，实际在写秋天。作者抓住秋天的特点，从秋天的到来写起，写了秋天缤纷的色彩，秋天丰收的景象，还有深秋各种动物、植物准备过冬的情景。使学生通过课文生动的描写，体会秋天的美好，感受课文的语言美是本文的教学重点，理解文中多种修辞手法是本文的教学难点。

由于孩子们生在城市，长在城市，对秋天的感受并不深。只通过读课文体会秋天的美很难。在教学中，我注重语文学习与生活联系起来，注重学生的体验，努力做到“语文生活化，生活语文化”。因为体验是由身体活动和直接经验而产生的感情和意识。体验使学习进入生命领域，因为有了体验，知识的学习不再是仅仅属于认知、理性范畴，它已扩展到情感、感性、身体和人格等领域，从而使学习过程不仅是知识增长的过程，同时也是身心和人格健全与发展的过程。



一直以来，我总觉得学语文是为了生活，生活中又处处是语文，只有将生活与学习结合起来，注重学生的体验，实现“语文生活化，生活语文化”，学生才会乐意学语文。

因此，一开课，我让学生闻橘子，让他们体验秋天的气味，将生活带入课堂，使他们在课堂中感受生活。通过交谈使他们沉浸在秋的喜悦中，兴奋得拿出带来的橘子闻了又闻。

老师用香甜的橘子让学生感受到秋天的气味后揭示课题，使学生知道了秋天的雨里藏着好闻的气味。这时，老师引导学生认真朗读课文，学生通过读一读、想一想、画一画，理清了文章的脉络，概括出了各段的主要内容，同时老师板书：是钥匙、有颜料、有气味、是喇叭、是丰收的歌、是快乐的歌。当每一个学生对秋天的雨有一个大致的了解后，老师再引导学生品读课文，细细体会秋天的特点。

理解“秋天的雨，它带着清凉和温柔，轻轻地、轻轻地，把秋天的大门打开了”时，学生通过谈生活感受，学生用收集到的谚语“一场秋雨一场寒，十场秋雨穿上棉”解释了“秋天的雨，是一把钥匙”的意思，书面语言与生活语言巧妙地结合起

来；通过回忆秋天的雨的特点，理解了“它带着清凉和温柔，轻轻地、轻轻地，把秋天的大门打开了”，将生活和学语文结合起来，使生活语文化了。

引导学生将生活带入课堂，在课堂上，他们读着课文，谈着生活，丰富的生活经历帮助他们理解了这么优美的散文，使“晦涩”变成了“通俗”。

（在花都区基础教育课程改革试验成果评选中，荣获教学反思类三等奖）

# 《“红领巾”真好》教学设计

梁秀媚

教材简析：

《“红领巾”真好》是人教版小学语文二年级上册的课文。本文是一首清新优美的儿童诗，课文插图形象传神，意境高远。课文采用了拟人的手法，给我们展示了一幅清新、活泼、动人的画面，唱响了一曲人与自然和谐相处的美与爱的赞歌。

“红领巾”、小鸟对于学生来说都非常熟悉。教学中应在充分挖掘学生生活经验的基础上，引导学生整体感知，多形式读文感悟，体会小鸟的可爱和人与自然的和谐，感受“小卫士”的快乐自豪，激发学生积极投身爱鸟护鸟公益活动的热情，体现语文的人文性特点。



设计理念：

语文教学应该返璞归真，将教学的重心真正落实到语言文字的学习中去。语文教师要善于发现教材文本中有教学价值的因素，创设有效的适合学生的言语实践情境，引导学生在实践中感悟语言、积累语言、运用语言，从而提高学生的语言表现力，培养学生的灵性。本设计以读贯穿学习的全过程，引领学生凭借语言，走进文本，不仅获得言语能力的发展，而且获得情感、态度、价值观领域的成长，实现语文教学的工具性与人文性的真正统一。

设计特色：

充分发掘教材的语言文字训练的价值，在积极主动的情感体验中，达到感悟、积累、运用于一体，促进学生语文素养的整体发展。

教学目标：

1. 知识目标：

认识 8 个生字，会写 8 个字。

2. 能力目标：

（1）培养积累和运用词句的能力。

（2）正确、流利、有感情地朗读课文，背诵课文。

（3）体会小鸟的活泼可爱和人与自然的和谐。

3．情感目标：

有爱鸟护鸟的意识，感受到做“爱鸟小卫士”的快乐与自豪。

教学重难点：

教学重点：正确、流利、有感情地朗读课文。

教学难点：体会小鸟的活泼可爱和人与自然的和谐。

教学准备：

1．课件

2．生字卡片

教学时间：2 课时

第一课时

教学要点：

一、初读诗歌，读准字音，积累词语。

二、正确、流利、有感情地朗读课文，试背课文。

三、体会小鸟的活泼可爱和人与自然的和谐。

教学过程：

一、情景引入，读通课文。

（一）情景导入。

1．多媒体课件导入，老师描述：清晨，当太阳从地平线刚刚升起的时候，听，是谁在唱歌了？（小鸟）让我们像小鸟一样张开翅膀飞进森林里去感受快乐……它们在唱什么呢？



（二）揭题，读题，质疑。

1．揭题，读题。

2．质疑：读了题目，你有什么疑问？

【设计意图：在阅读教学中，学生要有良好的阅读心境，即阅读时的情感状态。本设计用形象的画面把学生带入美丽的森林，读题质疑。这样，关注学生的情感体验，激发他们主动探究的欲望】

（三）初读诗歌；学习生字词，积累词语。

1．让我们带着这些疑问，自由去读一读诗歌。注意读准生字词，把诗句读通顺，把诗歌读两三遍。

2．学习生字词，积累词语。

（1）会读带拼音的生字。

（2）会读去掉拼音的生字。

（3）会读生字新词，并相机迁移积累词语。

A．积累“叽叽喳喳、蹦蹦跳跳”AABB 式的词语。

B．会读生词的同时，结合课后“我会填”练习。积累运用“（　）的（　）”这样的词组。

3．检查读通顺诗句的情况。

【设计意图：积累语言，是小学阅读教学的重要任务。此设计针对教材所蕴涵的语言资源，引导学生积累AABB的词和把事物说具体的词组，给学生实实在在的指导和扎扎实实的训练】

二、捕捉意义，读懂诗歌。

（一）整体感知课文。

1．同学们，在刚才读书的过程中，你知道了什么？

2．小结学生初读的收获，并就重点问题进行指导。

如：课题中的红领巾加上双引号？“红领巾”指什么？

（二）学习第三节。

1．朗读感悟小鸟为什么说“红领巾”真好。再用赞美的语气读最后一句。【板书：“红领巾”和小鸟图，写“爱护”】

2．听了小鸟的夸奖，红领巾们，你们想说些什么？（引发学生爱鸟护鸟的意识，感受做“爱鸟小卫士”的快乐）

（三）学习第一、二节。感知红领巾为什么爱护小鸟？

1．来吧，我们再去树林里看看，红领巾为什么要保护小鸟，树林里的小鸟怎样了？请同学们自由读第一、二节。

2．读着读着，你知道这是一群怎样的小鸟？

（1）朗读第一节，抓住相关的词句，体会小鸟的快乐，如：“叽叽喳喳……一会儿梳理蓬松的羽毛。”



（2）朗读第二节，体会小鸟的活跃、机灵。

a．师生情景对话，感受小鸟捉虫保护树木的本领，知道小鸟是人类的朋友。（如，老师问：小鸟小鸟，你飞来飞去，干什么呀？）

b．阅读有关小鸟捉虫的数据资料：同学们，请你读读这份资料，读完后说说你知道了什么。

【资料：杜鹃一个小时能吃掉100多条松毛虫。山雀一天能捕食400多条害虫。啄木鸟一天能吃掉1500条左右虫子。猫头鹰一个夏天可以吃1000只鼠】

（3）看小鸟在森林飞来飞去的快乐场景动画，深化朗读感悟，知道为什么要保护小鸟。

a．师生问答式合作读，男女生合作读。

b．同学们，你现在知道我们为什么要爱护小鸟吗？【板书：树苗图，写“保护”】

c．小结：是啊，地球是我们的家园，小鸟美化我们的家园，保护我们的家园，我们也应该给小鸟一个家，这是人类的共同责任，更是我们少先队员义不容辞的责任！带着这份责任和自豪感，我们用朗读告诉更多的人要保护小鸟。

【设计意图：语文教育就是教文育人，即在进行听说读写语言文字的同时，还要进行认知教育、情感教育、人格教育。在学生反复诵读的基础上，放手让学生自由表达，捕捉课文概要，抓住重点词句，创设情境对话，并借助课外资料，在读中领悟到

文中之意，体悟文中之情，学生才能在情感上与作者产生共鸣，受到情感的熏陶】

三、试背诗歌，积累语言。

（一）请同学们试背一背你喜欢的段落，把可爱、机灵的小鸟记在心里。

1. 抽查背诵情况。

2. 想象画面，积累语言。师生合作背，回归整体感悟课文。

【设计意图：在读懂悟情的基础上，想象画面，背诵积累诗句，还语文以语感和文感训练，在小朋友的心灵上印记鲜活的小鸟形象。为下文以及今后的运用，积累语言】

四、运用积累，创作诗歌。

（一）想一想，除了爱护小鸟，我们还应该爱护哪些动物呢？为什么？

（二）因为有了红领巾的帮助，小鸟在林中生活得很快乐，我们再来想象一下，其他动物在我们的保护下也生活得怎样？你想到了什么动物？

1. 看图扩展想象：森林里还有很多动物，你们看！有什么？

2. 你能仿照我们刚刚学过的诗句来说一说你喜欢的动物吗？

3. 创编诗歌。（此空可以在老师给出积累词汇，引导完成）

清晨，林中谁最 ？

是 ，

， ，

一会儿 ，

一会儿 。

4. 小结。

【设计意图：读和写是个互逆的过程，读是理解吸收，写是理解表达。读写结合是中国传统语文教学中的精华，是语文教学的原则之一。引导学生运用课文的句式及课前积累的词语进行表达，培养积累运用语言的能力、习惯，真正提高学生的运用语言的能力】

板书设计：

26. “红领巾”真好

图片：两名少先队员　爱护　图片：小鸟　保护　图片：树苗

第二课时

教学要点：

1. 写生字。2. 背诵课文。3. 拓展课外知识。

教学过程：

一、复习课文，巩固识字。

二、学写 8 个生字，课内完成。

三、背诵课文。

四、拓展课外知识。

五、作业。

（本课例获 2009 年广州市青年教师阅读教学大赛二等奖）

# 因为“善”，所以“爱”
## ——《老人与海鸥》教学设计及反思

张雪群

本设计以人为本，以读为本，引导学生进行个性化阅读，在阅读体验中感悟文本，使学生在交流和讨论中，敢于提出自己的看法，作出自己的判断……说出自己的喜欢、憎恶、崇敬、向往和同情等感受。本课例是尝试运用自主、合作、探究的学习方式，引导学生走进自主探究的境界，使学生感受人与动物的亲情，激发学生爱护动物的善行，感悟大自然的和谐之美。

【教学目标】

1. 认识课文的8个生字，能正确读写并理解文中的词语。

2. 能正确、有感情地朗读课文，通过朗读、感悟、想象等方法体会老人与海鸥之间亲人般的深厚感情。

3. 提高学生的审美能力，培养他们的语感。

【课前准备】

教师准备：有关挂图、多媒体课件。

学生准备：课前预习课文。搜集海鸥的图片资料。

【教学过程与设计意图】

一、启发谈话，导入新课。

1. 你喜欢海鸥吗？你见过海鸥吗？谁能说说海鸥是什么样的？

2. 请大家展示你搜集到的海鸥图片，用一句话赞美一下海鸥。

3. 今天我们来学习一篇关于“老人和海鸥”的故事。(板书课题，读一读)

［设计意图］本环节引导学生从自己的生活体验入手，可以激发学生的情趣。促进学生从心理上更加接近海鸥。老师用教态的亲和力、语言的感染力以及机智的引导和热情的鼓励，迅速调动起学生的学习热情和与老师交流的勇气。

二、引导质疑，指导自学。

1. 读了这个课题，你会提出什么问题？

2. 下面我们就带着这些问题来阅读课文，一边读一边想，你认为这篇课文应该解决哪些问题？先自己默读思考，然后小组讨论，比一比哪一个小组问得好，答得

好。（学生自学课文）

［设计意图］引导学生带着问题读书，促进学生个性化阅读。放手让学生自学，让学生从整体上感知课文，获得初步的阅读体验。

三、检查效果，整体感知。

1. 刚才大家认真阅读了课文，并进行了讨论，下面我们来交流一下，学习这篇课文应该解决哪些问题？

2. 学生分节读书，教师正字正音。指导理解相关字词。

3. 讨论：课文是按什么顺序来写老人和海鸥之间的情谊的？（总结板书：识老人→老人喂海鸥→老人谈海鸥→海鸥送老人→赞老人）

4. 把你感受最深的句子画出来，朗读体会。

［设计意图］引导学生自己读书，进一步从整体上告知课文内容。指导学生抓住重点段落精读，可以获得个性化阅读的体验。为下面的教学作好铺垫。

四、细读课文，重点感悟。

1. 细细地读一读课文第一、第二自然段，然后说一说老人有哪些特点？抓住描写老人外貌特点的句子读一读。

2. 仔细阅读第三自然段，想一想老人是如何喂海鸥的？

3. 老人“撮起嘴向鸥群呼唤，立刻便有一群海鸥应声而来”，你从这句话中看到了老人和海鸥之间有什么关系或感情。从这个“褪色”中，你体会到什么？

4. 细细地品味一下“海鸥依着他的节奏起起落落，排成一片翻飞的白色，飞成一篇有声有色的乐谱”这句话，说一说这样写有什么好处？说一说你从这个句子中体会到了什么？在这翻飞的乐谱里，你仿佛看到了什么？



［设计意图］引导学生抓住重点句子理解课文，获得个性化的阅读体验，使学生初步感知了老人和海鸥之间的真挚感情。使学生从理解与玩味中获得阅读的愉悦，引导学生与文本对话，有体验地朗读课文，获取阅读体验，在充分理解词句的基础上，感悟文本的妙趣。

五、研读谈鸟段，感悟人鸟情。

1. 默读课文，思考问题：

①老人为什么要给海鸥起名字？

②海鸥为什么能听懂老人的呼唤？

③老人为什么说海鸥最讲情谊？你从哪里可以看出来？你体会到了什么？

2. 小组讨论，合作探究。

3. 集体交流，感悟老人和海鸥的情谊。

4. 有感情地朗读课文。读出亲情来。

［设计意图］引导学生带着问题读书，促进学生个性化阅读。指导学生分小组合作探究，理解课文，使学生人人有机会与文本对话，在对话交流的过程中加深了对文本的理解和体验。

六、品读送别段，感悟海鸥情。

1. 过渡：海鸥善解人意，是人类的好朋友。海鸥把老人当朋友，老人把海鸥当亲人，海鸥已经和老人建立了深厚的友谊，你还可以从哪里看出来？（引导学生探讨海鸥送别老人的内容）

2. 意想不到的事是什么事？海鸥看到老人的照片，有什么表现？仔细读一读课文，读出海鸥的感情来。

3. 引导学生抓住关键词“飞、叫、站”研读课文，感悟海鸥情。

①海鸥看到照片，为什么翻飞盘旋，连鸣带叫，姿势跟平时不一样？此时此刻，如果你是一只海鸥，你会怎么想？

②海鸥为什么会在老人遗像前肃立不动，站成两排？此时此刻，如果你是一只海鸥，你想对老人说一句什么话？

4. 当我们不得不收起老人的遗像时，海鸥有什么表现？为什么会有这些表现？如果你变成了其中的一只海鸥，此时你会怎么讲？

5. 指导学生反复地、深情地朗读这段话。

［设计意图］真正的课堂教学活动是心和心的交流，是生命和生命的对话。此环节的教学设计，不仅仅是停留在字、词、句、段、篇的教学上，停留在听、说、读、写能力培养的层次上，而是充分引导学生的个体生命在现实或特定环境中的感悟、体验和交流，让学生在回环往复的朗读中去意会、感悟、体验，产生同感，让学生尽可能地进入老人与海鸥那浩瀚无边的情感世界，去领略、品味老人和海鸥的情思，和作者最大限度地互相融合，达到人文合一的境界。

七、拓展延伸练，体验升华情。



1. 此时此刻，如果你就是那一群海鸥中的“独脚”，或是“灰头”、“老沙”、“红嘴”、“公主”……你会怎样向老人道别？（写一句自己心里最想说的话，然后大家交流）

2. 如果那位老人此时会说话，他会说什么？

［设计意图］此环节的设计，意在引导学生在理解、感悟、积累和运用语言文字过程中，渗透语文教学的人文性，体会情感和人文价值，使语文课堂的“语文味”更浓些。引导学生超越文本，升华自己的阅读体验和感悟，进一步深入理解课文主旨，引导学生从课文中体会到人与动物之间的美好的情意，让学生读懂作品，领悟至善的真谛，通过超越文本的读书让学生变得智慧、变得美丽。

八、总结话和谐，激发和谐情。

1. 我们回头想一想，课文的作者是如何围绕老人与海鸥之间的情谊写具体的，你认为课文中哪些地方写得好，谈谈自己的感受和启发。

2. 你愿意与小动物交朋友吗？说一说你打算怎样与小动物交朋友。

［设计意图］本环节的教学设计意在使学生用心灵诵读，用心灵倾听，用心灵体验，用心灵表达，致力于学生语文素养的形成与发展，使学生们带着收获，带着思考，带着信心，走向新的课堂，开始新的探索。

【教学反思】

《老人与海鸥》一文选自人教版六年级上册第七组的第一篇课文。这组文章讲述了发生在人与动物、动物与动物之间的感人故事，展示了动物丰富的情感世界。《老人与海鸥》就是这样的一篇课文。讲述了昆明一位叫吴庆恒的老人十几年如一日，如亲人般照顾喂养翠湖边的海鸥。当老人去世后，海鸥自发为老人守灵，不忍离开自己的亲人。

根据文章的特点与六年级学生的认知水平，我定下了这样的教学目标：

1. 能正确读写并理解文中的词语。

2. 能正确有感情地朗读课文，通过朗读、感悟、想象等方法体会老人与海鸥之间亲人般的深厚感情。

而本课的教学重难点就是如何引导学生感受到老人与海鸥之间亲人般的深厚感情。为了突破这一教学重难点，我从以下几方面设计引导：

一、中心贯穿全文，反复体验。

全文的阅读体验紧紧抓住“十多年了，一到冬天，老人每天必来，和海鸥就像亲人一样”这条主线。从第1～13自然段中找出体现老人与海鸥这种亲人般关系的语句进行感悟，第15～17自然段抓海鸥送别亲人（老人）的句子进行品读。这样，整篇文章的线索就很清晰了。另外，教师在小结处以及提到老人部分的时候也适时点明中心，随着阅读感受的不断增加，学生对语句的朗读处理也越来越好。

二、落实到具体的语言文字去感受这亲人般的深情。

课文的第1～13自然段，字里行间洋溢着老人对海鸥那份浓浓的爱，深深的牵挂。我把这些内容分成三大块，也就是课件上出现的三段话，这三段的教学基本以学生感悟、朗读为主。通过让学生进行不同形式的朗读，感受到老人与海鸥之间的默契、和谐。



三、拓展资料，感悟形象。

通过出示老人对海鸥的深情的图片、音乐、感性的介绍，以及抓“褪色”这个关键词，都能把学生引入情境中，似乎亲眼目睹那位可敬的老人。教师又适时出现说话练习，请学生想象十多年来，无论发生什么样的情况，老人每天都坚持喂养海鸥，这么一来，老人的形象就非常鲜明了。

四、发散思维，想象说话。

本节课教学，我设计了两次说话训练，第一次：是老人喂海鸥的片段，在这有声有色的乐谱里，你仿佛听到了什么？看到了什么？第二次：在总结全文，升华情感部分，如果你就是那一群海鸥中的“独脚”，或是“灰头”、“老沙”、“红嘴”、“公主”……你会怎样向老人说什么？

这些环节的设计，意在引导学生在理解、感悟、积累和运用语言文字过程中，渗透语文教学的人文性，体会情感和人文价值，使语文课堂的“语文味”更浓些。引导学生超越文本，升华自己的阅读体验和感悟，进一步深入理解课文主旨，引导学生从课文中体会到人与动物之间的美好的情意，让学生读懂作品，领悟“至善”的真谛，通过超越文本的读书让学生变得智慧、变得美丽。

# 浅谈“单元导读课”

谢婉华

人教版课标实验教材在编排时，避免烦琐，简化头绪，突出重点，加强整合。由三年级上册开始，每册教材基本上由 8 个单元组成，另设一组选读课文，每组内容都由不同专题组成，每个专题都由 2～3 篇精读，1～2 篇略读课文组成。我根据教材编排的规律，尝试“单元导读课”，让孩子们自觉地走进教材、走进课文、走进精彩的世界，畅游在知识的海洋里，攫取其中的营养，从而内化成自己的能力。

所谓“单元导读课”实际上就是每一组课文学习之前的“入门课”，在学习新的单元之前，先拿出一节课的时间，老师以导游的身份带领孩子到“单元”里走一趟。大概浏览一下本单元的所有内容。明确单元的重点与难点，培养学生建立单元学习的整体意识。带着整体意识学习，对于学生更好地把握本单元的整体内容大有好处，不但可以满足孩子们先睹为快的心理，对课文先整体把握，引发阅读期待，为课文学习做好准备；还可以利用这节课，指导学生收集本单元的学习资料，这在很大程度上调动了学生的学习积极性，为彰显学生个性奠下基础。在教学实践中，我们就应当充分挖掘教材资源，使每个单元的主题鲜明而丰满，致力于在整合上培养学生的语文综合素养。在单元导读课上，通常我安排“解读导语，通览课文，寻找相关阅读链接”三大教学环节。



单元导语言简意赅，内容包罗万象，有的概括了本单元的课文内容，有的奠定了课文学习的情感基调，有的教给我们学习方法，有的则引发思考质疑的想象空间。不同的导语有不同的解读方式，不同的风格，不同的味道。由于以上原因，我设计的单元导读课是形式多样的。

## 一、质疑型导读课

质疑型导读课为孩子打开一扇探索的大门，虽说初读后的质疑往往是粗略的，但其价值是激起探究的欲望，为后文的学习作铺垫。教师要利用好导语，让学生根据单元导语的指向激发求知欲望，明确“单元学习目标”。

如三年级上册第五单元以“中华传统文化”为专题，由《孔子拜师》《盘古开天

地》《赵州桥》《一幅名扬中外的画》四篇课文组成。课文体裁多样，内容丰富。导语“中华传统文化像一座巨大的宝库。这组课文，为我们打开了这座宝库的一扇门。我们可以认识古代伟大的思想家，了解古代神话故事，欣赏古代建筑和绘画。让我们以自豪的心情去阅读课文，感受传统文化的光辉灿烂。”语言精辟，内容具体。教学中，引导学生质疑，师生以问答的形式展开：“中华传统文化的宝库里藏着的宝贝太多了，还有些什么?”让学生边翻书边通晓单元课文，引导学生开始通读单元课文。在一一列举中，师生间，学生间便聊了起来。这“聊”的过程，一方面帮助孩子把握单元课文的要点，另一方面提示课外资料的搜集。有学生说，我们可以在课前、课后查找一些资料（这也是自主性学习的体现）；有学生说，我们可以用画画、拍照的方式收集资料（多好的课后拓展作业）；有学生说，我们自己也去试着做一些民间的工艺品（综合实践很好的内容）；一个学生提到要好好读读课文，积累词句、学习语言……就这样，学生学习的主动性、自主性得到充分发挥。

## 二、情感型导读课

此类导读课以情感为基调，用生动活泼的话语激起孩子的阅读期待，引发孩子的阅读兴趣。三年级上册第八单元的主题是“爱”，“单元导读课”上课伊始，我深情朗读导语：“爱是什么？爱是给公共汽车上的老奶奶让出自己的座位，爱是给下班的爸爸妈妈送上一杯茶，爱是向遇到困难的小伙伴伸出温暖的双手。爱还可以怎么表达？本组课文会告诉我们怎样去爱别人。让我们献出自己的爱，使生活变得更美好。”这短短的一段文字，如果换一种排列方式，就变成了诗歌，爱意融融的抒情诗。所以，我让学生用自己喜欢的方式有感情地读导语。学生们通过读，分别读出了：“爱是谦让”、“爱是孝顺”、“爱是体贴”、“爱是帮助别人”。学生边说我边板书，此时黑板上正盎然开放着一朵奇葩，花芯上写着“爱”，突出醒目；四周大片的花瓣上，顺次写上“谦让、孝顺、体贴、帮助”，当然还有几个花瓣上什么都没有。这是为什么呢？我告诉学生，其实爱还有很多的表达方式，爱的内涵还在延伸，这个单元以爱为主题，会丰富我们对爱的理解，在后面的课文学习中，我们努力，让爱之花开得更灿烂。



包含情感的导语字字珠玑，有的甚至可以成为学生诵读的营养大餐。充分利用导语创设情境导入，可让学生更加明确单元整体学习的目标。

## 三、活动型导读课

此类导读课根据儿童喜欢游戏、喜欢活动的特点设计，可以较有效地激发孩子们的阅读兴趣。如在三年级上学期第五单元（写景组）导读课中，我以“导游姐姐”的身份，带领孩子们来了个“虚拟旅行”。我先带领孩子们来到西湖，在美美地读完书中“水光潋滟晴方好，山色空蒙雨亦奇。欲把西湖比西子，淡妆浓抹总相宜”一诗后，我拿出两首关于西湖的诗词比较配乐朗读，孩子们感受着，比较着，沉醉在美丽的西湖风光当中，之后，我又带领孩子欣赏奔腾的江河、澎湃的大海，“乘船”沿江

而上，去看看李白诗中的天门山，一路游玩一路吟诵，接着又“乘飞机”飞往祖国南面的西沙群岛。在男女赛读，师生合作读，小导游介绍读等多种形式的诵读中，大家的兴趣大增。最后，让学生商定本单元的学习方法，很多孩子能谈到摘抄、背诵、积累精彩的句段，仿写片段等方法。这样再链接相关阅读，学习就自然水到渠成了。

“通览与感悟”是单元导读课的重中之重，学生在课堂上通览一个单元的课文，有效初读文本，抓住先入为主的契机，形成整体感知，从而教会同学们从字、词、句、段、篇各个角度去解读文本。这可以使同学们言之有物，每个人都有不同程度不同角度对文本的感悟。这样同学们畅所欲言，争先恐后地发表自己的见解，真正地体现文本与学生，学生与学生，老师与学生之间的碰撞，有了一定量的积累，最后一跃自然会产生一种“会当凌绝顶，一览众山小”的豪气，这样同学们的语文素养自然而然就提升了。“相关链接”这一板块的设计，意在引导孩子从课内向课外拓展延伸，落实“大语文”思想，进一步激发学生的学习兴趣，从而拓宽学生的学习领域，开阔视野，让学生举一反三，顺利迁移，在大量阅读中获得语文综合素养的提高，还能让学生养成博览群书的好习惯，博大才能精深，同学们搜集信息的能力就可以得到培养，学生的潜能就能得到彰显。

所以说单元导读教学可以让学生整体感知本单元课文内容，对单元主题，所学内容有所了解，可以为下面课文的预习起到铺垫作用，做好引领，学生预习起来会感到省时省力些，兴趣也会随之增加，从而养成自主学习的好习惯。在接下来的教学中，教师、学生都会感到得心应手。

单元导读教学的一个长远效应就是引导了孩子们怎样读书，搜集资料。科学施教，上好单元导读课有现实意义。现在是信息社会，是知识爆炸的年代，面对纷繁的信息，孩子们在搜集资料的时候感到困惑，感到无从下手。如果从课堂教学中引导孩子们学会读书，学会搜集信息的方法，那么孩子们就会善于从知识的海洋中取材写自己最想要的那朵浪花了。在将来激烈的社会竞争中，孩子们就会更从容一些。



**参考文献：**


1. 小学语文教师. 上海教育出版社.
2. 张孝纯. 大语文教育论集.


（获广州市小学语文“有效教学论文评比”一等奖，刊登在《花都教研》2009 年第 2 期）

# 重视“三维教学目标”在课堂中的落实

李　静

新一轮基础教育课程改革提出了知识与技能、过程与方法、情感态度与价值观三个维度的课堂教学目标，这是新课程的一大亮点。同时，新课程积极倡导自主、合作、探究的学习方式，促使学生各方面和谐发展。强调培养学生积极主动的学习习惯，改变课程过于注重知识传授的倾向，使学生获得基础知识与基本技能的同时学会学习和形成正确价值观。因此，在教学中我们必须全面落实“三维目标”，从而全面提高学生的语文素养，为学生的全面发展和终身发展奠定基础。下面以新课程一年级下册教材《棉花姑娘》为例，谈这三方面在教学实践中的整合和落实。



## 一、理清关系，整合“三维目标”

假如把语文素养比做一座大厦，由三维目标构成，知识与能力就是大厦的基座，过程与方法、情感态度价值观就是上层建筑，基座稳固了，语文教学的根基才不会产生动摇。新课标指出，“课程目标根据知识和能力，过程和方法，情感态度价值观三个维度设计。三个方面相互渗透，融为一体，注重语文素养的提高。”在拟订教学目标时，我们要借鉴新课标对“三维目标”的整合方法。

如《棉花姑娘》一课，是一篇知识性较强的介绍科普知识的童话故事，“知识和能力”是显性的、主要的学习目标，如“了解不同动物消灭害虫的不同本领”。而“情感态度与价值观”则是以隐性状态出现的，渗透在学习过程与方法的运用和知识能力的掌握之中。在这课的教学目标中，有“理解课文内容，分角色朗读课文，读好请求的语气”这一内容，其能力目标定位为：理解课文内容，其中“分角色朗读课文，读好请求的语气”既是能力目标，又包含着过程与方法上的要求，在体会角色语气的同时训练朗读技巧，在朗读课文的过程中领悟事物间的相互联系以及生发热爱和保护益虫益鸟的情感。而“领悟事物间的相互联系与生发热爱和保护益虫益鸟的感情”自然就是情感态度价值观的目标。

## 二、实行有效教学，落实“三维目标”

有效的语文教学，就是经过教学，使学生在知识和能力，情感态度价值观获得进步与发展，使语文素养得到提升，并亲历学习过程和掌握学习方法。在实现“三维目标”的科学整合后，还需要有效地去实施完整的目标体系，在课堂教学中以学生为主体，通过转变学生的学习方式有效地达成目标。在《棉花姑娘》的教学中，我主要通过以下几点来实现目标：

（一）通过直观的教具和有趣的呈现方式，激发兴趣。“兴趣是最好的老师。”兴趣是“情感态度和价值观”目标的组成部分，是学生学习的内在动力。只有当“三个维度”的目标成为学生的内在需要时，学生才能主动去学，学得投入。才能有效实现目标。一年级的学生对小学生活充满了新鲜感、好奇心，他们的思维具体、形象，已经具有一定的口语表达基础，所以运用教材中直观的教具，让学生猜一猜，看一看，说一说，学生就能参与到课堂教学中。如导入《棉花姑娘》这篇课文时，我先作神秘状，让学生猜猜我给大家带来了什么？学生感到有趣新奇，当我揭底捧出一大团棉花时，大家都感到兴奋，进而引导学生说说棉花的用处，大家更是滔滔不绝。学生置身于这样有趣的场景中，情绪高涨，心情愉悦，拓展学生思维的同时缩短了学生与学习内容的距离感。

（二）创设情境，引导主动学习。教师的“教”是为了学生的“学”，学生是学习的主人。小学生尤其是低年级学生受其年龄的影响，主体的积极性、主动性主要是靠创设诱发学习兴趣的教学情境，把学生的不随意注意吸引到参与学习的兴趣上来。因此，在教学中要根据教材内容和学生实际，创设各种富有形象性和情感性的语言学习情境，引导学生主动参与学习，最大限度地发挥他们学习的主动性与积极性。如《棉花姑娘》一课，我利用课件出示一个生动的“棉花姑娘”的形象，向大家哭诉她不能参加田野大会的原因，想请同学们帮帮她解决生病的问题。同学们看到生动有趣的动画画面以及听到“棉花姑娘”伤心地哀求大家帮助的声音，善良的孩子们自然地产生一种迫切地想帮助她的心理，从而激发学生自觉地读书，寻求原因和解决的方法。



（三）通过体验感悟课文。有学者说：“体验是最有效的教育。”我们在教学中要重视语文课程对学生“思想感情、思维品质、审美情趣”的培养，加强人文性、情感性的熏陶和感染。把学生带进教材，让学生在阅读课本的过程中，直接体验作品的人文性、工具性。这样的过程需要在对话、交流和表现中实施。在《棉花姑娘》的朗读教学中，我不失时机地引导学生通过自身的体验来理解课文，如引导学生联系生活实际理解“可恶”一词；想想你生病的时候，心里会怎样？从而体会棉花姑娘生病时着急的心情。教师创设学生熟悉的生活情景，引导他们说出自己的亲身感受，收到了“润物细无声”的效果。如我引导学生扮演燕子、啄木鸟和青蛙的角色时说：“如果你是他们中的一个，你要怎么向棉花姑娘解释你帮不了她，而又不使棉花姑娘生气呢？”再有，读完最后一段时，我问：“如果你是棉花姑娘，你最想对谁说一句什么话？”角

色承担，就是让学生对他人角色的尝试。让学生在角色承担中体验，以培养学生的真情实感。

（四）自主、合作、探究的学习模式。《课程标准》基本理念中，学习方式作为第三条提出并贯穿于课程标准始终。改变学生的学习过程与方式的根本目的是使学生学会学习。阅读教学要以学生为本，组织学生开展合作探究性的学习，引导他们主动参与到生动活泼的语文实践活动中。如《棉花姑娘》一课的教学，为了引导学生学习2～4自然段，我提出问题："棉花姑娘都找过谁帮她治病？结果怎样？原因是什么?"让学生展开自学。①先让学生自主阅读课文，然后小组讨论交流。自主学习是基础，然后小组交流进行综合整理。②合作拼贴表格。为了检验学生对课文内容的理解以及增强课文的趣味性，教师给每个小组分发表格和小动物的贴纸以及字条，让学生合作完成这些动物各自捉什么害虫的表格，然后各小组汇报学习情况，并让优胜组的代表谈合作经验，避免教师单向、枯燥的说教，使各组互相促进，取长补短，培养交流合作意识。③深入理解，角色扮演。了解了课文内容后，引导学生通过体验感受到这三种动物不是不想帮棉花姑娘，而是"心有余而力不足"，通过多种的朗读训练方式体会这种心情。在这一环节中，让学生在读一读、议一议、贴一贴的自主、合作、探究的学习方式中理解课文的内容，使学生学得愉快，学得轻松。

## 三、教学评价多元化

教学目标的多维决定了教学评价也应该是多元的，既要评价学生的知识与能力，又要评价学生的情感、态度、价值观，评价过程与方法。在交流反馈时，老师既要关注学生思维的结果，更要关注学生思维的过程，同时还要注意学生回答问题时的语言和语态。如在教学《棉花姑娘》一课时，一学生说到七星瓢虫有害虫和益虫之分后，老师追问：你是怎么知道的？关注学生获取知识的方式方法，并向其他同学推介。再如一学生朗读青蛙说的话很有感情，老师会说："听你这么一说，棉花姑娘一定不会怪你的。"从情感态度上肯定学生的感悟。总之，只有多元的教学评价和促进学生发展的评价方式，才有助于三维教学目标的实现。



**参考文献：**

1. 小学语文教学.
2. 小学语文课程标准.

（本文曾获2009年广州市教育论文年会评选三等奖）

# 让生活知识演奏数学乐章

张焕清

**内容摘要：**

如何在小学数学教学中融入生活知识，使生活知识演变成数学理念，这是当前小学数学迫切需要研究的问题，也是当前数学新课程标准的要求。本文结合自己的教学实践，就小学数学教学中应用生活知识作一些初步的探讨。

**关键词：**

发现　融入　寓教于乐　应用



《数学课程标准》明确指出："要重视从学生的生活实践中学习数学和理解数学。"而《新课程》也要求："数学教学要注意联系实际，使学生更好地理解、掌握数学基础知识，并且能够运用所学数学知识去解决简单的实际问题。"在小学数学教学中，提倡数学问题生活化和生活问题数学化，即加强数学与生活的有效整合，已经为越来越多的老师所接受。因此，教师应从学生熟悉的生活情境出发，选择学生周围的事物设计数学问题，让学生真正体验数学就在身边，生活中处处有数学，并引导学生应用数学知识解决生活问题，发现数学知识的应用价值。让生活知识演奏数学乐章。

## 一、在生活中发现数学知识

生活本身是一个巨大的数学课堂。生活中存在大量有价值的数学知识。伟大的科学家爱因斯坦曾说过："发现一个问题往往比解决一个问题更重要，因为解决问题也许仅仅是一个教学或实验上的技能而已，而发现问题，却需要有观察力和想象力。"故教师要善于引导学生发现生活中的数学问题，让学生从多方面的生活中"找"数学、"想"数学，真切感觉"生活中处处有数学"。如学习了"折扣"后，课后我让

学生自己去收集生活中有关折扣的数据，并自编应用题。结果有的学生深入到商店，了解商品的价格等，并通过到各个商场去了解到的各种促销情况，根据自己调查来的数据与事例编成“折扣”应用题，他们编的应用题内容生动、题材多样。当课堂上出示有学生自己收集的素材编成的题目时，学生觉得十分亲切，并且，学生在掌握了“折扣”应用题的解题方法之后，还发现数学就在身边。在教学活动中，我还指导学生应用数学知识写日记，促使学生主动用数学的眼光去观察生活，去思考生活问题，让生活问题数学化。如学完借助媒体作决策后，引导学生观察，思考生活中哪些问题可以用借助媒体作决策的知识来解决。在阅读学生日记时，我发现了学生能在生活中发现数学知识，其视野遍及生活的各个方面，如：

（1）今天，妈妈去管理处交了上个月用了10吨水的水费是16元，我想若本月用了8吨水，就应交12.8元，可以节约3.2元。

（2）语文老师今天布置我们回家打一篇400字的文章，我5分钟打40个字，打完这篇文章一共要50分钟。

（3）爸爸把一个底面积是28.26平方米，高是3米的圆锥形沙堆铺在5米宽，2厘米厚的路面上，能铺282.6米。

……

我通过数学日记使学生广泛地接触到现实生活，更细致地观察了现实生活。数学日记也拓宽了学生眼界，培养了他们应用数学的意识，增强了学生应用数学知识解决实际问题的能力。



## 二、在数学教学中融入生活情景，寓教于乐

布鲁纳说过“学习的最好刺激，乃是对所学材料的兴趣，要想使学生上好课，就得千方百计点燃学生心灵上的兴趣之火。”当学生对学习材料有了兴趣时，才能以最佳的精神状态投入到学习活动中去。因此，在设计教学内容时，我有意识地将教材知识与学生的生活实际联系起来，从学生平时生活中看得见、摸得着的事例开始，寓数学知识于学生喜闻乐见的生活活动之中，并以直观丰富的客观事物为载体，使枯燥的数学知识变为活生生的生活现实，使抽象的数学知识变得生动有趣，达到拓展教材的内容、活化教材的内容，增强学生对数学内容的亲切感的目的。如：学习相遇问题的应用题，在学生对此类应用题的结构和解法有了基本了解后，我让学生两人为一组，将相遇问题应用题中的情节做表演。在活动中，两位同学在两个不同的地方（两地）面对面站着一齐面对面走过来（同时、相向），经过一定时间，两人的手紧紧握在一起（相遇了）。经过这样演示，不需要教师更多的语言，学生对“两地、同时、相向（对）、相遇”有了实实在在的了解。又如：学了三角形的稳定性，布置学生搜集有关事例，进行整理，教师再进行归纳小结。在教学“圆的认识”时，我首先启发学生想象现实生活中哪些物体上有圆？让学生放飞思维，学生说出了很多与圆有关的物体，如硬币面、圆桌面、车轮等，再让学生从数学的角度说明车轮的形状为什么是圆的？三角形、四边形行不行？为什么？还可以让学生想办法找出面盆底、自行车轮、DVD

光碟等的圆心在哪里？这样，既可以激发学生学习数学的兴趣，又可以将学生的思维调动起来，从而培养学生用数学眼光看问题，用数学思维想问题和分析问题的习惯，以增强学生用数学知识解决实际问题的能力。

## 三、在生活中应用数学知识

学习的目的是为了应用，即把所学的知识应用于生活，这也是学习数学的最终目的。著名的数学家华罗庚曾经说过："宇宙之大，粒子之微，火箭之速，化工之巧，地球之变，日用之繁，无处不用数学。"可见，数学知识在日常生活中有着广泛应用。因此，教师在教学中应努力激发学生应用数学知识解决实际问题的欲望，引导学生自觉地应用数学知识解决生活中的问题。教师要及时地为学生提供把课堂上所学知识应用到实践中去的机会，让学生在应用中更深刻地理解和掌握数学知识，在应用中感受数学的魅力。如：在学习"百分数应用题"时，可以布置每个学生由家长带着上街买一些生活用品，要求在购买时由学生自己讲价。回家之后算算实际用钱数占原来应付钱数的百分之几，每件东西按原价打了几折，便宜了百分之几，让学生完成本次作业的记录，能有机会像大人一样讲价、购物，学生们感到新奇、兴奋。他们满怀激情去学习这一课时。有这样一位同学在记录中写道：我今天学习《分数的应用题》的知识掌握得很理想，它使我联想到现实生活中的知识也可以成为我们学习的数学知识，从而使我对周围的事物多观察，多留心，多做记录。他们应用所学的知识解决了生活问题，享受着成功的喜悦，定会更加亲近数学、喜欢数学。

生活是数学的源泉，数学教师应该创造性地利用和开发资源，使数学教学更加贴近学生的现实生活，不断沟通生活中的数学与教科书上的数学的联系，让数学教学充满生活气息和时代色彩，为学生营造更广阔的数学学习空间，提高了学生运用知识解决实际问题的能力。



**参考文献：**

数学课程标准.

点评：本论文能体现我校开展"本善本色"的主题，在教学中善于引导学生发现生活中的数学问题，让学生从多方面的生活中"找"数学、"想"数学，真切感觉"生活中处处有数学"，组织学生开展调查、探究等活动，给学生以实践活动的机会，引导学生自觉运用数学的基础知识、基本方法去分析与解决生活中的实际问题，使生活问题数学化，从而让学生更深刻地体会到数学的应用价值，逐步培养学生的数学应用意识和应用能力。

# 实现计算教学与解决问题相结合
## ——让计算焕发生命力

许凤玲

《数学课程标准》中强调计算教学时“应通过解决实际问题进一步培养数感，增进学生对计算意义的理解”，“应使学生经历从实际问题中抽象出数量关系，并运用所学知识解决问题的过程”，“避免将运算与应用割裂开来”。新课程标准下的计算教学一改以往计算教学的枯燥、乏味，充满了生机与活力。在以往的计算教学中，把计算教学局限于计算本身，把计算作为专门的技能来学习。长期以来，计算教学由于过分注重系统知识的传授，常常与烦琐、枯燥、乏味联系在一起，被视为纯技能性的训练，只强调训练学生程式化的叙述“算理”，注重模仿和记忆算法，重视单纯的技能训练，通过各种计算形式来提高学生的计算技能和熟练程度，这在新课程理念下是行不通的。计算是帮助我们解决问题的工具，解决问题是计算的目的。我们的计算教学不但要关注计算能力，更要关注学生自主探究的创新精神，与人合作的意识，获得的情感体验及解决问题的能力。只有这样，计算教学才能焕发生命的活力。



## 一、计算教学的重要性

计算是我国小学数学教学的重要内容，它贯穿小学数学教学的始终。无论是数学概念的形成、数学结论的获得，还是数学问题的解决等都依赖于计算活动的参与。学习数与计算的过程是培养和发展学生逻辑思维能力的过程。数与计算的概念、性质、法则、公式之间都有内在联系，存在着严密的逻辑性。每个概念、性质、法则、公式的引入、建立，都要经过抽象、概括、判断、推理的思维过程。因此，学生学习、理解和掌握数与计算的有关内容能促进学生思维能力的发展。数与计算是我们在日常生活中应用最多的数学知识。一个人在成人以后所需的数学知识，基本上在小学阶段就学全了。因此，在小学阶段学好数与计算的基础知识，并形成一定的计算能力，是终身受益的。

## 二、解决问题的价值

传统数学教学中的解决问题就是解答应用题，应用题是小学数学除“数与计算”

外的第二大部分内容，也是教师开展教学研究时关注度最高的成分。新课程把应用题解答上升为解决问题。解决问题的学习目的主要不再是学会解题，而是培养学生的应用意识。解决问题意识的培养使学生更能体会数学的价值。为学生提供问题情景，鼓励学生在现实的情景中发现问题和提出问题，有利于学生在分析具体问题的过程中体会数学在现实中的应用，了解自己身边的数学问题，进而认识数学的价值和数学在现实生活中的作用。培养解决问题能力的重要性不仅在学生学习数学本身，更重要的还在于学生数学意识的提高，学生运用数学解决现实问题能力的提高，这种能力将对一个公民终身受益。

## 三、实现计算教学与解决问题的有效结合的策略

（一）从情境图入手，实现计算教学与解决问题的有效结合。

计算教学一直是我们双基教学的重点。新教材以学生感兴趣的活动或故事为题材，让学生在体验情境的过程中亲身经历探索和发现的过程，提高计算技能，训练思维能力，解决实际问题。让计算教学来源于生活，服务于生活。提高计算教学的实用性和时代性。我们可以发现，中、低年级教材较多地选择了多种数学信息的情境，并通过“情境＋问题”的方式呈现出来。教师首先要引导学生观察、了解情境中蕴涵的数学信息，然后再提出问题并计算。《数学课程标准》对计算的要求，不再是以前的又快又准，而是看谁的方法多，也就是提倡算法多样化，尊重学生个性化。鼓励学生用自己喜欢的、熟悉的思维方法去解决问题。

例如在教学四年级下册的《四则运算》时，教材以“冰雪天地”游乐场为主题图贯穿几个例题，以实际情境提供计算题，让学生掌握四则混合运算的运算顺序的同时，培养学生用多种方法解决同一问题的数学思维方法。几个例题的教学，教师应该给学生提供充足的自主探究、合作交流的时间和空间，让学生通过观察、思考、讨论和交流等数学活动，得出不同的计算方法。让学生认知四则混合运算的运算顺序的过程中，感受解题方法的多样性，体会计算的重要性。如在教学例3时，学生想出 $24+24+24\div2$；$24\times2+24\div2$；$24\times3-24\div2$ 几种计算购买门票的方法。针对学生提出的不同算法，让学生相互交流、讨论，看看哪种算法更简便，最实用。其间，学生各抒己见，思维频频碰撞。其实，认定“到底哪种最好”在这里已无太大的价值，因为不同的学生有着不同的认知水平和思维方法，但学生经历了对各种算法的再认识，这个过程才是最有价值的。教师组织和引导学生互说、互评、互学，在比较中求真，在应用中内化。构建了学生的优化思维方法，提高与同伴交流、合作的能力。



（二）捕捉生活场景，实现计算教学与解决问题的有效结合。

《数学课程标准（实验稿）》要求：计算教学旨在培养学生的数感，增进对运算意义的理解。当运算意义以生活场景为背景时，可以化“抽象”为“直观”，大大拉近了与学生的距离，让学生感到自然、亲切、易懂，有利于学生主动地去理解和建构知识。

比如：教学“认识乘法”，我们就可以捕捉这样的生活场景：“在教室里一张课桌

坐有2个小朋友，4张课桌坐有几个小朋友？6张呢？全班呢？”层层递进，学生通过观察，既巩固了“相同加数相加”的例子，同时也强烈地感受到，在特定情况下用乘法计算比较简便，更加深入地理解乘法的意义，也切实地体会到学习乘法确实是实际生活的需要，是有价值的。再比如：一年级上册，教材利用农村地区小朋友帮大人摘丝瓜、运南瓜的生活场景，让学生通过仔细、有序的观察，用自己的语言描述实际的“动作过程”，联系过程来构建连加、连减的概念，认识算式的意义，这样就把抽象的运算意义变成了学生看得见、摸得着、理解得了的数学事实了。

（三）回归生活实践，实现计算教学与解决问题的有效结合。

现实生活既是计算教学的源头，更是计算教学的归宿。教师应努力为学生提供将所学知识应用到实践中去以解决身边的数学问题的机会，让学生用数学知识和数学的思维方法去看待、分析及解决实际问题，使学生体验到数学的价值，进一步感受计算的重要性，培养数学应用意识，提高学生的实践能力。

1. 用数学的眼光去观察和认识周围事物。

数学源于实践，又应用于实践。在教学中，要尽可能地让学生带着数学问题接触实际，加深对问题的理解，懂得生活中充满数学，数学就在身边。从而培养学生爱数学、学数学、用数学的情感。

例如：在学生学习了长方形和正方形的周长与面积后，可以设计这样一个环节：把学生带到学校大操场的一块空地上，让学生在这块空地上设计一个面积是30平方米的花坛，可以有多种设计方案。学生对这道题积极性十分高，他们几人一组，一边测量一边设计，十分投入，最后竟设计出十几种图形优美、很有创意的花坛。学生在解决这一问题时，先要对长方形和正方形面积公式这一知识重新进行组合，有一个新的认识，然后要对分割法、平移法、面积相加减等方法进行选择。在设计过程中，既巩固了长方形面积公式的计算，又拓宽学生生活的空间。更为重要的是，在设计中，不同层次的学生都获得了一次难得的实践锻炼的机会，强化了学生的应用意识，提高了学生的实践能力。



2. 用数学的知识去分析和解决实际问题。

例如：在教学百分数后，可组织学生在父母的带领下，到银行进行存款、取款，或到商场购买打折商品，使学生熟悉、掌握存款的方法、计算利息的方法及打折商品价格的计算方法，帮助学生适应社会生活，在解决问题中提高计算能力。

3. 用数学的方法去调查和推断社会现象。

如：学了“估算”后，让学生根据自己家一天丢弃的塑料袋个数，估算、推测全班同学一天丢弃的塑料袋个数，十天呢？一个月？一年呢？从惊人的数字中唤起学生强烈的环保意识。

总之，在平时的计算教学中，我们必须减少单纯的技能性的训练和机械、重复的强化练习，避免繁杂的运算，增加计算的应用。创设、提供一些常见的实际生活情境让学生从数学的角度获取信息、提出问题，用所学的计算解决问题，实现计算教学与解决问题的有效结合。只有这样，才能使学生体会计算的价值和数学的应用，使培养

学生解决问题的能力的目标在小学数学课程实施中得到落实。

**参考文献：**

1. 新课程改革纲要解读.
2. 崔振阳. 浅谈新课程标准下的计算教学.
3. 张卫国. 谈谈计算教学的改革.
4. 焦肖燕. 让计算走进生活.

（曾获中国教育编辑部举办的“新课程与创新教育论文大赛”一等奖）

点评：《新课标》中强调数学教学既要关注学生的数学学习的水平，又要关注学生的情感与态度，体现关心人、尊重人、发展人的理念。本文在计算教学中也努力地朝着既要体现知识与能力的价值，又要体现人文价值的方向发展，即成为关注学生精神世界，关注学生学习的需要，使数学题成为学生与知识、情境、教师对话、心灵交汇、情感交流的载体。数学应该是现实的，人文的，数学是人类的一种文化。数学那丰富的内涵、数学思想、数学的精神和美应该通过我们的教学让孩子感受到。小学数学书上大量的是数学计算的教学，教师们应该让计算教学充满活力，展现数学的魅力。

# 动起来，让我们的数学课堂更精彩

徐婉冰

我是一名小学五年级的数学老师，作为一线老师，我天天都在上课，也常常去听别人的课，看到的课堂教学往往有两种不同的场面：其一，教师满怀激情，生动传神，学生投入兴趣盎然，教与学双方都沉浸在一种轻松愉快的气氛中；其二，则是另一种场面，教师枯燥乏味地讲解，学生机械重复地做题，呆板的教法，沉闷的课堂气氛。学生木然置之，毫无反应，整个课堂犹如一潭死水。这是为什么呢？同样的教材，同样的学生，同样的40分钟，为什么课堂教学效果却不同呢？这就是我们今天所要讨论的话题，也就是在新的教学理念下，老师如何调动学生积极性，发挥学生主体地位，构建和谐高效课堂，让学生在数学课堂上动起来，我认为，可以从以下几个方面入手。



## 一、课前准备阶段——教学的三维目标要明确

上课之前，先要认真钻研教材，调查研究学生以前的知识到底掌握得怎样，对这节课学生应掌握的知识点的设计，对学生情感教育的创作；在课堂中，哪些知识点学生是已有认知基础的，哪些概念会令学生混淆不清，学生可能会在什么地方卡壳，会在什么地方提出一个什么新的问题等等。这些，教师在备课时，要考虑清楚，做到心中有底。总而言之，不能为备课而备课，要根据本班的实际，备本班的学生。这样，心中有数，言之有物，才能使自己每一天都能自信地站在讲台上。

## 二、课中——力求主导和主体融为一体

1. 创设教学情景，激发学习兴趣。

人们常说，好的开头是成功的一半。对于小学生而言，因其注意力集中的时间大约只有15分钟，所以，如何能在有限的时间内吸引他们的注意力，兴趣就显得尤为重要。爱因斯坦说过：“兴趣是最好的老师。”从心理学角度来讲，兴趣是认识某种事物时的优先注意倾向和从事某种活动时的爱好倾向，它表现为个体为某种事物或从事某项活动的选择性态度和积极的情绪反应，如果能让学生对所学知识产生浓厚的兴

趣，就能激发他们的积极性、自觉性和强烈的求知欲，因此，让学生动起来首先要让他们的情动起来。于是，我精心设计问题情境，让学生身临其境，产生动的情绪。

如：利用多媒体课件展示，激起学生求知欲望的心理需求。还可以利用知识之间的矛盾激起学生的求知欲，也可以利用猜想的手段，如：在《统计》这一课中，教师让学生在黑板上贴出自己喜欢的水果图片，然后引导学生欣赏全班作品，谈感受，发现作品摆得太杂乱，从而诱发学生产生整理和统计各种水果的欲望和必要性，进而让学生动眼观察，动脑思考，动手操作。

2. 重组教材，为学生“自主探究、合作共享”搭建平台。

随着新理念的不断渗入以及数学学习的实际需要，数学教材作为一种固定性教学资源必然会呈现出某些滞后的缺陷。这时，“发挥教师能动作用，创新重组数学教材”便成了优化教学设计的重要前提。这时的教师对教材不能简单地执行与传递，而要充分分析教材的编写意图，研究教材内容之间的相互联系，明确所学内容在整个教材体系中的地位和作用，挖掘知识的多重价值，根据教学目标、学生需求和自己的教学风格，对教材内容进行适当筛选、调整和重组，安排出符合学生认知水平的教学内容。为学生发挥主观能动性创造条件，搭建平台。

比如，在五年级“认识长方体和正方体”中，在五（3）班试教时，我基本上是按教材呈现的顺序进行教学的，我在40分钟内没有完成教学任务，其主要原因有两个方面：一是叫学生认识和数出长方体、正方体面、棱、顶点的名称和个数时，费了很多的时间；二是在棱的长度的特点探究中，由于量长度时的误差影响了学生的探究结果。弄得学生有点不知所措，毫无兴致。所以，在本班教学时我对教材进行大胆重组与整合，将教材中的一个课外作业，学生用学具盒里的材料（12根同样长的蓝色小棒，4根同样长的红色小棒，4根同样长的黄色小棒，8个连接小棒的接头），动手做一个长方体和一个正方体，融入到课堂教学环节中。让学生在做中感知，做中思考，让学生的学习过程成为自己探索和发现的过程，真正成为认知的主体，从中体验“发现”的乐趣，增强求知欲，学习气氛相当浓厚，七嘴八舌地争着汇报自己的研究成果，从而很快突破了该节课的教学难点，学生的思维和空间概念也得到了有效发展。



苏霍姆林斯基说：“在人的心灵深处，有一个根深蒂固的需要，希望自己是一个发现者、研究者和探索者。”课堂上多让学生动手摸一摸、量一量、剪一剪、拼一拼……不仅能满足学生的好奇心，更能促进学生在快乐的动手操作中主动获取知识。我想，通过前后两节课的鲜明对比，更令我加深了对这番话的理解。

3. 鼓励学习创新，让学生学有创见。

在数学教学中，我们不仅要让学生学会学习，而且要鼓励创新，发展学生的学习能力，让学生创造性地学习。

爱因斯坦说过：“提出问题，往往比解决问题更重要。”数学教师要深入分析并把握知识间的联系，从学生的实际出发，依据数学思维规律，提出恰当的富于启发性的问题，去启迪和引导学生积极思维；同时，还要采用多种方法，引导学生通过观察、试验、分析、猜想、归纳、类比、联想等思想方法，让学生主动地发现问题，提出问

题。培养学生提问的习惯，培养学生敢说、敢想、敢问的精神。

例如：在学习了一步计算的应用题后，我出示了这样一道补充问题的应用题：“饲养场买来黑兔9只，白兔36只，——？”并鼓励学生可以通过各种想法，提出不同的问题。思考之后学生提出：“黑兔和白兔一共多少只？白兔比黑兔多多少只？黑兔比白兔少多少只？再买多少只黑兔就和白兔同样多了？白兔的只数是黑兔的几倍？”短短几分钟，没有经过老师任何提示，学生积极主动，自主学习得出了5个问题。这样做使得学生掌握方法后能自主获取知识，去寻求发展，让他们在数学王国里自由地探索，从发现中寻找快乐、主动获取知识、体会到数学的实用价值和“做”数学的乐趣。

4．引进竞争意识，营造进取氛围。

常听一些老师抱怨：学生越往高年级，随着年龄增长越不愿举手，课堂气氛越是沉闷，但我却不这样认为。当今社会是竞争的社会，竞争已无处不在。在课堂教学中，适时采取竞争策略，这是很有必要的。在我班里，我一直坚持在黑板左上角画一个组别比赛积分表。课堂上，对于学生的表现，除了语言赞美、眼神鼓励外，在行动上更有所表示，那就是在学生所属的组里加分，别看有时候只是加一两分，但对学生来说却是莫大的鼓励，因为这不仅是为组争了光，更是老师对自己的肯定。有时，我对一些有独特见解的同学还予以双倍加分，小孩子天生就是争强好胜不服输，这样一来，更能大大激发他们思考问题回答问题的积极性。在我的教学课堂上，经常出现学生积极活跃，各抒己见，争先恐后地去回答问题完成题目这一幕，教室充满愉快热烈的气氛，将课堂教学推向高潮，学生热情奔放却井然有序，积极投入而不呆板，课堂讨论像一个旋转舞台，在平等和谐的课堂氛围中，学生潜力得以挖掘，创新能力得以培养，构建了和谐高效课堂。



## 三、课后练习的生活化

“学以致用”明确地说明了我们教学的根本目的，因此数学练习必须架设起“学”与“用”之间的桥梁，把练习生活化。例如：在学习了三角形的相似性之后，让学生分组到操场上测量旗杆的高度。学习了统计图表以后，让学生三四人一组到十字路口去收集某一时刻的车流量，然后制成一张统计表。引导他们运用所学知识和方法去分析解决生活中的实际问题，使他们意识到数学知识真正为我们的学习和生活服务。孔子说：“知之者不如好之者，好之者不如乐之者。”只有让学生们在兴趣中学习，才能培养出学生不断探索的欲望，才能让学生在学习中动起来。

总之，要使数学课堂活跃起来，首先要培养学生学习数学的兴趣，在兴趣的基础上，采用多种教学手段，让学生自主地参与到教学活动中来。这样，数学课堂才不再是老师讲学生听，老师口干舌燥，学生心不在焉，而是让学生在动手实践中、自主探究中、合作交流中去思考、去质疑、去辨析、去释疑，使我们的课堂变得更精彩。

【结束语】在新一轮的课改浪潮中，我们学校及时推出了“本善本色”的学校文化建设实践与研究，努力追求本善本色文化背景的诗化教育境界。作为数学老师，我也期待着自己的数学课堂能真正带给孩子们快乐，让他们在宽松和谐的环境中，学会思考、质疑、感悟。于是，老师们的“善言善导”，最终促成了孩子们的“善动—善学”，一举多得，何乐而不为！

**参考文献：**

1. 新课程的课堂教学改革. 广西师范大学出版社.
2. 小学数学教师. 上海教育出版社，2007.
3. 小学数学教育心育艺术. 湖南人民出版社.
4. 义务教育数学课程标准. 北京师范大学出版社.

# 主动参与“反思性教学”，促进自身发展

许细女

思之不慎，行而失当。反思是个体成熟的标志。参加反思性教学活动，使我在“教师发展”的理论下思考着教师的日常教学。

## 一、我理解的“反思性教学”

通过学习，我理解到反思性教学是教学主体自我解剖的过程，是教师借助发展逻辑推理技能对自身教学过程的科学分析。同时也是教师借助仔细推敲的判断对自身教学过程的科学分析。总而言之，它能使教师尽快提高自己的授课水平，它是使自身能尽快成长为专家型教师的有效方法之一。



同时，反思性教学是以探究和解决教学问题为基本点，以追求教学实践的合理性为动力，激发教师的责任心，使教师在不断改进教学的过程中，把自己的教学实践提升到新的高度。它可使教师在改进自己的教学实践活动中，成为更好、更有效率、更富有创见的行家。所以我主动参与这项活动，希望自己进步更快，努力向研究型教师发展。

## 二、我设计与实施的“反思性教学”

我讲的一节课是“2、3、4的乘法口诀”。我为这节课设计了7个反思性教学环节。

(1) 独自备课，重点要解决突破的问题是“引课”。

(2) 介绍自己的设计方案，听取同组教师的建议。

(3) 授课，有教师听课。

(4) 对学生进行课后访谈。

(5) 反思教学过程中的可取之处和遗憾。

(6) 独自看教案，和学生交谈，再次反思。

(7) 与听课老师交谈，并听取意见。

## 三、我对这堂课的反思

1. 课后我的最初感觉是："还不错，有点紧张，有80分左右吧"。

2. 同组教师给我的反馈。

课前：设计方案基本通过。大家肯定我备课时补充了许多新的内容，教学思路清楚，考虑到了我教的两个班学生特点有所不同。大家也建议我思考怎样成为学习的指导者，提醒我注意引导学生观察实物现象。也有的老师担心我讲多了学生不消化，建议强调"三个状态，两个过程"，习题放在下节课，希望我注意数学语言的准确使用。

课后：老师们指出应注意多用"投影"配合做分析，老师讲一个相同加数的算式，引入用乘法算式，到口编乘法口诀后，剩下可以让学生自己进行分析乘法口诀的由来，效果会更好。针对课的细节大家还议论了许多问题。我们还谈到了怎样设计贴近生活的实验，怎样让学生主动去发现数学知识概念。

3. 和学生一起交谈的反映。

学生认为我内容讲述快，反应不过来。教师提的问题有点难，不知道怎样回答。教师声音落差大，有时听不清老师讲话内容。例如，一句话开始声音大，而后半句，则声音小。前半堂课听得明白，后半堂课有点糊涂。有的精神分散的同学更不知老师说什么。当我说到要养成良好的听课习惯时，有的学生问我："老师，怎么养成良好的听课习惯?"

4. 我的反思。

这节课给我留下了许多思考。我的思考远远超出了"引课"。教学内容怎样才能精要简练，让学生明白，让学生有练的机会，怎样能让学生主动去理解、发现数学的概念，怎样创设条件让更多学生参与学习，培养他们对数学实物的观察兴趣和数学思维能力，怎么改进自己的教学语言？以前我的课随意性比较强，没有数学组里的老师想的那么多那么细，现在想了这些问题后，我都觉得不知道课该怎么教了。其实，讲一堂课并不难，难的是让学生主动参与、积极思考，成为学习的主人。



反复看教案的时候，我曾想：有些学习后进的学生真的不知如何教了，你问他什么问题他都不跟你配合，没养成和老师配合的习惯。听了学生的反馈，我意识到我不能用我的思维代替学生的思维，我们教师明白了，不等于学生就明白了。教师明白了，课就成功了吗？我们应该从学生的生活经验出发引导学生去学习。难道跟教师配合就是学生的学习与发展目标吗？学生是学习的主体，教师是学生学习与发展的引导者，更是他们学习与发展的助手、服务者。今后我要摸索学生的思维，多想一想七岁多的孩子能不能理解，多与学生交流，让学生成为学习的主体。

## 四、我对反思性教学的反思

"反思性教学"活动是一个非常好的教学活动研究方式，它需要参与者有开放意识，作为一名参与者，还必须具有合作的胸襟：包括与同事、与学生合作。而且要付出时间和精力。有所追求的人，勇于自我批判和与人交流的人，才能成为主动的参与

者。

我的反思性教学刚刚开始，还需要不断地探索与实践，不断地积累。我相信经过自己的努力和与同事的交流，我会有很大的提高，我希望自己能站稳这三尺讲台，做一个研究型教师，追求教数学的幸福感。

**参考文献：**

1. 冯金友. 对反思性教学的反思［J］. 陕西师范大学学报（哲学社会科学版），2003（10）.

2. 熊川武. 反思性教学［M］. 上海：华东师范大学出版社，1999.

（2003 学年度第二学期花都区小学数学教学反思论文评比中荣获二等奖）

# 数学中的德育
## ——论真善美从数学教学中获得

钟秋霞

教育家赫尔巴德曾说过："教学如果没有进行德育只是没有目的的手段，品德教育如果没有教学，就失去了手段和目的"。小学数学是基础教育的一门重要学科。在数学课堂教学中，不只是传授知识、培养学生能力和发展智力，还要体现新课程改革的理念，新大纲指出："要根据数学的学科特点，加强对学生人格教育和道德教育，从小培育正直、真诚、宽容、仁爱、善良等基本的人格素养和追求真善美的道德素养。"这一番话，指明了小学数学教学中德育的内涵。因此，结合我校本善的课题，如何在数学教学中渗透德育教育呢？我作了如下的尝试。



## 一、挖掘数学教材中的德育素材，引导学生悟道明理

在九年义务教育数学科新教材中有许多例题和习题里蕴涵着思想教育因素，在教学中应善于从教材中挖掘、提炼其蕴涵的德育因素，把显性的教学问题和隐性的德育影响有机地结合起来，从而实现数学的育人功能。例如在教学《角的初步认识》这一内容时，我根据教学内容出示了国旗、红领巾等实物，在讲解角的知识时先让学生说说：五星红旗是我们的国旗，我们都要爱护它；红领巾是国旗的一角，是用烈士的鲜血染成的。然后引导学生再次认识：我们能有今天这样的学习环境，是先烈抛头颅、洒热血换来的，所以我们要好好珍惜现在的学习机会，树立为国家富强、民族兴旺的责任感，发奋学习，刻苦钻研，长大成为国家的栋梁之材。

## 二、数学教学过程中渗透德育教育

数学教学是以教学数学知识为主，随着信息技术的迅速发展，可供教育教学利用的资源越来越丰富了。这些多彩的网络资源，教师可以选择富有教育意义的、形象生动的插图，有说服力的数据和统计材料，使学生受到爱祖国、爱社会主义、爱科学的教育。例如在关于应用题教学的过程中，我指导学生从网上收集了这样一些信息：我国领土辽阔广大，东西相距约 5000 千米，南北相距约 5500 千米，陆地面积约 960 万平方千米，海域面积约 470 多万平方千米；我国境内有世界著名的大河——长江，长

6300千米；中华人民共和国成立以来建造的南京长江大桥，铁路桥长6772米，公路桥长4589米等。利用这些信息资源，我试图以此唤起学生感受祖国、家乡的广博富饶、美丽可爱，从而立志长大后也要用自己的聪明才智把祖国、把家乡建设得更加繁荣富强的强烈的历史责任感和使命感。德育思想教育又一次在数学课堂教学之中得到了体现。这样的教学情境就水乳交融地将德育渗透于数学课堂的教学之中。

## 三、数学实践活动中渗透德育教育

数学实践活动是渗透德育教育最好的方式之一。如教学《面积的计算》，在学生认识图形，会计算面积的同时，带领学生开展实地测量坡地、球场、教室等的活动，把测量的数据整理出来，再让学生计算出面积。这样通过小组合作、探究学习，使学生明白这样一个道理：学生们一起学习，既要为别人的学习负责，又要为自己的学习负责，要意识到个人目标与小组目标之间是相互依赖关系，只有在小组其他成员都成功的前提下，自己才能取得成功。还可以从小让他们养成严肃看待他人学习成绩的习惯。使学生在亲自体验的过程中，加强了所学知识与具体生活实际的联系，培养了学生与人合作的态度。既让学生认识团体合作的重要性又让学生增强了集体主义感，学会与人合作交流。

## 四、用教师自身的人格魅力影响、教育学生

有人把童心比喻成一支牧歌，深情、清纯、温馨；也有人说童心世界犹如一泓清泉，纯净、透明、晶莹。这两种比喻都充分说明了童心美与纯朴的本质。教育心理学研究表明：教师的榜样对学生的影响极其巨大。“身教胜于言教”，这些朴实无华的箴言更直接地指出了榜样对于教育的重要意义。教师的人格之光对学生心灵的烛照深刻且久远。



陶行知说：“教育是教人化人，化人者也为人所化。”古人也说过：“近朱者赤，近墨者黑。”可以说，教师的品德修养、教学艺术、个性心理无时无刻不在感染学生。学生思想的转变、品德的培养不是靠说教就能奏效的，需要教师和学生进行情感交流。当学生从你的眼光中读出热情和关爱时，他将学会爱和奉献；当学生从你的话语中读出激励和鼓舞时，他将会树立信心；当学生从你的微笑中读出宽容和尊重时，他将学会善待他人。教育教学实践说明，教师的板书设计、语言的表达、教师的仪表等都可以无形中给学生美的感染，从而陶冶学生的情操。比如，为了上好一堂课，老师做了大量的准备，采取了灵活多样的教学手段，这样学生不仅学得愉快，而且在心里还会产生一种对教师的敬佩之情，并从老师身上体会到一种责任感，这样对以后的学习工作都有巨大的推动作用。

总之，在课堂教学中，德育的渗透面是极其宽广的，具有无限的生命力。只要我们善于挖掘，积极探索，点点滴滴，有机渗透，耳濡目染，潜移默化，就可以达到德育、智育的双重教育目的。我相信只要教师做到“渗透有心，渗透得法”，那一定会达到“随风潜入夜，润物细无声”的境界，课堂教学中的德育工作就会取得新的突破

和进展。

**参考文献：**

1. 鲁洁，王逢贤主编．德育新论．江苏教育出版社，1994.
2. 董远骞，张定璋，裴文敏．教学论．浙江教育出版社，1984.
3. 陈侠．课程论．人民教育出版社，1989.

# 善导猜想　激发创新

徐良针

数学“猜想”是数学理论的“胚胎”，正如弗赖登尔所说：“真正的数学家常常凭借数学的直觉思维。作出各种猜想，然后加以证实。”在数学中运用“猜想”教学，是学生根据已有的知识，对要学习的数学结论及解题途径苦苦思索而不得其法时，教师引导学生由联想到猜想，使学生的学习过程成为一个再创造、再发现的过程。这是激活主体，培养学生创新意识的有效手段。因此，在小学数学中，教师深入挖掘教材中的可猜想因素，恰当处理教学过程，这是十分必要，也是有益的。有猜想，就有创新的萌芽。教师应转变观念，善导学生从多方面、多角度大胆猜想，激发学生的创新意识。



## 一、创设氛围，敢于猜想

建立和谐融洽的师生关系是构建宽松学习环境的前提，学生在民主和谐的氛围中学习会产生一种愉悦的积极情绪，思维处于活跃状态，自然放松、敢问、敢于发表自己见解，课堂教学要鼓励学生独树一帜，允许与教师辩论，允许学生保留看法。教师充分肯定学生的点滴成功，妥善处理错误答案，把保护儿童的创造欲望和创新精神放在重要位置，为学生大胆猜想创造有利的条件。久而久之，学生就不会有所顾虑，遇到新问题时便敢于猜想。

如教学“分数的初步认识”后，教师让学生用一张长方形纸折出它的1/2，让学生操作后反馈，有多种折法，教师肯定后提问：“还有其他折法吗?”学生们都回答：“没有。”教师微笑着举起一张学生折过的长方形纸，上面折过的4道折痕清晰可见，教师让学生们观察这4道折痕，很快一名学生举手说：“这4道折痕都相交在中间一点。”其他同学也点头赞同，教师表扬了这位同学，并且趁机启发：“大家有什么猜想吗?”部分同学摆弄着手里的长方形纸片，思考着，片刻，突然一位学生站起来说：“我猜想经过这中间的一点任意折一次，也能折出它的1/2。”教师依然微笑着，不置可否。这时，很多同学已经忙开了：他们按照这种方法试了起来，还有学生把折成的两份剪了下来，重合后，发现是一样大的，立即兴奋得跳了起来。学生们热情高涨，有的还不厌其烦地试第二次，第三次……虽然他们说不清为什么，但都体会到了这种猜想是成立的。

在这样的教学中，教师没有给学生压力，正是因为有了教师的鼓励，才有了学生的猜想，才有了创造性的发现。

## 二、创设情境，乐于猜想

在教学中要使学生产生愉快的情绪和强烈的求知欲，首先关键在于教师想方设法操纵各种教学变量，创设多种情境去满足学生的有关需要。兴趣是学习中最活跃的成分，是产生学习动机的主要原因，教师积极创设情境诱导引起心理期待与认知冲突，猜想就是起到激起情趣的作用，引发探究的兴趣和冲动，产生疑问，启动探究的过程。在新课导入中我常常为学生创设问题情境引入猜想；创设心理情境在矛盾中激发学生猜想；创设多媒体情境等等。把学生置于运用已掌握的知识去研究新的未知问题的猜想的气氛中，让学生在这一动态的过程中学习数学。

如教学“比的基本性质”时，先引导学生沟通比与分数及除法的关系，然后回忆一下商不变的性质和分数的基本性质是什么？当作了这些铺垫后，猜想的时机便已成熟。教师可以这样引导猜想：既然比与除法和分数的关系非常密切，而除法中有“商不变的性质”，分数有“分数的基本性质”，那么，请你猜想一下，比有基本性质吗？这时，学生猜想的热情是非常高的，几乎所有的学生都猜想：比肯定也有基本性质，比的基本性质会是什么呢？多数学生会主动进行猜想，在相互补充的基础上得出：比的前项和后项都乘以或者除以相同的数（0 除外），比值不变。对于学生而言，“比的基本性质”是他们通过猜想创造出来的，他们感受到了成功的自豪与愉悦。



## 三、注重渗透，学会猜想

良好的认知结构是学生猜想的前提条件，学生的每一个猜想都是他们的生活经验与已有知识的拓展。教师在教学中要帮助学生不断沟通知识间的联系，构建成知识网络。由原有的认知结构到猜想的提出又离不开思维经验，可以说，思维经验是猜想的重要保证。在教学中，教师要有意识地渗透一些数学思想方法，使学生感悟领会并灵活运用，引导学生不断总结思维方法，从而丰富学生的思维经验，使学生的猜想合理化。

如教学“圆的面积”时，为了激发学生主动探索圆的面积，可以先让学生猜想：圆的面积可能与什么有关系？有学生猜想：圆的面积可能与半径有关，因为用圆规画图时，圆规张开得越大，画的圆就越大。学生的这一猜想，把圆的面积直接与半径联系了起来。在此基础上，如果继续引导学生猜想：圆的面积与半径可能有什么关系？学生的思维很可能会受阻，因为半径是一段长度，长度与面积是不同的概念，学生很难把它们直接地比较。这时，图中的小正方形是一个中介，它为学生的思维架设了一座桥梁。有学生立即提出了他们的猜想：圆的面积比 3 个小正方形面积大，比 4 个小正方形面积小，即 $3r^2<$ 圆的面积 $<4r^2$。学生之所以能猜想得如此准确，就是因为在

图形的帮助下沟通了正方形面积与圆的面积的联系，通过猜想，使学生从整体上了解了圆的面积，启动了思维的闸门，为进一步探讨圆的面积缩小了范围。

## 四、引导验证，善于猜想

“想象和理智结合就是创造，想象脱离理智就是疯狂。”猜想是否有价值，最终要接受实践的验证。在鼓励学生大胆猜想的同时，必须引导学生对其进行细心地验证。如果通过验证，发现猜想是错误的，应立即调整思路，重新分析，只有引导学生把猜想和验证有机结合起来，猜想才具有意义。

如教学“能被3整除的数的特征”时，教师提问：“我们已经知道了能被2，5整除的数的特征，那么，能被3整除的数可能会有什么特征呢?”有学生立即不假思索地说出了他的猜想：“个位上是3，6，9的数都能被3整除。”教师没有对他的猜想作出评价，而是引导大家对这个猜想进行验证。很快，有学生提出：“13，23，16，26，19，29都不能被3整除”，这个猜想显然是错误的。在经历了猜想的失败后，学生认识到不能按原来的经验猜想能被3整除的数的特征，应该换个角度寻找。能被3整除的数究竟有什么特征呢？强烈的好奇心和求知欲使学生投入到主动的探索中。很快，有学生发现一个奇怪的规律：把一个能被3整除的数十位和个位调换后仍然能被3整除，如：15，51，18，81。教师立即出示了一组数：123，132，213，231，312，321。学生计算后发现：它们都能被3整除。这一发现激发了另一些学生的猜想：能被3整除的数的特征可能与各个数位上的数字和有关。于是，学生又投入到对这一猜想的验证中……在这种猜想—验证—再猜想—再验证的过程中，学生的思维由片面而逐步完善。正因为经历了曲折，所以最终的结论获得才是珍贵的。



总之，注重数学猜想不仅可以加强学生创造性思维能力的训练，培养学生勇于开拓的创新精神，也适应当前教学改革的发展方向。在教学中教师要拿出善意为学生提供猜想的时间和空间，鼓励学生大胆猜想，开发学生的潜能。虽然小学生的数学猜想只是一颗柔弱的嫩苗，但只要教师精心呵护和专心培育，它一定会茁壮成长，迸发出令人欣喜的灵感和创造。

# 浅析在新课标下思维品质的培养
## ——小学数学解题教学

邱秀芬

“发展思维，培养能力”已成为当前我国教学改革的一种趋势，它无疑是小学教学的一项重要任务。数学是培养思维品质的最有力的学科，数学教学从根本上就是数学思维活动的教学。而思维品质是思维能力的表现形式，本文试图就数学解题教学中如何培养学生思维品质问题作一番粗浅的分析。

## 一、在一题多解的教学中，培养学生思维的广阔性

数学的思维训练通常是以解题教学为中心展开的，因此在一节课有限的时间里必须充分发挥良好的教学效益。思维的广阔性是指思维发挥作用的广阔程度，在解题教学中，围绕课题结论之间的关系，引导学生进行对比，多角度、多方向进行思考，寻找答案的思维形式。其中思维的广阔性包括思维的流畅性、变通性和独特性。通过富于思考性、启迪性的练习就能逐渐形成思维的独特性，有助于培养思维的广阔性。



如这样一道题：

小强和小丽同时从家里走向学校（如下图）。小强每分钟走 65 米，小丽每分钟走 70 米。经过 4 分钟，两人在学校门口相遇。他们两家相距多少米?

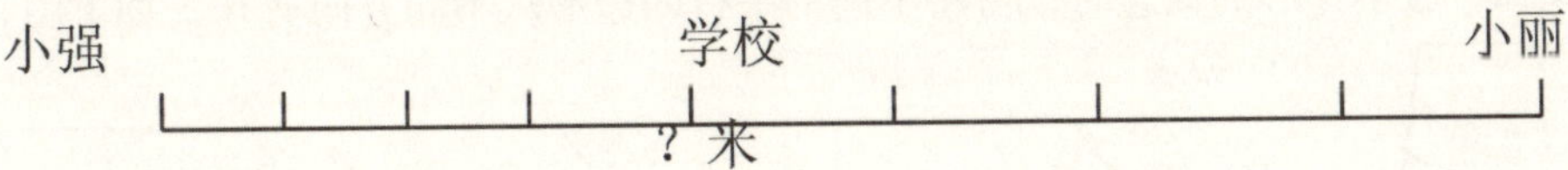


第一种解法：

先求两人各自走的路程，再加起来。

65 ×4 ＋ 70 ×4

＝260 ＋ 280

＝540（米）

第二种解法：

先求每分钟两人所走路程的和，再求 4 分钟两人所走路程的和。

（65 + 70） × 4

=135 × 4

=540 米（米）

以上这两种解法对学生来说都比较容易理解的，但第二种方法其实是第一种方法的简便运算，这可以引导学生联想乘法分配律，以方便学生掌握第二种解法。因此在教学中引导学生通过对比采取简便解法，进一步培养学生思维的广阔性。

## 二、在一题多变教学中，培养学生思维的深刻性

思维的深刻性是指思维的抽象程度和逻辑水平以及思维活动的深度，它集中地表现为能深入地钻研与思考问题，能抓住事物的规律和实质，而不被表面现象所迷惑。在解题教学中尤其是一题多解求变中，恰能引导学生透过现象看本质，学习中克服思维的表面性，绝对化与不求甚解的毛病；在弄清内涵与外延的过程中，进行深刻思维，从而达到培养深刻性的目的。

在解题教学中，我注重精选习题，既考虑涉及的知识覆盖面广，有广泛的串联性，又兼顾有一题多解、一题多变的功能。这样纵横联系，增强学生的应变能力和综合运用知识的能力，使教学收到事半功倍的效果。

关于这方面我选了这样一组题型：

（1）下面各式是方程的是（　　）

A. $3X - 3$　　B. $3X + 2 = 6$　　C. $6X < 9$



（2）下面各式是等式的是（　　）

A. $5X + 6 > 8$　　B. $4X + 2 = 80$　　C. $3 + 1 < 5$

（3）下面各式不是等式的是（　　）

A. $4X + 8$　　B. $3X + 2 = 6$　　C. $5 + 7 = 12$

这三道题主要反映了方程与等式之间的区别，因此在教学时，我是抓住了它们的概念中的字眼出发，方程有两个条件，一含有未知数，二是等式；而等式是包含了方程。通过这样教学，让学生更深刻理解方程的含义。

又如：教学梯形的概念时，可将不同的平行四边形从不同方向剪开（如下图）：

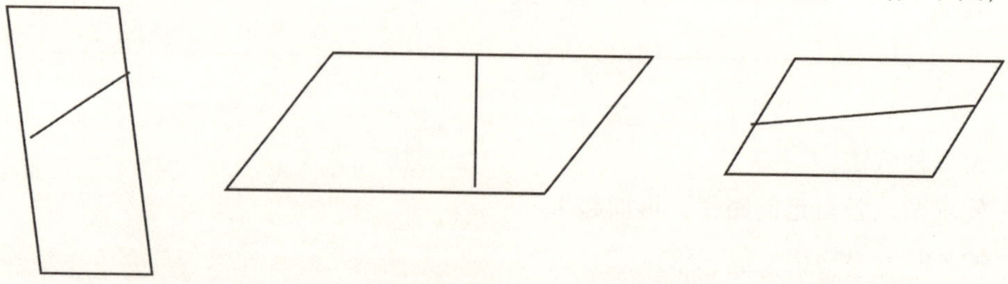

得到方位不同，大小、形态各异的梯形，再引导学生比较剪开后的图形与平行四边形的异同，便引出梯形的定义，这就排除了“上短下长”，“两腰呈字”等非本质属性的干扰，强化了对梯形“只有一组对边平行”的本质属性的认识。

## 三、在同类题型的变换教学中，培养学生思维的敏捷性

思维的敏捷性是指思维活动的速度，能准确地、迅速地解题是思维敏捷性的主要表现。在解题教学不断变换中，不仅要注意培养学生的判断能力和成功的预见性，还要突出数学思维、解题思路的启示。这就要求学生在解题时，善于观察联想、分析综合、抽象概括。通过对变换思想在解题中的运用，达到训练学生思维的敏捷性。

如：(1) 一个两位小数除以 10，商是多少位小数?

A. 一位小数　　B. 两位小数　　C. 三位小数

(2) 一个两位小数乘以 10，积是多少位小数?

A. 一位小数　　B. 两位小数　　C. 三位小数

这两道题，学生往往都会做错，(1) 选 A (2) 选 B。但正确答案应是 (1) 选 C (2) 选 A。在教学时，我是这样引导学生的：除以 10，就是缩小为 1/10，小数点向左移动一位，也就是由两位变成三位；乘以 10 就是扩大 10 倍，小数点向右移动一位，也就是由两位变成一位。

## 四、在解题教学中大胆设置“陷阱”，培养学生思维的批判性

思维的批判性是培养学生解题思维活动中的独立思考、独立分析和批判的程度，它主要表现为学生分析题目时的思路和得到结论是否正确，提出自己的独立见解，敢于怀疑，提高辨别是非的能力。在解题教学中，教师要有针对性地抓住具有普遍性的典型性错误，有意识地设置“陷阱”，引导学生进行错解辨析，寻找同类题型解法存在的不同之处，提高学生的辨别和判断能力，从而达到培养思维的批判性。



如：

(1) 5.713 ÷ 3 保留两位小数商是多少?

(2) 5.999 ÷ 3 保留三位小数商是多少?

学生答案如下：(1) 1.9 (2) 2

学生出错的原因是都将末尾的“0”去掉。因此在教学中侧重地讲述了 1.9 与 1.90，2 与 2.000 之间的区别，也强调题的要求，以帮助学生提高辨别和判断能力，从而达到培养思维的批判性。

## 五、在解题教学中拓展延伸知识，培养学生思维的创造性

思维的创造性是指完成思维活动的内容、途径和方法的自主程度，并通过独立思考创造出有一定新颖的成分，表现为思维不遵循常规而是寻求变异，勇于创新。在解题教学中，教师可以按照知识结构和学生的认知水平以及学习经验，采用多种形式，积极引导学生广泛联想，对问题的结构特点进行探索创造，寻找其规律，有利于思维创造性品质的培养。

如：

张平在计算一道除法题时，把一个有两位小数的被除数的小数点漏掉了，除以

1.5 以后商是 130。正确的除法算式中的被除数是多少？计算后商是多少？

我是这样引导学生分析的：漏掉小数点就把这个数扩大了 100 倍，根据“除数不变，被除数扩大若干倍”可知，商扩大了 100 倍，那么原来的商就应该是把 130 缩小到它的百分之一，原来的被除数就应该用原来的商乘原来的除数。

学生能根据老师的引导进一步对题目结构分析得很透彻，也能大胆探索研究，将自己的看法用语言描述出来，以达到自己创造力提高。

## 六、在解题教学中不断引导学生探索研究，培养学生思维的灵活性

思维的灵活性反映了思维活动在选择角度、运用方法，开展过程中能随机应变，触类旁通，不局限于某一方面，不受消极定势的影响。灵活性首先表现在解题思路上，其次表现在概括—迁移的能力上。在教学中，引导学生一题多解、一题多变，可以培养思维的灵活性。

如：简便方法计算 $2.5\times3.6$

| 学生答案如下：$2.5\times3.6$ | 或 $2.5\times3.6$ |
|---|---|
| $=(2+0.5)\times3.6$ | $=2.5\times(3+0.6)$ |
| $=2\times3.6+0.5\times3.6$ | $=2.5\times3+2.5\times0.6$ |
| $=7.2+1.8$ | $=7.5+1.5$ |
| $=9$ | $=9$ |

这道题可以引导学生这样想“2.5 与几相乘可以凑成 10”，“4 与几相乘等于 3.6”。于是答案可以如下：

$2.5\times3.6$

$=2.5\times4\times0.9$

$=10\times0.9$

$=9$

## 七、在分析解题过程的教学中，培养学生思维的有序性

在学习过程中学生往往只是盲目跟着教师走，按照老师的方法按部就班，而对解题过程缺乏自己的思考。面对复杂的问题、众多的概念，从哪里着手，怎样进行思维，这使多数学生感到困惑。这就需要教师去引导，培养学生进行有序的思维。

如：8xy 是一个三位数，当 x，y 分别为什么数时，这个三位数能同时是 3、5 的倍数？有多少种可能性？

这就要引导学生首先应考虑哪个数？为什么？进而要学生说一说当 y 分别是 0，5 这两种情况时，x 应分别为哪些数？当 $y=0$ 时，则 x 可分别为 1、4、7 三个数；当 $y=5$ 时，x 可分别为 2、5、8 三个数，所以一共有 6 种可能。这样有目的地训练思维的有序性，有利于培养学生解决较复杂的问题时，能做到多而不漏，有条理地思维。

以上这七种品质是完整的思维品质的组成因素，它们之间是相互联系、密不可分

的。在数学课堂教学中，结合数学基础知识的教学，发展学生思维能力，不仅是必要的，而且是完全可能的。因此在数学解题教学中要不断培养学生的思维品质，符合新课标的要求。

**参考文献：**

1. 小学数学课堂教学方法. 内蒙古大学出版社：1404，1406，1408，1412.
2. 人民教育出版社小学数学室编著. 数学. 第九册：54，55.
3. 邓文棋. 在例题教学中培养学生的思维能力. 福建教育.
4. 数学解题方法教学思维品质的培养. 李再湘编著. 中学理科教师科研论文导写.

# 将数学融入生活　培养解决问题能力

曾秋花

在小学数学教学中，教师过于重视数学知识的教学，而很少关注这些数学知识和学生的实际生活有哪些联系。学生学会了数学知识，却不会解决与之有关的实际问题，造成了知识学习和知识应用的脱节，感受不到学习数学的趣味和作用。这对学生实践能力、创新能力和解决问题能力的培养是很不利的。新大纲明确指出：“要重视从学生的生活实践经验和已有的知识中学习数学和理解数学。”这就要求我们要结合学生的生活经验和已有的知识来设计富有情趣和意义的活动，创设良好的教学情境，使学生切实体验到身边有数学，用数学可以解决生活中的实际问题，从而对数学产生亲切感，增强了学生对数学知识的应用意识，培养学生的自主创新解决问题的能力。



## 一、让学生感受数学从生活中来

1. 数学知识技能的生活化。

数学知识技能训练“生活化”要求训练着眼于学以致用，而非学以致考，训练材料应尽可能来自生活。如在三年级教学《分数的初步认识》时，我就安排了这样一个游戏：请学生用拍手表示每人分到的月饼个数。并仔细听老师要求，然后做。如果有4个月饼，平均分给小明和小红，请用拍手表示每人分到的月饼个数，学生很快拍了两下手。我接着说现在有2块月饼，要平均分给小明和小红，请用拍手表示每人分到的月饼个数，学生也很快找到答案；如果只有一块月饼，要分给小明和小红，每人得到多少？这时，许多同学都难住了，有的同学伸出手轻轻地拍一下，问他表示什么意思，回答说，因为每人分到半个月饼，我进一步问：你能用一个数来表示“半个”吗？学生被问住了。此时，一种新的数（分数）的学习，成了学生自身的欲望，创设了一个较好的教学情境，激发了学生学习的兴趣，激起了学生解决问题的欲望。

2. 数学思维能力训练的生活化。

数学思维能力的训练尽量与实际生活紧密相联，在课堂教学中的教学内容要面对生活实践，为学生营造一种宽松平等而又充满智力活动的氛围，使学生自然而然地受到创新性思维的训练。由于学生的思维的创造性是一种心智技能活动，是内在的隐性

活动，因此，必须借助外在的动作技能、显性活动动作基础。在教学中，要结合学生的生活经验，引导学生通过“再创造”来学习知识，以培养学生的思维能力为目的，达到能力的创新。在教学《接近整百整十数加减法的简便算法》时，有这样一题“165－97＝165－100＋3”，学生对减100时要加上3，难以理解，我就让学生联系买东西找零的生活实际想：妈妈带了165元钱去医药商店买了一盒97元的西洋参，她付给营业员一张百元钞票（应把165元减去100元），营业员找回3元，（应加上3元）。所以，多减去的要3应该加上。这样教学，抽象的运算获得了经验的支持，具体的经验也经过一番梳理和提炼，上升为理论上的简便运算，从而又总结出“多减要加上，多加要减去，少加要再加，少减要再减”的速算规律，达到良好的教学效果。

3．应用题教学紧密联系学生的实际生活。

应用题训练“生活化”是指把应用题与生活中的问题联系起来，懂得生活中的一般道理，再去理解数量关系，理解了的数量关系再运用到生活中去解决实际问题。例如在教学的三步计算应用题时，我把书上的例题改为和学生生活接近的问题“要求我们三年级一共有多少人？你会想什么办法知道？”于是有的学生说去问班主任每个班有多少人再加起来就可以了；还有学生说去问教导主任；还有学生说到学校的校长办公室直接查电脑就行了不用算。通过学生自己动脑筋想出了各种解决问题的办法使学生的学习欲望大增，学习兴趣高涨。通过这样的活动，学生不但掌握了知识点，更重要的是通过它让学生展开了想象的翅膀，使他们体验到学习知识的快乐，掌握了技能，激发了他们的自主创新意识。

4．有意识地把日常生活中的问题数学化。



作为一名数学教师我们应该有意识地把日常生活中的问题数学化，使学生在我们的引导下，逐步具备在日常生活和社会生活中运用数学的“本领”，使他们认识到“数学是生活的组成部分，生活处处离不开数学”，要养成事事、时时、处处吸收运用数学知识的习惯，调动他们主动学习数学、创新性运用数学的积极性。例如，在一、二年级的教学中，我就提出这样的问题，你今年几岁啦？多高呀？身体有多重？比一比你和你的同桌谁重……这些都是小学生经常遇到的问题，而要准确地说出结果，就需要我们量一量、称一称、算一算，这些都离不开数学。再如，生活中常用的各种知识像按比例分配水电费、计算储蓄利息、日常购物问题均发生在身边，我们买东西、做衣服、外出旅游，都离不开数学。在教学“求平均数的问题”这一内容时，我在课前布置了这样一个预习题：请同学们回家后到超市去进行一项社会调查，调查同一类商品的5种不同价格，看一看哪种牌子的最贵？哪种牌子的最便宜？算一算它们的平均价是多少？像这样让学生用学过的知识来解决日常生活中的问题，不仅激发了学习兴趣，而且能提高学生用所学知识解决实际问题的能力，让数学走向生活。

## 二、让数学走入学生生活中去

1．数学源于生活，创设轻松愉快的学习情境。

数学离不开生活，生活中处处有数学。在教学中，以教材为蓝本，注重密切数学

与现实生活的联系，创设轻松愉快的数学情境。教学环境与学生学习有着密切关系。民主、宽松、愉悦的教学环境，可以使学生在心理放松的情况下，形成一种无拘无束的思维空间，能促进积极思维，大胆想象，主动参与。反之，课堂气氛严肃，学生紧张，就会抑制学生的积极性，阻碍学生思维，影响学生探索欲望和创造性的发挥。因此，教学中，我比较注意从学生生活实际出发，注意创设民主、平等、宽松、和谐的教学氛围，激发学生学习的热情，鼓励学生创新。如教学“分数的初步认识”时，我先引入一个事例。我拿了2个饼，问：如果把这2个饼平均分给两个人，每人几个？学生很快答道：1个。如果把1个饼平均分给两个人每人几个？有的说：0.5，有的说：半个。经过激烈争论后，得出：半个就是1/2。这样，在民主愉悦的气氛中，从学生的实际出发，引出分数，吸引了学生的好奇心，唤起学生的探索欲望。在这种气氛下，引导学生用长方形、正方形、圆形的纸分别折出1/2、1/3、1/4、1/5、1/6等；而且学生还通过对折，再对折，找出了1/8、1/16、1/32等分数。在民主、宽松、愉悦的气氛中，学生敢说，敢想，发展了学生的思维，培养了学生的创新意识。

2. 培养学生会实践，在生活中学习教学。

生活是数学知识的源泉，教师要引导学生将课堂中的数学知识与学生的生活实践结合起来，这样能培养学生的实践能力，体验数学的实践性。如认识图形教学，让学生观察身边有哪些图形是长方形、正方形、三角形和圆，并让学生亲自摆一摆、画一画、说一说。例如在教学“分数的初步认识”时，为了使学生透彻理解分数的概念和意义，可让学生动手操作，通过“折、看、涂、想、说”进行。折：让学生用一张纸折成均匀的四份；看：引导学生观察①多种不同的分法；②一共分成几份？③每一份的大小怎样？涂：涂出1/4、1/2；想：出示涂色的纸，思考怎样用分数表示？这样亲身体验和感受，使学生弄清这些分数的意义，这种生活形成的数学，缩短了数学与生活的距离，留给学生更好的思维空间，既满足了学生观察数学知识的需要，又体现了数学的价值，培养了学生学习数学的兴趣，这样的教学，学生就会学得主动、积极，善于发现、探索和创新。



3. 鼓励学生留意生活中的数学。

在我们的生活中，处处存在数学知识。只要你留意，你就能发现。“一根黄瓜长约3厘米”，这是三年级一次数学单元测验的一道填空题，要求在括号里填上合适的单位名称。黄瓜长约3（ ），在阅卷的过程中我们发现有些同学填写的单位是“厘米”，而且不是少数。当时我们都不假思索地将这样的选择判为错：一根黄瓜怎么可能只有3厘米长呢？“老师，黄瓜长约3厘米为什么错了？”试卷刚发下去就有好几个学生围着我问。“你们见过黄瓜吗？”我觉得挺奇怪，就试探着问了一句。小家伙们一听都急了：“我们经常吃黄瓜呀！”“那它有多长呢？”“我们家的黄瓜是大约长3厘米呀！”一个小家伙一边说还一边用手比画着。原来他们见到的是餐桌上的黄瓜片儿，我没有贸然地去否定他们：“这样，老师明天带一根黄瓜给大家看一看好吗？”第二天，我带去一根黄瓜，孩子们的困惑也便迎刃而解了。学生说黄瓜长约3厘米，刚开始我们以为学生是没有能建立起1厘米1分米的正确表象。其实，不是这样的。学生

填“厘米”是基于他们特有的生活经验，他们见得最多的便是餐桌上的黄瓜片儿。如果问题说清楚是“一根黄瓜”也许好些。尊重学生的经验既包括那些正确的经验，也应该包括那些片面的，甚至错误的经验，教师要做的是帮助学生去伪存真、去粗取精。作为老师应鼓励学生大胆地去发现，善于提出生活中的问题。久而久之，学生会感觉到知识的乐趣，想去发现、去创造，产生迫切学习知识的愿望。

4．数学教学与社会生活相接轨。

在传授数学知识和训练数学能力的过程中，教师自然而然地注入生活内容；在参与关心学生生活过程中，教师引导学生学会运用所学知识为自己生活服务。这样的设计，不仅贴近学生的生活水平，符合学生的需要心理，而且也给学生留有一些遐想和期盼，使他们将数学知识和实际生活联系得更紧密。让数学教学充满生活气息和时代色彩，真正调动起学生学习数学的积极性，培养他们的自主创新能力和解决问题的能力。

总之，联系生活实际进行教学是提高教学效率的重要手段之一。因此，数学教学应该与生活紧密联系起来，体现数学来源于生活，寓于生活，用于生活，引导学生把数学知识运用到学生的生活实际中去体验感受，使学生充分认识到数学来源于生活又是解决生活问题的基本工具，达到数学生活化的目的。

**参考文献：**

1．当代教育．2007（4）．

2．新课程研究：教师教育．

# 加强计算教学，提高计算能力

李韶芳

计算在生活中随处可见，在小学，计算教学更是贯穿于数学教学的全过程，可见计算教学的重要性。但是小学生计算的正确率常受到学生的兴趣、态度、意志、习惯等因素的影响。在做计算题时，学生普遍有轻视的态度，一些计算题并不是不会做，而是由于注意力不够集中、抄错题、运算粗心、不进行验算造成的。对于这样的情况，作为教师必须要加强学生的计算能力，那么如何加强呢？

## 一、严格教学要求是前提



在小学阶段 ，特别是小学中低年级，是计算教学的重要阶段，必须过好计算关。

要过好计算关，首要的是保证计算的正确，这是核心。如果计算错了，其他就没有意义了。但如果只讲正确，不要求合理、灵活，同样影响到计算能力的提高。如：20 以内的加减法，有的学生用凑十法和用看加算减计算，有的则靠摆学具或掰手指、脚趾、逐一数数做加减法，计算结果都正确，但后者显然达不到要求。又如：在两位数加、减两位数中，有各种计算方法，可以从低位算起，也可以从高位算起，要引导学生认真观察，具体分析，灵活运用。在三四个数的连加中，关键是会凑整，如果不会凑整，也影响到计算的正确度，要做到比较熟练也是困难的。学了运算定律和速算方法后，如果不会运用，即使计算正确，也达不到教学要求。因此，严格按照教学要求进行教学，是提高学生计算能力的前提。

## 二、讲清算理是关键

大纲强调，“笔算教学应把重点放在算理的理解上”，“根据算理，掌握法则，再以法则指导计算”。学生掌握计算法则关键在于理解。既要学生懂得怎样算，更要学生懂得为什么要这样算。如教学《用两位数乘》，要使学生理解两点：①24 × 13，通过直观图使学生看到，就是求 13 个 24 连加的和是多少，可以先求出 3 盒的支数是多少即 3 个 24 是多少，再求 10 盒的支数是多少即 10 个 24 是多少，然后把两个积加起来，从而让学生知道，计算乘数是两位数的乘法要分两步乘，第三步是相加，这样使学生看得见，摸得着，通过例题教学，使计算的每一步都成为有意义的操作，让学生在操作中理解算理，掌握算法。②计算过程中还要强调数的位置原则，“用乘数个位上的数去算”就是求3个24得72，所以又要和乘数3对齐写在个位上。“用乘数十位上的数去乘，就是求10个24得240，（也可看成24个10）所以4要写在十位上”，从而帮助学生理解数位对齐的道理。这样，通过反复训练，就能使学生在理解的基础上掌握法则。

## 三、思维训练是核心

“数学是思维的体操”。要教学生学会，并促进会学，就“要重视学生获取知识的思维过程”。计算教学同样要以培养学生思维能力为核心，重视并加强思维训练。

教学大纲指出：“小学数学教学要使学生既长知识，又长智慧”，“要把发展智力和培养能力贯穿在各年级教学的始终”。如何加强思维训练呢？

1. 提供思路，教给思维方法。

过去计算教学以“算”为主，学生没有“说”的机会。现在稍为重视“说”的训练，但缺乏说的指导。因此必须给学提供思路，教给思维方法。如在教第六册混合运算 $74+100\div5\times3$ 时，可引导学生复习混合运算顺序，然后叫学生结合例题思考，并用符号勾画出运算顺序，让学生说出：这道题里有几种运算方法，先算什么，再算什么。使学生沿着图示指引的思路，按顺序、有条理地思考和回答问题。可引导学生这样说：这道题有加法、除法和乘法，先算100除以5的商，再乘以3的积，最后求74与积的和。从而培养学生思维的条理性，促进思维能力的发展。



2. 加强直观，重视操作、演示，培养学生形象思维能力。

思维是在直观的基础上形成表象、概念，并进行分析、综合、判断、推理等认识活动的过程中不断发展起来的，在操作时要让学生看懂，并把操作和语言表述紧密结合起来，才能发展学生的思维。如第一册在20以内的进位加法中配合直观操作，突出计算规律的教学，让学生体会“凑十”过程，边动手，边思考，用操作帮助思维，用思维指挥操作，培养学生的思维能力。

3. 探求合理、灵活的算法，培养思维的灵活性。

在学生掌握基本算法的基础上，引导学生通过观察和思考，探求合理、灵活的算法，尽快找到计算捷径，形成灵活多变的计算技能。如：根据0和1在计算中的特征，在掌握简便算法的基础上可进行口算。如 $240\times300$，$110\times60$。又如102与78相乘积是多少？可引导学生探究：$102\times78=(100+2)\times78=7800+156=7956$。从而培养学生思维的灵活性。

4. 重视估算，准确判断，培养学生的直觉思维。

在估算教学中，要认真引导学生观察、分析，进行准确判断，培养学生的直觉思维。如693扩大8倍大约得多少？$693\times8$ 应等于5544。要学生用估算的方法检查积的最高位有没有错误，首先要引导学生认真观察，准确判断，693接近700，用 $700\times8$ 等于5600，693小于700，积小于5600是正确的。从而培养学生的直觉思维能力。

## 四、培养认真、刻苦的学习态度和良好的计算习惯是根本

培养学生认真、严格、刻苦的学习态度和良好的计算习惯是大纲的要求，也是加强素质教育的重要内容。大量事实说明，缺乏认真的学习态度和良好的学习习惯，是学生计算上造成错误的重要原因之一。因此，要提高学生的计算能力，必须重视良好计算习惯的培养，使学生养成严格、认真、一丝不苟的学习态度和坚韧不拔、勇于克服困难的精神，千万不要用“一时粗心”来原谅学生计算中出现的差错。那么要培养哪些习惯呢？

1. 校对的习惯。计算都要抄题，要求学生凡是抄下来的都校对，做到不错不漏。

2. 审题的习惯。这是计算正确、迅速的前提。一要审数字和符号，并观察它们之间有什么特点，有什么内在联系。二要审运算顺序，明确先算什么，后算什么。三要审计算方法的合理、简便，分析运算和数据的特点，联系运算性质和定律，能否简算，不能直接简算的可否通过分、合、转换、省略等方法使运算简便，然后才动手解题。

3. 养成仔细计算、规范书写的习惯。要求按格式书写，字迹端正、不潦草，不涂改、不粘贴，保持作业的整齐美观。

4. 养成口算、估算和验算的习惯。对于一些比较简单的计算题，可以引导学生进行口算，以提高计算的速度，可以通过口算训练、口算比赛等途径提高口算能力。同时也要重视学生的估算习惯和能力的培养。这是计算正确的保证。验算是一种能力，也是一种习惯。首先，要掌握好验算和估算的方法；其次，要把验算作为计算过程的重要环节来严格要求；再次，要求学生切实掌握用估算来检验答案的正确程度。



5. 建立病题卡的习惯。对做错的计算题，让学生建立病题卡片，可以起到预防错误再次发生的作用。可以让学生按病号、症状、诊断、治疗四个程序填卡登记。

## 五、加强训练是途径

计算能力是通过有目的、有计划、有步骤地长期训练逐步形成的。训练时要注意：

1. 突出重点。如万以内的加减法，练习的重点是进位和退位。要牢记加进位数和减退位数，难点是连续进位和退位；两三位数的乘法要练习第二、第三部分积的对位；小数的计算则注意小数点位置的处理，加、减、除法强调小数点对齐，注意用“0”占位；简便运算则重点练习运用定律、性质和凑整。因此，在组织训练时必须明确为什么练，练什么，要求达到什么程度，只有这样才能收到事半功倍的效果。

2. 打好基础。口算是一切计算的基础，只有基本口算达到非常熟练的程度，才能使学生过好计算关，形成良好的计算能力，为此，教师利用上课之前 5 分钟等小块空余时间做一些口算练习。家长也可以坚持让孩子每天做口算题。口算的内容包括本册的口算题和以前学过的基本口算内容，都让学生进行反复的练习，以求达到熟练的程度。

3. 掌握简便运算的方法。这是一种特殊形式的口算。简算的基础是运算性质和运算定律，因此，加强这方面的训练是很重要的。在小学四则运算中，几种常用的简算方法学生必须掌握，从而达到提高计算速度的要求。

4. 训练要有层次，由浅入深，由简单到复杂。训练形式要多样化，游戏、竞赛等更能激发学生训练的热情，维持训练的持久性，收到良好的效果。加强计算教学，上好新授课，引导学生主动探索，透彻理解算理掌握法则，是提高计算能力的基础。

计算法则是计算方法的程序化和规则化。如果不懂算理，光靠机械训练，无法适应千变万化的具体情况，更谈不上灵活运用。要提高学生的计算能力，除了使他们能准确理解和掌握算理计算法则，并能够灵活运用法则外，还要使他们具有扎实的基本功。同时还应注意训练他们具有一定的记忆力。而这些要求都要靠日常教学来实现。因此在小学数学教学中就要加强教学，上好新授课，处理好算理与算法之间的联系，引导学生循“理”入“法”，以“理”导“法”，并通过智力活动，促进计算技能的形成。

**参考文献：**

1. 小学教学改革.
2. 小学数学教学.

# 民主教学，让学生张扬个性

熊淑贞

新课程改革进行得如火如荼，把素质教育推向了又一轮的新高潮。在学校领导的重视、广大教师的努力以及家长的理解和配合下，新课程的实施给我们学校传统的教学带来了巨大的变化。几年的课改实践，使我切身地感受到新课程改革的必要以及新教材、新理念、新教法的魅力所在。在这几年中，我们也饱尝了甘苦。苦的是刚开始我们对新教材新教法有很多的茫然和困惑；甘的是新课标教学改变了学生与老师在课堂中的位置，以学生为主导的课堂使我们原本沉闷的数学教学充满了生机和活力。那么怎样才能让学生主导课堂，让数学课更具吸引力与活力呢？我认为民主的教学，让学生张扬个性，不但使单调的数学课变得有趣，而且使数学课堂永远充满活力。以下是我的几点实践和思考：



## 一、改变传统的教学空间，让孩子"自由活动"

传统的教学空间让学生有严肃感也让学生有压抑感，学生没有充分的活动空间，难以形成活跃的课堂氛围，为此，我们根据教学的需要做了一些改革：

首先我们移走讲台，教师不再站在高高在上的讲台前，而是与学生平起平坐，是学生的朋友，与学生一起学习，一起探讨。改变课桌椅的队形，队形不定，可以根据教学的需要设成半圆形、马蹄形、数个田字形等等。没有了讲台，没有了整齐严肃的课桌椅队形，学生心里少了几分压抑，多了几分放松，可以更自由地活动，跟好朋友商量、探讨。如在教学"找规律"时，学生开展了设计手帕图形的活动，课桌队形设成了几个田字形，学生可以自由地思考、想象、讨论、选择。黑板也设为移动的，展示学生的作品，让学生更近距离地分享作品。

## 二、与学生交朋友，让孩子畅所欲言

著名思想家卢梭曾说过："儿童是有他特有的看法、热情和感情的；如果想用我们的看法、想法和感情去取代，那简直是愚蠢的事。"如果要让学生放下心中的一切束缚，做到自由思考，主动探究，真正成为学习的主人，那么首先教师要以平等的态

度与学生相处，要用商量的语气与学生交流，要用活泼幽默的语言创设轻松的愉快的学习氛围，让学生感觉到老师只是自己的亲密的朋友，他们之间可以畅所欲言。当教师成为名副其实的参与者、合作者，学生才能成为学习的真正的主人。

例如在教学“对称图形”时，我拿出一张纸，说：“老师给你们表演一个魔术，你们想看吗?”“想!”学生欢呼道。于是我把纸对折，沿着纸剪了半个心形，然后展开成一个心形。“老师厉害吗?”“我也会。”“我还会剪出其他图形。”有的学生抢着说。“是吗？我可不相信，你们剪给我看一下?”于是，学生每个人都完成了这一过程，而且剪出了不同的各种对称图形。我故意惊讶地说：“你们可真厉害，老师的秘密都被你们发现了。”学生得意地笑了起来，此时，老师和学生的心变得越来越靠近了，课堂的气氛变得更为融洽了，接下来的学习也更为轻松了。

## 三、创设开放的教学情境，丰富孩子的想象力

孩子们的脑海里都充满着幻想，在他们的眼里，没有什么是不可以的。爱因斯坦也说过：“想象力远比知识更重要，因为知识是有限的，而想象力概括着世界上的一切并推动着进步。”因而创设开放的教学情境，丰富学生的想象力势在必行。开放的教学情境可提供不同的可探索的问题，有时答案也不是唯一的，是开放的。这样的情景创设可以开阔学生的思路，也可以让学生更乐于表达自己与他人不同的发现和见解，学生的想象力和创造性得以充分地发挥。例如在教学“角的初步认识”时，我和学生一起做了一个开拓思维的趣味练习。我拿出一张长方形纸，说：“老师在这个长方形纸上剪一刀，只剪一刀，你们猜猜会剩下几个角呢?”“3 个”“5 个”“4 个”……学生抢着说。“哦，真的吗？你们剪给我看看吧。”于是，学生发挥他们的想象力和创造性，发现了问题的不同答案，同时也激发了学生的求知欲，让课堂气氛变得更加活跃。



## 四、设计争论性练习，让孩子各抒己见

练习是数学教学过程中一个重要的环节，合理的练习能使知识转化为技能，促进数学能力的发展；盲目机械的练习不能有效地达到练习的目的。设计争论性的练习，让学生各抒己见，在争论中，学生不但整理了所学的新知识，而且还加深对新知识的理解和认识。

例如在教学“认识物体”时，我让学生把所带的物体进行分类，当我展示学生已经进行分类的物品时，有学生提出了异议：“老师，那支用过的铅笔不是圆柱体。”有的学生对他的意见表示赞同，而有的学生不赞同。于是，我抓住了孩子的这句话，提出了争论的话题：这支用过的铅笔是不是圆柱体呢？我把孩子分成了正反两方进行热烈的争论，争论结果是那支用过的铅笔不是圆柱体。学生还提出建议，把用过的部分剪掉，铅笔就是圆柱体了。通过争论，学生的个性发挥得淋漓尽致，课堂的气氛也空前的活跃。

新课标的实施使教师的教学有了更大的发展空间，学生想象力、创造性、表现欲

等也不再受到压制，民主的教学使学生有了张扬个性的新天地，可以“随心所欲”，“畅所欲言”，“各抒己见”，学习热情变得高涨，活跃了课堂的气氛，提高了学生的学习质量和效果。

**参考文献：**

1. 小学数学教学.
2. 孙玉章. 扬起创新的风帆.
3. 高觉敷等译. 教育心理学. 人民教育出版社.
4. 袁迪. 生活教育与创新教育.

（2006学年度第一学期花都区小学数学教学论文评比中荣获二等奖）

# 在数学课堂拨动人性本善的琴弦

高艳群

新的课程标准把德育教育放在十分重要的地位。在小学数学教学中，我们在关注学生对知识技能掌握情况的同时，要注重渗透一定的德育教育，使学生的数学学习，成为学生受到一定的思想品德教育和一定科学文化知识教育的有效载体，以促进学生个性心理品质的健康发展。人性是个性的基础，个性促进人性的完善，人性通过教育对个性发展产生影响。人性本善的教育，通过提供宽松的教育环境，激发人的主体性、创造性及发展人的独特性来促进个性发展。那么怎样才能在数学教育教学中更好地拨动人性本善的琴弦呢?



## 一、挖掘课本素材，渗透思想教育

苏霍姆林斯基说过："世界是通过人的形象进入人的意识的。儿童年龄小，他们经验有限，那么，生活中的形象越鲜明，思想影响就越强烈。"人之初性本善教育要从小抓起。教育的重点也要放在小的时候。学习是孩子的天性，首先父母要做好教育做好榜样。从小教育是最佳时期，一旦定型即使是很小的事也会伴随一生。在小学数学教材中，思想品德教育内涵十分丰富，教师要认真钻研教材，充分发掘教材中的德育因素，不失时机地进行思想教育，把德育教育贯穿于对知识的教学之中。例如一年级小朋友一进入学校，第一节课就应进行思想品德教育。书本第2、3页出现"可爱的校园"图，教师通过让学生观察图中的情景，再结合学生的生活实际观察自己美丽的校园，从而对学生进行爱学校、爱集体的良好品德教育。教育学生要珍惜今天的幸福生活，在美好的校园里努力学习，学好本领，长大为祖国建设更加美丽的校园。还有二年级书本中出现小朋友在植树的情景，可以教育学生要爱护花草，保护环境。在教学认识时间这一内容中出现小明的一天安排，我们可以让学生议一议，如何合理安排自己的时间，怎样做到健康成长，我们怎样做才能珍惜时间等等。在教学圆周率时，我们可以向学生介绍圆周率的来由，它是我国的一位伟大的数学家和天文学家祖冲之计算出来的，他是世界上第一个把圆周率的值的计算精确到小数点后6位小数的人。并讲述祖冲之在追求数学道路上的感人故事，这样可以增强学生的民族自豪感、

自尊心和自信心，从而转化为为祖国建设事业而刻苦学习的责任感和自觉性，还可以培养学生不畏艰难、艰苦奋斗、刻苦钻研的献身精神。可以说是一举多得。这样的例子在数学中还有很多，只要教师充分挖掘教材，是可以找到德育教育的素材的。俗话说：水不激不活，人不激不奋。一旦主体将崇高理想和眼前的学习结合起来，他们的兴趣是长久的，其间发挥的潜能更是不可估量的。只要我们善于挖掘教材，教育是随处可见，随时可现的。

## 二、联系生活实际，深化思想教育

数学知识来源于生活，又应用于生活，数学就在我们身边。在教学中，教师要善于联系学生的生活实际，摄取有关的德育信息，及时渗透思想品德教育。例如，在教学“时、分、秒”的认识时，我播放了刘翔跨栏的情景，北京天安门前升国旗的时间，通过联系生活中出现的振奋人心的大事来引出课题，这样既能及时让学生了解一些外界的信息，又能及时对学生进行爱国主义教育，激励学生奋发向上。又如，在教学统计时，我给学生出示一组本校各班获流动红旗的次数的数据，让学生计算平均每班获得几次流动红旗。再如，我让学生统计家里一个星期用塑料袋个数的情况，然后让他们交流，怎样做才能保护环境，让我们生活在自然美丽的环境中。从同学们畅所欲言的情景中，我们不难看到，这不单单是数学中的统计问题，而是根据生活中的信息，拓展到德育的环节中来。类似这样联系生活实际，摄取现实生活中与数学紧密相关的新颖信息，对学生进行德育教育，不仅能让学生感受到祖国大家庭的温暖，而且能激发学生热爱祖国、为报效祖国而奋发读书的热情。学生的本性是善良的，在数学课堂上只要我们根据生活的实际，恰当、巧妙地加以引导，孩子们的“善”根就会萌芽。



## 三、巧设教学过程，默化思想教育

教师在教学过程中，可以采取灵活多样的教学方法潜移默化地对学生进行德育教育。比如研究性学习、合作性学习等。在数学中，有很多规律和定律如果光靠老师口头传授是起不到作用的，这时候就可以引导学生进行讨论，共同思考、总结。这样不但可以培养学生的各种能力，而且还可以培养他们团结合作的能力等。就教学方法来说，我们可以采取小组合作学习法，这种学习法共享一个观念：学生们一起学习，既要为别人的学习负责，又要为自己的学习负责，学生在既有利于自己又有利于他人的前提下进行学习。在这种情景中，学生会意识到个人目标与小组目标之间是相互依赖关系，只有在小组其他成员都成功的前提下，自己才能取得成功。在教学面积这一课时，我要求学生以小组为单位测量计算我们教室的面积，看哪组动作最快。同学们可忙开了，这样小组内的学生就必须分工合作，巧用方法，有的同学测量，有的记录，有的计算，如果分工不当、合作不当肯定会影响比赛的成绩。这就培养了学生的合作能力与操作能力。把数学与德育互相融合，潜移默化，相得益彰。

## 四、播撒爱心种子，撑起德育天空

师爱是人类复杂情感中最高尚的情感，它凝结着教师无私奉献的精神；师爱是“超凡脱俗”的爱，这种爱没有血缘和亲情，没有私利与目的，然而这种爱却有一股巨大的力量。当教师全身心地爱护、关心、帮助学生，做学生的贴心人时，师爱就成了一种巨大的教育力量。正因为有了师爱，教师才能赢得学生的信赖，学生才乐于接受教育，教育才能收到良好的效果。教师与学生虽然处在教育教学过程中的不同的地位，但在人格上应该是平等的，这就是要求教师不能盛气凌人，更不能利用教师的地位和权力污辱学生；理解学生要从青少年的心理发展特点出发，理解他们的要求和想法，理解他们幼稚和天真；信任学生要信任他们的潜在能力，放手让学生在实践中锻炼，在磨炼中成长。只有这样，学生才能与教师缩小心理距离，学生才会对教师产生依赖感。我班有名学生，不管做什么事都很拖拉，就连上学也爱犯“迟到”的毛病。这天，他迟到了，我没有像以前一样批评他，而是希望他今后注意。第二天，他又迟到了，我笑了笑，对全班同学说：“今天这位同学不错，和昨天相比，今天只迟到5分钟，相信明天他就能准时到了！”他有些不好意思地挠了挠头。第三天，他真的没有迟到，在接下来的日子里，他竟然一连好几天没有迟到过。我试着用这种方法去鼓励他按时完成作业，一样取得了可喜的结果。看到如今的他不再是老师眼里的后进生，同学眼里的拖拉虫，我真为自己以前动不动就跟他生气而惭愧。我坚信：爱护他们，关心他们，尊重他们，赏识他们，利用自身的人格魅力感化他们，将一腔真爱投入其中，即使这份爱的收益很微小，但对一个孩子来说，却会影响他的一生。我不会放弃这份投资，因为只有投资了真情，才能收获成长。



在数学课堂上，我把赞美还给学生，我知道教师的赞美是阳光、空气和水，是学生成长不可缺少的养料；教师的赞美是一座桥，能沟通教师与学生的心灵之河；教师的赞美是一种无形的催化剂，能增强学生的自尊、自信、自强；教师的赞美也是实现以人为本的有效途径之一。教师的赞美越多，学生就越显得活泼可爱，学习的劲头就越足。正因为我把赞美长挂嘴边，我播下了爱心，学生的思想工作就容易开展多了。从干上教育工作这一行，我就明白，作为一个教师，我有责任引领他们走进知识的殿堂，学到更多的知识；我有责任引领他们张开理想的风帆，驶向梦中的彼岸；我有责任引领他们插上智慧的翅膀，翱翔在无尽的天空；我有责任教育他们如何做人，留下美好的回忆。

新世纪的孩子，祖国的未来，知识的掌握是重要的，但更需要我们去进行品德教育，塑造品德优秀的祖国新一代栋梁。而教育不分学科，虽然数学课没有品德课的浓浓趣味，没有语文课的娓娓道来，没有班队课的深切体会，但数学老师同样能撑起教育这块宽阔的天地，数学课堂同样能拨动本善的琴弦，演奏至善的音乐。

**参考文献：**

1. 陈家麟. 学校心理健康教育. 教育科学出版社.

2. 胡厚福. 德育原理. 辽宁大学出版社.

3. 小学德育.

# 让智慧活跃在孩子的指尖上
## ——浅谈数学教学中操作实践模式的探索

叶　颖

心理学家马芯兰老师曾说过："儿童的智慧在他的指尖上。"而现代教学论也认为：要让学生动手做科学，而不是用耳朵听科学。的确，学生在动手实践活动中，不但能获得基本的数学知识和技能，进一步发展思维能力和创造能力，而且能激发学生的学习兴趣，增强学生学好数学的自信心，促进学生全面、持续、和谐地发展。操作实践模式是落实素质教育目标的有效形式，因为正是有活动才提供了学生发展的最佳途径和手段，通过活动，可以实现学生的主体发展。教育要有效地促进学生的全面发展，应以学生经验和活动为基础，科学地规范、精心地组织、正确地引导学生开展多样而全面的活动，提供学生积极参与活动的空间机会，使学生多感官投入教学活动，主动参与教学过程。



### 一、让孩子在游戏中快乐地学习

游戏是低年级儿童感兴趣的活动和学习。在他们的生活中，游戏与学习并不是截然分开的，而是互相渗透的。学生在游戏中可以顺利地掌握新的学习内容；学生创造性的自我表现、独立性和积极性正是在游戏的基础上形成的。《数学课程标准》明确指出，在数学教学中应注重被动的"听中学"与"看中学"转变为主动的"做中学"与"玩中学"。爱玩是小学生的天性，是他们的兴趣所在。"玩中学"与"做中学"是符合儿童这一年龄阶段特点的实践活动形式。例如在教学一年级上册的《数一数》时，我开展了让学生数同学的个数、数星星、分一分、数一数、说一说等一系列的活动。再如学习《可能性》一课时，要求认识"可能""不可能""一定"这三个词语的含义并要学会运用。根据这课内容，如果空洞地去讲解，学生势必会晕晕乎乎，一头雾水，对一部分学生来说理解起来也会感到非常吃力。为此我设计了摸球的游戏。在第一个箱子中装了10个白球、10个黄球，通过让学生多次摸球：摸出白球10次，黄球10次，从而总结出当装有白球黄球两种颜色的球时，任意摸一个球可能是黄球，也可能是白球。学生明白了：这就是"可能性"。在这个游戏的基础上，把白球全拿出来，全装上黄球，让全班学生任意摸出一个球，发现全是黄球，学生总结出从这个

箱子里摸出的一定是黄球，而不可能是白球。这样，学生对“一定”有深刻的认识和理解，从而灵活地掌握“可能性”和“一定”它们之间的区别。再例如：一张纸(长方形)，用剪刀沿直线一次剪去一个角，这张纸还剩下几个角？一般情况下，对答三个角的，认为思维迟钝；答出五个角的，认为思维灵活。实际上对思维准确而又严密的学生，答案应该是：可能是五个角，也可能是四个、三个角，问题在于怎样剪。有什么规律？活动时，学生们独立思考后，有的用方格纸拼，有的画图拼，有的凭借想象拼，当他们找出不同的拼法后，教师才与同学们交流，共同找规律。活动中，要让学生亲身体验并能独立思考，不轻易放弃，最后让学生在与他人的交流中获得灵感，这样，也就培养了学习兴趣。

夸美纽斯说过：“兴趣是创造一个欢乐和光明的教育环境的主要途径之一。”兴趣是开发智力、启蒙智慧的钥匙。它是学生主动学习，积极思维，勇于探索的内在动力。教学的艺术不在于传授本领，而在于激励、唤醒、鼓舞，为了使学生对新课产生兴趣，教师可以根据儿童的心理特征、知识经验、能力水平、认知规律、智力水平等因素精心设计形式多样、新颖有趣、儿童喜闻乐见的各种数学游戏，从而使学生一开始就保持最佳的学习态度。这样一来，使学生感到生活中处处有数学，也激发学生学习的兴趣。

## 二、让孩子在操作实践中获取数学知识

小学生的思维，离不开形象和动作，动手操作是学生学习数学的重要途径和方法。课程标准实验教材在各个学习内容的领域里都安排了大量动手操作的活动，为学生提供了在动手操作活动中学习数学的机会和条件。在教学中，教师要充分发挥教材的优势。例如，教学“11～20各数的认识”时，我组织了数数活动，要求学生对应数出的小棒逐步出现相应的数。学生在动手操作中体会到11～20等数都是由一个“10”和几个“1”组成的，感知到10是计数单位。再如教学“9加几”时，我在学生交流不同算法的基础上，请学生用“进1凑成10”的操作活动，向同学们介绍自己的想法，使学生直观了解“凑10”的过程。接着，组织了“摆一摆，算一算”、“圈一圈，算一算”等活动，学生边实际操作边进行计算，把具体形象的操作过程与抽象的计算过程无形中结合起来了。外显的动作驱动内在思维活动，学生在动手操作中感悟、理解新的计算方法。再如，我在教学《面积和面积单位》关于“面积的含义”时，首先让学生动手摸一摸文具盒的面，数学课本的封面，课桌的桌面。然后比较文具盒的面与数学课本封面的大小，数学课本封面与课桌桌面的大小。再动口说一说面积的含义。在教学“面积单位”时，让学生动手摸，感知“1平方厘米”、“1平方分米”、“1平方米”的大小。充分动手的同时，学会比较和测量面积。这样，通过数学动手实践教学，让学生在玩中学、在学中玩，充分调动学生学习数学的兴趣，不但使学生深刻理解了所学的知识，而且促使学生智力活动的潜力得到充分的启迪、挖掘和发挥。学生在动手操作、动口说、动脑想等一系列活动的过程中获取了数学知识，加深理解和掌握了数学知识与技能，还有效地培养了学生学习数学的兴趣和数学意识。

## 三、让孩子在操作实践中培养思维，树立自信

根据儿童的思维特点，从直观入手。儿童思维往往是从动作开始的，切断活动与思维的联系，思维就得不到发展，而动手实践是最易激发儿童的思维和想象的一种活动。正所谓："操作是智力的源泉，思维起点。"例如，在教学《角的初步认识》时，角对于低年级学生来说是较抽象的几何图形，因此，角的认识及画角是教学重点。我首先是出示学生熟悉的实物图，请他们指出上面的角，让学生初步感知实物角，再让他们做一些判断，通过让学生动手"摆"角、"折"角、用活动角"做"角，最后自己画角。学生在一系列的实践操作中明确了角的含义，体会和理解到角的大小与两条边张开的大小有关系。这样，让每个学生主动参与知识的形式过程，开发了学生的智力，培养了学生的动作思维。

斯托利亚尔在《数学教育学》中明确指出："数学教育是数学活动的教育"，也就是思维活动的教育。针对学生的思维是由具体操作到形象思维，再由形象思维到抽象思维的发展过程的特点，教师应彻底更新教学观念，把学习的主动权交给学生，多给学生一些思考和表现的机会，多给学生一些活动的空间和创造的信心，让学生在动手操作的过程中体会更多的成功。例如，在教学梯形的面积计算时，我让学生自己动手用"割"、"补"、"拼"的方法来推导梯形的面积公式。同学们个个情绪高涨，跃跃欲试，课堂气氛异常活跃。学生通过动手操作，大胆实践，共探索出八种方法来推导梯形的面积公式。



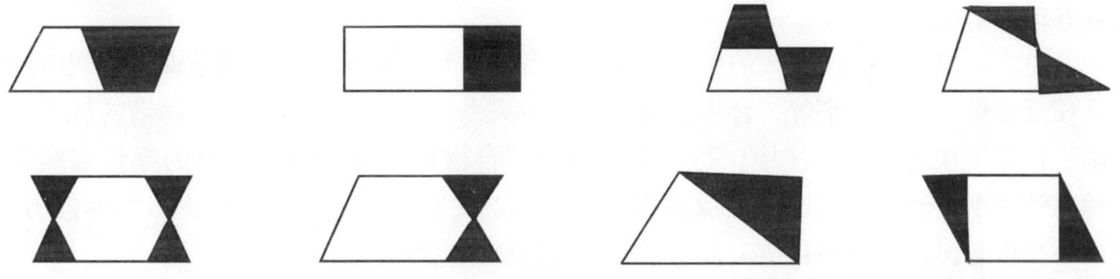

在整个推导过程中，学生手脑并用，充分发挥了学习的主体作用，建立了清晰鲜明的表象，真正充当了"小发明创造者"，品尝到成功的喜悦。学生在轻松地学到知识的同时，活跃了思维，加深了对公式的理解，还潜移默化地学会了由未知向已知转化的思维方法，更重要的是学生树立了不怕困难敢于探索的勇气和信心，长此以往，必有利于发展学生的智力，学生的抽象思维和创造性思维及开阔空间思维能力。

## 四、让孩子在操作实践中培养创新意识

一个人的实践活动是其创新能力的重要组成部分，我们既需要学生具有获取知识的能力，也需要学生具有应用知识的能力。而知识也只有在能够应用时才具有生命力，才是活的知识。数学教学要为学生提供摆、弄直观材料的机会，让学生在动手操作中发现规律、概括特征、掌握方法，在体验中领悟数学、学会想象、学会创造。例

如，在教学“拼积木”活动中，我让学生把几个相同的长方体或正方体拼成不同的长方体或正方体，学生对此颇感兴趣，学习小组通过合作、交流、讨论，拼成了形状各异、有趣的图形，如小船、轮船、房屋等。教师的适当点拨和鼓励，使学生在轻松、和谐的氛围中萌发了创新意识。再如，在“随意拼”活动中，我让学生充分发挥想象力，利用各种平面图形实物和立体模型，拼出自己喜欢的东西，学生展开想象的翅膀，拼出了火车、大炮、卡车、坦克、花朵和机器人等物体。形式各异的操作活动，不仅巩固了学生所学的知识，培养了学生动手操作能力和创造能力，还丰富了学生的想象力，充分体现了“数学来源于生活实际”。再例如，在教学“圆柱体的侧面积”时，我注意引导学生自己动手实践，并引导学生进行观察，将一个圆柱的侧面展开可以得到一个什么图形？当学生通过实践认识到，将圆柱体的侧面展开可以得到到一个长方形、一个正方形和一个平行四边形后，我则要求学生说出，将圆柱体的侧面展开得到的长方形的长和宽、正方形的边长、平行四边形的底和高各相当于圆柱的什么？这样学生加深了对圆柱表面积的认识。在此基础上，我出示了这样一题：一个圆柱的侧面展开后是一个边长为12.56厘米的正方形，求这个圆柱体的底面积是多少？学生因为经过实践操作懂得了这个圆柱体的侧面展开后是一个正方形，即为这个圆柱体的底面周长和高相等，因此，学生能很快求出这题的答案：圆柱的底面半径为：12.56 ÷3.14 ÷2 =2（厘米），因此圆柱的底面积为：3.14 ×2 ×2 = 12.56（平方厘米）。在教学实践中，我通过观察和动手操作，引导学生从不同角度出发观察和思考问题，有利于培养学生灵活处理数学问题的能力、达到培养能力、发展智力的目的，提高数学素养的要求。



总之，操作实践活模式的构建体现学生自主性和主动性的活动教学课堂模式，建立相互尊重、信任、平等、合作、民主的师生关系，创设愉快、活泼、和谐的教学氛围，让学生在这样的环境中，得以生动活泼、自由地发展。经过这样的操作实践活动，学生不仅获得了通过自己探索得来的知识，同时也获得了思考能力、判断能力，参与合作意识，自尊和自信，促进了其素质的全面发展。

**参考文献：**

1. 课程标准.
2. 心理学.
3. 数学新课程标准.
4. 数学教育学.
5. 课堂教学优化的原理与方法.

（获2010年花都区教育创新论文二等奖）

# 让学生在英语课堂上“动”起来

曾金华

江泽民同志指出：“创新是一个民族的灵魂，是一个国家兴旺发达的不竭动力。”兴趣是最好的老师，是推动学生创新能力培养的最实际、最有效的内部动力。心理学家布鲁纳认为：学习是一个主动的过程。对学生学习内因的最好激发是激起学生对所学材料的兴趣。这句话突出了兴趣对学习的重要性，可以说兴趣是学习成功与否的关键。同时它直接影响着创新教学的效果和创新人才的培养层次。在英语课堂教学中，教师要持续不断地激发和培养学生学习英语的兴趣。

那么，我们在教学中将充分调动学生学习英语的积极性，让课堂富于活力，让学生“动”起来，真正体现学生的主体地位，从而点燃起创新思维的星星之火。



## 一、以“爱”培趣，敢“创新”

教育心理学表明，情感是人对客观事物与主观需要之间的反映，是人对客观事物态度的体验。不同条件下或不同的人会有不同的心理体验，产生不同的情感。如果课前教师主动与学生交谈，抚摸他（她）的头，说一句“You are a good boy”，“You are a good girl”，学生肯定会神采飞扬，上课时教学双方都乐于接受对方的信息，教学活动将顺利展开。

可以说教师旺盛的精神生命力可以激起学生“主动活动”的欲望，教师的“爱之力”是给予学生“主动活动”的信心，我们应看到每个学生都有其闪光的一面，都有其不可替代的旺盛活力和潜能。只有树立了正确的学生观，我们才懂得欣赏每个学生，对每个学生都暗含期待，从中让他们感受到我们对他们的爱意和鼓励性评价，体会到自己的生命价值，逐渐消除用英语交际的胆怯心理，从而树立参与课堂活动的信心。于是，他们都会迫不及待地再表现：“Let me try!”“Let me try!”一次，两次，从不气馁。这可是激发他们创新思维的有效途径，使他们乐于学习、善于总结、不畏艰难、敢于探索的创新精神得到升华。

## 二、以“源”导趣，诱“创新”

复习导入—新授—巩固，这种旧的教学模式已经不能再用了。这样会导致学生不能自主学习，整天被人牵着鼻子走，兴趣和各方面的能力怎能得到培养和提高呢？

而英语课程要求合理利用和积极开发课程资源，给学生提供贴近学生实际、贴近生活、贴近时代的内容健康和丰富的课程资源；要积极利用音像、电视、书刊报纸、网络信息等丰富的教学资源，拓展学习和运用英语的渠道；积极鼓励和支持学生主动参与课程资源的开发和利用。所以我们身为教师就必须改进教学方法，充分利用英语教学资源，制作课件，拓宽学生的学习渠道，以提高教学效果。

因此我们在教学的前5分钟可以采用chant、song、game、比赛等形式导入课堂，提高他们的学习兴趣，为后面的创新教学做好铺垫，让他们真正在语言知识、语言技能、文化意识、情感态度和学习策略整体发展起来。例如：我在讲授三年级英语Unit 4一课中，这节课主要的句型是学习“Do you have…?”我在进行单词和句型的操练过程中，不再采取以往的教学方法，而是在上课前先布置好课室，让同学们置身于一个农场当中，并让学生们扮演角色，进行小组比赛，看谁的眼力最快，用“Do you have…?”去问看到的动物，问得最多的胜利。顿时，学生情绪高涨，一下子就“动”起来，由“要我学”变成了“我要学”，极为轻松、愉快，收到良好的教学效果。

## 三、以“物”激趣，导“创新”



“生成”是新课程倡导的一个重要的教学理念，它是相对于“预设”来说的。在动态的生成中，教师和学生的兴趣被自然而然地勾引出来，灵感在教学进程中不断被激发，情感也在不断被升华。小学生活泼好动，好奇心强，在课堂上创设一个有利于学生学习、感悟的情境，使每位学生能积极主动地入情入境地参与到学习活动中。因此，在教学中以实物展示可以给学生强烈的感染，可以扭转学生的学习情绪，饱满学生的课堂思维，课堂成了学生主动探究的阵地，大大提高了学生的学习兴趣。因此，在教学过程中，应充分利用实物，特别是充分利用教室里的人或物，组织课堂教学，更加形象逼真，生动活泼，印象深刻，有利于记忆。

例如：三年级英语Unit 5 I have…，在教学这个句型时，我提前让学生们带了自己的宠物玩具互问，还可以充分利用资源，用平时最熟悉的学习文具如书包、书、笔、橡皮擦等让学生进行问答练习，效果非常好，兴致也极高。

再比如：在教学四年级下册Unit16IntheMarket中，是学习有关在市场购买蔬菜的用语，我模拟真实的生活情境，把讲台设计成一个卖菜的小摊，桌上摆满了各种蔬菜，充分利用实物让学生们上台操练，学生们很快融入到买菜和卖菜的角色，不但把pepper \ cabbage \ carrot \ tomato \ mushroom等蔬菜的名字记得非常熟悉，而且连购物用语也朗朗上口了，脱口而出，真是“买”得称心，“卖”得开心。

就这样在说说笑笑、玩玩跳跳当中进行了口语交际，使他们大胆开口，学习积极性不断得以提高，而且在操练的过程中，不知不觉地就把所学知识掌握了，从而引导

了他们的创新能力再次得到提高。当然，课堂教学中还要根据实际情况，选择合适的教学方式，以激发学生们的学习兴趣，提高教学效率。

## 四、以“玩”留趣，唤“创新”

英语课堂教学活动，不仅仅是语言知识的传授和能力的训练，更重要的是师生之间、学生之间在信息传递和情感交流中思维的碰撞，从而擦出了“火花”，获得了新的信息。那如何在45分钟内创造最佳效率，是每一位教育工作者不断思索的问题。教师在教学中应实践任务型教学，设计一些实际活动，让学生积极参与，培养自主学习能力。例如：我在讲授三年级英语 Unit 1 Look at My Family Tree 一课中，当学生掌握家庭成员关系后，我就让学生调查他人的家庭成员和相互关系，可以去调查任何一个人，就这样平时少开口说的学生也极为积极，感觉特别好玩，能大胆开口说英语，完成调查表后更带有一种成功感，这不但培养了他们的自主的学习能力，而且对今后学习大有帮助，由怕学到爱学。还有在讲述 Animals 中，当学生掌握了动物的单词时，我就和学生们玩 Guessing game（漏洞猜动物），这可是同学们所喜欢玩的游戏，并以小组比赛的形式进行奖励，让他们在玩中学，在学中玩，轻而易举地掌握了知识。

这样，通过师生间相互的讨论、评价、启发、激励，拓展了学生的思维空间，从而提高了学生的创新能力。

## 五、以“诗”延趣，会“创新”

英语语法规则，词的用法区别，发音规则等，常让学生迷惑。有鉴于此，教师可编些口诀来帮助学生记忆，降低学习难度，使学英语的热情升温。



例如：在四年级第二个学期，现在进行时态是一个重点也是一个难点。而学生们遇到困难时很容易泄气，甚至害怕，于是设计了一首小诗：现在进行时，不忘 be 动词；动词 ing，千万别丢弃。还有就是单复数的问题中，I 用 am，you 用 are；Is 跟着他，她，它。要问复数用什么？其他全部都用 are。学生们很快便掌握了要诀，学起来非常轻松，逐渐由“愁眉苦脸”变成“眉开眼笑”了。

然而，记得在三年级第二学期 Module 3 学习国家的单词时，学起来特别费劲。最后我让学生们自己设计小诗，好容易辨认。经过一番辩论后，最后成果如下：红旗红旗 China，红日红日 Japan，枫叶枫叶 Canada，米字米字 Britain，米星米星 Australia，横条横条 German，竖条竖条 France 等，果然朗朗上口，很容易辨认国旗了，不但非常的有趣，而且还从中引导了学生的自主观察、思考，从那以后每当他们遇到难的单词，都会自己想办法去解决，把创新的精神推向了一个新的高潮。

总之，一堂好的英语课，要让学生具有不断创新的欲望，让学生掌握独立思考，自我体验，深入探究，丰富想象，激发他们学习的兴趣，让他们“动”起来。英语课堂必能常常燃起创新思维的火花，成为他们的天地。

**参考文献：**

1. 肖少白. 布鲁纳的认知——发现学习理论与教育改革. 外国中小学教育，2001（5）.

2. 胡富鹏. 探讨活动教学法，实施英语课堂活动教学. 中小学英语教学与研究.

自评：根据学校实施的“至善的理念”，我在教学中对学生渗透向善教育，激发了学生不断创新的欲望，让学生掌握独立思考，自我体验，深入探究，丰富想象，激发他们学习的兴趣，同时具有乐观向上的精神。

# 情景教学在小学英语教学中的作用

毕志红

情景是指人们生活的一切内部条件和外部条件的总和。语言和情景是密不可分的，因为人们的交际活动总是在一定的情景中进行的。而情景教学就是在教学中充分利用形象，创设具有生动的场景，激起学生的学习情绪，从而引导他们从整体上理解和运用语言的一种教学方法。

现阶段小学英语教育启蒙性的特点决定了其教育应以培养学习兴趣，使学生获得最初的感性认识为目的，尤其是培养学生大胆说英语的勇气与兴趣。正因如此，情景教学在培养、提高、发挥素质等方面的优越性也愈来愈受到英语老师的重视。首先，它能促进学生更好地理解、掌握并巩固英语基础知识。其次，它有利于活跃课堂气氛，消除学生的畏惧心理，增进师生感情。第三，它为每个学生都提供了说英语的机会，使他们在具体的语言环境中扮演角色，从而促使他们在英语学习上有成功感。第四，情景教学具有浓厚的表演性和竞争性，能够锻炼学生的胆识与口头表达能力，为今后的语言学习打下良好的基础。



那么，如何灵活运用情景教学呢？本人结合自己多年的教育实践，主要运用如下几种情景。

## 一、日常生活、学习中不经意的情景

用英语讲课及与学生交流是最基本的情景设置。例如：课余师生遇见互用英语打招呼：Hello，Good morning！How are you？Good bye. 等。教师有时也可请学生帮忙拿书、录音机等之类的东西，可以说：Excuse me！Can you take these books to the classroom？Certainly. Thank you very much. You're welcome. 这种情景看似无组织，但为学生提供了开口说英语的机会。在课堂上，讲授新课前，利用5～10分钟时间让学生"Freetalk"，内容可涉及日期、天气、班务等情况外，还可以根据当时的具体情况，如节日、新课内容、学生当天的活动情况，让学生自由发挥，教师对学生的回答用英语作出恰当的评价。学生借东西要说："Excuse me. May I borrow…？"归还时应讲："Thank you for…"对方回答："It's apleasure…"节日前老师莫忘对学生表示祝贺：

"Happy New Year! Merry Christmas!"学生答："The same to you!"学生考了好成绩，老师应夸赞："You are a luck dog!"过生日，老师说："Happy Birthday to you!"学生自然欣喜地回答："Thank you!"这样，教师既关心爱护学生，能和学生建立起和谐的关系，又发展了学生的交际能力，使学生的口语应用能力大大提高。

## 二、创设具有特定内容的情景

《英语教育学》（杨连瑞著，1995）中指出，给学生创造一个"人造的语言环境"，将有助于发展学生的语言能力和交际能力。教师可根据教材内容设计课堂教学活动，营造环境，用形象生动的语言，富于情景性的对话，带有游戏性的表演来调动学生的情绪。这种设置又分为：

（一）直观情景。

1. 利用实物，如：教学用具，教室里的文具，学生带的玩具、衣物、服饰等，可像演电影那样设置实物情况，就地取材。直观形象，能引起学生兴趣和注意，既能有效地激发学生的听课热情，又能积极地调动学生的思维，把科学知识与社会生活融为一体。例如：在教学物主代词"my，your"等词时，我让学生各自拿着自己的钢笔说："This is a pen. It's my pen."然后，我指着对方的钢笔说："It's your pen."于是学生之间产生了对话，我又指着其他学生的钢笔（男、女各一人）："It's his pen. It's her pen…"这时，学生就各自变换实物说："It's my bag（pencil…）"这种真实的情景，轻松地调动了学生的积极性，使学生愉快地掌握了所学的新知识。



2. 利用图片、简笔画、挂图等构筑图画情景，让学生进行复述、表演等操作。简笔画无论是在词汇教学还是课文整体教学中都起到很大作用。例如：我在教 cry 和 laugh 时，画了这样两幅画：学生看了一目了然，然后，指着图让学生读 cry 和 laugh。然后，再把图擦掉，让全体同学表演。我说 laugh，他们就立刻笑，笑声朗朗中牢固地掌握了单词。另外，我还将教学内容设计成卡片或挂图，让大家观察、思考，达到了启发诱导的效果。采用简笔画这种形式，可使学生思维联网，起到开拓脑筋的作用。

3. 利用电化教具创设情景。课堂上听录音，听对话，边听边模仿，不仅给学生创设了近乎真实的语言环境，而且可以提高学生的听力水平和口语表达能力；使用投影仪，可以把课堂上无法制作的一些画面、内容展现给学生，节省时间、提高课堂密度。

（二）模拟情景。

借助现有的条件，有意识地去呈现语言内容和交际场面，要求学生在模拟环境的启示下进行逼真的思想、感情和信息交流。例如：Lesson 10 第四册，内容是商店购物。根据教材的要求和内容，我事先向学生借东西：

T：Excuseme! Can I borrow your pen（books，…）?

P：Certainly. Here you are.

或 Sorry. I don't have apen.

然后把借到的物品一一摆在讲台上，向学生说：This is my shop. It sells pens，books，rulers，bags…Do you want to buy something from my shop? Come here，please. 学生们看到讲台上各种各样的东西，再听到教师所说的话，一下子活跃起来，情绪高涨，兴趣大增，他们迫切地要求前来购物，于是教师扮演营业员，学生扮演顾客：

T：Good morning! Can I help you?

P：Yes. I want to buy a ruler.

T：Here you are.

P：How much is it?

T：It's two yuan.

P：Oh. It's too dear. Do you have a cheap one?

T：What about that one? It's cheap. It's only one yuan.

P：Ok. Here's one yuan.

T：Thank you.

有了这样的环境和机会，学生们大多能解放手脚，大胆演练，甚至还能即兴表演，情景交融，课堂气氛也随之活跃起来。这种模拟情景一方面激发了学生学习的主动性，另一方面也启发了学生的思维，增强了学生对语言的理解。

## 三、根据需要，进行情景表演

教育心理学家指出，小学生好表现自己，他们喜欢表演，也喜欢看别人表演，针对学生的这一心理，教师可以把英语对话改编成短剧，让学生分别扮演不同的角色，例如：在教授“介绍某人给别人认识使用 This is ×××句型时”，我让学生（带头饰）分别扮演 Ben、Jiamin、Janet、Sally，让学生融入所扮演的角色中，因表演的学生都戴有表示人物的头饰，学生很感兴趣，在对话表演中深刻地掌握了 This is…Nice to meet you. How do you do! How are you! 等日常用语。



虽然情景教学在小学英语教学中具有常规教学不能替代的作用，但是老师在运用情景教学时，也应注意如下的问题：

（一）注意课堂的组织和安排，课前准备充足，计划周详。

（二）应遵循“教师是主导，学生是主体”的原则，教师要善于引导学生纠正听说中的错误。

（三）要善于总结语言材料中的词句、语法，让学生得到正确的引导。

（四）创设情景必须坚持由浅入深，由易到难，先短后长，先机械后灵活，从简单到抽象，从单项到综合的原则。

综上所述，情景教学能够唤起学生的学习情绪，激发学生学习的主动性，有利于提高学生的听说能力和英语思维能力，从而能够全面提高小学英语的教学质量。

**参考文献：**

1. 杨连瑞，汤成雄，胡土田. 英语教育学. 山东大学出版社，1995.

2. 黄国铨. 初中英语课堂情景创设种种. 中小学教材教法，1995.
3. 黄旭. 情景设计在英语教学中的运用. 中小学教材教法，1996.
4. 梁珺. 创设情景，实现课堂教学交际化. 英语周报，1999.
5. 田小红. 谈英语教学中情景的创设. 英语周报，2001.

# 激发学习兴趣是善学英语的良师

罗洁娴

广州市现有的小学英语教材 Success with English 是一套集知识性、趣味性、实用性于一体的教科书。它摆脱了以往英语教材保守呆板的编排模式，注重了对学生的素质教育。现行的小学英语新课程标准指导我们在教学中应努力倡导学生的积极参与，让学生在学习过程中不仅能构建知识，提高语言能力，而且通过感知、体验、实践、参与和合作探究等活动方式，完成任务和实现目标。在学习过程中调控情感态度和学习策略，以形成积极的学习态度。这就要求教师不断采用各种行之有效的手段，全面激发学生的学习英语的兴趣，使学生的积极性有效地发挥出来。

那么，小学英语教学中如何贯彻实施素质教育呢？教师在教学过程中采取哪些方法激发学生学习英语的兴趣呢？下面分两大方面谈谈本人的看法和做法。



## 一、贯彻实施素质教育的措施

《中国教育改革和发展纲要》明确地把教育对象的全体性和教育内容的全面性，作为素质教育的两个基本特征，以促进学生生动活泼、主动地发展。这就要求英语教师做到以下几个方面：

（一）转变观念，改进教法。

更新教育观念，改进教法，突出交际，突出实践，使英语教学真正做到突出教育对象的全体性，教育内容的全面性。英语教师必须改变以往那种重知识传授，轻能力培养；重教材灌输，轻教法指导；教学难度越来越大，学生作业越来越多，加重学生和教师的负担，挫伤学生的积极性等等做法。因此，英语课必须摆脱以往的旧框框，走出新路子，把英语教学转移到注重语言的技能训练和突出交际能力的培养上来。《广州市义务教育阶段学科学习质量评价标准》对学生在语言技能、学习策略等方面都有了明确的要求。

我们要重视学生的听、说、读、写训练，他们综合运用英语的能力也将有更大提高。同时，小学英语可根据儿童的心理特征，利用图片、实物、简笔画等直观教具，借助动作、表情、手势，创设情真意切的情景，使用多媒体电教手段，进行生动活

泼，新颖有趣的教学。课堂上采用听、说、读、写、演、唱、画、赛、游戏等方式，组织学生轻松愉快地学习。使他们在不知不觉中养成勤于学习、善于思考的习惯，这是实施素质教育的前提。

（二）立足双基，培养习惯。

小学阶段是学生学习英语的启蒙阶段，是激发学生学习兴趣，养成良好学习习惯的关键时期，也是为进一步学习英语奠定基础的阶段。按《小学英语教学纲要》的要求，我们不能把教学内容搞得复杂艰深，也不能自行加码，加重负担。应该立足双基，让学生获得有关英语的感性认识，打下较好的语音、语调和书写基础，即语音正确、语调流畅、书写规范，养成良好的学习习惯，为进一步学习英语奠定基础。

培养学生良好的听说习惯。良好的学习习惯要通过科学的教学过程来实现。针对小学生的身心特点以及英语课本的特点，重视起始阶段的教育，采用情景创始为先导，要求学生在仔细听发音的同时，注意看教师的口形，听清楚后大声地模仿说。这样，久而久之，学生就能养成仔细听发音，注意看口形，认真仿读仿说的听说习惯。

培养学生正确地识记单词，流利朗读的习惯。通过英语词汇教学，教会学生科学地识记单词的习惯，要求他们在拼读单词时做到语音准确，掌握其音、形、义三者结合的有声识记法。在训练朗读时，注重教师的示范作用，教师带领学生朗读时要专心致志地看着书读，让声音和字形同步产生视听作用，而不让朗读成为一种形式。朗读课文句子前，应多听标准录音，在头脑里形成整体的语音语调形象，朗读时力求做到达意又传情，保持一定的语速，注意意群、节奏和合理的停顿。还要要求学生坚持不懈地努力，进行长期的朗读训练，才能养成流利朗读的习惯。教师还要培养学生大胆开口，积极思考，自觉完成笔头作业，预习，复习和规范书写的习惯。



（三）寓教于乐，活跃课堂气氛。

小学生对英语学习的积极性在很大程度上是由兴趣决定的，学生有了学习兴趣，课堂气氛才能活跃，学习效果才会好。初学时，学生是兴致勃勃地学说 A、B、C 的，但随着学习内容的增加，学习要求的提高，学习过程的深化，学习的积极性会减退。因此，在教学中如何保持和发展学生的学习积极性，培养他们对英语学习的稳定兴趣，是素质教育的一个关键性问题。教师在日常教学中应根据儿童好动、善于模仿、爱说爱唱、爱表演的特点，尽量把表演对话、扮演角色、做游戏、演节目、讲故事、唱歌、画画、猜谜语、绕口令、小竞赛等这些提高学生学习兴趣的有效措施运用到教学之中。如教学句型 Are you there? 时，我就让学生做 Polly、Carl、Panpan、Mimi 等头饰，带进课堂进行操练。这样通过直观引趣、游戏诱趣、表演添趣、竞赛激趣、情感增趣、寓教于乐，让学生确定感受到学习不是一种负担，而是一种乐趣。这种转变学生“要我学”为“我要学”的有效途径，也是实施素质教育的一条重要途径。

（四）着眼主体、面向全体。

马克思主义认识论告诉我们，内因是变化的根据，外因是变化的条件，外因需要通过内因起作用。学生的学习过程是主动获取、主动发展的过程，而不是被动接受的过程。所以，我们在教学过程中，应尊重学生的主体性，培养他们的主体精神、主体意识。以学生为主体，一切活动都要发挥和调动他们的积极性和主体性，让他们人人亲自动脑、动口、动手，培养他们主动发展自己的能力。如小学英语课堂常常是以 Who's on duty today? 的 duty report 开头的，学生必要的问答常处于一种被动的应答状态，占用了宝贵的课堂四十分钟的一部分时间，很可惜。因此，我做了这样的尝试，让每一个学生轮流承担下一节课的值日任务。这位学生就会邀请其他同学一起商量，利用学过的知识编排一些有情节的对话，在下节课上台表演。台下的同学积极主动，自由发挥，台下的同学则集中注意力仔细听，两者应是主动学习的过程，台上台下互补。慢慢地，台上表演的质量越来越好，学生的胆子越来越大，学习的积极性也越来越高，各种能力得到了创造性的发挥。

## 二、激发学生学习英语的兴趣的方法

课堂上的教学方法是灵活多样的，师生可以大胆地创造性地使用教学方法，以激发学生的学习兴趣为目的，进而让他们学好英语。在教学中，我采用了以下几种方法。

（一）利用教具教学，引发学习的直观兴趣。

社会在进步，教育在革新，过去的一支粉笔一本书的教学方式早就改变了。英语新教材要求教师要转变观念，改革教法。根据小学生的身心发展特点及认知规律去组织教学。在教授新单词的时候，如果采用实物或图片等教学，把抽象的词语变成具体直观的东西，会有助于学生的记忆。比如在教授 pen，就拿一支钢笔，教 pencil 就拿铅笔。教 peach 这一单词时，如果当时找不到实物桃子时，老师可以出示一幅栩栩如生的画有桃子的图片，它使学生首先想到的是桃子，然后会自然想到用英语怎么说这个东西。老师只要一说 peach，学生们立刻就能反应出这是桃子的英语说法，并想积极生动地记住这个单词。这比单纯地强调 peach 是桃子、桃子是 peach 的效果要好得多。除了图片、实物之外还可以多使用多媒体、玩具、简笔画等其他直观教具，也会产生同样的效果。这有利于培养学生直接用英语思维的习惯。



（二）利用游戏活跃课堂气氛，稳固学习兴趣。

小学生的年龄特点是不能长时间地集中注意力。教师就应当根据这一特点合理组织课堂教学。有关研究证明，在四十分钟的课堂教学中，学生通常有二十分钟能完全集中注意力去听讲。因此在主要内容教授完毕之后，为了稳固学习兴趣，适时适度地做些游戏或唱唱歌，在玩中去巩固所学的知识，这也是完全必要的。

通过唱唱玩玩培养学生的兴趣和良好的学习习惯，让学生在玩中学，学中玩，寓教于乐，愉快学习，正是新教材的教学目的之一。

（三）通过交流学习体会，培养学习兴趣。

你一个苹果，我一个苹果，两个交换后，每人还是一个苹果；你一个方法，我一个方法，交换后，每人获得两个方法甚至更多。我时常引导学生互相学习，让他们谈谈各自学习英语的方法以及所遇到的困难是如何解决的，经常让他们展开讨论，相互帮助解决一些问题，培养学习兴趣。这种方法特别是对于一些肯学而没有摸索出方法

的后进生来说，往往能收到更好的效果。

刚学英语时，部分学生总是记不住英文单词。而有的学生看到实物或图片时，只要是学过的，总能一下说出英语来。课后我问他为什么记得这么清楚时，他不好意思地说：“我把单词与它的中文意思联系起来记，印象就比较深了。比如 fish 一词，根据读音联想成‘非洗’，吃鱼之前非要洗一洗，鱼就是‘非洗’（fish）了。”

后来，这种联想式记忆法在学生中推广开来，课后学生纷纷找出记忆单词的窍门，以快速准确地记住单词为乐：熊猫胖而且大，所以 panda 联想成“胖大”；外套上衣是有扣子的，叫 coat（扣特）等等。当然，这种记忆方法只适于少数的初学者。应该积极引导学生学好国际音标，看着音标读出单词才是英语的正确音调。一定要提醒学生。不能把这种联想的音意当成该单词的发音，否则英语就会成为怪腔怪调的汉语式英语了。

（四）利用竞赛取长补短，激发学习兴趣。

班里学生各有所长，各有所短，有的学生口语好书写却不行，有的学生口语不行却写得很规范漂亮。我就根据他们各自的所长举办各种竞赛，如书法比赛、会话比赛、听力比赛等，激发学习兴趣，充分发挥每个学生的长处，促进他们互相学习，竞争优秀；同时认识到自己的不足，树立起不断学习、互相促进的良好学习风气。

大部分学生天真好学、好奇好胜，他们在课堂上比较活跃。教师组织得好的教学活动，不仅使他们从中获得知识，还能将无意识的好奇转化为有意识的求知欲，让学生善学英语。还有少数学生胆小怯懦，有的甚至厌学，教师在教学过程中更应该关心、帮助这些人，努力培养，鼓励他们大胆开口，勇敢地参与各种教学活动，逐步锻炼他们的意志和勇气，培养他们的情感。当他们出现错误时，要本着尊重和理解的态度，不失时机地为他们排忧解难，通过笑貌、眼神、语调等表示关心。这种暗含的期待可产生巨大的感召力和推动力，使他们获得愉快的感觉，产生继续努力学习的期盼和动力。反之，教师若对他们稍有嫌弃的表现，他们就会破罐破摔，兴趣索然而一蹶不振。实践证明，激发学习兴趣是学好英语的良师。在小学英语教学中要贯彻实施素质教育就要面向全体学生，使他们成为课堂的主人，使他们善学英语，乐学英语。



**参考文献：**

1. 广州市教育局教学教研室编．广州市义务教学阶段学科学业质量评价标准．广东教育出版社，2009.

2. 鲁宗干主编．小学英语教师手册．广东教育出版社，2001.

3. 刘意竹主编．中小学教材教学．人民教育出版社，2001.

4. 靳希斌主编．教育学．中央广播电视大学出版社，2000.

5. 叶奕乾主编．心理学．中央广播电视大学出版社，1999.

6. 洪子锐、惠幼莲、李升平．小学英语教学法．广东人民出版社，1998.

# 引导学生善记、巧记小学英语词汇

刘素芳

词汇是构成语言的三大要素之一，是语言的基本材料，词汇学习是小学阶段学习的重要组成部分，教育部规定小学阶段应掌握词汇量在600~700个单词，对小学英语教学的要求越来越高，但有些教师在单词教学时，只带读几遍或跟读录音机读几遍，回家让学生死记硬背。时间是省了，但学生学习兴趣的培养，能力的提高，创造的激励，词汇的记忆都无从谈起。小学生学习英语学得快忘得更快，在学习英语的过程中以单一的模仿跟读为主，而没有科学有效的记忆方法，结果学生学后很快又忘记，造成词汇学习越来越难困难，从而导致部分学生渐渐丧失学习英语的信心和兴趣。因此，在教学中渗入学法的指导，把规则交给学生，引导学生善于运用读音规则记忆词汇，掌握以旧知引出新知的学习方法，掌握对词汇辨异的方法，以达到化难为易，积少成多地学习词汇。下面就如何引导学生善记、巧记单词谈谈个人的一点做法。



## 一、词汇的音形相结合巧记单词

词的读音和拼写是词存在的基础，是各个相互区别的词的第一要素，不同的词有不同的音，但是相同的音素，往往含有一定的拼写规律。学生容易遗忘字音和字形，将一些发音相近的单词读混淆或不能再认已学单词，在单词教学中，把音和形统一结合，使一定的音和可能对应的形联系起来，把一定的形与可能对应的音联系起来，在大脑神经活动系统中，建立起一定的联想，能使学生见形知音，又能因音记形，如在教学 hall，先让学生读 all，wall，tall，再读 hall，让学生思考这些单词音形的区别，学生很快能牢固掌握这个单词。

## 二、根据词义做动作善记单词

词汇学习的目的是把词汇变成有意义的刺激，使之与一定的概念联系起来。对于刚开始学英语的小学生来说，单词的学习是枯燥的，只让学生不断去读进行单词记忆是不够的，并有可能读了就忘，更不要说记它的拼写。但是小学生活泼好动，有些不

善言辞的学生，也有非常强的肢体表现力。在教单词时，把某些单词配以动作，边做动作，边说单词，能收到很好的效果。如：教 sit，stand，read，write，sing，cook 时，先让学生理解单词的词义，然后配上相应的动作边做动作边学说单词，学生很快就能掌握。只要做出动作，单词就脱口而出。平时班上成绩很差的几个男同学下课后还兴趣盎然地一个说单词一个做动作去巩固这些单词。

## 三、利用词汇中的构词法巧记单词

英语词汇总量上百万，但其构词成分是有限的，词与词之间的结构联系有前缀词、后缀词、合成词等几个方面。当学生词汇量逐渐增多时常常见到由构词法构成的单词，把规则教给学生就很快地记住新单词，巩固旧单词，而且通过思考，化不知为知，使有限的知识转化为无限的生成单词。如教学 painter，leader 时，先复习 paint，lead 这些动词，然后用彩色粉笔在单词词尾加上后缀 er，这样学生不但巩固了 paint 和 lead 的动词，也掌握了 painter 和 leader 两个新单词。通过词法学习单词，学生很快就掌握规律，记单词时就会觉得有据可循，很轻松地掌握单词。

## 四、善于利用画画学单词

小学生的性格活泼好动，和中学生不同，他们不可能通过大量的朗读或阅读来识记，机械的、枯燥的操练反而会适得其反，扼杀学生的学习兴趣。但小学生在学习新知时，既调动五官，又带动四肢，让他们体会主动参与学习的乐趣，能提高他们的学习兴趣。在教 home 里房间的单词：bedroom，living - room，bathroom，kitchen，toilet 时，我首先把自己家里房子的结构画一个框架，每学一个新单词，将单词贴在相应的房间，将所有单词学完后，让学生把自己家里房子的结构简单画出来，并用英文写上房间的名称，这样，在说说画画的过程中，学生很快就学会这几个单词。在平时的教学中，利用学生喜欢画画，善于画画的特点，在教一些物品名词时都让学生画一画，然后写上单词，这样学生记单词就比较轻松。



## 五、善创情景学习单词

单词是一串串由字母构成的抽象符号，如果不帮助学生在头脑中建立起这些抽象符号与具体事物之间的桥梁，那么单词将成为学生英语学习中望而生畏的“拦路虎”，对于学生学习兴趣和学习信心都极为不利。所以，在教学中，善于创设真实情景，让学生用眼睛去看，用耳朵去听，用大脑去思考，并毫不费力地表达出来。如：学习“tall”和“short”两个词时，我请一个同学和我站在一起比高矮，学生纷纷说“She/He is short. 接着让他们互相找对象比比身高，学生个个兴致勃勃地忙开了，“I am tall. /You are short”。这样，学生很容易就学会这两个单词，同时，激发了他们学习的兴趣。在后来的教学中我发觉很多学生都善于自己创设情景记忆一些较难记的单词。

学习词汇是小学生学好英语的关键。在教学中，采取灵活多变的词汇教学方法，摒弃那些枯燥的让学生千篇一律的抄写、背写方式，就能使学生轻轻松松地巧记而且善于记忆单词，使学生英语学习的兴趣不断地提高。

**参考文献：**

1. 鲁中干. 小学英语教师手册.
2. 李广平. 小学英语词汇教学新探. 中小学英语教学与研究.
3. 朱小芳. 浅谈小学英语单词教学渗音教学. 中小学教材教学.

# 让英语阅读课焕发快乐的善影

## ——Success With Language Book 8 Module 2 Unit 4 I Know This City 教学设计

罗朝霞

## 一、教学内容

Success With Language Book 8 Module 2 Unit 4 I Know This City 的教学内容主要围绕国家的首都和国旗两个话题展开教学，本节课是这一模块教学的第一课时，主要学习6个国家的首都及国旗，其中部分国家和国旗是在三、四年级已经出现过一次。教师在教学时可以先引导学生复习旧知识，再自然呈现本单元的新知识。



## 二、学情分析

小学六年级学生通过几年的英语学习已经有了一定的词汇量储备，积累了一定的英语学习经验，形成了初步的英语语感，具备了一定处理语言材料的能力。

## 三、教学目标。

（一）语言知识目标。

1. 学习和掌握词汇。

①"四会"：flag、capital、America、excellent

②"三会"：national、national flag、Italian、Italy、Rome、Paris、Washington D. C. 、New York、Sydney、Canberra

2. 掌握并运用下列句型。

What national flag is it?

It's the national flag of China.

It's the Chinese national flag.

What's the capital of China?

The capital of China is Beijing.

（二）语言技能目标。

1. 能正确理解课文意思及朗读课文。

2. 能说出6个国家的首都及国旗。

（三）学习策略目标。

1. 学生在阅读过程中，认识到6个国家的首都及相应的国家图案。

2. 在阅读过程中，培养学生的兴趣与自主学习的能力。

（四）情感目标。

1. 通过对课文的学习，引导学生培养学生爱国主义精神，从而激发学生了解世界的热忱。

2. 通过创设阅读情景，发展学生阅读的能力。培养学生良好的合作习惯和学习兴趣。

（五）跨文化意识目标。

通过课文的学习和相关的练习题，丰富个人的文化知识，知道纽约和悉尼不是首都，他们分别是美国和澳大利亚的最大城市。

## 四、教学重点和难点

本课时的教学重点之一是使学生认识6个国家的首都及辨认出国旗。重点之二是句型 What national flag is it? It's the …national flag. / It's the national flag of …. What's the capital of …? The capital of…is …的学习。难点是让学生在各种语言活动中熟练运用不同句型进行交流，国家与国籍单词的区别和运用。



## 五、教学策略

（一）单词教学：通过听音拼写单词和听音辨认出单词，帮助学生记忆单词，提高记单词的效率。

（二）从学生已有的知识经验入手，降低学生对阅读的畏难心理，教会学生抓住关键单词，抓大意，去理解课文，培养学生良好的阅读习惯，增强阅读效率。

## 六、教学准备

多媒体课件、国旗图片、单词卡片

## 七、教学过程

Step 1 Warming Up

1. Greetings

T：Good morning，boys and girls.

Ps：Good morning，Miss Luo.

2. Talk about today（利用课件呈现与 talk 相关的内容）

day（星期）

date（日期）

weather（天气）

season（季节）

feeling（心情）

3. Let’s chant.（利用课件呈现 chant 的内容）

红旗红旗 China，

红日红日 Japan，

枫叶枫叶 Canada，

米字米字 Britain，

米星米星 Australia，

横条横条 Germany，

竖条竖条 France，

星条星条 America.

【设计意图】

通过自编的诗歌，营造一种轻松愉快的教学氛围，让学生既复习了所学单词又以轻松愉悦的心情进入学习状态，为本课时的学习作铺垫。

4. 引入新课的内容。

T：Autumn is my favourite season. Because it is a good season to travel. And I like travelling very much. Would you like to go with me? Let’s visit these cities. Do you want to visit these cities? Ps：Yes.（投影课件各城市标志性建筑物的图片，选取漂亮的图片激发学生学习的兴趣，也可以吸引学生的眼球）



Step 2 Presentation

1. Pre - reading

①引导学生理解句型。

T：Do you know this city?（投影天安门广场图片）

Ps：Beijing.

T：What do you think of Beijing?

Ps：Beijing is beautiful，clean，big，……

T：And Beijing is the capital of China.

②学生根据听到的读音拼写 capital，老师引导学生分音节拼：cap - capi - capital.

③学生理解并学习句型，能够回答老师的问题。

④呈现出三支不同颜色的旗，引出新单词：flag 的学习。

T：Boys and girls. Look at these flags. How many flags are there?

Ps：Three.

⑤呈课件，让学生通过听音选单词。

A：flat

B：frog

C：flag

T：T：Do you know the Chinese meaning of “flag”?

Ps：旗。

T：Right. Can you choose which word is “flag”?

P1：C.（提问一个学生）

T：Excellent.（表扬学生顺便学新单词）And which flag do you like best?

P1：Theredone.（提问到有同学跟我意见一样为止）

Me too. I like the red too. It's the national flag of China. Do you love China?

Ps：Yes.（渗透爱国主义教育）

板书后引出 T：We also can say “It's the Chinese national flag.

⑥呈 America 和 American 单词卡，引导学生区分国家还是国籍单词，请一个学生选择单词说句子：It's the national flag of America. It's the American national flag.

【设计意图】

在课文阅读前，让学生先掌握课文中的重点句型及四会词，扫除学生阅读前的语言障碍，增强学生阅读的信心，根据听音辨认单词和拼写单词，帮助学生记忆单词，提高学生记忆单词的效率，也渗透了语音教学，让学生学会拼写单词的方法和技巧。通过创设情境帮助学生学习单词与句型，加深了学生对单词和句型的理解与记忆。通过创设选 America 和 American 的活动，使学生能够正确使用国家与国籍的单词，很好地解决了教学的难点。

2. While－reading



第一次阅读

①呈课件设问题引导学生找国家单词。

T：How many countries are they talking about? What countries are they? Please use circles to mark the words.

②学生在课文圈出国家单词。

③T：Can you find out the countries?

学生汇报答案：China、the UK、theUSA、Australia、France、Italy，老师把单词卡贴在黑板上。

④让学生认真听老师读：Italy 与 Italian，让学生感受哪个音节重读。（通过 Canada，Canadian 做比较）

【设计意图】

由学生熟悉的国家单词入手，降低学生对阅读的畏难心理，增强学生阅读的信心。

第二次阅读

①呈课件，设问题，引导学生找城市单词。

T：How many cities are there in this dialogue? What are they? Pleaseuse rectangle to mark the word.

②学生汇报答案：Beijing、London、Washington D. C. 、Canberra、Sydney、New York、Rome、Paris。

③Let's play the missing game. 听老师读 Beijing、London、Sydney、New York. 学生听出少了 Washington D. C. 、Rome 和 Paris 后马上举手回答。

【设计意图】

由于城市单词比较难上口，因此设计这个游戏，既能训练学生听的能力也训练了学生朗读单词的能力。

第三次阅读

组织学生4人为一个小组进行阅读，找出6个国家相对应的首都。

3．Post－reading

①选6个学生把首都单词贴在相应的国家单词后。

②引导学生了解 Sydney is the biggest city of Australia. New York is the largest city of the USA.

③观看金太阳 CD－Rom，细心观察各国国旗。

④请6个学生选择国旗贴在相应的国家单词前。

⑤组织学生分角色朗读课文，老师留意学生是否能够正确朗读。

【设计意图】

检查学生对课文内容的掌握情况，检测教学效果。

反馈练习



Name: ____________ Class: ____________ No. : ____________.

一、选择适当的城市名填空。

New York，London，Beijing，Canberra

1．________ is the capital of China.

2．________ is the capital of Britain.

3．The capital of Australiais ________.

4．________ is the largest city of the USA.

二、判断下列陈述是否正确，如正确请在括号内写T，否则写F。

(　　) 1．New York is the capital of the USA.

(　　) 2．Rome is the capital of Italy.

(　　) 3．Sydney is the biggest city of Australia，and it is the capital of Australia.

(　　) 4．There are six stars on the national flag of Australia.

三、看图完成句子所缺的单词。

1．That's the ________ national flag.

2．That's the national flag of ________.

3．It's the ________ national flag. The capital of ________ is Canberra.

4．It's the ________ national flag. The capital of ________ is Rome.

四、仿照例句写句子，看谁写得多。

A. Model：Beijing is the capital of China.

1. ________________ is the capital of ________________.

2. ____________________________________________________________________.

3. ____________________________________________________________________.

B. Model：The capital of China is Beijing.

1. The capital of ________ is ________.

2. ____________________________________________________________________.

3. ____________________________________________________________________.

【设计意图】

1. 让学生贴单词卡并说出…is the capital of…是检查学生对国家与首都的掌握情况。

2. 看 CD－Rom 后贴国旗，帮助学生通过多方面的感官正确地辨认国旗。

3. 练习设计帮助学生对课文知识进行吸收与运用，从而内化自己的语言。

Step 3 Home work

1. 填写表格并连线。

2. 把今天学到的单词背下来。

3. 谁能够把今天学的重点句型背下来？

板书设计

| nationalflag | country | capital |
|---|---|---|
| | China | Beijing |
| | Britain | London |
| | Italy | Rome |
| | France | French |
| | America | Washington D. C. |
| | Australia | Canberra |

Unit 4 I Know This City

What's the capital of China?

The capital of China is Beijing.

What national flag is it?（国家）

It's the national flag of China.

It's the Chinese national flag。

（国籍）

New York the biggest

Sydney the largest



教研组评：

这一节课是一次比较成功的阅读尝试课，《英语课程标准》提到在高年级英语教学中应逐步渗透阅读教学，着重培养学生的阅读能力，并进一步提高学生的语言交际能力。教师善于随着问题的深入解剖，帮助学生克服阅读的心理障碍，学生在小组合作中交流和分享阅读中完成阅读任务，让学生在轻松自然和谐的氛围中掌握本科目的内容，很好地体现了我校的“本色本善”的教育理念，真正使阅读课不再枯燥无味，让阅读课焕发快乐的善影。

# The plan of the lesson (Unit 10 What Are the Biggest Animals in the World?

## ——善待动物

刘凤琼

Team
备课小组 Grade5
(新华圆玄小学)
Date

日期 April 16th, 2010
授课者 Liu Fengqiong(刘凤琼)
Module
/Topic
模块及话题
Module 4 Wild Animals
Unit
单元 Unit 10 What Are the Biggest Animals in the World?
Title
题目 Dialogue Period
课时 1st Type of lesson
课型 新授课
Objectives
教学目标

1. 语言知识目标。

1)词汇。

“四会”掌握单词和词组:whale, blue whale, land, onland, dinosaur, metre, weigh, over, ton

2）句型。

…are the biggest animals …

Which is bigger，a…or a…?

3）能理解并流利地朗读对话，学习能力好的学生能用所学知识介绍蓝鲸。

2．语言技能目标。

能用所学语言谈论动物一些特点和生活习性。

3．教学策略目标。

直观教学和游戏教学，并注重知识的引导，培养学生的自学能力。

4．情感目标。

保护动物，善待动物。

Difficulties Analysis

教学重难点分析

1．对课文中出现的最高级的理解。

2．对蓝鲸生活习性的认识。

Teaching

Aids/Media

主要教学媒体

Pictures，vedio，PPT

Teaching Procedures

教学过程

Teaching activity & Steps of the activity

教学活动及具体的活动操作步骤

Learning strategies

学生学习策略

Purpose

设计意图

Ⅰ．Warming－up

Ⅱ．Presentation & Practice

Ⅲ．Development：

Ⅳ. Homework：

(1) Greeting

(2) Game：guess

(3) Show the topic：

Unit 10 What are the biggest animals in the world?

(1) Ask and answer ： the biggest animals in the world/on land.

(2) Watch the vedio and know：How long and how heavy is a blue whale?

(3) Show the food of the whales.

(4) Game：play cards.

(5) Listen to the tape.

(6) Read the dialogue.

(7) Say something about blue whales.

(1) Talk about the other animals.

(2) Feedback.



(1) Listen，read and recite the dialogue and new words.

(2) Write an animal according to the dialogue of unit 10.

Review farm animals and zoo animals. Learn “land，dinosaur，blue whale”.

(1) Understand：the biggest animals in the world /on land

(2) Learn the new words：metre，weigh，over，ton，and answer the questions.

(3) Choose the food for the whales.

(4) Practise the new words.

(5) Listen and answer the questions.

(6) Read and say T or F.

(7) Fill in the blanks.

Practise saying and know more.

调动学生学习积极性，激发兴趣。

通过问答为新语言知识学习作铺垫。

通过游戏的方式，让学生熟读所学新知识。

在听录音回答问题、朗读课文判断对错和自我介绍的活动中操练句型，加强对课

文的理解。

这一环节让学生进一步巩固本节课的语言知识并在此基础上进行拓展，并教育学生保护动物，善待动物。

Designing on the board:

板书 Unit 10 What Are the Biggest Animals in the World?

点评：教学目标明确具体，且难度适中。教学导入新颖，充分调动学生学习的兴趣与积极性。教学中不断创设情景，激发学生不断参与。整个教学过程流畅、紧凑，并能把握教学重点，驾驭难点。教学过程中，能充分利用各种直观教具和教学媒体，使学生学得轻松愉快。教学效果突出，获得在座同行的一致好评。

# 善的感悟
## ——Unit 10 What Are the Biggest Animals in the World 教学反思（五年级下册）

刘凤琼

“本善本色”理念是我们日常教学的亮丽底色，它以其丰富的内涵告诉我们许多形式各异的表达。本文就从“参与之乐，思维之趣，成功之悦”等方面谈谈我对善的感悟。我们都知道“学生是学习的主体”的教学原则。课堂教学是一个双边活动的过程，只有营造浓厚的自主学习氛围，唤起学生的主体意识，激起学习需要，学生才能真正去调动本身的学习潜能，进行自主学习，真正成为课堂学习的主人。为此我在设计这堂课时，就本着以学生为主体的原则，让学生参与到知识形成的过程中，并从中感受到“参与之乐，思维之趣，成功之悦”。



### 一、创设教学任务，引导主动参与

《英语课程标准》倡导在教学过程中运用任务型的教学模式，让学生在教师教学的指导下，通过感知、体验、实践、参与和合作等方式，实现任务的目标，感受成功，以形成积极的学习态度，促进语言实际运用能力的提高。

因此在本课的最初我就提出了本节课的任务是认识几个野生动物以及对蓝鲸生活习性的了解，使学生一开始就明白本节课的目标，并对接下来的教学充满期待。我在本课的复习采用了看动物世界和猜动物，充分调动学生学习的积极性，并由此引出新单词 land，dinosaur 和 blue whale 的学习，并且设疑让学生了解世界上最大的动物是蓝鲸，陆地上最大的动物是大象。在新课的学习中，让学生带着问题看有关蓝鲸的视频，引导学生从所看视频中找出答案，教给学生学习的方法；并出示蓝鲸的食物，让学生通过思考给蓝鲸选食物，让学生通过体验、实践和参与感受到学习的乐趣、成功的喜悦。在巩固和拓展阶段，让学生通过听、读、回答和判断，进一步加深对课文的理解，且学生的小组合作能力和口头表达能力得到极大开发，并从第一人称蓝鲸的角度去介绍自己，引出环保主题，让学生归纳介绍动物的方法，从而进行知识的迁移，介绍世界最高的动物长颈鹿，并在拓展时让学生了解世界之最，使学生的知识面更宽。

## 二、创设任务趣味性，激发学生兴趣

众所周知，兴趣是最好的老师，激发起学生的学习兴趣，才能让学生真正乐学、善学且勤学。所以在设计主题任务时，我采用学生感兴趣的动物世界和猜动物话题来设计任务，教学以了解蓝鲸的生活习性为主线，通过活动视频和给蓝鲸选食物对相关知识的渗透学习，通过观察板书，引导学生总结语言知识，最后通过炸弹游戏、卡牌游戏、自我介绍的海报、世界之最等途径进一步激发并维持学生浓厚的学习兴趣，以听、说、读、写等多途径、全方位地巩固操练语言知识。在教学活动中激起了学生的童趣，引发了他们的求知欲、表现欲，对引发并推动后续学习活动提供了动力。

## 三、创设任务层次性，适应不同学生

对于学生而言，并不是每个人的能力都相同。所以我在进行任务设计时坚持由易到难的原则，充分考虑学生当前的能力和完成任务所需的时间，使学习任务适应不同层次的学生。

在本节新授课中，我按照任务设计的顺序，主要设计了以下任务：一是复习已学动物，引出新知；二通过问题了解蓝鲸生活习性；三通过游戏巩固新学单词与词组；四通过听、回答、读和判断，进一步加深对课文的理解；五是用所学知识进行自我介绍，对知识进行综合运用。这样，由浅入深，前面的学习为后面知识的掌握作了很好的铺垫，因此学生对于新知的学习已是水到渠成，容易理解和接受，到了巩固和拓展阶段，学生对于知识的运用就更灵活了。



## 四、创设问题悬念，引发想象之泉

问题情境具有强烈的吸引力，能激发学生对学习的需要，引发学生的创造性思维。“学源于思，思源于疑”，学生探索知识的思维过程总是从问题开始，又在解决问题中得到发展。教学过程中学生在教师创设的情境下，自己动脑思考，动口表达，在解决问题的过程中，如果学生的情感、动机能够得到充分调动，他们的聪明才智就能充分发挥。只有让学生亲自参与了提出问题和解决问题的过程，他们才能真正成为学习的主人。

因此我在设计复习环节时，设计了一个有奖竞猜游戏，学生在猜和说的过程中，复习了已学的动物，为接下来的新授课打下了一个良好的铺垫。在了解蓝鲸生活习性时我也设计了几个问题，一方面引出本课的所学知识，另一方面又检查反馈了学生的理解情况，取得良好的教学效果。这种设悬、惊奇、动感的教学策略，让孩子们在轻松、愉快的课堂气氛中，参与游戏、竞赛、猜谜、表演等生动有趣的活动，激发孩子们对学习、记忆的热情，令孩子们学得兴趣盎然，同时培养了他们的反应能力、洞察能力和表达能力，更有利于学生陶冶性情，开放个性，发挥潜能，增强自信，健全

人格。

## 五、反思成功失败，促进今后进步

本节课我的成功之处在于创造性地使用教材，以学生熟悉的动物，感兴趣的游戏，以及精美的课件，组织语言进行交流活动。教材是相对固定的，但教学情景是不时变化的。这就要求教师在具体教学情景下根据不同的教学对象对教材进行修正，开发和创造。现在的课堂要成为一动态、发展、富有创造化的过程，课堂不能仅限于教材提供的知识，还应有教师个人的知识和师生互动产生的知识。因此教师在教学过程中应充分发挥创造性，成为学生学习生活的激活者，激活教材，激活学生，使学生能够积极主动地投入到学习生活中，实现新课标的要求。

这节课的不足之处在于介绍蓝鲸时，还可以点出蓝鲸的生活环境以及可以见到蓝鲸骨头的地方，在练习最高级时还可以引导学生归纳最高级的结构和用法，这样，学生的知识会掌握得更好。对于我来说，清醒地认识不足，坦然接受各种批评，是促进自己成长和发展的很好途径。我愿意与学生一起，同大家一道，在新课程改革的道路上不断探索，胜不骄败不馁，与新课程一同成长。

**参考文献：**

1. 广州版 Success with English 小学英语研讨课例教学反思.
2. 雅思教学反思.